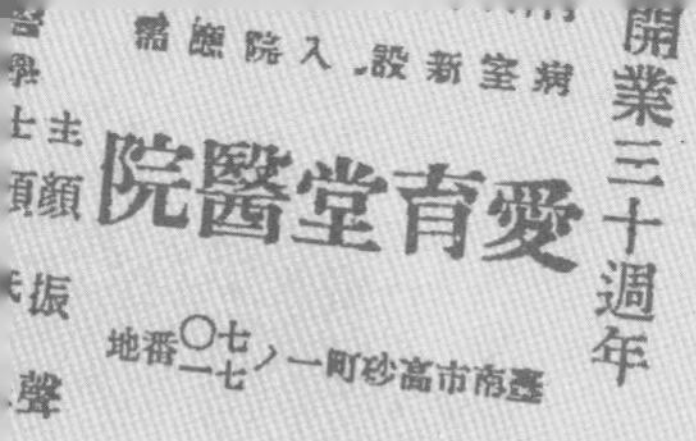


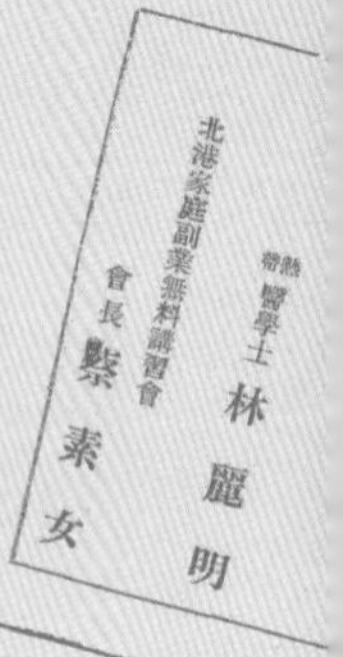


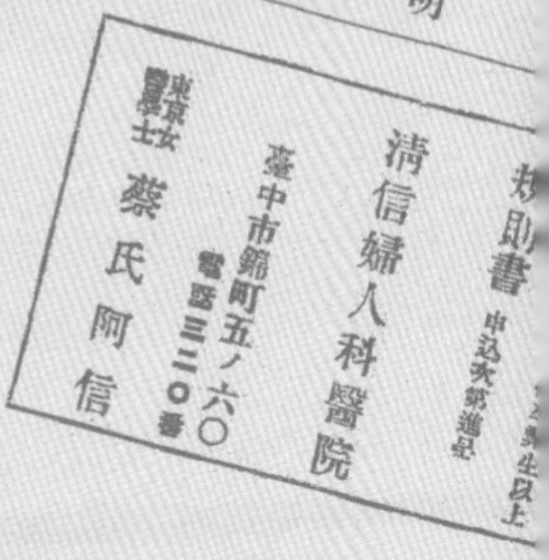


# 日本殖民下的她們

## 展現能力，引領臺灣女性就業的職場女先鋒

臺灣女性史研究權威

游鑑明——著

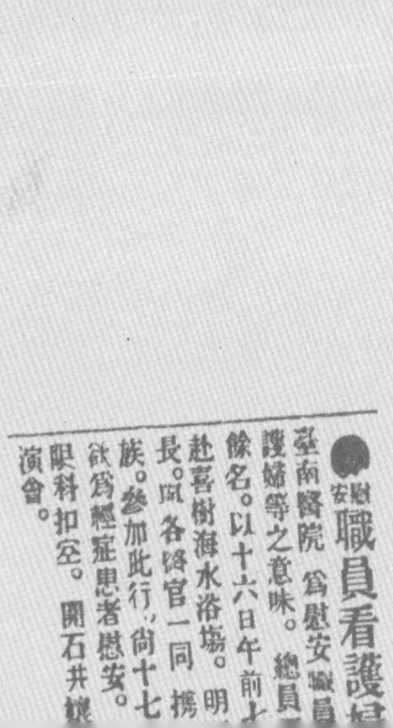

# CONTENTS


推薦序一　許序——有血有淚的女性史／許雪姬——011

推薦序二　手持火炬的開路阿嬤／謝金魚——013

自　序——015

導　論——臺灣何時有職業婦女？——019

殖民化與現代性——022

性別、階級與種族——025

為何要與她們對話？——028

第一章——女性就業環境的形成　033

①傳統女性勞動習慣的承傳——035

一、日治前後

二、日治時期

②總督府的政策與民間的倡導——044

一、廢除纏足

二、興辦女學

三、鼓勵就業
③ 女性態度的轉變——058
④ 職業結構的改變與新興職業的產生——065
⑤ 小結——074

## 第二章 —— 不讓鬚眉的女教員 078

① 女教員的來源與培養——085
一、附屬女學校的設置與代用教員的產生
二、高等女學校附設師資班
三、師資訓練機構的確立與師資訓練的多元化
② 女教員的人數、任用資格與薪資——102
一、女教員人數的成長
二、任用資格的取得與教員職稱的演變
三、差別待遇的薪資
③ 女教員的地理分布與職務異動——112
一、地理分布
二、職務異動
三、久任教職的女教員

# CONTENTS

④ 女教員的教學工作——125

一、教學活動

二、訓育活動

三、教員研習

四、教學態度

⑤ 女教員對教育、家庭、社會及其個人的影響——143

一、女教員對女子教育的示範作用

二、女教員對男性與家庭成員的影響

三、女教員角色地位的改變

⑥ 小結——167

## 第三章 超越群芳的女醫生 172

① 女醫生的產生——177

一、習醫的條件

二、嚴格的醫學教育

② 女醫生的出路與工作——191

一、醫院副手

二、自行開業

③ 女醫生的社會地位與影響——203
一、女醫生的高社會地位
二、醫生一職對個人、家庭及社會的影響
④ 小結——224

第四章——華麗轉身的產婆 228
① 產婆訓練的緣起——232
② 產婆訓練的開始與發展——237
一、大型醫院培養新式產婆
二、小型醫院對產婆的培養
三、傳統產婆參加地方講習
③ 產婆的職業化與接生工作——249
一、合格產婆資格的取得
二、合格產婆的人數與地理分布
三、合格產婆的類別
四、合格產婆的工作型態

# CONTENTS

④ 產婆的社會地位及其影響——263
一、產婆的社會地位
二、產婆一職對個人、家庭及社會的影響
⑤ 小結——279

第五章 堅忍謙恭的看護婦 282

① 近代護理人員的產生——287
一、公立醫院首開看護婦的培養
二、私立醫院加入看護婦的培育
② 近代護理教育的展開——298
一、日制醫院的護理教育
二、英制醫院的護理教育
③ 走入職場的看護婦與職務異動——307
一、看護婦的出路
二、看護婦的職務異動與離職
④ 護理工作的展開——318
一、醫院的護理工作

二、社區的護理工作
三、戰地的護理工作
⑤ **護理工作對個人、家庭及社會的影響**——331
一、菲薄待遇與罷工事件
二、工作影響看護婦的感情生活
三、看護婦對社會的貢獻
⑥ **小結**——345

## 第六章 自助助人的女工 350
① **女工的分布與徵用**——355
一、女工的分布
二、女工的任用資格
三、女工的徵用與訓練
② **工廠的管理**——370
一、工作時間與休假
二、工廠環境與保健設施
三、薪資待遇

CONTENTS

四、女工的教化
五、康樂與福利
③ 女工的離職與罷工——385
一、女工的離職
二、罷工運動的展開
④ 女工的角色地位及其影響——401
一、女工在家庭與工廠的地位
二、女工一職對個人、家庭及社會的影響
⑤ 小結——413
結論——發現與啟示 417
徵引書目——431
圖像來源——457

# 推薦序一

# 許序——有血有淚的女性史

中央研究院臺灣史研究所所長／**許雪姬**

近三十年來臺灣婦女史研究，游鑑明教授著其先鞭，她的博士論文〈日據時期的臺灣職業婦女〉研究，開拓了這個領域，到目前為止雖已有不少相關研究，如政治受難者女性及女性家屬；畢業於高女的新女性；左翼女性如謝雪紅、翁志堅；戰後女工研究；媳婦仔研究；從事花柳業者的女性……林林總總，但游教授的研究成果，仍是其中的翹楚。她針對女性教員、女醫生、產婆、看護婦、女工等職業婦女，進行研究取得重要的成果，她的業績，仍是往後女性研究不能忽視的先行研究。

在博論完成後，她以不同的語文改寫、發表多篇論文，之後不再專做臺灣婦女史，而轉入中國婦女史，包括體育史；她也籌得部分經費在近史所的支援下，編輯、引導《中國近代婦女史研究》出版，成為相當重要的研究女性之學刊。此次在臺灣商務印書館的鼓吹、國科會的支持下，再改寫博論，主要在於這本論文所寫的並未過時，亦即相關研究仍能照觀職業婦女的現象，實有出版的價值。本書作者刪除博論中的部分圖表，盡量清楚地融入正文，並修改艱澀難懂之處，成為平實易懂，符合現代讀者口味之書，又加了一些博論後出現的新史料，如照片、新聞報導，以增加本書的可讀性。她將本書取名為《日本殖民下的她們》，不再只服務學界，更期盼打開國內外一般讀者的市場，使婦女有血有淚、有聲有色的真人真事，躍然紙上，使她們的故事能被廣為周知。

這本書在二〇一九年開始進行，終於在今年殺青，改寫遠比撰寫來得困難，有超越原著的壓力，作者一一克服，終能問世，可喜可賀。本書除了導論、結論外，共有六章，有五十五幀圖片、重要表格六種，文字淺顯意賅，容易閱讀。

本書的特色之一是不僅利用相關檔案、出版品，也親自訪談多位職業婦女，出版口述歷史《走過兩個時代的臺灣職業婦女訪問紀錄》（一九九四），利己利人，此後作者亦在口述歷史學界中大放異彩。在本書中她謙虛地將她的成就，部分歸功於這些已作古的報導人，是不忘本的表現。

游鑑明教授是我政大的學姐也是我的同事。她大學畢業後先任教於臺東的國中，再入師大歷史所碩博士班就讀，在張玉法院士的督導下，完成博論。她有追求頂尖學術研究的宏願，對婦女研究情有獨鍾，長年專注於此，取得很高的成就。我每次看到她不方便的身子，燃著追求真理的眸子，只有「佩服」兩個字。

最後我向她恭喜此書的出版，也盼望她長保健康，晚年活得更精彩，謹序。

許雪姬　二〇二二年九月一日

推薦序二

# 手持火炬的開路阿嬤

歷史作家／**謝金魚**

幾年前，我在某個公司加班，發現廁所在防火門外，只有蹲式馬桶、也沒有求救鈴，對女性相當不友善，因此下班時跟保全大叔聊起這事，我說：「如果有人懷孕不方便蹲著，或者遇到什麼情況需要求救怎麼辦呢？」

保全大叔堅持說可以大叫、一定聽得到，又說：「我們大樓只有年輕妹妹跟歐巴桑，不會有孕婦啦！懷孕生小孩、帶小孩要怎麼工作？」

這性別不正確的發言像是從一百年前穿越而來，但幾年後我偶然查找政府就業資料時發現，臺灣女性只有五成的人有正職工作，扣除退休或者待業者，其餘大多數都選擇「在家工作」，或是家人的照顧者、全職主婦、或者協助經營家業（通常是夫家的家業）。換言之，臺灣雖然是亞洲女性就業比例最高的國家，但如果家人有需要，女性還是會自願或者被迫回歸家庭。

一百年後的今天尚且如此，一百年前的臺灣又是如何？我們的阿嬤或者祖嬤們在少女時代有過什麼樣的夢想？除了希望嫁好尪、子孫出狀元賺大錢之外，她們曾經有機會走出家庭、進入職場嗎？

游鑑明教授是近代中國與臺灣性別史的大家，《日本殖民下的她們》的前身是游教授的博士論文，所有研究性別史的學生應該都曾拜讀，受這本書啟發的論著在這二十餘年間持續開展，或許可以說，游教授當初種下一棵美麗的樹，如今長成了整片森林，重新增補、改寫後的書自然更為豐富。

這本書首先提出了一個問題「臺灣什麼時候開始出現職業婦女？」這是因為女性常常被當作家庭勞動力的一環而投入生產，這與獨立執業的職業婦女是兩種不一樣的型態。其次，要有獨立執業的能力，勢必需要一定程度的教育水準，我們大多知道日本殖民時代已有普及教育，但卻很常因此誤以為殖民政府鼓勵女性就業，其實未必如此。其三，透過訪談與資料對照，游教授明白地告訴我們，教育是一個家庭的重大投資，投資兒子都已經相當吃力，願意投資在女兒身上更是鳳毛麟角。

在這三重基礎上，讀者才能理解「職業婦女」在日治時代並不是想當就能當的事，要能在職場上出類拔萃，除了本身的才智與能力，需得家庭的支持，還要貴人相助，三者缺一不可。即便是三者兼具的天之驕女，日治時代的臺灣女人也不能隨意選擇職業，游教授將當時臺灣女性主要的職業明確地定義出醫生、看護婦、產婆、教員與女工這五類，一方面是材料有限，其他職業雖有特例卻未必能看出脈絡，另一方面我們也能看出這五類並非當時臺灣的傳統職業，或許正因為這些職業的「新」，更容易提供女性機會。

游教授的研究紮實深厚，行文卻明快易讀，即便不是學者，也能從這本書中看見日治時代職業婦女的群像，她們的每一步都來之不易，即便獲得成功，仍要面對「事業與家庭能否兼顧」的質疑，這些質疑直到今日也依然存在。

隔著一百年的時光，同樣身為職業婦女的游教授在另一頭細細地描繪著阿嬤們執業的身影，看完這本書，我似乎看見她們手持火炬走在前面，而我們拿著手電筒緊隨其後，即便越走越明，卻依然有暗影，期待有一天我們的女兒與孫女，可以與她們的男性同輩一樣走在光中。

# 自序

本書改寫自我的博士論文〈日據時期的臺灣職業婦女〉，我之所以改寫，是希望出版一本兼顧學術和大眾化的專書，因此本書與博論略有差異，刪去不少圖表，雖然是我花費不少時間歸納資料而製作成的圖表，但為提高本書的可讀性，我儘量簡化圖表或融入文中。另外，本書增加照片、新聞報導、徵才廣告與職業群的宣傳廣告，試圖讓全書具視覺效果，更重要的是，這類資料來自當時代的真人與她們的實物，讀者得以穿越時空、身入其境。

這本博論已經有二十七年歷史，而且博論完成前後，相關論文曾先後以中文、日文和英文發表在專書和期刊上。[1] 我問學生，它還有出版價值嗎？答案是肯定的，因國內外尚未有專書完整地討論臺灣職業婦女。我也問自己出版的意義何在？第一個答案是，博論終究是典藏在國家圖書館，能夠閱讀或運用這本博論的人僅限學界，一般閱聽者沒有機會去認識臺灣職業界的女先鋒；第二個答案是，這本論文引用許多文獻檔案、報紙期刊，多數史料已經由圖書館製作成資料庫，可供讀者查閱，但本文也蒐集不少口述史料，是來自職場女先鋒的回憶。因為她們，才讓本書不流於史料的堆砌，因為她們，也才讓職場女先鋒的歷史得以浮出地表；第三個答案是，出於我對受訪人的回饋。

口述史料是主訪和受訪人共同完成的成果。撰寫博論期間，我展開「光復前後臺灣職業婦女」系列訪問計畫，一共訪問七位跨越兩個時代的職業婦女，她們是臺灣職場的女先鋒，根據她們取得職業和就業過程為中心，我進行訪問、順利完成計畫，最後出版了《走過兩個時代的臺灣職業婦女訪問紀錄》。[2] 這本訪問紀錄是訪問其他職業女先鋒的基礎，例如，透過訪問紀錄中尹喜妹的援引，我得以訪問一群看護婦和產婆，再經由她們的介紹，擴大訪問對象；而其他職業群的訪問，也是由點而面的展開。

在雙向進行的訪問中，其實得利最多的是我，受訪的老人們無私地讓我分享她們的工作記憶，甚至提供我珍貴的照片與證書文件等資料，不求任何回報。目前這群職場的女先鋒已經凋零殆盡，出版專書就是要表達我無盡地感謝，不希望她們的歷史被封存在學術界，能廣及普羅大眾。

坦白說，我對博論的改寫原本沒有太多把握，因為作為全書軸心的文獻檔案，容易流於無趣枯澀，沿著軸心而開枝散葉的報刊、回憶錄、傳記、小說與口述史料，固然較為生動、有趣，但我對每個章節的鋪陳、文字的表述，還是斟酌再三。我承認自己沒有文學家的造詣，但有史學家的情懷，也因此改寫的時間一再延宕。二〇一九年，感激臺灣商務印書館前總編李進文給我打了強心針，讓我有信心去進行博論的調整與部分改寫，但次年五月二十九日右腿股骨再度骨折，改寫工程停擺將近三個月，就這樣停停寫寫，直到二〇二一年年底，我終於調整三分之二，遂請我同事陳建守審視〈不讓鬚眉的女教員〉這章，經由他向臺灣商務印書館現任總編張曉蕊推薦，這本專書終於得以問世。

成書期間，要致謝的人很多，此書不一一臚列，但對科技部贊助《日治時期的臺灣職業婦女》專書寫作計畫，我銘記在心。助理墜如敏在校對、整理圖表與徵引書目上的鉅細靡遺，以及臺灣商務印書館總編張曉蕊提供建議、主編何宣儀細心編輯，更是本書的最大功臣，我一併申謝。

1 游鑑明，〈日據時期公學校女教師的搖籃：臺北第三高等女學校（1897～1945）〉，賴澤涵主編，《臺灣光復初期歷史》，中央研究院中山人文社會科學研究所叢書（31）（臺北：中央研究院中山人文社會科學研究所，一九九三），頁三六五～四三五；游鑑明，〈日據時期公學校的臺籍女教師〉，國立臺灣大學歷史學系編，《日據時臺灣史國際學術研討會論文集》（臺北：臺灣大學歷史系，一九九三），頁五五九～六三三；游鑑明，〈日據時期臺灣的產婆〉，《近代中國婦女史研究》第一期（一九九三年六月），頁四九～八八；游鑑明，〈日據時期的臺籍護士〉，《中央研究院近代史研究所集刊》第二十三期上（一九九四年六月），頁三六七～四〇四；游鑑明著，金丸裕一譯，〈植民地期の台湾籍女医について〉，《歷史評論》第五三二期（一九九四年八月），頁五七～七四；游鑑明，〈日據時期的職業變遷與婦女地位〉《臺灣近代史：社會篇》（臺中：臺灣省文獻委員會，一九九五），頁一〇一～一三七；Yu Chien-ming, "Midwives During the Japanese Occupation"（翻譯自〈日據時期臺灣的產婆〉）, *Taiwan Studies: A Journal of Translations* (Gender in the Nei World), May 1996, pp. 6-48; 游鑑明著，中島敬譯，〈日本統治期台湾の女性と職業その変遷〉（翻譯自〈日據時期的職業變遷與婦女地位〉），《歷史評論》第六一二期（二〇〇一年四月），頁三四～四六；Yu Chien-ming, "The Colonial System, Female Medical Personnel and Their Social Status: Some Observations on the Japanese Colonial Period in Taiwan", Wei-hung Lin and Hsiao-chin Hsieh eds., *Gender, Culture and Society: Women's Studies in Taiwan* (Seoul:Ewha Womens University Press, 2005), pp. 339-388；游鑑明著，小川唯譯，〈日本統治期における台湾新女性のコロニアル・モダニティについて〉，早川紀代等編，《東アジアの国民国家形成とジェンダー女性像をめぐって》（東京：青木書店，二〇〇七），頁三三五～三七六；游鑑明著，坪田＝中西美貴譯，〈日本植民体制と台湾女性医療從事者〉，野村鮎子、成田静香編，《台湾女性研究の挑戦》（京都：人文書院，二〇一〇），頁一七三～一九九。

2 游鑑明，〈後記〉，游鑑明訪問、吳美慧等記錄，《走過兩個時代的臺灣職業婦女訪問紀錄》，中央研究院近代史研究所口述歷史叢書（52）（臺北：中央研究院近代史研究所，一九九四），頁二八四～二八五。

# 導論

## 臺灣何時有職業婦女？

一九三四年江亢虎訪問臺灣，曾注意到臺灣女性在職場上的活動與勤勞表現，他在《臺游追記》對公共汽車上的女售票員、製茶場中的女工，以及高雄高等女學校師生親執箕帚的每一幕都有著墨。[1]而中日戰後來臺的外省人更感到驚奇，當時的臺灣報紙，經常出現外省人對臺灣女性的各種描述與品評，其中臺灣的職業婦女深受輿論關注。[2]筆名「杏庭」的倪師壇對臺灣職場遍布女性的現象頗為讚賞：

1 江亢虎書中提到，他參觀製茶工廠，看到：「工場茶葉堆積如山，用女工數百人，揀選分類，再入地窖，烘焙使乾。」他又稱讚高雄高等女學校的師生：「是日適為大掃除日，師生均親執箕帚，幞頭跣足，操作如農家婦，可敬亦可愛也。」見江亢虎，《臺游追紀》（上海：中華書局，一九三五），頁一六、四二～四三、七四。

2 游鑑明，〈當外省人遇到臺灣女性：戰後臺灣報刊中的女性論述（1945～1949）〉，《中央研究院近代史研究所集刊》第四十七期（二〇〇五年三月），頁一六五～二二四。

> 以就業的普遍而論，臺灣婦女是值得自傲的。幾乎所有職業，都有婦女參加在裡面工作。她們一樣地幹公務員、教師、工人、店員、理髮師、售票員、車掌，一樣地營謀生活，服務社會。在各個職業崗位上，婦女們站〔占〕有（按：有為衍字）著與男子看齊，毫無愧色。[3]

當時這一類言論不僅出現在特定的文宣中，不同立場的報刊中也俯拾可見。其中擔任粗重工作的女性更讓論者印象深刻，例如站在高架上整修樓房的女工、赤裸上身下礦坑的採礦女。[4]

臺灣女性在職場上的普遍，不但讓論者佩服，還認為這是內地不少地方望塵莫及的，應該向臺灣婦女看齊。一九四七年七月刊於《臺灣新生報》的〈漫談臺灣女子〉一文，對臺灣婦女就業情形提出討論，作者發現，臺灣婦女熱衷工作，每個工作場所都有婦女的足跡，讀過書的女性甚至不在乎女傭或農婦一類的工作。[5] 筆名「震」則指出：

> 一般地說來，本地婦女所參加的職業範圍是很廣闊的，數字也是比國內其他城市高的多，舉凡政學、農工、商各界，都有大量的婦女在服務。[6]

同年十月，該報〈臺北婦女職業鳥瞰〉一文更指出，臺灣婦女就業的人數高過中國國內其他城市，並認為臺灣職業婦女的發達和活躍，足為全國模範。[7]〈臺灣的職業女郎〉一文甚至指出：「我們無論怎樣嫌恨日本，然這種迫使女子個個有職業的辦法總是合理的，是良好的。」[8]自稱是「臺灣女兒」的謝淨蓮，以個人的經驗指出：

由於戰爭的影響，男人都被徵兵，女人不得不自求經濟獨立，養活自己，於是這勞動的好習慣，便遺留下了。[9]

由上顯示，臺灣的職業婦女出現在中日戰爭結束前，也就是日本殖民政府造就了臺灣職業婦女。然而，儘管本書探究的現代化職業群來自日治時期，問題是，日治之前臺灣已有女性從事戶外工作，

---

3 杏庭，〈一個光明面——談臺灣婦女的前途〉，《公論報》第一三二號，一九四八年三月八日，第四版。

4 秋祥，〈值得你敬愛的臺灣婦女〉，《臺灣春秋》新年號（一九四九年一月），頁二四；朱唇，〈有的賣色相、有的靠技術：婦女職業的形形色色〉，《華報》第二六號，一九四八年十二月十五日，第三版。

5 白莎，〈漫談臺灣女子〉，《臺灣新生報》第六三九號，一九四七年七月二十六日，頁五。

6 震，〈臺北婦女職業鳥瞰〉，《臺灣新生報》第七一六號，一九四七年十月十二日，第五版。獨木也認為，「有一個別個地方也望塵不及的現象，那就是她們都有『職業感』，踴躍的追求職業，參加每一部門的工作。」獨木，〈解脫那無形的鎖鏈〉，《中華日報》第四四五號，一九四七年五月十九日，第四版。提出這些觀點的論者，還包括姚筠，〈怎樣做一個職業婦女〉，《臺灣新生報》第九〇八號，一九四八年四月二十五日，第八版；寶寶，〈如何解放臺灣婦女〉，《臺灣新生報》第八八〇號，一九四八年三月二十八日，第四版；陸志鴻，〈從婦女職業說到臺灣婦女〉，《臺灣新生報》第八六〇號，一九四八年三月八日，第八版。

7 震，〈臺北婦女職業鳥瞰〉，頁二。

8 冬陽，〈臺灣的職業女郎〉，《臺灣之聲》九月號（一九四七年九月），頁一九。

9 謝淨蓮，〈臺灣婦女〉，《中華日報》第一〇九二號，一九四九年三月八日，第六版。

她們的勞動習慣是否促成職業婦女的產生？另外，要讓臺灣女性從家庭走向職場，必須翻轉她們固有的生活作息，並非一蹴即成，殖民政府如何營造就業環境、激發臺灣女性走入職場？臺灣的社會領導階層與婦女又有何種反應？

本書的第一章「女性就業環境的形成」便探索這些問題。首先追溯日治以前臺灣婦女的勞動情形，這時期臺灣曾出現移墾社會，特殊的社會環境讓部分臺灣婦女必須外出勞動，她們的工作性質固然與現代職業婦女的外出就業不同，而勞動習慣與勞動生產方式，其實是具承續性，多少影響了日治時期臺灣婦女走進職場。其次，討論殖民政府如何建構職業氛圍。對殖民政府來說，要讓臺灣女性具備就業條件，必須先廢除牽制女性行動自由的纏足習俗，其次是增長知識，於是殖民政府進行廢纏足與興女學的同化婦女工作，推動二者之後，為增加人力資源，殖民政府倡導婦女就業。在這一連串過程中，殖民政府並非單打獨鬥，臺灣的社會菁英也參與勸導，但官方與民間如何行動一致？面對可能因就業而對立的性別與種族難題，她們的看法如何？本章接著觀察婦女的回應。當臺灣女性走出家庭進入職場後，她們如何因應巨變？她們的改變是否影響其他婦女？本章也關注因應不同時空的影響，職業結構出現何種變遷？婦女期望的職業是什麼？職業市場能否配合開放？

## 殖民化與現代性

日本在臺灣進行五十一年的殖民統治，這長達半世紀期間，臺灣面臨重大變局，一向處在邊緣地位的臺灣女性更是受到巨大衝擊，和臺灣男性一樣，日本殖民政府以文明國家的姿態要求她們接受改造，轉型成具有日本國民性格的新臺灣人。對不少被殖民的非西方地區而言，殖民化、西化或現代化並無太大的區別，因為在這些國家的現代化過程中，殖民政府是以這三種手段對殖民地進行統治。[10]其實，臺灣女性接受西方的現代化並不始於日治時期，早在十七世紀，荷蘭便以殖民者的姿態在臺灣從事現代化的開發，由於開發的地區和時間有限，影響不大。接著是清末，提供現代化的是，來自西方的基督教傳教士，但當時接受現代化的臺灣女性僅是少數人，直到日治時期女性現代性的層面才逐漸普及。日本對臺灣的現代化不純粹是全盤的西化，其本土經驗也隨著殖民政府移入臺灣，因此日本殖民政府的現代性政策是西化和同化的混合體。

過去學者對現代化多採肯定的說法，並認為現代化為西方世界帶來重要的貢獻，但當現代性的各種負面現象接二連三地出現時，人們對現代性產生迷思，而後現代主義與後殖民主義的興起，更衝擊了現代化的理論。其中從事亞洲研究的美國學者也對殖民地的現代性問題進行反思，例如白露（Tani Barlow）提出以「殖民現代性（Colonial modernity）」的概念考察東亞地區的現代性問題，[11]其後臺灣和韓國的學者也以「殖民現代性」來觀察日本殖民時期的各類議題。[12]

10 例如英國統治下的印度、新加坡、香港、馬來西亞等，荷蘭、西班牙、日本統治下的臺灣，荷蘭統治下的印尼，西班牙、美國統治下的菲律賓。黃瑞祺，《現代與後現代》（臺北：巨流圖書公司，二〇〇〇），頁三三。

11 張隆志，〈殖民現代性分析與臺灣近代史研究：本土史學史與方法論芻議〉，若林正丈、吳密察主編，《跨界的臺灣史研究：與東亞史的交錯》（臺北：播種者文化有限公司，二〇〇四），頁一四八～一五二。

12 若林正丈、吳密察主編，《跨界的臺灣史研究：與東亞史的交錯》。

雖然沒有專文探討臺灣女性與殖民現代性的關係，研究日治時期臺灣女性史的學者多少曾思考過這個問題，一九八八年，我在《日據時期臺灣的女子教育》書中提到殖民政府的女子教育政策為臺灣塑造了新女性，也指出了殖民政策的不公平措施影響女子教育的發展。[13]然而，只把研究的重點放在殖民者的態度上是無法釐清問題，在現代化的過程中，女性主體與國家、社會文化之間共構成多層關係，女性與現代性之間充滿糾結，她們經常陷入各種困境。在〈是補充歷史抑或改寫歷史？近廿五年來臺灣地區的近代中國與臺灣婦女史研究〉一文，我曾就我自己以及女性史學者的研究揭開其中的矛盾。[14]而作為被殖民的臺灣女性，她們面對的問題更加複雜，除從殖民政策切入觀察之外，我也透過臺灣的社會文化這個視角進行考察，結果我發現臺灣的傳統習俗、經濟因素與傳統禮教觀念同樣牽絆著臺灣女性的現代化。從事日治時期臺灣新女性研究的洪郁如也證實了這些看法，並提出「家父長制」對新女性的限制。[15]因此，本書試圖進一步檢視臺灣職業女性與殖民現代性的關係，透過臺灣女性與殖民者、本土社會、文化、經濟的矛盾現象，一方面討論臺灣職業婦女是如何走上現代化，並檢視臺灣職業婦女的現代性特徵；另一方面則思辨殖民現代性對職場新女性的侷限。

臺灣的殖民化和現代化是由殖民者啟動，但不能完全歸功殖民政府，臺灣社會領導階層的態度也是關鍵。殖民政府統治初期雖然對臺灣的風土民情進行各種調查，對如何改變臺灣的固有習俗則無從下手，也不敢貿然實施，除採用彈性策略應變之外，主要是拉攏臺灣的社會領導階層。社會領導階層向來在地方深具影響力，不但為地方進行教化或建設等工作，還扮演著中央與地方的中介角色，讓政令易於流布。臺灣社會領導對地方的潛在影響，讓臺灣的現代化過程不是單向的運作，而是政府與民間的彼此互動以及性別間的桴鼓相應，從而為女性形塑新形象。現代化研究學者曾提出十項「個人現代性」的特徵，本書選擇參與、雄心壯志、地理活動、消費取向四項，作為觀察日治時期臺灣職業婦女現代性的指標。[16] 然而，無論在推動或接受現代化的殖民政府、臺灣社會菁英或臺灣職業婦女，都不乏出現矛盾。有關這些現象將在第二到第六章中逐一分析。

## 性別、階級與種族

本書的第二到第六章是全書的軸心，主要探究臺灣職場的女先鋒：女教員、女醫生、產婆、看護婦、女工，除殖民化與現代性之外，性別、階級與種族也在這五章中流動。

西方婦女史研究主要植基於女性主義或婦女運動，臺灣的婦女史研究者強調研究應中立、客觀，

13　游鑑明，《日據時期臺灣的女子教育》，國立臺灣師範大學歷史研究所專刊（20）（臺北：國立臺灣師範大學歷史研究所，一九八八），頁二五四；吳文星，《日據時期臺灣師範教育之研究》，國立臺灣師範大學歷史研究所專刊（8）（臺北：國立臺灣師範大學歷史研究所，一九八三），頁二二九～二三五。

14　游鑑明，〈是補充歷史抑或改寫歷史？近廿五年來臺灣地區的近代中國與臺灣婦女史研究〉，《近代中國婦女史研究》第十三期（二〇〇五年十二月），頁六五～一〇五。

15　洪郁如，《近代臺灣女性史：日本の殖民統治と「新女性」の誕生》（東京：勁草書房，二〇〇一），頁二六〇～二六二。

16　包括參與、同理心、雄心壯志、個人主義、世俗主義、平等主義、訊息靈通、消費取向、都市偏好和地理流動。黃瑞祺，《現代與後現代》，頁二三。

不受各種主義或運動牽制，著力於史料的爬梳。近年來後殖民和後現代主義相繼傳入，史學界開始對何謂客觀研究產生懷疑，再者，學者對女性主義的概念有進一步的認識，逐漸試圖跳脫原本的研究框架。在眾多的女性主義觀點中，瓊．史考特（Joan Scott）的「性別」（gender）理論不以女性為唯一研究對象，關注社會的各種權力關係，而且「社會性別」概念不只適用於婦女歷史，也能運用在其他專史上，作為分析的範疇，於是「性別」理論被廣泛引用，並成為主流話語。「性別」論者指出婦女史並不是以讚揚婦女的成就為目的，而是為了突出男性與女性之間的關係在歷史上的作用。[17] 這項觀點寬闊了婦女史的研究，讓婦女的歷史不限於婦女本身，而是如何與周邊環境、人物，乃至世界互動，以及互動之後的多元變化。

對本書來說，臺灣職業婦女在職業取得和就業過程面臨錯綜複雜的問題，不僅需要透過性別權力關係、性別差異進行分析，還要注意職業群的階級變化，以及殖民政府帶來的種族歧視。就職業的取得，任何職業的產生與國家政策、經濟發展與社會需求有關，而在殖民政府統治下，國家政策的主導性更高。日治時期為配合政策而開放給臺灣婦女的職業有那些？當時不少職業必須經過職前訓練，才有就業機會，但接受訓練需要具備何種條件？訓練結束後是否就具備就業資格或工作執照？在爭取職業的過程中，家世背景或教育資歷是否影響就業？在就業過程上，為求工作表現，同一行業曾否出現同性與異性的競爭？二者如何化解競爭？除了工作方式不同之外，性別或種族的差異是否影響薪資待遇？臺灣職業婦女如何因應偏頗不公的待遇？她們可曾發動勞工運動？是出於自發或被動？社會領導階層如何看待此一問題？殖民政府的反應又如何？

上述提問，我將在第二到第六章穿梭討論。另外，工作讓女性有機會吸取新知，致而影響她們的思想價值和行為規範，是否也改變女性的生活空間？她們和異性的互動又如何？過去認為女性以家為生活空間，除了家人、親戚之外，幾無社交網絡，但研究臺灣與中國婦女史的西方學者，顛覆了這種說法。早在一九七二年，美國人類學家瑪潔麗．沃爾夫（Margery Wolf）進行臺灣三峽等地農村女性研究時，便提出臺灣女性在家庭外活動，對家庭和丈夫有重要影響的說法。[18] 韓起瀾（Emily Honig）則從上海女工的生活中，探知女工因工作關係和參與姐妹會，發展出姐妹情誼，且因此凝聚了罷工的力量。[19] 本書也從職業婦女的社群網絡與工作之外的活動，觀察其中變化，還有她們和同性或異性如何建立新的關係。針對社交方式的改變，我進一步分析她們的家庭婚姻觀，是否勇於接受自主婚姻還是選擇傳統的擇偶方式？根據竹越與三郎的觀察，臺灣婦女向來在家中具有較高的主權。[20] 那麼，女性就業後，她們的影響力是否不僅限於家庭，也包括其他人或社會大眾？而且是否超越性別？這對女性個人或社會帶來何種意義？重要的是，誰彰顯職業女性的能見度？除了殖民政府、臺灣社會菁英階層、女性本身之外，當時報刊媒體的報導與廣告，都不能忽視。

17 王晴佳、古偉瀛，《後現代與歷史學：中西比較》（臺北：巨流圖書公司，二〇〇〇），頁八七～八八。

18 Margrey Wolf, *Women and the Family in Rural Taiwan* (Stanford, California: Stanford University. Press, 1972), pp. 38-41.

19 Emily Honig, *Sisters and Strangers: Women in Shanghai Cotton Mills, 1919-1949* (Stanford, California: Stanford University. Press, 1986), pp. 209-217.

20 竹越與三郎，《臺灣統治志》（東京：博文館，一九〇九），頁五〇四～五〇五。

在《當二十世紀中國女性遇到媒體》書中，我指出，二十世紀中國女性開始拋頭露面後，人們對她們的行為舉止充滿好奇，其中女學生是最早受到注意的群體，報刊反映了人們對女學生的看法，從報導到論評，無奇不有。事實上，媒體矚目的不只是女學生，凡是經常在大庭廣眾現身的女性都成為媒體捕捉的焦點，且以不同方式呈現，包括專論、一般短文、小說、戲劇、讀者信箱、漫畫、圖像、廣告等等。[21] 在殖民政府控制下，臺灣報刊媒體固然無法充分展現自主思想，但面對臺灣職場的女先鋒，媒體仍有各種報導與描繪。有意思的是，部分職業女性試圖與同性、異性乃至異族較量，她們利用報紙的廣告欄推銷自己的專業，且招攬顧客。因此成為職業女性，有機會超越性別、階級與種族，開創自己的家庭與社會空間，甚至改變地位。

## 為何要與她們對話？

婦女史資料零散難得，職業婦女的史料也得之不易，特別是關於職業婦女的生活史，更是滄海一粟，研究者必須盡情蒐集。本書採用的史料，除官方檔案、公報、年鑑、統計資料之外，還有學校、醫院、工廠、同學會等出版品，報紙、期刊更是廣泛引用。人物誌、職員錄、回憶錄、傳記、小說等史料，也沒有偏廢，小說主要選擇與真實人物有關的作品，例如《浪淘沙》書中主角之一的「丘雅信」，就是日治時期臺灣女醫師蔡阿信的化名，該書作者根據蔡阿信的英文回憶錄與口述訪問撰寫而成，因此可信度較高。

本書另一個重要史料是問卷調查和口述歷史。年鑑學派（The Annales School）、後現代主義

（postmodernism）與後殖民主義（postcolonialism）陸續興起後，一種由下而上、關心尋常百姓或不同地區歷史的書寫方式逐漸成形，也帶來由大寫歷史（History）轉向小歷史（little history）、微觀史（microhistory）的研究趨勢，口述歷史是其中一種。[22] 葉漢明曾強調口述歷史能浮現婦女的主體性，且指出口述史的撰述不僅挑戰主流歷史，也有助於性別平等觀的的建立、社會公義的爭取以及女界強化自身力量的訴求。[23] 葉漢明針對我的《走過兩個時代的臺灣職業婦女訪問紀錄》[24] 一書，表示這是展示婦女與歷史時代關係的重要素材，也認為這類臺灣本土婦女口述素材，有助於發掘婦女的主體性。[25]

追尋女性主體性一直是我研究婦女與性別史的目的，其中口述史料占著重要位置。在《日據時期臺灣的女子教育》中，我曾對日治時期的四十位女性進行口述訪問或簡單的問卷調查，而在從事日治時期臺灣的職業婦女時，我鋪陳了更多的口述史料。《走過兩個時代的臺灣職業婦女訪問紀錄》便是本書的重要史料，此外，本書還採用六十一份口述訪問紀錄。由於本書研究的職業群，到中日戰後繼續

21 游鑑明，《當二十世紀中國女性遇到媒體》（臺北：五南出版股份有限公司，二〇一七），頁一～二。

22 游鑑明，《她們的聲音：從近代中國女性的歷史記憶談起》（成都：四川人民出版社，二〇二〇），頁四〇。

23 葉漢明，〈口述史料與婦女研究：從《走過兩個時代的臺灣婦女訪問紀錄》說起〉，葉漢明編著，《主體的追尋：中國婦女史研究析論》，亞洲學術文庫13（香港：香港教育圖書公司，一九九九），頁三二八。

24 游鑑明訪問、吳美慧等記錄，《走過兩個時代的臺灣職業婦女訪問紀錄》，中央研究院近代史研究所口述歷史叢書（52）（臺北：中央研究院近代史研究所，一九九四）。

25 葉漢明，〈口述史料與婦女研究：從《走過兩個時代的臺灣婦女訪問紀錄》說起〉，頁三三六～三三七。

承傳，且設有公會或組織，在受訪人相互援引下，我不但做個別訪問，也對同一行業進行群體訪問，如女教員、產婆和看護婦。我的訪問的方式，除直接採訪之外，有的是先做問卷調查再訪問，還有是電話訪問。訪問對象以曾就業的女性為主，也訪問與受訪者相關的人物，且不分性別。

我之所以和受訪人對話，是因為我發現，與當時代的職業女性對話，不僅能和檔案文獻的資料交叉比對，還能進一步觀察到這群職業婦女取得工作的過程、就業狀況、工作表現，以及她們與不同性別和異族在職場上的各種權力關係，例如，當時要成為產婆或看護婦，需要接受養成機構培訓，但報名的人很多，競爭十分激烈，報紙也以「入學難」報導相關消息，經由當時人的口述，我得以進一步檢證，報名人數與錄取人數是否差距甚大，而受訪人指出入學考試存在著種族差異，更是殖民政府留下的文獻檔案所無法顯現的。此外，在就業狀況上，統計資料顯示，女教員、看護婦或女工的服務年資多半不長，但看不出她們何以經常異動或無法久任，口述訪問卻清楚地勾勒出其中原因。

張玉法強調，在芸芸眾生的歷史中，有形的史料最缺乏家庭生活史、社會生活史和女性史，需要藉助口述歷史的方法來研究。[26] 因此，職業女性工作之外的婚姻生活、家庭關係或價值觀，需要藉由口述訪問而浮現。就婚姻來說，根據日治時期的報刊記載，臺灣職業女性的婚姻既有媒妁之言、自由戀愛，也有失婚或離婚，當時人的口述則進一步呈現她們對婚姻的多元選擇。更重要的是，長期以來，僵化的性別規範讓男性享有高度的社會權力，也賦予他們社會責任和養家活口的任務，但透過就業機會，職業婦女不但擴大人際關係，甚至改變在家庭與社會的地位，女性同樣在養家活口。另外，由於工作讓職業婦女學習到專業之外的新觀念、新技術，她們甚至把現代化與流行時尚帶入自己和家人的生活中。而這些貼近實際生活的課題，唯有透過口述訪問才可以找到答案。

無可否認的，與當時職業婦女的對話，最大的貢獻是補充文獻資料的不足，還深化本書的內容。必須一提的是，《走過兩個時代的臺灣職業婦女訪問紀錄》是第一本以臺灣職業婦女為主題的訪問紀錄，本書主要與這本訪問紀錄中的受訪人及另六十一位受訪人對話，此後相關的訪問紀錄雖然陸續出版，但我沒有參酌這批訪問紀錄。[27]因為我認為唯有與當時人實際互動、對話，才能掌握口述的真偽，何況我是根據個人蒐集的檔案文獻，讓她們回到當年的歷史情境。令我感動的是，在彼此互信下，受訪人陳述檔案文獻看不到的歷史，包括她們在職場與婚姻家庭中的私密，也提供就學時的紀念冊、私人寫真或職場的珍貴照片等，我發現照片幫助她們回憶，也佐證她們的述說。我們都知道，口述史料可能因為受訪人記憶的斷裂、不足或誇張，而出現虛構、不確定，老照片正可以填補這項缺憾。在訪問文字與照片交融下，訪問內容更具歷史價值，因此本書運用了不少受訪人的照片。

透過以上四個議題，本書探討女教員[28]、女醫生、產婆、看護婦、女工等五種職業的女先鋒，需要說明的是，這群女先鋒都出現在日治時期，因此本書採用當時的稱謂，而不是當前的稱呼。

---

26 張玉法，〈張序〉，游鑑明，《傾聽她們的聲音：女性口述歷史的方法與口述史料的運用》（臺北：左岸文化事業有限公司，二〇〇二），頁五。

27 許雪姬、林文鎮主編，《澎湖早期的職業婦女——醫師與教師》，澎湖縣文化資產叢書（101），「口述歷史採集專輯」（澎湖：澎湖縣文化局，二〇〇三）；許雪姬等訪問，吳美慧等記錄，《一輩子針線，一甲子教學：施素筠女士訪問紀錄》，口述歷史專刊9（臺北：中央研究院臺灣史研究所，二〇一四）；宋錦秀，《日治臺中婦女的生活》，中縣口述史專著叢書第六輯（豐原：臺中縣市立文化中心，二〇〇〇）。

28 因為資料與人數不多，「女教員」這章將以公學校女教員為主軸，不討論任教高等女學校與幼稚園的女教員。

# 第一章

# 女性就業環境的形成

臺灣早期便有女性從事家內或戶外生產活動，但絕大多數的女性則深居簡出，所以要讓女性走出家庭、進入社會工作，必須突破各種束縛和障礙，重要的是，社會是否為女性提供就業環境？女性進入職場後，又如何脫穎而出成為職場的女先鋒？後半問題，會陸續在第二到第六章討論，本章則聚焦在女性就業環境是如何形成？並鋪陳職業女性出場的歷史背景。

有別於傳統時期打零工或按件計酬的工作，臺灣現代化職場的產生，是在日本殖民臺灣時期。回顧日本殖民政府統治臺灣的五十一年間，臺灣不僅在政治上有重大的改變，經濟、社會與文化也隨著產生變遷，其實這段時間全世界都在轉型中，同時帶動臺灣各層面的變遷。其中與經濟有關的就業環境便有相當大的改變，有不少就業空間、就業人口或職業項目從零到多元。

在這樣的氛圍下，一向處在邊陲地位的臺灣女性，也有機會進入殖民政府營造的職場，甚至是男性主控的職場。令我好奇的是，臺灣傳統女性的勞動型態是否對女性走入現代化職場有所助益？其次，傳統社會原本就對女性的行動有諸多束縛，她們之能外出就業，主要來自日本殖民政府與臺灣的社會領導階層，他們採用何種措施去解除女性的束縛？對女性進入職場又抱持何種態度？他們支持女性就業的理由又何在？再次，女性解除束縛後有何反應？對她們走入職場是否有幫助？最後，我從職業結構的改變與新興職業的產生，檢視臺灣女性的職業取向與就業態度。

# 1 傳統女性勞動習慣的承傳

一般刻板印象，認為中國傳統兩性於經濟上的活動限於「男耕女織」，或甚至視女性不事生產。事實上就史料記載，受各地不同經濟條件、地理環境與文化習俗的影響，有些地區的女性在經濟上的活動是多元的，《清稗類鈔》農耕類〈男女並耕〉一文中記載著：

……男女並耕之俗，廣東、廣西、福建最多，江蘇、浙江、江西安徽亦有之，且有見之於湖南者，蓋其地婦女皆天足也，常日徒跣，無異男子，也或視女為廢物，謂其徒手垂食者，實讏言耳。[1]

女性經濟活動的多元性說法，已經普遍受到學者認同。[2] 不過，嚴格而言，上層家庭的女性並不

1 徐珂，《清稗類鈔》（臺北：臺灣商務印書館，一九八三年影印本），頁五。

2 李又寧，〈傳統對於近代中國婦女的影響〉，中華民國建國史討論集編輯委員會編，《中華民國建國史討論集》第二冊（臺北：中華民國建國史討論集編輯委員會，一九八一），頁二五八。

參與勞動性的生產活動，從事多元經濟生產的女性主要來自農村或貧困家庭，日治以前的臺灣女性便是典型的代表。

## 一、日治前後

明鄭時期，閩粵地區的民眾移入臺灣，他們在澎湖、安平、淡水和基隆等地進行移墾工作，且向其他地區發展。清政府治臺，臺灣政局趨於穩定之後，臺灣的開墾事業加速擴展，同時吸引更多的墾戶進入臺灣，但在一七四六年（乾隆十一年）以前，受不准攜眷入臺禁令的影響，墾民以男性為主，一七二八年（雍正六年）藍鼎元的奏摺中寫道：

> 統計臺灣一府，惟中路臺邑所屬，有夫妻子女之人民，自北路諸羅、彰化以上，淡水、雞籠山後千有餘里，通共婦女不及數百人；南部鳳山、新園、瑯嶠以下四五百里，婦女亦不及數百人。[3]

女性偏少的現象直至一七四六年禁令解除才改善，此後不斷有閩粵地區的女性遷入。而這時期移入臺灣的女性不是官家眷屬，便是墾民家眷，由於這兩類女性的家世背景顯著的不同，她們的生活型態呈現極大的差距，毋可否認的，出自官家女性無需承擔經濟生產工作，來自墾戶的女性則多半需與男性胼手胝足地進行開墾工作。[4]即使是移墾時期結束，居住於海陬山邊的女性因生活困苦，仍繼續這一類的經濟生產活動。

這段期間，女性所從事的經濟活動，大體可分成農業體力勞動與非農業體力勞動兩種，從事農業體力勞動的女性多為未纏足的女性，並以客家女性與澎湖女性占多數，茲舉數例如下：

漳泉婦女大都纏足。……而粵人則否，耕田力役，無異男子，平日且多跣足。粵籍業農，群處山中，其風儉樸。……俗不著裙，富家亦然，以其便於操作也。[5]

澎湖之人無田可耕、無山可樵，以海為田、以漁為利，以舟楫網罟為生活。……種地瓜以佐粒食，鋤細草以當薪，晒牛糞以炊爨。出作入息，婦女共之。[6]

澎民男有耕，而女無織。一切種植，男女並力，而女更勞於男。蓋男人僅犁耙反土，其餘栽種耘耨，多由女人任之。諺云：澎湖女人臺灣牛，皆言其勞苦過甚也。[7]

3 藍鼎元，〈經理臺灣疏〉，藍鼎元著，臺灣銀行經濟研究室編，《平臺紀略》，臺灣文獻叢刊第十四種（臺北：臺灣銀行經濟研究室，一九五八），頁六七。

4 卓意雯，《清代臺灣婦女的生活》（臺北：自立晚報社文化出版部，一九九三），頁六七。

5 〈風俗志（衣服）〉，連橫，《臺灣通史》卷二三（臺北：臺灣書店，一九五五年重印本），頁四六三。

6 〈輿地志（風俗）〉，陳文達著，臺灣銀行經濟研究室編，《臺灣縣志》卷一，臺灣文獻叢刊第一〇三種（臺北：臺灣銀行經濟研究室，一九六一），頁五七。

7 同上註。

其中獨力持家的寡婦特別勤於勞動，澎湖廳志的節孝烈女傳中，有不少這類記載，例如：「氏（洪然娘）艱辛撫孤，力操耕鋤，晝夜勤勞不解。」「氏（陳謹娘）食貧撫孤，採茶拾穗，十指艱辛，日夜無少息。」「氏（呂參娘）為人傭耕、採薪、拾穗奉姑終老。」「（陳富娘）十指勤勞，不辭艱瘁，上山採拾度活，不妄取人一物。」[8]

一八九六年，日本近衛師團軍醫部部長木村達的《征臺衛生彙報》中也記載，沿新竹一帶的臺灣女性和男子一樣搬運貨物與工作，而且在炎炎夏日下行走如常，[9] 充分顯示臺灣未纏足女性勤於勞動的一面。

至於纏足女性因行動欠便，較少從事戶外勞動工作，但仍有女性從事農耕。纏足女性勤於耕種多半是因經濟所迫，例如臺灣人松場敬也的祖父喜好吸食鴉片而不管家業，一家生計全由纏足的祖母承擔，因此祖母必須忍受纏足的不便，早出晚歸地在荒地開墾耕種。[10] 但也有如杜聰明的母親因纏足不深，可以與杜家族內女性一起至農地採收落花生。[11] 另或如彰化寡婦賴廖氏為防媒人提親，不僅故意放足，且「蓬頭犢鼻，與子耕稼於隴畔，入井臼而耘耡，日芻牧而夜紡織」。[12]

除了從事耕田力役等粗重工作之外，有更多的女性

圖 1　養豬農婦

參與非農業體力的勞動，最常見的是女紅一類的工作，由於此期臺灣女性不事紡織，刺繡、做鞋、造花或編草蓆成為臺灣女性的特長，另外則有養豬、揀茶、舂米、裱紙、洗衣等活動。[13] 由於上述生產活動主要在室內或居家附近進行，而且多半不費腳力，因此不僅有大量女性參與，且有不少纏足女性參與，圖 1 中的養豬農婦，就是纏腳女性，而佐倉孫三的〈撰茶婦〉一文也有如下記載：

圖 2　採茶男女工

8 詳見〈人物（節孝）〉，林豪著，臺灣銀行經濟研究室編，《澎湖廳志》卷九，臺灣文獻叢刊第一六四種（臺北：臺灣銀行經濟研究室，一九六三），頁二五九～三〇一。

9 木村達編，《征臺衛生彙報》（東京：近衛師團軍醫部，一八九六），頁四六～四七。

10 松場敬也，〈私の祖母〉，《民俗臺灣》第四卷第八號（一九四四年八月），頁一三～一四。

11 杜聰明著，張玉法、張瑞德主編，《回憶錄》（上），中國現代自傳叢書第一輯：八（臺北：龍文出版社股份有限公司，一九八九），頁二。

12 吳德功輯，臺灣銀行經濟研究室編，《彰化節孝冊》，臺灣文獻叢刊第一〇八種（臺北：臺灣銀行經濟研究室，一九六一），頁三〇～三一。

13 〈工藝志（紡織）〉，連橫，《臺灣通史》卷二六，頁四九〇～四九二。

……每朝三三五五追隊，蓮步入茶房，坐小榻撰之，多則五六十人，少則二三十人，有小艾、有老女，皆花裝柳態，紅綠相半，實為奇觀。[14]

## 二、日治時期

一八九五年，日本人統治臺灣，臺灣女性勞動的習慣繼續承傳下來，女性除下田耕作、操持家務、侍奉公婆、哺育子女之外，有時還得出外謀生，充分表現勤儉耐勞的一面。[15] 這方面的記載在當代人的小說、回憶錄、自傳或口述訪問中屢見不鮮。事實上，女性的勤勞活動對家庭生計有很大幫助。一九〇〇年《臺灣日日新報》以〈生女勿悲〉一文，指出臺灣女性在經濟上的貢獻，該報載道：

……如本島女子恆贅婿在家，其女多為人負荷，與御輕便車，每日得金常多于男子，朝出暮入，得金以養其親，吾故曰生女勿悲也。[16]

圖 3　在大濁水溪附近刨樟木的婦人

圖 4　臺中州編帽女性

日本殖民政府提倡家庭副業，並進行放足運動之後，臺灣女性在生產活動上的表現更為活躍，報紙曾記載：「婦女解纏，操作自由，能補助生計，不論農工力役，利益不少。」[17]再加上食品加工業、手工業的興起與各種工程的開工，提供女性更多勞動的機會，例如栽蔗除草、挑土運砂、編製草帽或養蠶飼畜等。[18]

參與工作的女性無年齡區別，為了賺取家計，不少學齡女童也參與生產工作，苗栗沿海地區女性盛行編製大甲帽和大甲蓆，幾乎每戶人家的女兒自小便開始學習這項技藝。由於編帽蓆每月可賺二日圓，到學校讀書需繳五十錢，在女學初辦時，這些地區的女童就學率偏低。[19]另外，紙帽大量外銷之際，製造紙帽的收入相當可觀，又可在家編製，也吸引大批女性投入該副業。以紙帽最盛行的新竹州為例，一九三七年該州計有百分之二十三點五一的女性從事編帽工作，其中後龍庄的女性從業者達百

14 佐倉孫三，《臺風雜記》（東京：國光社，一九〇四），頁三五。

15 許俊雅，〈日據時期臺灣小說中的婦女問題〉，許俊雅，《臺灣文學論：從現代到當代》（臺北：南天書局，一九九七），頁二九～六〇。

16 〈生女勿悲〉，《臺灣日日新報》第五六一號，一九〇〇年三月十七日，漢文欄，第四版。

17 〈婦女勞働〉，《臺灣日日新報》第七二八四號，一九二〇年九月十八日，漢文欄，第六版。

18 同上註。

19 岡本要八郎，〈苗栗と南投〉，《臺灣教育會雜誌》第七三號（一九〇八年四月二十五日），頁三三；〈紙帽影響女學〉，《臺灣日日新報》第五九七六號，一九一七年二月十八日，漢文欄，第六版。

分之六十五點零六，而新竹市內也有百分之四十三點七四女性以編帽為業。[20]上述充分顯示女性在經濟生產上的承繼與熱衷。

對貧困家庭來說，女性勞動可增加家庭收入，男性多半樂觀其成。據報導，一九二〇年，金包里礦業株式會社曾有夫婦二人相率入坑採炭，該會社特頒賞金給該女性，且出示公告獎勵其他女性入坑工作，一時引起其他坑夫的興趣，想帶他們的妻子前來見習。[21]由於從事各種經濟生產活動的女性日漸增多，有的女性逐漸掌握家庭經濟實權，[22]這類由女性負擔一家經濟重擔，男性不再是家庭經濟的重心的例子，也反映在當代的小說、回憶錄中。[23]

毋可否認的，女性參與生產，一方面固然受到經濟所迫或利之所趨，另一方面實出於女性勤於勞動。儘管這類工作多屬家庭副業，既不正式又無固定收入，但隨著受教育女性的日增與就業領域的擴大，有的女性將勞動力轉到正業上，成為職業女性。一般沒有讀過書或教育程度不高的女性多半擔任女工、女傭、工友或女侍一類的工作，而教育程度較高或接受專業訓練的女性則取得具社會地位的工作或職務，讓她們的勞動獲得另一種發展。但值得一提的是，勤於勞動的女性多來自貧困家庭或人手不足的墾戶，中上階層的女性大半不事生產。[24]中上階層的女性投入就業行列，則有待官民鼓勵與女性自覺。

20 統計自新竹州帽子同業組合編，《新竹州帽子要覽：昭和十四年》（新竹：新竹州帽子同業組合，一九三九），頁七～八。

21 〈獎勵女坑夫〉，《臺灣日日新報》第七一五二號，一九二〇年五月九日，漢文欄，第六版。

22 福久美長，〈戰時下に於ける銃後農村婦人の指導強化に就て〉，《新竹州時報》第五〇號（一九四一年七月），頁一六～一九。

23 許俊雅，〈日據時期臺灣小說中的婦女問題〉，頁一一。

24 杉野嘉助，《臺灣商工十年史》（臺南：作者發行，一九一九），頁三〇八。

## 2 總督府的政策與民間的倡導

對從未外出就業的傳統女性來講，成為職業女性除需要社會的支持之外，還得要擺脫傳統社會中的各種束縛，才能進入男性主導的職場。在解除束縛的過程中，最重要的是，廢除纏足陋俗、取得行動自由，再則是獲得知識權、從事腦力工作。由於這些束縛是長期而根深柢固地存在於臺灣社會，惟有在臺灣的社會制度或價值觀念產生重大變遷，女性才能獲得解放。值得注意的是，無論是社會的支持或社會轉型，均與人為因素密不可分，而這時期的臺灣處在日本殖民政府統治之下，臺灣女性職業化的開始，深受日本殖民政府政策的主導，此外，向來在臺灣社會具影響力的領導階層也扮演重要角色。

### 一、廢除纏足

中國女性纏足的風氣始自宋朝，經由元、明、清三代相傳，逐漸深入中國社會，成為一種上行下效的習尚。[25] 而臺灣女性纏足的習俗是在中國女性遷臺後傳入，根據目前所知最早的調查發現，一九〇五年臺灣纏足女性計有八十萬六百一十六人，占臺灣女性總人口的百分之五十六點九四，扣除五歲以下幼童，纏足女性占百分之六十六點六；其中閩籍的占百分之六十八。[26]換句話說，在一九〇五年以前，約有三分之二以上的臺灣閩籍女性是纏足的。

儘管纏足風尚到清代盛極一時，然而纏足所帶來的諸種弊端也在此時遭到懷疑與批評；從清政府入關到甲午戰爭前，先後有清政府、知識分子、太平軍以及西洋傳教士提出反纏足的言論與行動。[27]同一時期的臺灣，基督教長老教會的西洋傳教士也試圖透過傳道或教育，改變臺灣的纏足陋俗，並藉此提昇女性地位。[28]但由於西洋傳教士的影響力不大，纏足風尚依舊盛行，一直到日本殖民政府時期，革除纏足陋俗的問題才受到正視。

日治期間，總督府治臺的主要工作是同化臺灣人民，同時為配合日本的現代化，臺灣社會也以現代化為取向，凡與日本文化不相容者或有礙現代化的舊有文化，都是總督府期望變革的，纏足陋俗是其中一項。不過在日治初期，總督府為籠絡人心、消弭反抗，並未對臺灣社會的風俗習慣強制禁止，而是採漸進政策，透過學校、報章雜誌及民間團體等進行移風易俗的運動。[29]直到在中、上階層也願意接受風俗變革後，殖民政府的公權力才介入。因此，臺灣女性的放足運動是在政府與民間共同促成

25 林秋敏，〈近代中國的不纏足運動（1895～1937）〉（臺北：國立政治大學歷史研究所碩士論文，一九九〇），頁一七。
26 井出季和太，《南進臺灣史攷》（東京：誠美書閣，一九四三），頁八五～八六。
27 林秋敏，〈近代中國的不纏足運動（1895～1937）〉，頁一七。
28 George Leslie Mackay, *From Far Formosa* (New York: The Caxton Press, 1895), pp. 297-304.
29 吳文星，《日治時期臺灣的社會領導階層》（臺北：五南圖書出版股份有限公司，二〇〇九年第二刷），頁二四七。

下展開。

為有效推行同化政策，殖民政府統治臺灣後，十分重視臺灣領導階層對社會的影響力，因此當纏足被視為是臺灣社會的三大陋習後，總督府巧妙地向領導階層傳遞革除纏足陋習的觀念。經由報章雜誌，總督府讓領導階層了解纏足有害女性身心，甚至會危害女性生命，且不時報導維新人士在中國倡導不纏足會的消息，以引起臺灣領導階層的注意。[30] 一九〇〇年二月，在臺灣醫師與紳商領導下成立臺北天然足會，成為臺灣第一個放足組織；同年六月，臺南地區的紳商名流也組成天足會相應。[31] 這些組織以吸收會員、勸導及鼓吹放足為主要活動，例如臺北天然足會，一方面發行《天然足會會報》，另一方面則開設講堂，透過文字及講演宣傳放足。儘管如此，這段期間的放足工作並不理想，根據一九〇五年的調查，放足女性僅占纏足人口的百分之一點一。[32]

一九一一年，宣傳放足的方式有新的轉變，一向由中、上階層男性發起的放足組織轉由女性相率推動。除該年八月，有臺北廳的陳宇卿、施招等人組織解纏會之外，一九一四年之後，彰化、臺中、宜蘭等地分別有女性名流組織或領導放足運動。雖然這群女性是放足運動領袖或地方紳商的妻子，但不論她們參與放足運動是否出自自覺，由女性推動與切身利害有關的放足運動，使整個放足運動轉為積極，放足人數逐漸增加，女性組成的放足團體因此成為運動主體。[33]

在民間推動解纏運動的同時，總督府也藉學校教育灌輸放足觀念，一方面將纏足問題編集成教材，另一方面又透過教學活動或展覽會加強宣導。[34] 由於纏足陋俗根除不易，民間倡導的放足組織發展又有限，總督府決定強制執行。一九一五年四月正式利用保甲制度全面發起放足運動，通令各廳長將禁止纏足及解纏事宜附加於保甲規約中，並對拒絕放足者處以罰鍰。為快速達成效果，總督府鼓動全島各地的名流紳商組織風俗改良會，以配合保甲組織的解纏工作。一時間，全島積極展開解纏活動，除因踠趾已變形而無法放足之外，有不少女性響應這項活動而放足，一九一六年三月解纏人數達六十七萬三千人，[35] 而尚未纏足的年輕女性也在社會制約下不再纏足。

在殖民政府及民間共同動員下，放足運動在一九一五年之後如火如荼地展開，然而社會各界所宣揚的禁纏觀念究竟是什麼？他們對女性的放足又抱持何種價值觀？從一九一五年一月到三月間《臺灣日日新報》連載的〈論纏足之弊害及其救濟策〉的獲獎徵文中可看到，當時參加徵文活動的人很多，入選的作品多達四十四篇，顯示這些論文的言論頗具代表性。據吳文星的分析，論著的放足觀念深受當時流行的進化論與資本主義經濟思想的影響，有不少論著認為纏足不利強種富國，而且浪費人力資

---

30 吳文星，《日治時期臺灣的社會領導階層》，頁二五一～二五三。

31 一八九九年底，由大稻埕中醫師黃玉階等紳商申請設立，翌年二月正式獲准成立。井出季和太，《臺灣治蹟志》（臺北：臺灣日日新報社，一九三七），頁三五六～三五七。

32 吳文星，《日治時期臺灣的社會領導階層》，頁二二二、二二五。

33 同上註，頁二三四～二三五。

34 臺灣總督府學務部編，《公學校用國民讀本》卷八（臺北：臺灣總督府學務部，一九一四），頁三三～三五；游鑑明，《日據時期臺灣的女子教育》，國立臺灣師範大學歷史研究所專刊（20）（臺北：國立臺灣師範大學歷史研究所，一九八八），頁一二七～一二八。

35 有關規約分別見於〈保甲規約〉第三十四條第五款、第六款及第八十條，以上參見目黑五郎、江廷遠，《現行保甲制度叢書》（臺中：保甲制度叢書普及所，一九三六），頁七六、八〇。

源。針對後者，論著所批評的是，纏足女性不便於工作，因此不事生產，成為社會寄生蟲，這不僅有害於家庭生計，且妨害生產經濟的發展。同時，論者也建議廣興實業，例如利用養蠶、製帽蓆、紡織及製茶等業，增加天足女子工作的機會。[36]就這些觀點可以看出，放足工作除在移風易俗之外，又有促進經濟發展的意義。事實上，這也是殖民政府廢除纏足的目的之一，因為臺灣女性一旦放足，不但改變形體，又可為總督府提供充分的人力資源。總之，纏足陋俗的廢除擴大臺灣女性從事經濟活動的範圍，也為臺灣帶來職業女性。

## 二、興辦女學

女性放足後的工作機會固然比以前增加，但隨著新興事業的產生，不少職業需要具備較高學歷或專業技能的人才，有志從事新興職業的女性，除了解纏，還得接受教育或專業訓練。然而，讀書對絕大多數的傳統女性是一種奢望，直到興女學的風氣漸開，讀書的女性才逐漸增加。

與放足相同的是，臺灣興女學的觀念也是由西洋傳教士傳入，一八八四年和一八八七年長老教會先後成立兩所女子學校，為臺灣女性引進新式教育。由於這兩所女學校以培養傳道人才為目的，就學者多係教徒或教徒的女兒，沒有引起一般民眾的重視。[37]直到日人治臺，臺灣的女子教育才在政策性的主導下漸次普及。

日本國內在一八七二年就開始推行女子教育，殖民政府進入臺灣後，也把教育女子的經驗移植到臺灣，且將女子教育列入教育體系中。教育是總督府完成同化政策的重要工具，涵養德性、普及日語和培養日本國民性格成為殖民教育的基本方針，[38]而女子教育除強調婦德之外，也以陶鑄日本女國民為目的。有鑑於教育的重要，一八九六年第一所官辦的女子教育機構在士林設立，此外，專供臺灣人就讀的初等學校「公學校」也採兩性單軌學制，容納女童就學。[39]

女子教育發展期間，因為女教員師資缺乏、地方教育經費短絀、教育設施有限，以及反對女子讀書的傳統觀念續存，在日治中期以前，女童就學的意願偏低。為提高就學率，總督府一方面進行勸學工作，如舉辦展覽會、家庭訪問和獎勵學童出席；另一方面變更教育制度，如放寬就學年限、實施男女分班和增加女教員。除官方的宣導外，臺灣社會領導階層也相當關注女學的興辦，他們不僅倡率響應，鼓勵自己的女兒就學，還利用報章雜誌或巡迴講演鼓吹女學，有的人甚至發動請願運動爭取女校的設置。[40]

由於官民的互相呼應，加以社會的轉型，女學童入學的比率日益提昇。就量的方面來說，一九三〇年代後期，初等學校女學童的在學率加速成長，一九一九年度，臺籍的在學女童占臺籍學齡童的百分之七點三六，之後十年保持在百分之九至十之間；一九三八～一九四二年度，上升至百分之五十四

36 吳文星，《日治時期臺灣的社會領導階層》，頁二四〇～二四二、二四六。
37 游鑑明，《日據時期臺灣的女子教育》，頁三一、三五。
38 〈諭告第一號〉，《臺灣總督府府報》第一七五三號，一九一九年二月一日，頁一。
39 游鑑明，《日據時期臺灣的女子教育》，頁五八～五九、六一。
40 同上註，頁九四～一〇一。

點一零；一九四三年度因實施義務教育，就學率達百分之六十點八五。[41]至於專供臺籍女學童就讀的公立中等學校在一九一九年以前僅有兩所，一九四〇年增加了十所。具有中學學歷的臺籍女學童也相對增加，以臺籍女學生居多的臺北第三高等女學校（以下簡稱「三高女」）為例，一九二一年度，該校錄取九十四名臺籍女生，一九四〇年度增為一百九十五名。[42]然而，從另一角度來看，由於有不少公學校女童中途輟學，日治期間能接受完整初等教育的女童僅是少數，大約為全部學齡童的十分之一。而中學女生的畢業率儘管較高，卻多數來自中上階層。[43]此外，城鄉間女學童的就學情形則出現顯著的差距，鄉村女童的就學率不僅不及城市，兩性間的教育機會也極為不公。[44]

就質的方面來講，除發展女子教育之外，為配合需求，女子專業教育也應運而生，包括農業、商業、家政、師範與醫事專業教育機構的設置。但這些以訓練專業人員為目的的教育，多半未單獨設校，而是附屬普通學校或專業機構。到一九三〇年代後期，開始有獨立的專業學校成立，如農業、商業和家政一類的學校，但有不少學校是為緩和升學壓力而設置，沒有完全發揮專業教育的功能，有的學校則以招收日籍女生為主，很少招收臺籍女生，例如臺北女子職業學校，原以協助臺籍女性經濟自立為教育目的，但一九二五到一九三六年間，很少錄取十名以上的臺籍女學生。[45]嚴格來說，這時期無論是女子專業教育或女子普通教育都未達高等教育的程度，一九三二年固然有私立女子高等學院成立，也只提供家政教育；等到私立女子專門學校設置，卻已是日治結束前一年。[46]因此，日治時期的女子教育事實上未能延伸到高等教育。

從女子教育在質量上的發展觀察，臺灣女子教育固然是由總督府建立與發展，但總督府不但沒有讓女子教育普及到下階層及鄉村，同時也不曾大力推動女子高等教育或專業教育，導致有志讀書的女性無法在臺灣本土獲得深造機會，只有負笈國外留學。這段時期女性留學地區集中在日本、中國大陸和歐美，其中留日女學生占絕大多數。由於留學地區的教育採多元發展，女學生選讀科目或學校不受侷限，她們的求知慾因而獲得解決。然而，值得一提的是，有能力負笈留學的主要來自中上家庭，一般家庭的女學生無法取得深造機會。[47]

總之，日本殖民政府對臺灣女子教育的推動確實力有未逮，惟不可否認的，因女子教育的發展，擴大女性的知識領域與生活空間。同時，女子教育也讓女學生了解到就業的重要，一九三五年女子公民科教科書卷一第四章〈職業〉一文，即針對職業女性日多的現象，強調女性可以選擇適合其特質的職業，[48]而更重要的是，教育成為女性取得職業的有力憑藉。例如《天送埤之春》的作者范麗卿為協

---

41 游鑑明，《日據時期臺灣的女子教育》，頁八八。

42 統計自「附表五：一　一八九七～一九四五年度公私立女子中等普通學校一覽表」，游鑑明，《日據時期臺灣的女子教育》，頁三〇二～三〇三。

43 游鑑明，《日據時期臺灣的女子教育》，頁九四、一五一。

44 游鑑明，《日據時期臺灣的女子教育》，頁八八～八九；井上生，〈皇民化と女子教育竝進論〉，《新竹州時報》第二卷第七號（一九三八年七月），頁九二。

45 游鑑明，《日據時期臺灣的女子教育》，頁一五七。

46 同上註，頁七〇。

47 同上註，頁一九五～一九六。

48 臺灣總督府編，《女子公民科教科書》卷一（臺北：臺灣總督府，一九三五），頁四一～四二。

助家計，憑著從學校中學會的打算盤和心算技術，公學校五年級那年曾在一家木材行半工半讀。[49]畢業後，范麗卿考入天送埤發電所，成為學習技術的「見習工手」，主要職務是記錄配電盤和學習操作配電盤的工作，而她能獲得這份工作，一方面是她具備公學校教育程度，且有計算知識。[50]至於受過專業教育或到國外接受高等專業教育的女學生，更有機會在職場上展現長才。

## 三、鼓勵就業

毋可否認的，放足與女子教育讓女性擺脫傳統束縛與限制，但在女子就業風氣還未興盛時，除少數勞動女性之外，多數女性沒有就業的觀念，且缺乏與男性共事的勇氣。要突破這層障礙，惟有透過宣傳或鼓勵，才能促進女性對就業的認識與興趣。

有關輿論的鼓吹，主要來自知識分子。日治初期，少數士紳開始對女子就業有粗淺體認，以李春生為例，一八九六年他到日本參觀，看到不少機構雇用女性員工，十分驚奇，於是將日本女性的工作情景逐一記載於《東遊六十四日隨筆》一書中。[51]此外，李春生參觀製紙廠時，又發現日本的風俗和西方國家差別不大，他們的男女員工能不避諱的一道工作。該書載道：

> 尤可嘉者，予曾見廠中一帳房，司記女子，多至十餘人，舉皆青年妙齡，天下事，少所見者，每多所怪，日東之俗，與歐西無異，雖女子與男人，相聚一所，執役為活。觀其操持職守，莫不貞誠恬靜，雖無時不同室授受，而其往來交接，不論或男或女，端肅誠慤，悉皆守身自持，幾莫

知其有曖昧之當避也。[52]

隨著女子就業觀念的日益開放，鼓勵女性就業的知識分子日增，也對女性就業問題做深入討論。不過，在新興事業與機構未充分發展時期，輿論所鼓吹的女性職業多偏重家庭副業，並以不從事生產活動的女性為對象。一九二〇年十月到十一月間，崇文社曾在《臺灣日日新報》以「家庭副業獎勵」為題，向各界徵文，該報刊登的十篇文章歸納得知，論者多就男女特性提出男女分業的說法，他們主張男性有正業，女性則應有副業相佐。[53] 有論者提出從事副業可養成女性勞動的習慣，[54] 有的則認為可破除嚴防男女之別的舊俗，使女性具大方氣象，無羞澀體態。[55] 不過，論者一致的看法是，經營副

---

49 范麗卿，《天送埤之春》（宜蘭：宜蘭縣史館，二〇一二），頁一二〇。

50 同上註，頁一五一。

51 詳見李春生，《東遊六十四日隨筆》（福州：美華書局，一八九六），沈雲龍主編，《近代中國史料叢刊續編第五十輯》492（臺北：文海出版社，一九七八）。

52 李春生，《東遊六十四日隨筆》，頁三六。

53 陳槑峰，〈家庭副業獎勵策〉，《臺灣日日新報》第七三〇七號，一九二〇年十月十一日，漢文欄，第三版；楊肇嘉，〈家庭副業獎勵策〉，《臺灣日日新報》第七三二三號，一九二〇年十月二十七日，漢文欄，第六版。

54 竹園生，〈家庭副業獎勵策〉，《臺灣日日新報》第七三二七號，一九二〇年十月三十一日，漢文欄，第五版；尤養齋，〈家庭副業獎勵策〉，《臺灣日日新報》第七三二六號，一九二〇年十月三十日，漢文欄，第五版；桂園居士，〈家庭副業獎勵策〉，《臺灣日日新報》第七三三一號，一九二〇年十一月四日，漢文欄，第六版；楊肇嘉，〈家庭副業獎勵策〉，第六版。

55 吳石卿，〈家庭副業獎勵策〉，《臺灣日日新報》第七三一五號，一九二〇年十月十九日，漢文欄，第五版。

業既可治家又可補家計的不足，[56]顯示論者鼓動女性從事家庭副業是取決於經濟效益。

這種重視家庭副業的論調到一九二〇年代後期逐漸改變，這段時期臺灣產生不少新知識分子，有來自臺灣本土，也有留學日本或中國大陸，其中不乏女性知識分子，由於吸收日本國內或其他地區的新知，他們體會到女性問題的重要，且受女權運動思潮的影響，不再完全強調家庭副業，而以開放、包容的看法，鼓吹經濟獨立思想，並支持女性外出工作。他們一方面介紹國外女性的就業情形，另一方面則針對臺灣女性的就業問題提出討論。他們的論述，大致可歸納出四個方向：（一）分析女性經濟不獨立的原因；（二）說明經濟獨立的重要性；（三）討論職業取得或經濟獨立的方式；（四）檢討女性就業後的弊端。

就女性經濟不獨立的原因，有論者認為女性好逸惡勞、意志薄弱、知識不足、缺乏自覺和依賴男性的習慣，讓她們無法經濟獨立。有論者則將女性經濟不獨立的問題歸咎於家庭或社會羈絆，例如養育兒女、傳統禮教規範、反對女性拋頭露面的觀念等。另外，就業後職位不等、薪資不公、管理失當或職業傷害也深為論者所詬病。[57]

以女性經濟獨立的重要性，從論者分析發現，這項問題是論述的焦點。論者不再偏重女性就業有助於家計的討論，他們強調女性有職業可促使經濟獨立，進而能解放女性。多數論者表示，經濟獨立不僅讓女性得以自立，也使社會減少寄生蟲，同時可解決女子貞淫問題，免受男性壓迫，從而提高地位。有的論者則認為經濟獨立有益於教育或參政機會的取得、婚姻自由的享有，並強調女性經濟獨立的真正受益人是男性，而非女性；有的論者甚至提出經濟未獨立是導致女性運動失敗的因素。[58]

就職業取得或經濟獨立的方式，有論者鼓勵女性應該增加智識技能，為就業奠基，同時也呼籲社會應多設實業學校，傳授職業技術或進行職業訓練。另則鼓吹職業開放，如建議根據女子特性，開放適合女性的職業；又如倡導女子自組實業機關，創立職業空間。除此之外，有就法律觀點指出，為達成經濟獨立，應先取得財產繼承權與營業自由。[59]

以女性就業後的弊端，論者發現女性就業造成聘金高漲，更嚴重的是誘使女性墮落，有的女性變得虛榮、奢侈，甚至成為男性的玩物。為杜絕這些弊端，有論者建議透過自覺女性、家長、業務監督人、女性同伴或社會人士，對這群女性予以忠告、糾正、監督或社會制裁。[60]

由是可知，一九二〇到一九三〇年代，臺灣女性就業的風氣方興未艾，鼓勵就業的言論多過指責，即使就業引發一些弊端，論述也多偏重改善，而非否定。另外，有關女性就業影響家庭或男性職業的反對言論，在日本、中國大陸或其他國家不乏這類論調，在臺灣卻不多見。[61]《臺南新報》的一則

56 此一說法詳見《臺灣日日新報》第七三〇七至七三三一號，一九二〇年十月十一日～十一月四日，此處不一一列載。

57 「表二：一　一九二三～三〇年有關臺灣婦女就業之言論分析」，游鑑明，〈日據時期臺灣的職業婦女〉（臺北：國立臺灣師範大學歷史研究所博士論文，一九九五），頁一八～二〇。

58 同上註，頁一八～二〇。

59 同上註，頁一九～二一。

60 同上註。

61 詳見張三郎，〈五四時期的女權運動（1915~1923）〉（臺北：國立臺灣師範大學歷史研究所碩士論文，一九八六），頁八五；此一論調至抗戰時期仍受到激烈論辯，呂芳上，〈抗戰時期的女權論辯〉，《近代中國婦女史研究》第二期（一九九四年六月），頁八一～一一五。

短評甚至為此說提出反駁：

或謂男子失業之多，實被女人侵蝕，然則女子之未得就業或失業者之多，又為何人所羈占耶？女人之進出職業戰線，實時勢潮流使然，社會進化使然，不得以男子失業之多，遽歸咎於女人之上。[62]

一九三七年殖民政府推動勞務動員之後，為配合政策，有較多的女性進入職場，補充戰時勞力的不足，反對女子就業的聲浪不再出現。

有關政策的倡導，為充分利用臺灣的人力資源，殖民政府非常重視臺灣民眾的生產活動，女性的人力資源也被列入開發。一九三〇年以前殖民政府治臺的經濟政策是「工業日本、農業臺灣」，這時期偏重農村人力資源的開發。女性的人力資源除有部分投入農田生產工作之外，總督府透過各州廳獎勵女性從事養蠶或養彘、雞等內勤工作。[63]其後，隨著農產加工業與手工業的發展，總督府不僅透過各州廳鼓動地方女性參與有關的生產活動，另外，也對女性團體進行宣傳，於是吸引更多的女性就業。據一九三六年的調查，全島從事手工藝品加工的計八萬八千七百三十二人，女性有七萬四千二百二十七人，占百分之八十三點六五。[64]惟值得注意的是，儘管新興的現代化事業或機構已逐漸興起，為保障在臺日籍女性的就業機會，殖民政府並未對臺籍女性做政策性的鼓勵，除非該事業必須雇用臺籍女性。換句話說，殖民政府重視的是不影響家庭的副業。

一九三〇年後，臺灣經濟轉向工業化發展，此時又爆發中日戰爭，因此總督府加強軍需工業，同時採取經濟統制措施，在勞力統制上，除頒布一連串勞動動員政策之外，一方面透過報章雜誌宣傳勞動觀念，另一方面則動員各地民眾組勞動團體。當時女性的勞務動員特別受到關注，輿論一致指出男性出征後，無論已婚或未婚女性都應走出家庭、外出勞動。[65]在實際行動上，先後成立專務農業的「女子增產隊」，還有從事礦業、非金屬工業與重化學工業的「女子挺身隊」。不過，論者認為戰爭時期的動員多屬農業增產的動員，進入其他工作領域的女性並不多。[66]儘管如此，許多機構、公司或工廠任用臺籍女性的比例不斷增加，又受勞務動員政策的督勵，有不少臺籍女性進入原本不容納她們的機構。一九四三年北川製鋼株式會社臺北松山工廠的女工王梅曾在報紙公開表示，製鋼工廠的員工絕大多數是男性，女工不過十六人，她們進工廠服務是受男性出征報國的行為感動，認為女性也應響應政府增產報國，這十六名女工中，除多數來自附近農村之外，也有從高雄咖啡室轉來的日本女性。[67]

62 〈高雄偶語〉，《臺南新報》第一二〇四八號，一九三五年七月二十一日，漢文版，第四版。
63 〈副業熱益盛〉，《臺灣日日新報》第八七八五號，一九二四年十月二十八日，漢文欄，第六版。
64 田中偂，〈臺灣工業化と勞働力問題〉，《臺灣時報》第二七〇號（一九四二年六月），頁二五。
65 楊雅慧，〈戰時體制下的臺灣婦女（1937～1945）——日本殖民政府的教化與動員〉（新竹：國立清華大歷史研究所碩士論文，一九九四），頁七一～七二。
66 同上註，頁七六～七七。
67 〈女子旋盤工員の體驗〉，《東臺灣新報》，一九四三年十一月九日，第二版。

## 3 女性態度的轉變

日治時期，臺灣是具有現代化取向的社會，所呈現的特徵為高人口成長率，俗民社會逐漸崩潰、族長權威式家庭逐漸解體、都市化、社會階層漸趨平等化，近代民間團體勃興、專業化取向等。[68] 毋可否認的，這與殖民政治、經濟體制的影響有關，但民眾心理上的響應也是不可忽視的。陳紹馨在討論臺灣人口變遷時曾指出，臺灣人口的成長除因物質和技術上獲得加速改進之外，人們態度的改變是另一重要原因。[69] 而女性態度的轉變顯然也影響女性追求現代化，由於放足、求學或就業都是絕大多數傳統女性未有的經驗，因此女性觀念的改變和主動接受具有重大意義。

當臺灣社會還處在移墾社會時期，活潑、粗獷的社會風氣，讓部分女性有較自主、開放的一面，從她們善

圖5　一九二七年三高女師生登上玉山留影

於械鬥、崇尚奢侈、好觀演劇、聚眾賭博和相攜出遊的行為中反映出這種特性。[70]但也有不少女性表現保守、內斂的一面，特別是中上階層的閨秀女性，直到她們不再纏足和到學校讀書，她們的生活空間逐漸擴大，性格也變得活潑。

女性趨於活潑、開放，主要與日治時期推動的放足運動、興女學運動有關，例如，接受放足的女性，因為不再有形體的束縛，與外界接觸的機會日增。女藥劑師林莊季春回憶，幼時家中經營帽業，母親為了協助父親向帽商收帳，刻意放了足，以方便在朴子、大甲、清水之間往來奔波。[71]而這種放足有利於接洽生意的例子，在從事家庭副業的女性中不乏所聞，她們不再仰賴他人，可以自行領原料、交成品或領工資。[72]

至於同時接受放足與教育的女學生，她們的表現更加開放、活潑。在學期間，她們必須參與學校舉辦的例行活動，其中動態活動特別能呈現她們活潑的風貌，包括遠足、登山、國內外修學旅行、學藝會和音樂會或運動會等。[73]一九三〇年代以前，因女子教育尚未普及，為引起大眾對女子教育的認

68 吳文星，《日治時期臺灣的社會領導階層》，頁四。
69 陳紹馨，《臺灣的人口變遷與社會變遷》（臺北：聯經出版事業公司，一九七九），頁三八七～三八八。
70 游鑑明，《日據時期臺灣的女子教育》，頁二〇～二一。
71 游鑑明訪問、張茂霖記錄，〈林莊季春女士訪問紀錄〉，游鑑明訪問、吳美慧等記錄，《走過兩個時代的臺灣職業婦女訪問紀錄》，中央研究院近代史研究所口述歷史叢書（52）（臺北：中央研究院近代史研究所，一九九四），頁一〇二。
72 〈臺灣各界的職業婦人介紹（四）：製造藺草紙的女性〉，《臺灣民報》第二九七號（一九三〇年一月二十五日），頁八。
73 游鑑明，《日據時期臺灣的女子教育》，頁一三二、一八二。

識，新聞媒體經常報導女學生的各種活動消息，而傳統女性所未曾有的活動，更是新聞媒體報導的焦點。[74]其他如學藝會、音樂會或運動會的舉辦，不僅是學校和家長的同樂，且是當地的盛事。[75]

對女學生來說，她們響應學校的活動，既可豐富見識又可增加膽量。例如遠足或修學旅行，除遊覽名勝古蹟之外，有時學校也安排參觀工廠或新興機構。[76]透過對這些事業的認識，多少會激起女學生到這些機構工作的興趣。至於在遊藝會的粉墨登場、運動會的龍爭虎鬥，[77]不但讓女學生有機會展露才華，甚至成為風雲一時的人物。[78]特別是在一九三〇年代臺灣藝文與體育活動蓬勃時期，女學生在這方面的表現倍受社會大眾重視。重要的是，女學生的校園或校外活動，對她們日後在職場的表現有不小幫助。

一九二〇年代後期以降，積極投入社會活動的現代化女性日漸增加，在這個時期，城市是女性活動的主要空間，由於許多現代化的事業與公共設施集中於此，不僅有公會堂（大型會議廳）、醫院、學校、圖書館、書店和各類講習所（即今補習班），電影院、遊藝場、運動場、餐廳、旅館、咖啡店、喫茶店、桌球店、撞球場和百貨公司等娛樂場所也相繼

圖6　一九三二年三高女參加全省高女排球賽

成立。另外，交通建設與運輸工具的改進，吸引城內外民眾湧入。[79]有的人在此就醫、求知、娛樂或消費；有的人參加城市的公共事務，包括就業、遊藝表演、體能競賽或介入社團活動等，而女性也和男性一樣的進出這些場所，我訪問的公學校女教員邱鴛鴦表示，她曾帶著她的婆婆和女兒到嘉義市的一家咖啡屋用餐，讓她們大開眼界。[80]由此顯示，社會的活潑化刺激女性勇於參與各種家庭外的事務，走入職場便是其中一項。

---

74 一九二七年，三高女舉行登山活動，當時參加的女學生有十四名，當她們完成臺灣女性首次登玉山的創舉後，各地報紙無不廣為宣揚。她們登山的過程也被拍攝成電影，在艋舺（今萬華）龍山寺前放映，吸引大批民眾圍觀。游鑑明訪問、蔡說麗記錄，〈林蔡娩女士訪問紀錄〉，游鑑明訪問、吳美慧等記錄，《走過兩個時代的臺灣職業婦女訪問紀錄》，頁一八三～一八四。

75 游鑑明，《日據時期臺灣的女子教育》，頁一三二～一三四。

76 彰化女子公學校，《創立二十周年記念誌》（彰化：彰化女子公學校，一九三七），頁五六～五七。

77 同上註，頁一三二、一八二～一八三。

78 彰化女中的林月雲、蕭熾因運動成績卓越，曾被選派至日本，參加日本國內的運動大賽。參見竹村豊俊編，《臺灣體育學會創立十周年記念に際して》（創立十周年記念臺灣體育史）（臺北：財團法人臺灣體育協會，一九三三），頁三二八。

79 葉肅科，《日落臺北城：日治時代臺北都市發展與臺人日常生活（1895～1945）》（臺北：自立晚報社文化出版部，一九九三），頁一四二～一六六、二四二～二四八、二五四～二五七。

80 游鑑明訪問、張茂霖記錄，〈邱鴛鴦女士訪問紀錄〉，游鑑明訪問、吳美慧等記錄，《走過兩個時代的臺灣職業婦女訪問紀錄》，頁九七。

除此之外，另有一群女性致力於女性組織或社會運動，她們的表現也相當活躍。這群女性可分成兩類，一類是受臺灣社會運動影響的女性，她們或參加當時男性社會運動家組織的「臺灣文化協會」、「一新會」、「臺灣共產黨」，或自組女性組織，較有名的有彰化婦女共勵會、諸羅婦女協進會。她們透過組織，吸收女性入會，並舉辦演講，無論組織的宗旨或講演的內容主要在破除社會陋習、改革家庭以及謀求女性自立向上，而鼓勵女子教育或女子就業的議題也列入討論。[81] 另外，有少數思想較激進的女性則鼓吹農民運動和勞工運動，將女性問題轉至對女性農民和女性勞工的關切。[82] 且不論是溫和或激進的女性活動，她們活動的時間甚短，僅存於一九二〇年代的後期，有的組織因本身不健全而無法續存，其他組織到一九三一年日本殖民政府加強同化政策之後，也不復存在。[83]

另一類是受殖民政府政策影響的女性，有由日本女性領導的團體，如愛國婦女會和桔梗俱樂部，會員以日本女性居多，動員的對象也包括臺籍女性，特別是應皇民奉公會需要而設置的桔梗俱樂部，該組織專門吸收未婚的知識女性，成立不及兩年即有兩千六百名會員，[84] 同時，對動員女性的工作非常積極。一九四四年三月，為鼓勵臺北市中等以上女學校畢業生加入職業行列，桔梗俱樂部特別舉辦「歡迎壯行會」，集合六百名官營機構、公司與銀行的職業女性及一千五百名畢業生與會，由職業女性致歡迎辭，然後全體合唱，再遊行至神社參拜。[85] 該組織顯然是利用這次盛會，壯大女性就業的心志。

另則是由官方授意的組織，如主婦會、處女會和女子青年團，前者以家庭女性為對象，處女會為女子青年團的前身，這兩個組織的性質略同，都以剛出校門的未婚女性為吸收對象。由於組織是在體現殖民政府的政策，重視普及日語、涵養婦德、傳授家事技藝、改善家庭生活、陶冶情操和強健體魄，並藉講習會、運動會或遊藝會訓練會員；[86]有關獎勵副業和勞務動員的政策也分別出現在主婦會和女子青年團的訓練事項中。[87]這是對女性進行精神、知識和勞動指導的團體，[88]與受社會運動影響的女性組織不同的是，這些組織不僅宣揚理念，更付諸實現。同時，在殖民政府的扶植下，既能長期存在、又擁有眾多成員。一九三七年中日戰爭爆發後，殖民政府規定小、公學校畢業學生一律參加女子青年團，根據這一年的調查，共計成立六百一十五個團，團員多達四萬一千一百四十五人。[89]

無論這群女性的社會活動是出自自發或官方操縱，由於態度的改變，讓她們響應社會運動或日本殖民政府的動員，積極參與社會事務，她們不僅重視女性與家庭問題，且關心向來與女性無關的社會

---

81 游鑑明，《日據時期臺灣的女子教育》，頁二二九～二三一。

82 游鑑明，《日據時期臺灣的女子教育》，頁二二八；楊翠，《日據時期臺灣婦女解放運動：以《臺灣民報》為分析場域（1920～1932）》（臺北：時報文化出版企業有限公司，一九九三），頁二六〇。

83 游鑑明，《日據時期臺灣的女子教育》，頁二三一～二三二。

84 楊雅慧，〈日據末期的臺灣女性與皇民化運動〉，《臺灣風物》第四十三卷第二期（一九九三年六月），頁七五。

85 《東臺灣新報》，一九三四年三月一日，第二版。

86 臺灣總督府文教局社會課編，《臺灣社會教育概要（昭和七年三月）》（臺北：臺灣總督府文教局社會課，一九三二），頁二二三～二二四。

87 臺灣總督府文教局社會課編，《臺灣社會教育概要（昭和七年三月）》，頁三〇；楊雅慧，〈日據末期的臺灣女性與皇民化運動〉，頁七七～七八。

88 教育課，〈現代の若い女性の呼びかける聲〉，《高雄州時報》第三十二號（一九三三年十月），頁五九～六〇。

89 臺灣總督府文教局編，《臺灣總督府學事第三十六年報（昭和十二年度）》（臺北：臺灣總督府文教局，一九四〇），頁二二八。

或政治問題，就業也是受到她們的注意。

這時期臺灣女性趨於活潑、開放，具有兩項意義：一是她們的表現獲得社會大眾的肯定，進而讓她們更有勇氣去突破傳統禁忌，向現代化邁進。另一是她們的改變除了為自己建立新形象，也成為其他女性崇拜模仿的對象。以女性就業這一點為例，在下列各章節可看到，有不少職業女性外出工作或選擇職業是來自母親或親友的影響，而當代論者也表示臺灣女性對子女極具影響力。[90]因此，女性態度的轉變，有助於更多女性勇於接受現代化的挑戰，其中一項就是到各行各業求職，追求經濟的獨立與自主。

90 井上生，〈皇民化と女子教育竝進論〉，頁九一；福久美長，〈戰時下に於ける銃後農村婦人の指導強化に就て〉，頁一九；藤黑總左衛門，〈三十年前の女子教育〉，《臺灣教育》第三九一號（一九三五年二月），頁七〇～七一。

## 4 職業結構的改變與新興職業的產生

在官民鼓勵與女性自覺下，許多女性不再不事生產，但究竟有多少女性參與職業？職業變遷趨勢又如何？一九〇五到一九二〇年間，臺灣就業人口約占總人口半數以上，就業男性占男性總人口的三分之二，而女性就業人口則不及女性總人口的四分之一，日治中期以前，大體有百分之二十三點七一的女性就業。僅就臺灣女性的就業情形而論，這時期臺灣女性就業率雖然比不上男性，卻比在臺日籍或外籍女性為高，一九二〇年有百分之二十六點七四的臺籍女性就業，日籍的就業女性僅有百分之十五點一四。[91]

至於這段期就業女性分別從事何種行業？根據統計，從事農漁礦牧業等第一級行業的女性高居首位，平均有百分之八十二點五六的女性從事這一行業，人數甚至高過男性。相對於第一級行業，從事技術性或與心智有關的第二、三級行業的女性就業人口顯著偏低。從事第一級行業的主要是臺籍女

91 「表二：二　一九〇五～一九三〇年度之就業率」、「表二：三　一九二一～一九三〇年度各籍人口就業率」，游鑑明，〈日據時期臺灣的職業婦女〉，頁二六～二七。

性，臺籍女性計三十七萬七千二百三十七人，雖然占該年臺灣各級行業就業人口的百分之二十四點四二，但在女性總就業人口中占了百分之八十二點七二。[92]

不過，日治中期以後，就業人口的成長率明顯變化，根據一九三〇年度的統計資料，總就業人口降為百分之三十八點九七，其中女性就業人口更是大幅下滑，僅有百分之十八點六九的女性就業。進一步觀察發現，這一年度衝擊最大的是臺籍女性，就業率從一九二〇年度的百分之二十六點七四降到百分之十八點九四，而日籍女性只降了百分之零點六九，至於男性的變化也不若臺籍女性大。[93] 初步的推論是，一九三〇年前後，臺灣因受經濟恐慌的波及，出現經濟不景氣的現象，連帶影響就業，於是到處聽聞覓職不易或失業的呼聲。[94] 其中外銷加工業受害較大，以帽業為例，從業人員多數是臺籍女性，景氣一旦不振，她們首當其衝的陷入失業困境。[95] 此外，就業率降低的情形普見全島各州，一九二〇年臺南州臺籍女性就業率計百分之三十八點零二，一九三〇年降為百分之二十四點八三，降低了百分之十三點一九。[96]

撇開一九三〇年統計數據的失業率偏低問題，事實上，一九二〇年代後期起，鼓勵女性就業的呼聲不斷，而九一八事變發生後，殖民政府體認到歐洲戰爭將至，對人力的動員不遺餘力，有志就業或就業人口不斷上升。根據《臺灣日日新報》的報導，一九三〇年景氣固然不佳，求職的人卻相當多，例如電力會社只招募四名雇員，應募者竟高達一百二十六人。[97] 更重要的是，在行業的分配上，從事第一級行業的臺籍女性人口逐漸降低，以一九二〇到一九三〇年度間為例，這十年間第一級行業的人口明顯下降，大致降低百分之一點九一，第二級行業則降百分之一點零七，但第三級行業卻增加百分之二點九九，其中臺北州第一級行業的降幅最大，達百分之二十點三五，第三級行業的升幅也很大，高達百分之十二點五一。[98]由於第三級行業中有不少是屬新興職業，而這些數據呈現的意義是，從事傳統經濟活動的女性逐漸減少，新興事業的從業女性則日趨增加。

隨著臺灣工商業和公共事務發展應運而生的新興職業，臺灣職業結構變得多元化。以當時職業分類方式，歸納當時女性所從事的新興職業，大致可分成下列六大類目：（一）專門技術工作人員：教員、醫生、看護婦、產婆（此處指的是曾受過專業訓練的產婆）、藥劑師、記者、廣播員、演員、藝術家；（二）佐理人員：出納員、會計員、打字員、速記員、書記、一般事務員或管理員；（三）買賣工作人員：餐旅業業主、零售商業主、售貨員、店員、保險業外務員；（四）運輸及交通工作人員：司機、車掌、電話接線生；（五）技術工匠、生產程序工及體力工人：一般女工；（六）服務及娛樂工作人員：美髮師、球場計分員、女傭、褓姆、侍者、清潔工、工友。[99]

---

92 「表二：四　一九〇五～一九三〇年度各級行業就業率」、「表二：五　一九二〇、一九三〇年度各級行業中不同籍別之就業率」，游鑑明，〈日據時期臺灣的職業婦女〉，頁二六～二八。

93 「表二：二　一九〇五～一九三〇年度之就業率」、「表二：三　一九二〇～一九三〇年度各籍人口就業率」，頁二七。

94 〈島內失業者　日漸增加　就職競爭猛烈〉，《臺灣日日新報》第一二三一二號，一九三四年七月十三日，第八版。

95 〈滿洲紛糾問題影響到臺灣來了〉，《臺灣新民報》第三八九號（一九三一年十一月七日），頁五。

96 「表二：六　一九二〇、一九三〇年度各州臺籍女性就業人數表」，游鑑明，〈日據時期臺灣的職業婦女〉，頁二九。

97 〈四名の募集に應募百二十六名〉，《臺灣日日新報》第一〇八四九號，一九三〇年六月二十九日，第七版。

98 「表二：六　一九二〇、一九三〇年度各州臺籍女性就業人數表」，頁二九。

99 此處係將當時較常見於報章雜誌之職業加以分類，分類方式根據臺灣省國民就業輔導中心編，《中華民國臺灣省職業分類典》（臺中：臺灣省政府社會處，一九六二）。

據一九三〇年國勢調查結果，在上述職業中，臺籍女性占最多的職業是女工，其中服飾製造工、紡織工、飲食品製造工人數特別多，大約有一萬九千七百三十二人，其次女傭，計六千五百零九人，餐飲業侍者及接待員是四千九百六十二人。另外，各機關或公司行號的清潔工或工友的人數，也不可勝計。嚴格而言，這一類職業固然是社會轉型及工商業技術轉型後的產物，有的職業並未脫離傳統，例如女傭、清潔工、工友和褓姆，她們與傳統社會的女僕和奶媽差別不大。這群職工人數之所以眾多，除受雇者不一定需要具備教育或專業知識之外，一則是這一類工作性質適合女性，而雇主也喜歡雇用女性；再則是職務不高或以勞力為主的工作，日籍女性多半不願問津，例如當傭人的臺籍男性僅一千五百二十六人，日本女性為一千五百二十八人，而臺籍女性有六千五百零九人。[100]因此，在沒有太多雇用限制以及不受兩性與種族競爭壓力下，有意從事這方面工做的臺籍女性輕而易舉的取得職業，從業人員自然眾多。

除了選擇勞動和服務性質的職業之外，另有女性從事憑腦力或技術一類的工作，由於這方面的職業既時髦又深具挑戰性，吸引她們追逐。然而就業人數並不可觀，同樣以一九三〇年度為例，有的職業人口在十人以下，例如打字員、保險業外務員；而人數較多的職業依次是產婆七百九十四人、教員四百三十七人、看護婦四百二十六人、電話接線生一百九十六人與車掌一百三十五人。[101]在這類職業中，產婆、車掌和電話接線生因屬女性職業，從業人數多過男性，而超過日籍職業女性的也多為產婆、車掌，另外是藥劑師和女司機等職業。[102]

由於憑腦力或技術的這類職業需要學有專精，在教育資源分配不均與殖民政府對日籍女性的保障下，臺籍女性不容易獲得就業機會，只有少數有能力的臺籍女性，才有機會與男性或日籍女性競爭。

不過，隨著女子教育的普及與公共事務需求量的增加，開始有較多的臺籍女性進入職場。以區域為例，一九三九年新竹州從事這類職業的臺籍女性，女教員計一百零八人、公設產婆八人、郵局通信員三十二人、書記四人、車掌二十九人、保險公司外務員三人、銀行行員二人、各機關雇員十二人。[103]

至於促使女性向新興職業求職的因素，有內、外在兩種因素，就外在因素來說，一是就業資訊的提供，隨著新聞雜誌的廣泛發行，求職廣告日漸增多，無論官、民營機構或公司行號都經由廣告徵人求才，廣告刊載的內容大同小異，多僅有雇用條件，少有工作性質的介紹，以臺灣纖維集貨配給輸移出組合臺東支部為例，該公司徵求女事務員的廣告大致如下：

---

100 「表二：七　一九三〇年度各類職業之臺男、臺女、日女就業人數比較表」，游鑑明，〈日據時期臺灣的職業婦女〉，頁三一。

101 「表二：八　一九三〇年度新興職業之臺男、臺女、日女就業人數比較表」，游鑑明，〈日據時期臺灣的職業婦女〉，頁三二。

102 一九三〇年度臺籍產婆與日籍產婆人數比是七九四：二三七、車掌人數比一三五：二十、女司機人數比十四：一、女藥劑師五十一：十，「表二：八　一九三〇年度新興職業之臺男、臺女、日女就業人數比較表」，頁三二。

103 統計自日向順諦編，《新竹州下官民官公衙、學校團體、會社、組合職員錄（昭和十四年七月一日現在）》（臺北：臺灣實業興信編纂部，一九三九）。

一、年齡：十七～二十五歲
二、學歷：國民學校高等科畢業以上
凡適於前列條件者，請於一月十八日上午十點攜帶親筆履歷面談。[104]

二是就業能力的指導，主要透過官方或民間設置的講習機構，以促進就業能力，這一類的講習機構包括教員養成所、看護婦養成所、產婆養成所和店員實務講習所等。一九四三年為配合戰爭時期工商報的目的，臺北商工會議所曾舉辦一項大型的講習「實務講習所」，以一百名國民學校畢業生為講習對象，講習內容多與工商業事務有關的科目，如珠算、商業簿記、商業算術、保險和貿易等。[105] 顯而可見的是，講習所的開辦是有指導就業和職前訓練的雙重意義。

三是就業市場的開放，為了保障日籍女性，殖民政府並不輕易開放會影響日籍女性就業機會的職業，只有在不得已的情況下，這些職業才有可能釋出。《臺灣日日新報》曾報導，一九一七年新竹郵便局（即今郵局）招募日籍接線生和女通信事務員（即接線生），卻發現當地的日本女性甚少，勉為其難地任用臺籍女性。[106] 以

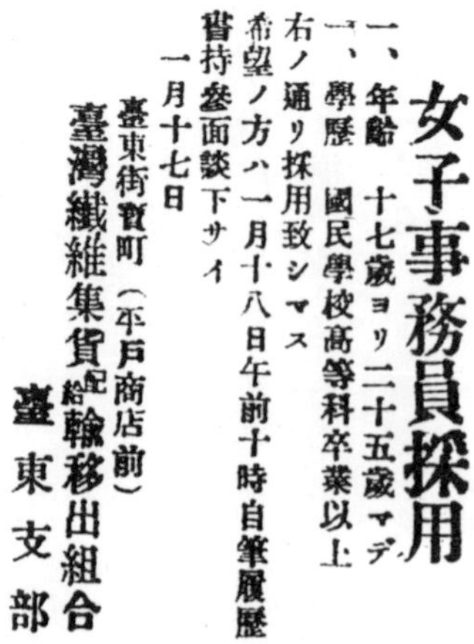
女子事務員採用
一、年齡 十七歲ヨリ二十五歲マデ
一、學歷 國民學校高等科卒業以上
右ノ通リ採用致シマス
希望ノ方ハ一月十八日午前十時自筆履歷書持參面談下サイ
一月十七日
臺東街寶町（平戶商店前）
臺灣纖維集貨配給輸移出組合
臺東支部

圖7　徵求女事務員

彰化郵便局通信係的通信事務員為例，一九三六年度該處雇有四十一名員工，臺籍女性僅十名，占百分之二十四點三九；而一九四四年度，員工總人數增為五十八人，其中漢姓的臺籍女性增到三十二人，占百分之五十五點一七。[107] 陳令杰的研究也有同樣的發現，他指出，一九四四年臺北的一百二十一名接線生中，有六十名女性是漢姓。[108] 臺籍女通信事務員充斥各郵便局的現象，在日治末期相當普遍。[109]

從前面看來，人數大幅增加的臺籍女性大多是中、低職位，至於在此之前，這類職位所容納的臺籍女性人數則更少。除郵便局之外，其他機構也大致相同，甚至原本不曾有臺籍女性的白領階級，終於出現臺籍女性，例如一九四四年度基隆醫院、花蓮港醫院、花蓮港玉里分院各有一名臺籍看護婦長，分別是劉雪梅、卓菊妹、黃彩金，她們也是這三所醫院唯一的看護婦長，而臺南醫院則有兩名看

104 《東臺灣新報》，一九四二年一月十七日，第一版。
105 〈女子の商工報國〉，《臺灣日日新報》第一五四二一號，一九四三年一月二十九日，夕刊，第二版。
106 〈內地人小女缺乏〉，《臺灣日日新報》第六二〇九號，一九一七年十月九日，漢文欄，第六版。
107 臺灣總督府編，《臺灣總督府及所屬官署職員錄（昭和十一年七月一日現在）》（臺北：臺灣時報發行所，一九三六），頁二六八～二六九、《臺灣總督府及所屬官署職員錄（昭和十九年一月一日現在）》（臺北：臺灣時報發行所，一九四四），頁九三～九四。
108 陳令杰，〈玉纖輕撮話纔通：日治時期臺灣的電話女接線生〉，《近代中國婦女史研究》第二十七期（二〇一六年六月），頁一三一。
109 此自一九四三年度的《遞信職員錄》中即可窺知，參見臺灣總督府交通局遞信部編，《遞信職員錄（昭和十八年五月一日現在）》（臺北：臺灣總督府交通部遞信部，一九四三），頁一〇八～二五三。

護婦副長郭寶環、郭炎山。[110]嘉義醫院的七名「醫官補」中，臺灣人占五人，其中一名是臺籍女醫師賴麗渚。[111]由此得知，因受戰時強制動員政策的影響，以及部分職位的釋出，臺籍女性外出就業的人數比過去提高。

就內在因素來講，一方面與女性努力爭取就業機會有關，一九三二年臺南市的乾燥洗濯所（即今乾洗店）公開應徵女事務員，預計只徵用五人，前往應徵的人有五十一人，其中臺灣女性就有二十一人。[112]一九三三年，臺北汽車公司甄選車掌，更轟動一時，原計甄選十名臺、日籍女車掌，而報名人數竟多達一百人以上。[113]諸如此類的報導，不勝枚舉，並多為新興職業。此外，危險性較高或較適合男性的工作，女性也勇於嚐試，例如吳謹從臺北女子職業學校畢業後，就進入臺北自動車講習所接受司機一職的講習，經由考試，吳瑾在一九二八年取得女司機的執照，成為當時臺北州五百五十名公共汽車司機中，唯一的女性司機。[114]值得一提的是，一九三〇年全臺的男司機有兩千零六十三人，臺籍女性司機有十四人，日籍女司機則只有一人。[115]

另一方面，是與女性日漸晚婚有關，傳統女性傾向早婚，待字閨中的女學生占畢業生的絕大多數，尤其是已屆適

圖8　一九二八年臺北州唯一的女司機

婚年齡的高女畢業生多數不曾就業，不過，這種現象到一九三〇年代後期顯著改變，因為都市人口遞增，謀生又不易，晚婚男女逐漸增多，間接提高女子就業人口。[116]一九三二年一項對高等女學校應屆畢業生的就業調查發現，向來就業率不高的三高女，這一年竟有三分之二的女學生就業。[117]

毋可否認的，這些因素有助於臺灣女性取得新興職業，然而，從這時期職業市場的人力資源分布來看，臺灣女性多半擔任勞動、服務或技術性質的工作，而且職務層級甚低，多屬勞工階層，其次是佐理人員，取得較高社會地位的職務則只有少數女性。但儘管如此，新興職業的產生，為臺灣女性營造有利的就業環境，不僅提供多元的工作機會，也提高女性就業意願，因此隨著新興職業市場的日益開放，不斷有女性投入職業市場。

110 臺灣總督府編，《臺灣總督府及所屬官署職員錄（昭和十九年一月一日現在）》，頁二四九、二五〇～二五一。
111 同上註，頁二五〇。
112 〈臺南市乾燥洗濯所〉，《臺南新報》第一〇八〇八號，一九三二年二月十七日，漢文版，第八版。
113 〈自動車課　募女車掌　應募百名以上〉，《臺灣日日新報》第一一八〇三號，一九三三年二月十五日，漢文欄，第八版。
114 〈女運轉手〉，《臺灣日日新報》第一〇二〇一號，一九二八年九月十三日，漢文欄，第四版。
115 「表二：八　一九三〇年度新興職業之臺男、臺女、日女就業人數比較表」，頁三一。
116 小川節，〈婦人の自活と職業の選び方に就て〉，《臺灣婦人界》第五卷第四號（一九三八年四月），頁三一。
117 〈本島人女性の社會的進出〉，《臺灣日日新報》第一一四六二號，一九三二年三月八日，第六版。

# 5 小結

開啟臺灣職場女先鋒的帷幕前，本章試圖探尋職業女性產生的背景。沿著時間的序列，觀察到臺灣女性早在臺灣移墾時代便開始經濟活動，為改善家庭生計，這時期的女性不但操持家務、從事家庭生產，甚至參與開發土地的工作。進入日治時期，不少女性仍保持勤儉勞動的習性，特別是未纏足的女性、出身貧困家庭與農村的女性，只不過，這群女性的勞動範圍，主要在家裡或居家附近，工作形式不脫傳統。臺灣女性勞動型態的改變是在臺灣社會趨於現代化，這時有部分女性走出家庭，把勞動力轉移到新興事業，於是她們成為有酬的職業女性，然而這不是一蹴而成。

對日本殖民政府來說，雖然臺灣女性勤於勞動，但有更多女性受纏足影響，她們不便或無意從事勞動，造成女性人力資源沒有被充分運用。為了同化臺灣女性，且讓女性投入現代化經濟發展，殖民政府極力廢除纏足陋俗，起初殖民政府並非強制執行，而是利用臺灣知識分子來倡導放足，其後才把公權力介入放足運動中，在政府與民間並進推動下，纏足陋俗在日治中期以前收到速效，這不但改造了臺灣女性，且增加女性的人力資源。

除了解放女性身體、讓女性行動更加自由之外，殖民政府發現臺灣女性絕大多數沒有讀書，於是展開教育臺灣女性的政策，知識分子也參與勸學工作。不過，由於殖民政府不重視女子專業教育與高等教育，又因一九四三年以前，殖民政府沒有採義務教育政策，致使女子教育的體制不夠健全，宣導成效也遠不及放足運動。但無論如何，女子教育仍使殖民政府對一部分女性達成改造的目的，同時有助於人力資源的開發。

毋可否認的，廢除纏足與興辦女學是殖民政府同化政策的產物，臺灣女性從而獲得行與知的權利，且進一步開展她們的智識與勞動力，然而，在臺灣社會初開放時期，女性缺乏投入社會的勇氣，有待鼓勵與支持。為充分運用臺灣女性的人力資源，治臺初期，殖民政府即獎勵女性從事家庭副業，中日戰爭爆發後，為補足戰時各方面人力的不足，殖民政府更加強女性人力的動員。而受殖民政策和女權思潮的影響，知識分子也關懷女性問題，從廢除纏足到興辦女學，都與殖民政策桴鼓相應，至於獎勵女子就業同樣是他們注意的課題，他們不僅提倡女性在家經營副業，還鼓吹女性外出就業，追求經濟獨立。

從女性主動參與生產活動到被動的被鼓吹放足、讀書與就業，女性的態度成為女性是否願意走入職場的關鍵。透過許多跡象顯示，接受放足或女子教育之後，不少深居簡出的臺灣女性變得活潑、開放，活動的空間由家庭到學校、社會乃至國外。有的女性領導社團、進入各行各業工作，她們所關懷的問題不限於個人與家庭，還包括社會、經濟與政治問題。更重要的是，由於女性的相互鼓勵與影響，不斷有女性接受現代化的洗禮，成為新女性、社會新群體，職業女性是其中之一。

當就業環境形成後，職業型態越來越多元。在職業的取得上，新女性所期望不是依附於家庭的非固定性工作，而是自營或受雇於人的新興職業。這類職業通常有固定的工作時間、工作場所，並領有一定的薪資，就業者不是憑勞力工作，便是藉技術或腦力就業。憑勞力工作的職業所需要的人力較多，對求職者的資格限制較為寬鬆，有不少女性得以參與工作，而憑技術或腦力工作的職業，需要具備專業或較高深教育，這樣的女性人才十分有限，有機會獲得工作的女性因此不多，但求職者卻相當踴躍。而促使女性向新興職業求職，除與整個大環境改變有關之外，還包括就業資訊的提供、就業能力的指導、就業市場的開放、女性努力爭取就業和女性日漸晚婚等因素。然而，從事新興職業的臺灣女性到日治中期之後才逐漸增多，主要是這時期臺灣的新興事業趨於蓬勃，就業人口較為可觀，到中日戰爭爆發之後，受日本帝國國民精神總動員政策的影響和部分職務的出缺，臺灣女性的就業機會從而大增，戰爭末期走入就業高峰。

整個看來，日治時期就業環境的漸次形成，與人為力量有密切關係，除日本殖民政府外，知識分子扮演重要的促成角色，但無可否認的，殖民政府對臺灣女性的就業措施不夠完備且採差別待遇。幸而臺灣女性願意走出家庭、進入職場工作，成為臺灣職場的女先鋒，也在各自領域各有表現。

# 第二章 不讓鬚眉的女教員

「女教師」是現代化的產物，作為「教育」這個職業的女先鋒，卻在日治時期接受不完整的現代師範教育，由於殖民政府沒有設置女子師範專業學校，這時期的女教員是來自高等女學校附設的師資班或是短期講習班等。因種族與性別差異而帶來的不平等待遇，也呈現在教員資格的取得、教員薪資、教員的任教科目上，具體地說，這群先鋒的臺籍女教員，她們在教育界的待遇既比不上日籍男、女教員，也不及臺籍男教員。

相對於臺灣教育界的女先鋒，當前女教員沒有上述問題，但有分發與異動的困擾，日治時期的女教員也遇到同樣問題，公學校女教員的平均任期是二到四年，她們之所以任期不長，主要與交通欠便或家庭牽絆有關。而能久任教職的女教員除因為經濟需求之外，必須克服教學地點、婚姻阻礙、家務勞動的苦惱。儘管作為臺灣先鋒女教員面臨不公與諸種牽絆，但「女教員」這個行業仍吸引她們，中日戰爭結束前女教員已經普及全島，也讓她們得以發揮教學長才。

在臺灣女子教育與社會教育的推動上，這群有志於教育的女教員起了不小貢獻。日本殖民政府把倡導女子教育當成治臺的重要政策，無論女教員的產生或教學內容、勸學工作，都以鼓吹女學為目的。另外，為宣導殖民政策，殖民政府推廣社會教育，教導民眾如何移風易俗、如何學習日文與各種才藝。女教員責無旁貸地參與這兩項教育工作，也因此，有的女教員跳脫種族與性別的界線，積極參與教學活動，不僅獲得殖民政府的表揚、媒體的關注，且為自己帶來獨立自主的空間。

這群先鋒女教員不但在教育方面有成就，還影響家庭與社會。外出教書改變了她們的人際關係，擴大性別往來，有的女教員不惜以抗爭，爭取婚姻自主權，或者採取現代化的婚禮儀式，挑戰傳統。而女教員的威權地位，讓她們敢言敢做，有人在家中擁有發言權，有人則不惜頂撞無禮的日本男長官。中日戰爭結束，部分女教員繼續擔任教職外，有女教員則轉換跑道，成為民意代表、女性組織的領袖等，繼續展現能力。由是可知，與當前女教員最大的不同是，這群教育界的女先鋒曾面對種族與性別雙重壓力，她們試圖超越與突破。

雲林北港的蔡素女（一九〇三年出生）、嘉義朴子的邱鴛鴦（一九〇三年出生）、宜蘭羅東的陳愛珠（一九一四年出生），她們都是日本殖民時期臺灣的知識女性，曾當過公學校女教員，是臺灣教育界的女先鋒。雖然傳統時代就有專門在家中教授詩文的女教員，[1]第一章也提到，基督教長老教會設置的女學校曾培養女傳教士和少數女教員，她們可稱為是臺灣最先取得學歷的女教員，[2]而由殖民政府培養的公學校女教員，則是臺灣最早且正式的女教員。儘管蔡素女、邱鴛鴦和陳愛珠任教的時間都相當短暫，蔡素女僅兩年、邱鴛鴦四年、陳愛珠是八年；[3]而令人好奇的是，在受教育女性不多的日本殖民時期，她們如何獲得這份被認為最適合女性的教書職業？蔡素女、邱鴛鴦、陳愛珠先後在一九九一到一九九二年接受我訪問，我較容易掌握她們與教學的關係，因此本章以她們三人的口述歷史為起點，再逐一展布。

成為女教員的先決條件，是要受過教育和經過師資的培養，從女子教育史看來，全世界各地女子學校剛起步時，除基督教學校收容貧困家庭的女童外，有能力上學讀書的女童主要來自中上家庭，日本殖民的臺灣也不例外。不過，日本在臺的殖民教育有

圖9　一九二三年元旦蔡素女為北港公學校教員

種族差異，初等學校分成專供日籍女學童就讀的小學校和容納臺籍女學童的公學校。至於臺籍女學生可就讀的中學——高等女學校（以下簡稱「高女」），沒有完全開放給臺籍女學生，而高女附設的師資班又是培養女教員的主要管道，由此可見，臺灣女學生想成為教員簡直緣木求魚。

在這樣的環境下，蔡素女、邱鴛鴦和陳愛珠是怎麼走過這段教育歷程呢？蔡素女來自書香門第，父親後來改行經商，邱鴛鴦父親也是商人，陳愛珠父親則當過區長和街長，與殖民政府關係較好。[4] 雄厚的家世背景讓她們有讀書的機會，但都只能就讀公學校，學習內容不如小學校的日籍學童。公學校畢業後，她們都繼續升學，進入聲名卓著的三高女，但這是一所以臺籍女學生為主的高女，無論學

1 早於漢代即有班昭入宮為皇后等人講學的美談，而高彥頤（Dorothy Ko）亦指出至十八世紀初、中期，在家教詩文的女教員相當普遍，參見Dorothy Ko, *Teachers of the Inner Chambers: Women and Culture in Seventeenth-century China* (Stanford, California: Stanford University Press, 1994), p. 126.

2 當時從新樓女學校畢業的龔瑞珠、潘筱玉等人，因表現優秀留校服務，協助教導漢文、《聖經》等課程。臺南市私立長榮女子中學校刊編輯委員會編，《長榮女子中學八十週年校慶特刊》（臺南：臺南市私立長榮女子中學，一九六八），頁九。

3 游鑑明訪問、張茂霖記錄，〈邱鴛鴦女士訪問紀錄〉、游鑑明訪問、吳美慧記錄，〈林蔡素女女士訪問紀錄〉、游鑑明訪問、黃銘明記錄，〈陳愛珠女士訪問紀錄〉，以上出自游鑑明訪問、吳美慧等記錄，《走過兩個時代的臺灣職業婦女訪問紀錄》，中央研究院近代史研究所口述歷史叢書（52）（臺北：中央研究院近代史研究所，一九九四），頁七三、一二一、二五三。

4 游鑑明訪問、吳美慧記錄，〈林蔡素女女士訪問紀錄〉，頁一二二；游鑑明訪問、張茂霖記錄，〈邱鴛鴦女士訪問紀錄〉，頁七四；游鑑明訪問、黃銘明記錄，〈陳愛珠女士訪問紀錄〉，頁二五四。

制或課程內容都不同於專供日籍女學生就讀的高女。在別無選擇下，即使她們必須遠離家鄉，負笈三高女就學，也甘之如飴，更何況她們有機會成為臺灣的菁英女性，又能榮耀鄉里。[5]

除不公平的殖民教育政策外，家長是否鼓勵繼續唸書，也是影響女教員產生的關鍵因素，其中「重男輕女」觀念是最大的阻力。從蔡素女、邱鴛鴦和陳愛珠的口述，可以看到她們的父母對女兒教育的不同態度。蔡素女與邱鴛鴦同年出生，雖然邱鴛鴦較晚入學讀書，但兩人一路就學都不成問題，也順利地考上高女，蔡素女更是深獲家人支持。[6] 然而陳愛珠則在忐忑不安中進到三高女，據她表示，她父親思想較封建，認為女孩子唸太多書會嫁不出去，因此她的兩個姐姐都只讀到公學校。[7] 從公學校高等科畢業後，陳愛珠對能否深造頗為茫然，一方面是當時宜蘭還沒有設置女子中學，要唸高女就得到臺北，另一方面是，她擔心父親不同意，但結果卻出乎意料，她回憶：

> 我沒有和父親商量，也不敢向他哀求，只是把填好的報名表，悄悄放在他桌上，想不到他居然蓋了章，默許我到臺北唸書。[8]

高女其實是成為教員的前哨教育，要具備教員的任用資格，還必須通過考試或高女的師資訓練班。蔡素女、邱鴛鴦和陳愛珠分別就讀三高女的師範科、講習科和補習科，這三科名稱不同，性質則相同，都是在培養師資，修業年限全為一年。她們三人中，邱鴛鴦矢志當老師，所以欣然就讀講習科；[9] 蔡素女和陳愛珠原本都打算到日本留學，卻陰錯陽差地進入師範科和補習科，最後走上教書之路。[10] 值得一提的是，儘管師資班是免試升學，但願意就讀的女學生並不踴躍。邱鴛鴦記得和她同期畢業的講習科同學有三十一人，[11]陳愛珠也指出進補習班的女學生只有二十人：

記得有一百五十人和我同時進入第三高女本科就讀，畢業時包括轉學生在內，共有一百四十七人，進補習班的只有二十人。[12]

5 林蔡素女說：「這所學校馳名全臺，能進入該校唸書是地方盛事。」游鑑明訪問、吳美慧記錄，〈林蔡素女士訪問紀錄〉，頁一二三。

6 林蔡素女回憶：「在那重男輕女的時代，他（指她父親）視我們姐妹兩人如同男孩，不僅鼓勵我們讀書，更主張男女平等。」有意思的是，她還說：「我之所以會想到臺北就讀女校，除了有父母的鼓舞、個人的興趣與家庭經濟資勵之外，主要是受到姐姐蔡亦好的刺激。由於……姐姐就讀三高女時住在學校宿舍，每次回家，媽媽便為她殺雞進補；因此，……我矢志就讀第三高女。」游鑑明訪問、吳美慧記錄，〈林蔡素女士訪問紀錄〉，頁一二四～一二五。

7 陳愛珠提到，她父親雖然反對女孩子唸書，但對是否纏足卻很開明，不但她姐妹都沒有纏足，她的母親也放了腳。她認為「這可能是日本人倡導放足，我父親擔任區長，必須以身作則。」游鑑明訪問、黃銘明記錄，〈陳愛珠女士訪問紀錄〉，頁二五七。

8 游鑑明訪問、黃銘明記錄，〈陳愛珠女士訪問紀錄〉，頁二五七。

9 游鑑明訪問、張茂霖記錄，〈邱鴛鴦女士訪問紀錄〉，頁七七。

10 游鑑明訪問、吳美慧記錄，〈林蔡素女士訪問紀錄〉，頁一二六～一二七；游鑑明訪問、黃銘明記錄，〈陳愛珠女士訪問紀錄〉，頁二六〇～二六一。

11 游鑑明訪問、張茂霖記錄，〈邱鴛鴦女士訪問紀錄〉，頁七七。

12 游鑑明訪問、黃銘明記錄，〈陳愛珠女士訪問紀錄〉，頁二六二。

蔡素女、邱鴛鴦和陳愛珠的口述歷史，揭開我對臺灣女性取得教員職務有初步認識，但仍有許多問題令我好奇，因此透過文獻檔案、報刊和其他教員的口述歷史、回憶錄等史料，對公學校的臺籍女教員做深入研究，首先究明女教員的來源與培養；其次分析女教員的人數、任用資格與薪資待遇；並進一步觀察女教員的分布及職務異動；另外，針對女教員的教學工作，探討她們的教學與訓育活動、研習會參與、教學態度是否合於殖民政府與社會的期望；最後檢視女教員對教育、家庭與社會的影響。

# 1 女教員的來源與培養

殖民政府統治臺灣的首要政策是，改造臺灣人的思想與行為，教育成為必要手段。但日治初期，臺灣總督府對臺灣的社會風俗乃至教育、文化等方面相當陌生，因此一九一九年以前，總督府採漸進主義，一切教育措施都處於摸索與試驗階段；一九一九年之後，由於兩次〈臺灣教育令〉的頒布，整個教育體制才有重大的變革，除確立臺灣人的教育制度之外，且以師範教育和普通教育為主。然而，總督府對女子師範教育採行何種政策？是否積極培養臺籍女教員？教學的內容又是什麼？此處以一九一九年為界線，分析一九一九年前後臺籍女教員如何產生。

## 一、附屬女學校的設置與代用教員的產生

為改造臺灣女性，殖民政府統治臺灣後，對新式女子教育的推動不遺餘力，特別是初等教育，而臺灣各地的知識分子也相應配合，鼓吹女性讀書；[13]但當一八九八年專供臺灣學生就讀的公學校陸續設置後，出現缺乏女教員的問題。特別是殖民教育是採新式教學，與傳統教育完全不同，導致許多學校對女老師的聘用無所適從，有的學校聘請日籍女教員應急，有的學校認為日籍女教員與學生之間有

風俗和語言上的隔閡，堅持聘請臺籍女教員，例如一九〇〇年和一九〇二年臺中葫蘆街公學校和新竹公學校，分別聘請懂得詩書和女紅的大家閨秀，而不是受過新式教育的女性，[14] 根據《臺灣日日新報》的報導，新竹公學校聘用當地望族鄭如蘭的孫媳婦，理由是：

詩禮素諳，節義久著，且於文字一途，亦十分精通，女紅諸事亦十分靈巧，非庸常婦人比，以之為師，當必為諸女生徒所樂從。[15]

事實上，一八九七年臺灣總督府設置的公立女學校——國語學校第一附屬學校的女子分校（以下簡稱「附屬女校」），該校為這時期臺籍女教員的主要來源。從附屬女校創校的宗旨，看到該校主要在傳授手藝及普通學科，是兼具初等、中等與家庭教育的綜合女子學校，師資培養其實不是附屬女校的教學目的。[16] 但由於附屬女校是最早容納臺籍女學生的學校，又是日治時期女子教育的先驅學校，該校的課程設計或教學方法，成為其他女學校的範例，畢業生更被各地公學校爭相延攬，因此附屬女校順理成章成為培養女教員的搖籃。[17]

一九一九年以前，附屬女校一直附屬於國語學校，並曾多次改制和易名。[18] 女教員主要來自該校的甲組（一八九七～一八九八）、手藝科（一八九八～一九〇六），雖然一九〇六年總督府准許該校停辦初等教育，並以實施本島女子師範教育兼技藝教育為宗旨，計劃設置師範科、師範速成科和技藝科，使該校具有培養師資的實質地位，但師範科和師範速成科均未開辦，僅設置接續手藝科的技藝科（一九〇六～一九一九）。[19] 令人好奇的是，來自甲組、手藝科、技藝科的非正式師範生，她們的素質如何？來源又如何？

以學生素質來說，附屬女校初設時，為吸引女性入學，對入學者的年齡與知識程度沒有嚴格規定，凡是八到三十歲的臺籍女性均可就讀，其中甲組又稱年長組，專收十五歲以上女性，其中不少是已婚女性。[20] 改制為手藝科和技藝科之後，除降低入學年齡之外，入學資格也跟著改變，原本甲組、手藝科的學生不需要任何資格，技藝科則規定要修畢公學校四年或具同等學力；而隨著該校本科（相當公學校六年制學生）畢業生升入手藝科就讀、各地公學校畢業生也多到手藝科深造，手藝科學生的

13 游鑑明，《日據時期臺灣的女子教育》，國立臺灣師範大學歷史研究所專刊（20）（臺北：國立臺灣師範大學歷史研究所，一九八八），頁七五～八一。

14 〈女子課功〉，《臺灣日日新報》第七五〇號，一九〇〇年十一月三日，漢文欄，第十一版；〈聘請女師〉，《臺灣日日新報》第一三九五號，一九〇二年十二月二十四日，漢文欄，第三版。

15 〈聘請女師〉，漢文欄，第三版。

16 游鑑明，《日據時期臺灣的女子教育》，頁五四。

17 游鑑明，〈日據時期公學校女教師的搖籃：臺北第三高等女學校（1897～1945）〉，賴澤涵主編，《臺灣光復初期歷史》，中央研究院中山人文社會科學研究所叢書（31）（臺北：中央研究院中山人文社會科學研究所，一九九三），頁三七〇。

18 一八九七年稱為國語學校第一附屬學校女子分教場、一八九八年改為國語學校第三附屬學校、一九〇二年改稱國語學校第二附屬學校、一九一〇年改為國語學校附屬女學校、一九一九年稱為臺北女子高等普通學校，一九二二年因所有女子高等普通學校改為高等女學校，直到中日戰爭結束，該校都稱作臺北州立第三高等女學校。「附表三：一　日據時期臺灣女子教育年表（一八九五～一九四五）」，游鑑明，《日據時期臺灣的女子教育》，頁二六二～二六五。

19 游鑑明，〈日據時期臺灣的職業婦女〉（臺北：國立臺灣師範大學歷史研究所博士論文，一九九五），頁三八～四〇。

20 同上註，頁三九。

入學資格是必須受過六年初等教育的女性。[21]另外，該校受限於班級人數，無法容納不斷增加的報名者，於是一九一二年實施資格審核；[22]一九一五年更增列入學試驗，凡是資格符合的人，得再參加筆試，應考科目大致是日語和算術兩科，並以公學校高年級生為優先錄取對象。[23]入學生的素質明顯地不斷提昇。

以學生來源來說，受地緣與女子就學風氣尚未開放的影響，早期附屬女校的學生多數來自士林士紳家庭，但人數不多。[24]為廣增學生來源，該校曾於一九〇四年向中、南部地區徵求學生，這一年手藝科出現了十四名外地生，分別來自埔里、臺南、桃園、大嵙崁（即今大溪）、暖暖及嘉義等地。[25]此後，每年都有非士林地區的學生入學，她們有不少是經由地方選定保送，或由地方捐資助學。[26]一九〇七年，學生來源更為廣泛，幾乎普及全島。[27]如此一來，原本畢業生任教地區多限於北部地區，自從有外地來的畢業生之後，女教員的分布由臺灣北部延伸到全島各地。

在各界期待下，附屬女校如何造就這群學生成為老師？該校初創時，甲組或乙組的必修科目包括修身、日語、習字、裁縫、編物、造花和唱歌，但從實際運作觀察，因手藝教學掛帥，甲組只傳授日語、裁縫、編物和造花，而後三科還占了三分之二時數。[28]一八九八年，甲組改名手藝科，修業年限三年，雖然加增修身、日語、算術、習字、唱歌、讀書等科目，裁縫、編物、刺繡等手藝科目仍是重點課程。[29]值得一提的是，這一年，公學校的修習科目包括修身、國語、作文、讀書、習字、算術、唱歌及體操等，沒有性別區隔，但第二年開始，在「有關公學校女子教育」的規定中，明訂公學校女子課程比照附屬女校，其中手藝科特別強調家政、育兒方式的教導。[30]

手藝科改制技藝科之後，技藝科安排兼有師範教育和技藝教育的折衷課程。[31]從一九〇六年與一九〇九年的兩份課表看來，普通科目明顯增加，除了減少裁縫的教學時數之外，另增列與公學校教學有關的科目，如教育、漢文、家事和手工等科。[32]其中教育一科包括教育大意和教學法，這是師範

---

21 游鑑明，〈日據時期臺灣的職業婦女〉，頁三九。

22 〈附屬女學校生徒募集〉，《臺灣總督府府報》第一四六號，一九一三年二月十一日，頁五九～六一。

23 〈附屬女學校生徒募集〉，《臺灣總督府府報》第六九一號，一九一五年二月二十一日，頁八七～八九；〈附女と入學試驗〉，《臺灣日日新報》第五二七〇號，一九一五年二月二十日，第七版。

24 町田則文，〈臺灣島に於ける女子教育の過去三十年を顧みて〉，小野正雄編，《創立滿三十年記念誌》（臺北：臺北第三高等女學校同窓會學友會，一九三三），頁三〇一。

25 小野正雄編，《創立滿三十年記念誌》，頁七二；本田茂吉，〈在職當時の感想叢談〉，小野正雄編，《創立滿三十年記念誌》，頁三三二～三三三。

26 〈師範教育宜速施於本島女子〉，《臺灣時報》第六號（一九〇九年十一月），漢文版，頁九七；小野正雄編，《創立滿三十年記念誌》，頁九四。

27 一九〇七年的四十一名新生中，臺北有二十六人、基隆二人、宜蘭一人、桃園一人、臺中二人、彰化三人、斗六二人、嘉義二人、臺南一人、鳳山一人。參見小野正雄編，《創立滿三十年記念誌》，頁八二。

28 「表三：二　一八九七～一九四〇年度中等女學校各科（不含本科）修業期間每週教學總時數分配表」，游鑑明，〈日據時期臺灣的職業婦女〉，頁四一。

29 同上註。

30 〈臺灣總督府國語學校第三附屬學校規程〉，臺灣教育會編，《臺灣教育沿革誌》（臺北：臺灣教育會，一九三九），頁七一六。

31 小野正雄編，《創立滿三十年記念誌》，頁八九。

32 一九〇六年必修課包括修身、日語、算術、理科、裁縫、編物、刺繡、美術、體操九個科目；一九〇九年增加為修身、日語、漢文、算術、理科、家事、裁縫、造花、手工、刺繡、美術、體操、教育等十三個科目。

教育必備課程，顯示這時的課程設計不僅配合公學校教育，且具有師範教育的雛形，[33] 但隨著技藝科停辦，具師範性質的課程僅實施十三年。

在師資方面，這時期附屬女校規模小，該校歷年教員人數從未超過十五人，一九〇八至一九一一年間，每年僅有一名專任教員，隨著學校編制的擴大與教學的需要，一九一六年專任的合格教員增為六人。[34] 為配合課程的編排，早期多聘用裁縫、造花、編物或刺繡等方面的教員，特別偏重臺灣手藝，因此教員多為臺籍女教員。[35] 附屬女校有畢業生之後，開始聘任成績優異的校友，可惜這些女教員都沒有合格教員資歷，僅是代用教員。[36]

除師資外，為配合教學，並呈現教學成果，不但利用每一年的畢業典禮，展示學生的手藝成品；一九〇九至一九一五年間，每年必舉辦一次技藝品展覽會。由於展覽會是開放給各界參觀，對正盛行手工教育的小、公學校深具示範作用，[37] 且提高該校的知名度，讓畢業生更受到各地公學校的歡迎。

以訓育活動來說，附屬女校時期大致是採漸進輔導的訓育方針，早期以鼓勵出席、陶冶心性和精神訓練為主。[38] 訓育的方式則是一方面透過課程教導，例如修身科以及家事、裁縫等藝能課程；另一方面，經由典禮儀式、講演或每日朝會進行陶冶。[39] 其中手藝科學生的輔導，特別強調養成速成的日本婦女，且注意移風易俗和風紀。[40]

圖 10　附屬女校畢業的張洪哖受聘為母校裁縫教員

綜觀前述，附屬女校對女子師資的培養是由無意而成有意，為配合各地公學校的師資需求，該校對學生素質、學生來源或教學、訓育等活動不斷力求改進。儘管附屬女校培養的只是代用的手藝教員，但與來自其他管道的女老師相較，出身該校的女教員曾受過新式女子教育和粗淺的師範教育，她們的素質是受肯定的，也因此成為當時公學校的主流教員。[41]不過，畢業人數十分有限，資料顯示，一八九九至一九一八年度的畢業生，合計不過三百五十八人，[42]而且這群畢業生並不是全部從事教職，公學校師資不足的問題，始終不曾解決。

為此，有些地區舉辦講習會培養師資，一九一七年臺南廳曾舉辦「雇教員講習會」，凡是六年制公學校畢業、操行學業俱佳，且經校長推薦、廳長選定的女性都可參加，講習時間僅八個月，講習結束

33 游鑑明，〈日據時期公學校女教師的搖籃：臺北第三高等女學校（1897～1945）〉，頁三八一。
34 同上註，頁三七七。
35 小野正雄編，《創立滿三十年記念誌》，頁七一。
36 留校任教的傑出校友，早期有唐月娥、張綢、吳媚、黃知母、王娥、劉吻、張洪哖、周明媚和黃阿娥等人，游鑑明，〈日據時期公學校女教師的搖籃：臺北第三高等女學校（1897～1945）〉，頁三七八。
37 小野正雄編，《創立滿三十年記念誌》，頁九九。
38 同上註，頁六九。
39 游鑑明，《日據時期臺灣的女子教育》，頁一七六～一七七。
40 小野正雄編，《創立滿三十年記念誌》，頁六五。
41 同上註，頁七〇。
42 游鑑明，〈日據時期臺灣的職業婦女〉，頁四三。

就可取得公學校雇教員證書。[43] 這種速成的師資培養方式，明顯是為了應急，她們程度當然比不上附屬女校出身的女教員。不過，這是漸進主義時期總督府所設計的另一種培養臺籍女教員的方法。

## 二、高等女學校附設師資班

一九一九年之後，隨著教育體制的明確化，臺籍女教員的培養也顯著變化。總督府正式委託教育機關培養女教員，大致有三個來源：一是先後在中等以上女學校附設師範科、講習科和補習科；二是在臺北第一師範學校設置女子演習科；三是在各地師範學校附設教員講習會。此後，公學校臺籍女教員大為增加，但憑心而論，無論出身普通學校或師範學校的女教員，她們的程度固然較前提高，但仍比不上受過正規師範訓練的男教員。

關於附設於中等以上女學校的師資班，在一九二二年以前，僅臺北女子高等普通學校（以下簡稱「臺北女高普」）設有一年制師範科，前面提到的蔡素女就是從師範科畢業。臺北女高普的前身是附屬女校，對臺灣師範教育來講，該校的師範科算是開臺灣女子師範教育的先驅。一九二二年以後，臺北女高普改稱臺北第三高等女學校（即前述的三高女），該校的師範科則改名為講習科。同一年，為便利中、南部學生入學，彰化高等女學校（以下簡稱「彰化高女」）也附設一年制講習科，加入師資培養的行列，此後公學校臺籍女教員的來源不再只是三高女。

為遵循〈臺灣教育令〉的規定，師範科或講習科學生的程度都比過去要高。師範科必須是三年制女子高等普通學校畢業，講習科則是四年制高等女學校畢業或具同等學力，意謂這兩科學生具有九到十年的普通教育經歷。[44]在學生的來源上，以三高女為例，大多來自本校畢業生，並以優等生為錄取的先決條件。至於學生的出身地，由於地緣關係，彰化高女的學生主要出身中部地區，而三高女學生的出身地，並沒有因為彰化高女的設置，而失去中、南部的學生來源，以一九二三年和一九二五年為例，除花蓮、臺東、澎湖之外，各地區均有女學生北上就讀三高女。[45]不過，受「日臺共學制」的影響，講習科原本只招收臺籍女學生，後來開始接受日籍女學生。反觀日籍女學生就讀的高女師資班，卻沒有開放給臺籍學生。無庸置疑的是，總督府對女教員的培養，充滿差別待遇與種族歧視。

在教學上，除增加臺灣語之外，其他科目沒有增減，增設臺灣語顯然是方便日籍女學生，因為公學校教員不但負責教學，還需要聯絡學生家長，藉此融合臺、日人感情。[46]同時，教育實習（即教學實習）列為教學重點，三高女和彰化高女分別以龍山公學校和彰化女子公學校為實習場所。教育實習的方式和過程相當正式，邱鴛鴦和林彩珠回憶，在龍山公學校實習期間，先將「教生」（教育實習生）分成幾個小組，大致上每二到三人一組，每一組由龍山公學校老師擔任指導，並進行教育實習。通常

43 〈雇教員講習會〉，《臺灣教育》第一八二號（一九一七年八月），頁七〇。

44 游鑑明，〈日據時期臺灣的職業婦女〉，頁四四。

45 一九二三年計有三十一名畢業生，臺北州有十八人、新竹州五人、臺中州四人、臺南州四人；一九二五年有二十五名畢業生，臺北州十四人、新竹州三人、臺中州一人、臺南州四人、高雄州三人。以上參見「表二：二　一九二三～一九三一年間講習科、補習科畢業生出身分布」，游鑑明，〈日據時期公學校女教師的搖籃：臺北第三高等女學校（1897~1945）〉，頁三七六。

46 同上註，頁三八二～三八三。

圖 11　三高女講習科學生實地授課

圖 12　一九二四年三高女講習科畢業生旅日團體照（中持雪球者為邱鴛鴦）

由指導老師先做各科示範教學，示範時，同一組「教生」排坐於教室後端觀摩指導老師教學，教學完畢再進行討論，由指導老師說明示範學科的教學方法和教具使用等。指導老師的示範過程結束後，便安排教生演示，凡「教生」演示的過程一樣得進行檢討與指導。由於示範教學並不是每天或每一堂課都有，因此未有示範教學時，「教生」仍須在教室內旁聽，並得實習教室管理等。這段實習過程均列入學生成績考核之內，並作為日後分發學校的依據。[47]

在訓育上，特別重視教員品德的培養，同時，為加強管理，實施一律住宿制度，以培養樸實勤勉和躬行實踐的習性。[48]此外，為廣增見聞和達成同化目的，三高女曾以師範科第二屆畢業生為示範，舉辦赴日修學旅行活動，後來因為日本盛行社會運動，為恐影響學生思想，之後就不曾舉辦。[49]不過，一九二四年，邱鴛鴦就讀的講習科，仍選擇日本作為畢業旅遊。

上述的教學與訓育活動是比照正規的師範教育，但坦白言，在僅有一年的修業期間，並不容易達到實際效果，因此所培養的也僅是速成師資。惟值得注意的是，此一培養方式，可暫時解決部分公學

---

47 邱鴛鴦表示：「試教期間，先由該校老師演示教學，然後再由我們示範表演，試教合格的才能畢業。」游鑑明訪問、張茂霖記錄，〈邱鴛鴦女士訪問紀錄〉，頁七七；游鑑明訪問，林彩珠電話口述訪問紀錄（一九九一年十二月二十日，新莊），未刊稿。

48 〈臺灣公立女子高等普通學校規則〉（府令第四十七號），《臺灣總督府府報》第一八一二號，一九一九年四月二十日，頁一一二；小野正雄編，《創立滿三十年記念誌》，頁一二三～一二五。

49 臺北第三高等女學校同窗會編，《臺北第三高等女學校創立三十五周年記念誌》（臺北：臺北州立臺北第三高等女學校，一九三三），頁一八。

校的師荒問題，因為師範科或講習科畢業生，必須義務服務一年。[50]此外，畢業生可不經檢定手續，就具有正式教員資格，她們的地位明顯的高於手藝科或技藝科出身的女教員。

## 三、師資訓練機構的確立與師資訓練的多元化

隨著公學校女學童人數的日漸增加，上述臺籍女教員的來源已經無法滿足公學校的需求，以一九一九到一九二八年間為例，出身師範科或講習科的人數相當有限，每年僅培養不到四十名的女教員。[51]至於這十年間公學校女學童，每年約計有一萬一千七百六十六人入學，[52]女教員的人數根本無法配合需求，以致於公學校的多數女教員不是沒有受過專業訓練，便是僅受過短期師資訓練的公學校畢業生。[53]例如一九二一到一九二二年間，高雄各公學校需才孔急，為補充教員的不足，先後舉辦兩次訓導心得（「心得」指代理之意）養成講習會，專門培養代用教員，會員僅具公學校的畢業資格即可。[54]

聘用公學校畢業生任教的情形，是當時教育界的普遍現象，並非女教員獨有，因此有識之士紛紛公開抨擊，他們同時提出設立女子師範學校，呼籲解決女教員的不足。[55]一九二七年，《臺灣教育》雜誌曾以〈本島教育上之急切事項〉（〈本島教育上急務と認める事項〉）為題，向全島各級學校校長、州市協議會會員及民間知名人士徵求意見，結果在提出意見的一百四十八人中，提議設置女子師範學校有二十人，其中臺中女子公學校校長長井實一，更認為這是急務中最急務。[56]

女師資培養問題其實延宕數十年，而總督府始終以時機未成熟和經費不足推托，未能正視問題，

造成公學校聘用的女教員大多是代用教員。[57] 一九二八年，總督府終於取消附設於高等女學校的講習科，另設女子演習科，並依照師範教育的辦法培養師資，同時透過媒體宣揚師範教育已經落實。[58] 實際上，附設在臺北第一師範學校的女子演習科，並非獨立的女子師範學校，而初辦期間也僅有一年的修業年限。[59] 唯一特殊之處是，該科設在師範學校，程度自然比設在高女的師範科和講習科較高。

50 〈臺灣總督府師範學校生徒學資給與規則〉（府令第二十九號）、〈臺灣總督府師範學校內地人生徒學資給與規則〉（府令第三十號），《臺灣總督府府報》第一七九七號，一九一九年四月二日，頁九～十。

51 「表三：三　一八九七～一九四二年度臺北第三高等女學校各科（不含本科）入學與畢業人數一覽表」，游鑑明，〈日據時期臺灣的職業婦女〉，頁四三。

52 以上統計自「附表四：三　一八九九～一九四三年度初等學校入學與畢業人數一覽表」，游鑑明，《日據時期臺灣的女子教育》，頁二八八。

53 〈籌計教員養成〉，《臺灣日日新報》第六六九七號，一九一九年二月九日，漢文欄，第五版；〈赤崁特訓選拔教員〉，《臺灣日日新報》第八六〇六號，一九二四年五月二日，漢文欄，第六版。

54 大塚淞雲，〈高雄州の教育（六）〉，《臺灣教育》第二四二號（一九二二年七月），頁六二～六三。

55 錫舟，〈希望女子教育的普及〉，《臺灣民報》第二卷第二十號（一九二四年十月十一日），頁一。

56 〈本島教育上急務と認めらる事項〉，《臺灣教育》第三〇〇號（一九二七年六月），頁三～六三、第三〇一號（一九二七年九月），頁六三～六五。

57 根據一九一〇年《臺灣總督府民政事務成績提要》載道：「公學校教員養成機關，由於財政上有不能立即擴張之困難，目前不得不仍採用三百餘名代用教員，頗為遺憾。」臺灣總督府編，《臺灣總督府民政事務成績提要　第十六編（明治四十三年分）》（臺北：臺灣總督府文書課，一九一二），頁一三三。

58 〈女子師範部の新設〉，《臺灣教育》第三一〇號（一九二八年六月），頁二。

59 游鑑明，〈日據時期臺灣的職業婦女〉，頁四七。

就學生素質與人數來說，臺北第一師範學校女子演習科的入學資格同於講習科，但必須經過嚴格的考試，好比一九三五年規定，應考科目包括日語、數學和日本史。[60]由於招收人數有限，錄取率不高，一九二八到一九三七年度，該科臺籍女學生的錄取率平均為百分之二十點三三，日籍女學生為百分之三十四點三一。[61]女子演習科培養的對象主要是日籍女學生，臺籍女學生僅占極少數，一九二八到一九四二年度該科所培育的日籍師範生三百九十三人，其中臺籍女學生只有二十九人，而且每年臺籍畢業生人數不斷減少，一九四〇年度之後就沒有臺籍畢業生。[62]

就應修習科目來看，一九三九年以前，演習科與講習科大體一致，不過教材內容較艱深，特別是教育一科。[63]同時，為方便日籍女學生日後教學之用，增列臺灣語課程；臺籍女學生則加強日本古文的教授。[64]另外，演習科畢業生的證書種類優於講習科，之後演習科修業年限延長一年，不再是速成的師資訓練。一九四三年，臺北第一與第二師範學校合併，改稱臺北師範學校，除設有一年制講習科培養女教員之外，另設立五年制的女子部，但這對臺籍女教員的培養並未有太大的助益，因為不久之後日本殖民政府就結束對臺灣的統治。

嚴格來講，女子演習科的程度高過師範科和講習科，但該科對臺籍女教員的培養貢獻有限，因為一九二八年以後的臺籍女教員另有來源，一方面從一九四〇年起，臺北第二師範學校、臺中師範學校和臺南師範學校也分別增設一年制女子講習科及演習科，性質相當於高等女學校附設的講習科。另一方面則是繼續藉助高等女學校培養師資，把講習科更名為補習科，但其實總督府並未授權補習科培養師資，而各校補習科學生也不完全以教書為唯一的志願，只不過從課程設計可以發現，幾乎每個學校的補習科都列有教育課程。[65]

以三高女為例，該校的補習科，分為培養師資、家政講習和升學進修等三組，其中有志教學的占多數。[66]補習科除沒有住宿規定之外，修業年限、入學資格規定、應修習科目或教學實習都承襲自講習科。[67]然而補習科已不如講習科具吸引力，因為補習科畢業生初任教時，僅獲得代用教員職稱，她們的地位明顯地低於講習科。[68]另外，這時期取得師資的管道不僅較以往多，而且更加便捷，甚至只需經由短期訓練，就可取得師資。[69]基於這些現實的考量，補習科入學熱潮顯著消退。

60 日語包括講讀、聽寫、作文、文法，數學則含括算術、代數、幾何。〈生徒募集：臺灣總督府臺北第一師範學校〉，《臺灣總督府府報》第二五六九號，一九三五年十二月二十日，頁五〇～五一。
61 游鑑明，《日據時期臺灣的女子教育》，頁一五八～一五九。
62 吳文星，《日據時期臺灣師範教育之研究》，國立臺灣師範大學歷史研究所專刊（8），（臺北：國立臺灣師範大學歷史研究所，一九八三），頁一五六～一一。
63 包括教育理論、教授法及保育法之概說、近世教育史、教育制度、學校管理法及學校衛生之綱要等。〈臺灣總督府師範學校規則〉，臺灣教育會編，《臺灣教育沿革誌》，頁六四五。
64 游鑑明訪問，沈宗香電話口述訪問紀錄（一九九二年五月十六日，臺南），未刊稿。
65 游鑑明，〈日據時期臺灣的職業婦女〉，頁四八。
66 小野正雄編，《創立滿三十年記念誌》，頁一七一。
67 游鑑明，〈日據時期公學校女教師的搖籃：臺北第三高等女學校（1897～1945）〉，頁三七五、三八二～三八七；游鑑明訪問，陳寶玉電話口述訪問紀錄（一九九一年十月五日，臺北），未刊稿。
68 小野正雄編，《創立滿三十年記念誌》，頁一七〇～一七一。
69 游鑑明，〈日據時期公學校女教師的搖籃：臺北第三高等女學校（1897～1945）〉，頁三七七。

除了補習科之外，附設於其他教育機構的教員養成會，為培養女教員的另一重要來源。特別是為因應一九四三年臺灣義務教育制度的實施，殖民政府大量培養師資，一九四〇年起，臺北第一師範學校、臺中師範學校和臺南師範學校分別舉辦臨時教員養成會；第二年又在新竹、高雄等地增設講習會。從這兩次講習會得知，這完全是速成應急性質的講習會。有關講習員素質，有來自公學校高等科，也有出身中等學校，每地講習人數則約在五十人以上。[70] 其中究竟有多少臺籍女性，由於資料中沒有籍貫和性別的記載，無從查考，值得一提的是，儘管這群女性僅受短期師資訓練，卻有服務的義務。

整體來看，日治時期臺籍女教員的來源是多元的，尤其是一九二二年之後，更出現不同的訓練來源，教員的培養方式、素質與數量因而不一致。其中附設於高女的師範科、講習科、補習科以及師範學校的女子演習科較具水準，訓練時間雖僅一年，培養方式卻大致仿照師範教育，而早期女學校的手藝科和技藝科因缺乏完備的師範教育課程，僅栽培了手藝方面的代用教員。至於其他教育機構代辦的講習會或教員養成會，則培養速成應急的女教員。有關教員素質，以女子演習科最高，女學校的各類科次之，講習會、教員養成會較低。在教員數量上，以女學校的講、補習科和講習會、教員養成會最多，女子演習科最少。

然而，無論臺籍女教員是出自何種來源，她們始終未接受長期而專業的訓練是不爭的事實，主要是總督府把女子師範教育放在輔助地位。反觀同時期培養臺籍男教員的師範教育，早在一八九九年臺北、臺中和臺南等地便設有師範學校，專門培養男教員。與中國、日本與韓國師範教育的發展比較，中國最早的女子師範學堂設於一九〇四年，且有四所；[71] 日本則早在一八七三年成立東京女子師範學校；[72] 韓國雖同為殖民地，卻較臺灣先進，一九二五年就有女子演習科，一九三五年更設置京城女子師範學校。[73] 由於中、日、韓設立女子師範學校的時間不僅早於臺灣，程度更在臺灣之上，總督府對臺灣女子師範教育的漠視，不言而喻。

70 游鑑明，〈日據時期臺灣的職業婦女〉，頁四九。

71 一九〇四年設立的有寧垣女子師範學堂、競仁女子師範學堂、浙江女子師範學堂和福建女子初級師範學堂，以上參見程謫凡，《中國現代女子教育史》（上海：中華書局，一九三六），頁七三～七四。

72 文部省編，《學制五十年史》（東京：文部省，一九二二），頁六七～六八。

73 朝鮮總督府編，《朝鮮總督府施政年報（昭和十六年度）》（京城：朝鮮總督府，一九四三），頁一五四。

# 2 女教員的人數、任用資格與薪資

透過多元培訓管道，在臺灣產生女教員，臺籍女教員和日籍女老師的人數有何不同？女教員的人數是否有變化？為何出現變化？由於日本殖民政府是採速成方式培養女教員，不少臺籍女教員只有代用資格，她們如何成為合格教員且取得任用資格？任用資格是否影響教員職稱與薪資？臺籍女教員的薪資與男教員，乃至日籍女教員可否有差異？

## 一、女教員人數的成長

從前面看來，公學校臺籍女教員的產生，主要是經由中等以上女學校、師範學校及其他教育機關的培養，但也有部分臺籍女教員沒有受過正規訓練。無論如何，日治時期到底有多少臺籍女教員？根據統計，一九〇三到一九四三年間，臺籍女教員的人數每年雖有增減，大體是呈現逐漸成長的趨勢。一九〇三年度，臺籍女教員僅有三十四人、一九二五年度有四百五十七人、一九四三年度驟增至兩千零五十五人。[74] 西南卷平公學校討論男女教員比例時，也發現女教員人數有年年增加的趨勢，他認為公學校女教員人數的上升，大致有五項因素：（一）一向不振的女子教育日漸普及發達；（二）文化進步推遲女子晚婚，因對生活缺乏安全感而展開追求生計獨立的方式；（三）伴隨文化的進步，衣食住等生活較為簡便，女子也較有餘暇；（四）經濟緊縮，男性以職業婦女為擇偶對象；（五）為提高生活費，在激烈的生存競爭之下，教員是最適合女性的職業。[75]

不過，儘管隨著教育、經濟與社會的變遷，臺籍女教員的人數由少而多，從性別角度分析，發現臺籍男、女教員的比例明顯不同，在教員任用資格上，臺籍男、女教員的人數相差懸殊，臺籍代用女教員主要集中於一九二二年以前和一九三八年以後；一九一六年以前是代用女教員的獨盛時期，因為高女的師範科尚未設置，附屬女校或其他教育機關畢業的女教員，僅能以代用資格任教，造成公學校初設置的十八年間沒有合格女教員。[76]至於一九三八年以後代用女教員的人數快速增加，一度多過臺籍代用男教員，[77]一方面是因為中日戰起，不少男教員被徵調入伍；另一方面則是一九四三年開始實施國民義務教育，各校出現師資供不應求的現象，於是臺灣總督府大量聘任代用女教員應急，於是公

74 以上資料詳見「第四　公學校教員」，臺灣總督府民政部總務局學務課編，《臺灣總督府學事第二年報（明治三十六年）》（臺北：臺灣總督府民政部總務局學務課，一九〇五），頁五九～六〇；「第二五表　公學校……續」，臺灣總督府文教局編，《臺灣總督府學事第二十五年報（昭和元年度）》（臺北：臺灣總督府文教局，一九二八），頁一八四；「第四　國民學校」，臺灣總督府文教局編，《臺灣學事一覽（昭和十八年度）》（臺北：臺灣總督府文教局，一九四四），頁十六、二四。

75 西南卷平，《公學校教員論》（臺北：臺灣子供世界社，一九二九），頁六一～六二。

76 游鑑明，〈日據時期臺灣的職業婦女〉，頁五一～五二。

77 同上註，頁五〇、五二。

學校代用女教員不斷成長。然而不能忽略的是，就如前面所提，總督府不願花費太多經費培養合格的臺籍女教員，而且訂有女教員人數不得超過全體職員三分之一的規定，[78]因此導致女教員比率偏低，也呈現總督府對師資的培養有明顯的性別歧視。

再比較臺、日籍女教員的人數，更可看到其間的差異，事實上，一九一七年才有日籍的合格女教員，而且一九三〇年以前，她們的人數比不上臺籍女教員，但之後她們的人數一直不斷成長，一九四三年度，她們的人數已經是臺籍合格女教員的三倍，至於日籍代用女教員也不斷增加。[79]這固然是因為公學校的師荒問題，造成以臺籍教員為主體的公學校也聘用日籍教員，而臺籍女性的教書空間被明顯擠壓，卻是不爭的事實。

且不論代用或合格教員，中日戰爭促使臺籍女教員有較多的求職空間，以我訪問的陳碧金為例，一九四五年她從三高女本科畢業後，就獲得臺灣銀行的聘用，她的父親卻認為臺北城內經常遭到空襲，反對她就職；這時他們全家遷往市郊的北投一帶避難，她也只好放棄銀行的工作。巧的是，陳碧金北投住家附近的關渡公學校正有教員出缺，她便前往應徵，學校見她是三高女畢業生，立即錄用了她，而她所補的缺額竟是日籍男教員留下的高年級課程，這是以往臺籍女教員夢寐難求的職位，陳碧金竟輕而易舉地獲得這份工作。[80]

## 二、任用資格的取得與教員職稱的演變

任何接受過師資訓練的女性，都想要獲得合格師資，但任用資格的取得相當複雜。以一九一九年

以前來說，總督府對教員的任用資格訂有檢定手續，檢定方式分為無試驗檢定和試驗檢定兩種。[81]這些辦法對日治初期的臺籍女教員是沒有特別意義，因為她們所學的主要是手藝課程，與檢定科目有落差。雖然一九一六年終於有合格的臺籍女教員，不過她們不是經由檢定試驗才具備任用資格，而是透過專門提昇教員資格的講習會。

日治初期，總督府利用每年暑假開辦各類講習會，一九一二年開辦女教員的講習會，專門招訓全島在職的代用女教員，除充實女教員的教學知識與教學方法之外，成績優異者則頒給公學校訓導（即合格教員）證書。[82]根據報紙記載，一九一六年產生的八位臺籍合格女教員中，臺北的三位女教員黃阿娥、林阿李、張查某，便是講習會的傑出會員。[83]一九一九年三高女設置師範科之後，臺籍女教員

---

78 〈小公學校女教員の為女教員會を組織して〉，《臺灣日日新報》第九〇二九號，一九二五年六月二十九日，第五版。

79 游鑑明，〈日據時期臺灣的職業婦女〉，頁五一、五三。

80 游鑑明編製，陳碧金問卷訪問資料（一九九一年十月二十三日），未刊稿。

81 無試驗檢定專供臺灣總督府國語學校師範部或師範學校各部科應屆畢業生取得證書之用，一年至少舉行一次，考試內容較為簡單，僅視需要考漢文、臺語、原住民語或教育學等科目；試驗檢定則提供未接受師範教育而有志教書工作者取得證書，而且隨時可以舉行檢定，應試內容是以取得教員資格的師範生在校所修科目為主。詳見吳文星，《日據時期臺灣師範教育之研究》，頁一五四；鄭梅淑，〈日據時期臺灣公學校之研究〉（臺中：私立東海大學歷史研究所碩士論文，一九八八）。

82 游鑑明，〈日據時期公學校女教師的搖籃：臺北第三高等女學校（1897~1945）〉，頁三八八。

83 〈學事：教員免許狀授與〉，《臺灣總督府府報》第一一八〇號，一九一六年十二月十七日，頁四二；〈女訓導免許者〉，《臺灣日日新報》第五七四七號，一九一六年六月二十八日，漢文欄，第六版。

的任用資格又有變化。

讓師範科畢業的學生欣喜的是，一九一九年規定，臺灣總督府師範學校或公立中學校、女子高等普通學校附屬的各類科應屆畢業者，視同檢定及格，可直接授予教員證書；一九二四年也有同一規定。[84]此後，又規定師範學校、中學校、高等女學校的演習科畢業生都可不經檢定手續，直接取得正式師資，然而來自高女補習科的畢業生則必須通過無試驗檢定，才能獲頒教員證書；[85]至於非師範教育出身的人則需參與試驗檢定。因此，參加臨時教員養成講習會接受短期訓練，或參加考試而取得資格，是取得合格師資的另一種管道。[86]

隨著公學校任用資格的取得，總督府授予教員的職稱與證書不僅多樣且多次變更，臺籍女教員的職稱都是敬陪末座。起初合格教員的職稱是「教諭」與「訓導」，[87]「教諭」的職級較高，具有「教諭」頭銜的只有日籍教員，臺籍教員僅能為「訓導」；即使是臺籍男教員也要到一九一〇年，才出現「教諭」，臺籍女「教諭」則在一九一九年產生，這一年有四十名臺籍女教員取得「教諭」職稱，其中的二十名來自三高女師範科。[88]一九二二年，〈新臺灣教育令〉頒布後，公學校教員職稱也重新調整，講習科和女子演習科畢業者一律稱為「訓導」，但證書種類卻不同，講習科取得的只是「公學校乙種本科正教員」，由於講習科培養的主要是臺籍女教員，呈現講習科臺籍女教員的職位，還是比不上其他教員；[89]至於檢定合格的補習科畢業生，雖然取得「公學校乙種本科正教員」證書，職稱至多為「教員心得」。[90]一九四一年，公學校改制為國民學校後，教員仍稱為訓導、准訓導，證書種類則又有大變革。[91]

84 〈臺灣小學校教員及臺灣公學校教員免許令施行規則〉（府令第一四四號），《臺灣總督府府報》第二〇〇七號，一九一九年十二月二十九日，頁一四二～一四四。

85 以上資料分別參見臺灣教育會編，《臺灣教育沿革誌》，頁一四一；小野正雄編，《創立滿三十年記念誌》，頁一七〇～一七一。

86 陳玉雲自謂，初任兩年，因無任教資格，先後參加海山教育會舉辦的教育講習會及總督府主辦的臨時教員養成講習會，才取得合格師資。得自游鑑明編製，陳玉雲問卷訪問資料（一九九一年九月二十七日），未刊稿；另蔡英則是經由不斷自修、並通過試驗檢定考試，始獲得合格師資。得自游鑑明訪問，蔡英電話口述訪問紀錄（一九九二年三月二十九日，臺北），未刊稿。

87 「教諭」和「訓導」的證書分別是「公學校教諭」和「公學校訓導」，一九〇九～一九二二年度，「公學校教諭」又分成甲、乙、丙種公學校教諭及專科教諭等四類。

88 她們獲得的證書是「丙種公學校教諭」。吳文星，《日據時期臺灣師範教育之研究》，頁一五六～一一；小野正雄編，《創立滿三十年記念誌》，頁一四五。

89 一九二二年，〈新臺灣教育令〉頒布後，公學校教員職稱也重新調整，「教諭」一職由「訓導」取代，另設「准訓導」，其職務同原「訓導」。「訓導」的證書，又可細分為公學校甲、乙、丙種「本科正教員」及「公學校專科正教員」等四種，「准訓導」的證書則分為「公學校甲種准教員」、「公學校乙種准教員」。

90 小野正雄編，《創立滿三十年記念誌》，頁一七一。

91 如訓導分為國民學校訓導、國民學校初等科訓導、國民學校高等科訓導，准訓導則分為國民學校准訓導、初等科准訓導。以代用教員言，一八九八年統稱為「雇教員」，有囑託（即特約人員）、雇員兩種職稱。雇教員的職稱於一九一八年改為訓導心得，一九二二年又改稱教員心得，一九四一年則稱為助教。

## 三、差別待遇的薪資

任用資格不同，教員的待遇也顯著有別。一九二〇年以前，臺、日籍教員的待遇呈現極大的差距，美國駐臺領事阿諾德（J. H. Arnold）於一九〇八年指出，當時臺籍教員月薪僅及日籍教員的三分之一或更低。[92] 儘管一九一〇年教員薪俸略做調整，臺籍教員的待遇仍無法與日籍教員相比，直到一九二〇年差別待遇才獲得改善，凡資格相同的臺、日籍教員，他們初任俸是一致的，不過日籍教員多六成加給，且配有宿舍或房租津貼。[93]

至於臺、日籍女教員的待遇，在一九二九到一九三七年間逐漸趨近，合格教員的差距約為一到二日圓間，代用教員則在五到七日圓內。[94] 一九三七年之後，受中日戰爭影響，臺灣的生活指數急劇上漲，為安定臺籍教員的生活，總督府對教員薪俸又有新規定，也就是本俸之外另加發臨時津貼。[95]

除此之外，總督府對教員薪資訂有加薪辦法，一九二〇年以前凡是考績成績優良者，每一年半加薪一日圓，一九二〇年後，教員的薪資續增，但臺籍合格女教員多為乙種本科正教員，她們所增加的薪水比不上其他教員。[96] 根據訪問也發現，由於家庭關係，已婚女教員大多無法全心教職，她們的考績成績因此欠佳，加薪機會低於其他教員，[97] 再與日籍教員相較，更無法等量齊觀，日籍教員多半不到一年或一年就可加薪。[98] 從上述教員薪俸的變動來看，臺、日籍教員的待遇確實顯著不同，臺籍女教員的薪資不僅低於日籍女教員，更不如臺籍男教員，一九二九到一九三七年度男、女合格教員的差別約為三到四日圓，代用教員則在四日圓以上。[99]

憑心而論，日治時期的薪資待遇，對臺籍女教員是相當不公平；然而，從訪問發現，臺籍女教員對薪資待遇的不滿程度，似不如預想得高，她們的不平多半是針對日籍女教員的待遇，臺籍男教員的待遇甚少引起她們不滿。從師範科或講習科畢業的女教員認為，出身師範學校的男教員曾接受長期而正規的師範教育，理應獲得較合理的薪資待遇；至於非師範學校或講習科出身的男教員，他們的初任待遇比不上女教員，因此臺籍女教員對臺籍男教員的薪資不會特別計較。[100]

毋可否認的，臺籍女教員之所以如此豁達，是因為她們認為薪俸應隨教育資歷與任用資格而異。從其他跡象看來，她們對這種同工不同酬的薪俸確實沒有過度不滿，除與被統治者的順民心態有關之外，還有一項特殊因素，也就是這群女教員多數沒有經濟壓力。前面提到日治時期的女教員絕大多數

---

92 另外，阿諾德也發現，當時日籍女教員的月俸約為十至二十美金，臺籍女教員則是三至十美金，以上參見E. Patricia Tsurumi, *Japanese Colonial Education in Taiwan, 1958-1945* (Cambridge, Mass.: Harvard University Press, 1977), pp. 65, 271.

93 吳文星，《日據時期臺灣師範教育之研究》，頁一七三。

94 游鑑明，〈日據時期臺灣的職業婦女〉，頁五七。

95 吳文星，《日據時期臺灣師範教育之研究》，頁一七五～一七六。

96 甲種本科正教員資格者每經一年半加薪二日圓，具乙種本科正教員資格者每經一年九個月加薪二日圓。吳文星，《日據時期臺灣師範教育之研究》，頁一七三～一七四。

97 游鑑明訪問，李奩黎電話口述訪問紀錄（一九九一年十二月二十八日，臺北），未刊稿。

98 李奩黎電話口述訪問紀錄。

99 游鑑明，〈日據時期臺灣的職業婦女〉，頁五七。

100 林彩珠電話口述訪問紀錄。

來自中上家庭，需要靠薪資維持生活的僅是少數人；即使有人需要藉收入而持家，她們的薪資所得也足以安定生活，因此面對不公平的薪資待遇，她們的反應沒有我們想像得大。

大體來看，除了第一、二次世界大戰期間，教員生活較為清苦之外，他們大致過著不錯的生活。[101] 以一九〇五到一九〇九年為例，每月收入十二到十七日圓的臺籍訓導，他們的收入可維持一般小家庭生活，一九二〇年代末期，收入五十日圓的教員，甚至可維持一家十口的生計，且有節餘。[102] 至於臺籍女教員的收入儘管較其他同行偏低，但大致能跟得上物價指數；日治初期，臺籍女教員多為雇員，她們的初任月俸約為八到九日圓，這筆薪俸在一九〇五年，可買白米一百一十九到一百三十五公斤。[103] 一九二〇年代以後，教員薪俸提高，例如，一九二一年三高女師範科畢業的黃票花，她初任的月俸是四十日圓，每一年九個月加薪二日圓，到一九三〇年已加薪為五十三日圓。[104] 這項收入對需要養家的男性而言，可以說是相當優厚，更遑論女性。此外，一九三三年三高女補習科畢業的陳寶玉，憑著教員心得的薪水，竟能在任教三年後，儲蓄了一千日圓，作為家人購置房子的資金，她告訴我：

> 初教學時，我是教員心得，月薪僅有日幣三十五圓，在當時，這是一筆不算少的收入，不但比警察的薪水多一倍半，而且和役場（即今鄉鎮公所）課長以上人員的薪水相近。在教書期間，因父親不幸去世，我又未婚，便將全部薪水作為家用，每個月除扣除二圓作為互助金之外，我存了二十六圓在臺灣銀行，三年期滿後，我領到一千圓，另外添加一千圓，為家裡買了一棟房子。[105]

再以公學校臺籍女教員的收入和其他女性職業群的收入比較，女教員的薪水僅次於女醫師、中學女教員，[106]也因此，公學校臺籍女教員頗能接受她們的薪資，不太在乎差別待遇。另外，可以推想得知的是，婦女一向缺乏經濟獨立權，一旦獲得這項權利，會格外珍惜。而且透過訪問發現，多數女教員是以認命知足的態度接受當時不平的待遇，顯然這是重男輕女觀念未完全被擺脫的時代特色。

101 吳文星，《日據時期臺灣師範教育之研究》，頁一七二～一七六。曾任教新竹公學校的黃旺成也表示，他初任教員的一九一一年，教員月俸約為十五到十七日圓，這份薪俸足夠維持一家三、四人的家庭。王世慶訪問，〈黃旺成先生訪問紀錄〉，黃富三、陳俐甫編，《近現代臺灣口述歷史》（臺北：林本源中華文化教育基金會，一九九一），頁八五。

102 吳文星，《日據時期臺灣師範教育之研究》，頁一七四～一七五。

103 一九〇五年，米價平均每公斗（即七點九五公斤）零點五四日圓，參見臺灣省行政長官公署統計室編，《臺灣省五十一年來統計提要》（臺北：臺灣省行政長官公署統計室，一九四六），頁九一六～九一七。

104 「表三：八　一九〇二～一九四三年日據時期資深女教員（限三高女畢業生）薪資一覽表」，游鑑明，〈日據時期臺灣的職業婦女〉，頁五九。

105 陳寶玉電話口述訪問紀錄。

106 以上根據一般訪問所得；另參見〈臺灣各界的職業婦人介紹（六）：女教員〉，《臺灣民報》第二九九號（一九三〇年二月八日），頁五。

# 3 女教員的地理分布與職務異動

臺籍女教員主要在推動女子教育，她們的分布攸關女子教育的發展，早期女教員多集中北部，隨著女教員的增加，她們是否遍及全島？這群首登職場的女教員，她們能否適應教壇生活？她們的異動情形又如何？何種因素讓她們能久任教職？或讓她們頻繁異動？

## 一、地理分布

早期臺籍女教員多出身附屬女校，受地緣與家庭的影響，女教員不便到外地服務，主要集中在臺灣東北部。一九〇〇年附屬女校的十二位應屆畢業生，除一人未任教之外，她們服務的學校，包括附屬女校、第一附屬學校公學校以及基隆、宜蘭、桃園、大嵙崁、景尾、暖暖、和尚洲（即今蘆洲）、新店和大龍峒等公學校。[107] 直到中、南部學生到附屬女校就讀後，各公學校的女教員才逐漸增多。[108] 值得注意的是，為解決各地師荒問題，總督府對獲得合格師資的女教員，採回原籍任教的分發方式，因此臺籍女教員不再以臺灣北部為限，例如一九二四年度三高女講習科的三十九名畢業生，分發至臺北有十九人、新竹四人、臺中三人、臺南九人、高雄二人、臺東二人。[109] 同時，隨著各地高等女學校補習科的先後設立與講習會的開辦，臺籍女教員分布的地區更加普遍。[110]

一九二三到一九三七年度，臺籍女教員已經普及全島，除臺北最多外，其次依序是臺中、臺南、新竹、高雄、花蓮、澎湖和臺東。[111]與同期日籍女教員的分布情形比較，二者不同的是，日籍女教員並不完全集中於臺北，主要在臺中，而且人數多過臺籍女教員，一九三一年《臺灣新民報》曾報導，該區分配不公的情形，曾引起臺籍女教員的不滿。[112]至於每個地區臺籍合格教員與代用教員的比例如何？大致上合格教員占較多數，比較特殊的是高雄，當地的臺、日籍代用女教員多過合格教員，但因缺乏資料無法得知原因。但整體來說，這段期間臺籍女教員已無遠弗屆，只不過，從各地的分布人數觀察，很明顯地呈現分配不均的現象，無論臺籍或日籍的合格女教員，都往人文薈萃的地區任教。

除此之外，城鄉間也出現嚴重的分配不均問題，由於各地區進行教員分發時，通常會對女教員的分發有較多考量，除注重在學成績優劣之外，公學校是否有女學生或者交通是否方便等，都列為分發

107 小野正雄編，《創立滿三十年記念誌》，頁七一。
108 游鑑明，〈日據時期公學校女教師的搖籃：臺北第三高等女學校（1897~1945）〉，頁三九五。
109 「大正十三年度教員養成諸學校卒業生配當表」，〈臺北通信：新卒業生の配置〉，《臺灣教育》第二七四號（一九二五年四月），頁七九。
110 該校補習科的二十五名畢業生中，臺北州占十八人、新竹州四人、臺南和高雄二州合計三人，見「表二：二一九二三～一九三一年間講習科、補習科畢業生出身分布」，頁三七六。
111 游鑑明，〈日據時期臺灣的職業婦女〉，頁六〇～六二。
112 〈中洲噴水〉，《臺灣新民報》第三六〇號（一九三一年四月十八日），頁九。

的指標。一九三四年，臺中州教育會曾對該地分發情形做了如下說明：「……唯對女教員的配置必須從女性角度考慮，故隨實情改善與否，產生種種困難。」[113] 由此可見，交通不便的偏遠地區多數未派遣女教員，導致城鄉師資分配不均，從而影響女子教育的推動。《臺灣日日新報》曾報導，基隆公學校八斗仔分校原聘有一名女教員，這位教員在一九二五年四月轉任石碇公學校之後，女學童如失慈母，深為不安，因為女教員任教期間的諄諄善誘，使女學童成績卓著，讀書意願也高於男學生，該報提醒學務局「勿以山阪海澨，遂置之不論不議。」[114] 事實上，女教員分布不均固然是因總督府分發方式不儘理想所致，也與女教員不斷異動職務有關。

## 二、職務異動

職務的不斷異動，導致女教員的服務年資不長，是可以理解的。根據多種說法，公學校臺籍女教員的平均任期是二到四年。[115] 以十所公學校六十位離職臺籍女教員的服務年資顯示，服務一年以上而離職者最多，計有十六人，而服務十二年以上有二人。[116] 另以我訪問的三十六位女教員為例，只有一人服務三十年以上，服務不到五年的有十二人。[117] 實際上，教員無法久任是日治時期的普遍現象，就吳文星分析，一九二一到一九二二年度畢業的臺籍師範男生，有半數在服務滿三年後即離職。[118] 由此可知，教員異動頻繁的情形並不是臺籍女教員獨有。

多數教員為何無法長期任教？以師範學校畢業的男教員為例，他們異動頻繁的原因，除與志趣不合、家庭背景和師範教育內容偏頗有關之外，公學校臺、日籍教員的各種不平等待遇也造成臺籍男教員漸失專業精神。[119] 至於臺籍女教員，雖然有少數人因出國深造而辭去教職，她們異動的原因與男教員不完全相同；[120] 從口述訪問得知，在四十位受訪者中，無法長期任教或經常調校的女教員，她們的原因儘管各有不同，但大致與交通欠便或家庭牽絆有關。

就交通欠便來說，能在居家附近服務是每位女教員的最大心願，但很難各個如願以償，因此處處出現女教員辛苦通勤的情形。邱鴛鴦回憶，初畢業時，她被派至嘉義蒜頭公學校任教，由於學校離家

---

113 〈學級職員の編制配置〉，臺中州教育會編，《臺中州教育年鑑　二五九四年版（昭和八年度）》（臺中：臺中州教育會，一九三四），頁三〇五。

114 〈望派女師〉，《臺灣日日新報》第五五一七號，一九一五年十一月三日，漢文欄，第六版。

115 石川平司，〈教育雜感〉，《臺灣教育》第三〇二號（一九二七年十月），頁六二。

116 從十所公學校六十位離職臺籍女教員的資料顯示，其餘分別是不及一年六人，兩年以上八人，三年以上十四人，四年以上六人，六年以上二人，七年以上二人，八、九年各一人，十二年以上二人。「表三：九　公學校離職女教員（限三高女畢業生）服務年資一覽表」，游鑑明，〈日據時期臺灣的職業婦女〉，頁六四～六五。

117 除陳碧金僅有半年年資之外，其餘三十五人於日治時期的服務年資分別是，三十年以上一人、二十年以上三人、十年以上六人、五年以上十三人、不及五年十二人，其中於同一學校任教五年以上者僅有八人。「表三：十　臺籍女教員服務公學校概況」，游鑑明，〈日據時期臺灣的職業婦女〉，頁六六～六八。

118 吳文星，《日據時期臺灣師範教育之研究》，頁二〇六。

119 同上註，頁二〇六～二〇八。

120 根據報紙報導，林招和林沈香吟先後從公學校離職，然後遠渡日本習醫。〈臺北：女齒科醫開業披露〉，《臺灣新民報》四〇三號（一九三二年二月二十日），頁八；〈員林：林女齒科醫開業披露〉，《臺灣新民報》第四〇四號（一九三二年二月二十七日），頁九。

約計八里路，中途又無直達車，她必須更換不同的交通工具，先雇三輪車至溪邊，再搭排筏到對岸，然後得再步行兩里路才能到校。[121]這種情形主要是因缺乏便捷的交通工具所致，不過處於交通工具較方便的臺北，也有同樣的苦惱。曾服務於臺北大安公學校的陳寶玉描述她的通勤過程：

大安公學校位在姆指山下墓地一帶，算是臺北的偏遠地區，我從士林到學校得換兩班車。由於當時市內巴士只到圓山，一大早，我得從家中步行到圓山動物園附近的巴士站，先乘車到榮町（今天衡陽路一帶），再換往六張犁的車，然後在第二師範學校下車，約步行十分鐘，才能到學校，這樣的通勤方式大約需要花費一個半小時。[122]

上述個案的工作地點與居家所在地都處在同一行政地區，通勤問題還容易解決，而分發到外地任教的女教員，卻是十分辛苦。

在無法天天通勤之下，她們必須移住當地，但日治時期的教員宿舍主要是供日籍教員住宿，臺籍教員的宿舍則十分簡陋，曾任教關西公學校的文學家吳濁流，便發現該校的臺籍教員多半借住廟宇或租用民房，他個人雖為臺籍首席訓導，也是住在舊戲院改建的宿舍裡。[123]臺籍女教員的住宿情形與男教員相去不遠，陳阿理接受我訪問時曾說，她世居臺北，當時被分發到宜蘭公學校任教，由於沒有宿舍供她居住，學校便將一間倉庫充當宿舍，這間宿舍還容納外地來的學生。[124]我訪問的口述者中，有教員是暫宿友人家，如林梅；有人由家人陪同住宿，如蔡英、周蜂二人。[125]以周蜂為例，從三高女講習科畢業後，她被分發到宜蘭，由於周蜂的家境富裕，父母對她的遠行十分不捨，曾向視學（即今督學）關說，卻不得結果，就由她的母親陪同住在宜蘭。[126]

面對不便的通勤和住宿問題，有的女教員雖然具有合格師資，卻寧可放棄分發，吳蓮蓮便是自動放棄分發的個案之一，當時因近家的蓬萊國語講習所有缺額，她便委身講習所當講師，以致於她的月薪較同樣資格的臺籍女教員少三日圓；[127]另外，傅綴也因視學有意派她到須搭渡船往返的江子翠公學校，她退而求其次地選擇母校老松公學校辦事員的工作，直到四年後才升為正式教員。[128]事實上，礙於義務服務的規定和教職難覓的苦惱，多數教員不輕易放棄教職，直到服務期滿或有機會調職才離職。不過，遷調至近家的學校並不容易，因此她們必須經常異動，例如任教八年的翁式霞曾異動過四所學校；[129]陳素瓊則是任教不到兩年即調職；[130]陳阿理更是遷調頻繁，一共遷調過六所公學校，調到

121 游鑑明訪問、張茂霖記錄，〈邱鴛鴦女士訪問紀錄〉，頁七七。
122 陳寶玉電話口述訪問紀錄。
123 吳濁流，《無花果》（臺北：前衛出版社，一九八九年重印版），頁一〇五～一〇六。
124 游鑑明訪問，陳阿理電話口述訪問紀錄（一九九一年十二月四日，臺北），未刊稿。
125 游鑑明訪問，劉春花（林梅之媳婦）電話口述訪問紀錄（一九九二年五月二十九日，臺北），未刊稿；游鑑明訪問，周蜂電話口述訪問紀錄（一九九二年三月三十日，臺北），未刊稿；蔡英電話口述訪問紀錄。
126 周蜂電話口述訪問紀錄。
127 游鑑明編製，吳蓮蓮問卷訪問資料（一九九二年九月二十日），未刊稿。
128 游鑑明訪問，傅綴電話口述訪問紀錄（一九九二年十二月七日，臺北），未刊稿。
129 游鑑明編製，翁式霞問卷訪問資料（一九九二年九月二十五日），未刊稿。
130 游鑑明訪問，陳素瓊電話口述訪問紀錄（一九九二年十二月十日，臺北），未刊稿。

近家的二重埔公學校才不再異動，在此之前，她幾乎每隔一年便換一所學校。[131]

此外，她們也不斷透過各種關係調離原校，邱鴛鴦自述，她轉到嘉義女子公學校任教，是經過一位視學的協助，這位視學原是她丈夫服務學校的日籍校長。[132]比較特殊的是，何薰灼是視學主動幫她調到士林公學校，她表示，視學到她原服務學校視察時，發現該校學生素質甚差，為恐浪費人才而把她調走。[133]沈宗香則因母親黃笑（一九一〇年附屬學校畢業）的辭職，得以到母親任教的朴子女子公學校服務。[134]

值得一提的是，因交通欠便而辭職的女教員，多半僅是調職，而非終止教書，這一點與因家庭關係而辭職的女教員略有不同。

就家庭牽絆來說，根據我訪問一八九九到一九二八年出生的六位不同世代的臺籍女教員，她們離職的理由，雖有倦職、戰爭，但多數是結婚、生養子女、遷徙或協助丈夫事業。[135]因此她們離職之後，甚少復職，而這一類女教員大半擁有安定而富裕的家庭生活，公婆或丈夫通常不鼓勵她們繼續任教。[136]前面提到的蔡素女和邱鴛鴦，分別任教兩年和四年，她們都在婚後不再教書。除此之外，生育對女老師是人生大事，但總督府在一九二三年之後才有產假規定，[137]顯然也影響女教員的去留。值得一提的是，回歸家庭的臺籍女教員，大多有女傭代理家務或看顧小孩，她們不完全投入主持中饋或育嬰一類的工作，只是指導家務、教育子女或協助丈夫事業。[138]因此，儘管失去作育英才的機會，這群女教員仍在家中占有重要的地位。

## 三、久任教職的女教員

任期短、異動率高固然是臺籍女教員的特徵，但也有長期任教或始終堅守崗位的臺籍女教員，由口述訪問資料得知，有服務長達三十四年的王九治、二十年以上的黃帶妹、連毛治和陳阿理。[139] 從一九〇二到一九四三年度《臺灣總督府職員錄》統計出，有二十七位女教員具有長期教學資歷，而且全部來自三高女，撇開與口述訪問者重覆不計外，服務十年以上十二人、二十年以上八人。[140] 雖然這群資深教員僅是鳳毛麟角，但在女教員不斷異動的環境下，久任教職的個案是值得關注的。

131 陳阿理電話口述訪問紀錄。
132 游鑑明訪問、張茂霖記錄，〈邱鴛鴦女士訪問紀錄〉，頁八〇。
133 游鑑明訪問，何薰灼電話口述訪問紀錄（一九九一年十二月十一日，臺北），未刊稿。
134 沈宗香電話口述訪問紀錄。
135 「表三：十　臺籍女教員服務公學校概況」，頁六六～六八。
136 李錫龍表示，其姐李紅綢（一九二二年女高普師範科畢業）結婚後，因夫家家境富裕，公婆不贊成她外出教書，便辭去教職。得自游鑑明訪問，李錫龍電話口述訪問紀錄（一九九二年一月十一日，臺北），未刊稿。
137 〈女教員之優遇〉，《臺灣日日新報》第八四六四號，一九二三年十二月十二日，漢文欄，第六版。
138 游鑑明訪問、張茂霖記錄，〈邱鴛鴦女士訪問紀錄〉，頁八二～八六。
139 「表三：十　臺籍女教員服務公學校概況」，頁六六～六八。
140 「表三：八　一九〇二～一九四三年日據時期資深女教員（限三高女畢業生）薪資一覽表」，頁五九。

臺籍女教員得以長期任教，大致與任教地點、婚姻狀況、家庭經濟和家庭勞動有關，以任教地點來說，綜合上述兩份資料的個案可以看出，在五十六人中，任教十年以上而不曾異動的計有十三人，占總人數的百分之二十三點二一，顯然適切的教學場所是吸引臺籍女教員固守崗位的因素之一；從訪問中也發現，這些教員多半任教於母校或近家的公學校，母校情誼與交通方便成為女教員不願遷調的有利條件。

就婚姻狀況來看，遲婚、未婚或婚姻不美滿是女教員久任的一部分原因，如第一章所述，一九三〇年代後，晚婚的男女逐漸增多，例如傅緞，她到三十五歲才結婚，未婚時，她一直全心於教職，任教年資長達十五年。陳阿理則一生未婚，她自稱：

> 我能夠長期任教，又可以無牽無掛地付出，主要是因為我一直沒有婚姻的拘束，而且到現在我仍是獨身未婚（按：訪問時陳氏已八十七歲）。其實，當時到我家說媒的人還不少，可能是我個性太強，始終沒有適合的對象。[141]

另外，眾所周知的，已婚婦女外出工作機會的增加，多少會影響家庭結構，較嚴重的，甚至造成夫妻觀念的分歧，乃至帶來家庭解組，再加上臺灣舊有社會所存在的一些婚姻陋習，並未隨著社會變遷或新思想的傳入而完全革除，包括指腹為婚、媒妁之言或蓄妾等，一些自主意識較高的女教員難以忍受，一旦發生丈夫蓄妾或彼此意見相左時，便憤而求去或長期分居或解除婚約。任教三十四年的王九治便是一個例子，據她的女兒王銀基回憶，她的母親一畢業就在鹿港任教，婚後不久，她的父親北上開業行醫，卻另結新歡，她的母親則始終留在鹿港教書，全心於教學工作；[142]王銀基個人的婚姻也相當不幸，婚前她曾是一名教員，婚後辭去工作，不料一年多後，她的丈夫獨自到日本，此後全無音訊，她為了撫養幼兒，再度重返教壇，一直任教到臺灣戰後。[143]另外，一位不願具名的受訪者透露，有兩位女教員是在解除婚約後，將感情移轉至教育工作上，因此她們的服務年資長達二十年以上，直至退休才離開杏壇。

以經濟因素來說，這些個案多半為協助家計，或為自力更生，據擔任教員長達二十一年的陳連治的媳婦陳吳玉麗轉述：

> 我婆婆能在日治時期教這麼久的書，是因為她必須承擔家庭生活。我婆婆六歲時，便到陳家當童養媳，她的公公一直很疼愛她，而且供她讀書，使她受到良好的教育，因此她對陳家始終抱著感恩的心。就在她教書不久，她公公的生意失敗了，她便先結婚，正式成為陳家的兒媳婦，然後繼續教書，將教書所得用來補助家計。[144]

---

141 陳阿理口述訪問紀錄。

142 游鑑明訪問，王銀基電話口述訪問紀錄（一九九一年十二月六日，臺北），未刊稿。

143 王銀基，〈君は歸らじ〉，三高女校友聯誼會編，《回顧九十年：臺北第三高等女學校創校九十年紀念誌》（臺北：三高女校友聯誼會，一九八八），頁一二四。

144 游鑑明訪問，陳吳玉麗電話口述訪問紀錄（一九九一年十二月八日，臺北），未刊稿。

陳素瓊曾因養育孩子而離職，八年後為貼補家用，再度復職，據她表示，復職的月薪為四十日圓，雖較前少二日圓，但對僅領三十多日圓的丈夫而言，足可減卻丈夫的部分重擔。[145] 另如陳寶玉的父歿、蔡英的喪偶，使她們更不能輕易去職，因為她們每月的固定收入是全家的經濟來源。[146] 至於獨自生活的單身或遲婚女教員，為了自力更生，她們相當重視每月收入，離職率因此不高。

由上可知，基於經濟因素，部分女教員不能也不願放棄教職。實際上，臺籍女教員的薪俸確實也具有相當大的吸引力。尤其重要的是，長期任教的女教員，不僅每一年九個月加薪一次，又可獲頒年功俸，凡任教到一九四二年的臺籍資深女教員，她們的薪俸多半在六十日圓以上。[147] 根據同期日本國內的調查，日本資深女教員的日漸增加，其中一項因素與教員收入可觀、薪水又固定有關；[148] 臺籍資深女教員的久任多少也是這項因素。

以家庭勞動來看，在未完全科技化的時代，婦女的家庭工作相當繁重，但在臺灣中上階層家庭通常有蓄養「查媒嫺」（即婢女）的習俗，家中粗重事務全由她們代勞；隨著幫傭職業的興起，「查媒嫺」的工作逐漸被女傭取代。[149] 由於不論「查媒嫺」或女傭，均有助於中上階層婦女減輕家庭勞動，因此當婦女外出工作時，她們成為最好的幫手，甚至讓職業婦女得以專業。翁式霞回憶，當時雇請女傭約為三日圓，僅是她每月薪俸的十分之一，因此她有足夠的金錢可以請奶媽代為看顧孩子，然後專心教書。[150] 透過訪問發現，類似翁式霞的例子其實不勝枚舉。此外，日治初期，家族聚居風氣十分盛行，在親族關係較和諧的家庭，未外出工作的婦女有時會代替工作婦女操持家務，例如黃笑的女兒沈宗香便提到，她母親之所以能在婚後繼續工作，便是靠妯娌協助家務。[151] 黃笑的妯娌何以願意為她分勞解憂，沈宗香解釋道：

當時當教員是很受尊重的職業，女性親戚中又只有我母親是教員，因此她們引以為傲，甚至願意為我母親多分擔家務事，母親為了感謝嬸嬸，多半會拿出一部分薪俸酬謝。[152]

除了上述四項因素之外，從訪問中發現，妻權的高低也影響女教員能否久任教職。這個有趣的個案是黃帶妹，據她自述：

我到二十八歲才結婚，但婚姻生活並沒有影響到我的教書工作，主要因我丈夫是招贅的，而且他雖然經營製茶業，但不曾要求我協助他的事業，所以我有權決定自己的生活。由於教書是我的興趣，我便一直教到臺灣光復。[153]

---

145 陳素瓊電話口述訪問紀錄。
146 蔡英電話口述訪問紀錄。
147 「表三：八　一九〇二～一九四三年日據時期資深女教員（限三高女畢業生）薪資一覽表」，頁五九。
148 村上信彥，《大正期の職業婦人》（東京：株式會社ドメス出版，一九八四年第二刷），頁九七～九八。
149 農村經濟衰退和城市新興的影響，一九二四～一九三六年間，幫傭人數快速增加。游鑑明，《日據時期臺灣的女子教育》，頁二一四。
150 翁式霞問卷訪問資料。
151 沈宗香電話口述訪問紀錄。
152 同上註。
153 游鑑明訪問，黃帶妹電話口述訪問紀錄（一九九一年十二月五日，新竹），未刊稿。

總之，從上述的不同個案可以看出，不受家庭或婚姻生活影響而長期任教的臺籍女教員，除與經濟需要有關之外，另則是有人代為料理家務，讓她們能心無旁騖的工作，而具有充分的獨立權或自主權也是女教員取得久任的一項因素。惟整體看來，這一類女教員僅屬少數，異動頻繁的女教員占大多數。另外，值得注意的是，女教員的異動多數是調校或回歸家庭，很少另謀發展，目前資料顯示，有大龍峒公學校教員吳阿金被選派為廣播員，[154] 利澤簡公學校的黃快治轉任臺北帝國大學為圖書館雇員，[155] 劉玉英轉到幼稚園任教，[156] 這一點和出路多元的臺籍男教員相較，有明顯不同。[157] 因此，從另一角度觀察，女教員的異動固然不利教育的發展，對職業結構顯然未造成太大的影響。

---

154 〈選ばれた　全島婦人のアナウンサー　國語でも放送したいと　林吳氏阿金夫人語る〉，《臺灣日日新報》第一一二一九號，一九三一年七月七日，夕刊，第二版。

155 游鑑明編製，黃快治問卷訪問資料（一九九一年十月十二日），未刊稿。

156 〈劉女教之歸竹〉，《臺灣日日新報》第九三二六號，一九二六年四月十二日，漢文欄，夕刊，第四版。

157 臺籍男教員離職後，多轉至各行業工作，他們的角色包括工、商、金融業者、醫師、律師、社會運動家、新聞從業者及畫家等。參見吳文星，《日據時期臺灣師範教育之研究》，頁二一二～二一五。

# 4 女教員的教學工作

傳統教學特別重視教員的主導性，以致於教員的學識、品格以及她們的教學法對教學活動影響甚大。公學校教員通常是級任教員，工作相當繁重，包括教學、訓育和校外輔導等，有時還必須兼任其他職務，例如兼管學校行政、指導社會教育或兼教專業科目等。走上教學舞臺的女教員如何面對各種教學事務？其中是否有種族和性別差異？另外，臺籍女教員如何與任教對象互動？重要的是，成為臺灣職場的新群體，她們是否熱衷這份職業？

## 一、教學活動

受差別待遇的影響，公學校的臺、日籍教員或男女教員任教的對象與科目各有不同。當時各界，對女教員適任的科目及任教對象的看法，相當一致。西南卷平認為女教員有四種特色：（一）能以真心對待兒童，適任教導幼兒及低學年兒童；（二）具有母性的特質，心細且有耐性，適合教導幼兒及女學童，尤能協助女學童發展，促進提昇社會生活；（三）長於語言又巧於模仿，宜任教語言課程；（四）裁縫和家事為女性專長，這一類課程應由女教員擔任。[158] 我訪問一九二八年從臺北第二師範學校畢業的李奎黎，他以男教員的觀點強調：

我個人認為女性很適合擔任教書的工作，特別是教導低年級的學童，因為女性具有愛心，可以充分發揮母性，而男性行動較粗魯，並不適合幼童教育。[159]

而鄭淋枝於〈女教員和兒童〉（女教員と子供）一文中也指出，低年級學童的教育是以養護和指導遊戲為目的，應由母親負責指導，所以女教員是十分適合教低年級學童。[160]

從一九〇七到一九二二年公學校低年級的課程也可以看出，課程內容相當簡單，都是啟蒙知識的灌輸，科目包括修身、日語、漢文、體操、手工美術和唱歌等。[161]而女教員的教學實況又如何？就一九三一年度臺中州公學校全體臺籍女教員為例，她們所任教的對象大多數是低年級學童，在五十九名女教員中，任教一、二年級的計有四十名，約占三分之二。[162]至於女教員任教對象的性別，低年級大多採男女共學制，女教員並非以女學童為唯一教學對象，但兼任家

圖 13　邱鴛鴦在竹崎公學校教授國語（日語）課情景

事、裁縫課程的女教員，她們任教的對象主要是女學童。在語言教學上，僅有少部分女教員兼任說話課，由於日語為公學校各年級的主要課程，擔任語言教學的女教員責任艱鉅，好比一九〇七年一至二年級的日語教學時數，占每週教學總時數的百分之四十二點六四。[163] 我訪問鄧季春得知，她能轉到近家的瑞穗國民學校，是因她擅長日語，她也表示，擅長日語的女教員，不是兼教說話課，便是在國語講習所講學，具有一定的角色。[164] 由上可知，公學校女教員所分配的科目或年級多半符合各界的期望。

但毋可否認的，這種配課方式深受男性對女性刻板印象的影響，一方面固然發揮了女性的特長，另方面卻漠視女性的其他長才，影響所及，女教員教學的對象不是女學童，便是幼童，而且所擔任的課程多半無需藉用太多的知識。從另一角度分析，這又與種族歧視有關，因為日治時期公學校高年級

---

158 西南卷平，《公學校教員論》，頁六五～六六。

159 李奎棃電話口述訪問紀錄。

160 鄭淋枝，〈女教員と子供〉，《新竹州時報》第六六號（一九四二年十一月），頁七二。

161 一九〇七～一九二二年度公學校一～二年級的課程，包括修身、國語、算術、漢文、體操、唱歌，一九一二年之後還有手工和美術。臺灣教育會編，《臺灣教育沿革誌》，頁二八二～二八三、三一五～三一六、三四六～三四七。

162 「表三：十一　一九三一年度臺中州各公學校（含分校）女教員服務概況一覽表」，游鑑明，〈日據時期臺灣的職業婦女〉，頁七六～七七。

163 以上根據一九〇七年公學校一、二年級日語科每週教學總時數綜合計算而成，參見「修業年限六箇年公學校各學年教授ノ程度及每週教授時數表」，臺灣教育會編，《臺灣教育沿革誌》，頁二八二～二八三。

164 游鑑明訪問，鄧季春電話口述訪問紀錄（一九九二年五月三十日，彰化），未刊稿。

的課程多數由日籍男教員擔任，即連臺籍男教員也難有任教機會，遑論女教員。[165]重要的是，高年級課程不僅較艱深，並偏重理數課程，不是主修家事課程的女教員所能勝任。

無疑的，絕大多數的女教員是以低年級學童及女學童為任教對象，但透過訪問發現，有部分女教員曾任教中、高年級的學童，如陳阿理、傅緞、吳蓮蓮、陳玉雲、陳寶玉、蘇月雲、陳碧金和林彩珠等人。而她們何以有機會任教中、高年級？從她們口中得知，必須是教學經驗豐富，或是教學成績優良，還有是因為中、高年級女學童需要女教員指導，以及女教員在戰爭期間取代男教員遺缺。[166]另有女老師不是僅傳授家事、裁縫課，她們兼任音樂或體育等專業科目，而這都與個人具有這方面專長有關，例如黃快治擅長音樂、周紅絨長於競走、陳素梅和鄧季春精於薙刀（又稱長刀，教學時以木棍取代）等。[167]值得一提的是，戰爭時期重視國防體育，女教員也需要教導女學生這方面技術，陳愛珠在羅東女子公學校教書時，

圖 14　一九四一年陳愛珠教導羅東女子公學校六年級女學童使用薙刀

曾赤足教導女學生薙刀，因此隨著教學走向多元與時事變化，女教員必須與時俱變、多才多藝。

教學之外，教員必須做編製教案的課前準備工作，低年級女教員也不例外，蔡素女回憶，她在北港公學校任教時，課前一定先編好教案，再親交校長過目，經校長簽字同意後，才根據教案教學。[168] 不過，並非每個學校都嚴格執行教案的編製，李錫龍表示，編製教案多半在教員初任教學的第一年才會嚴格要求，由於日久容易流於形式，有的公學校校長或視學不會嚴格規定。[169] 鄧季春則說，她服務的學校是每年級指派一位老師編製教案，經由檢閱、指導之後，其餘教員就跟著教學，因此不是每位老師都需要編製教案。[170]

另外，如何培養學童讀書興趣也是相當重要，由於低年級學童初入校門較不懂事，不知道遵守規矩，任課老師必須以高度耐心去指導。[171] 林彩珠表示，為了引起學童上課的興趣，老師得具備各種才

165 李奞棃電話口述訪問紀錄。

166 游鑑明，〈日據時期公學校女教師的搖籃：臺北第三高等女學校（1897～1945）〉，頁四一二；Hill Gates, *Chinese Working-class Lives: Getting by in Taiwan* (Ithaca: Cornell University Press, 1987), p. 217.

167 黃快治問卷訪問紀錄、鄧季春電話口述訪問紀錄；游鑑明訪問，周紅絨電話口述訪問紀錄（一九九一年十二月十二日，臺北），未刊稿；游鑑明編製，陳素梅問卷訪問資料（一九九一年九月十四日），未刊稿。

168 游鑑明訪問、吳美慧記錄，〈林蔡素女女士訪問紀錄〉，頁一二八。

169 李錫龍電話口述訪問紀錄。

170 鄧季春電話口述訪問紀錄。

171 李錫龍電話口述訪問紀錄。

能，例如唱遊課便是很重要的科目。[172] 而邱鴛鴦也回憶道：

由於低年級學童很難安分守己地坐在椅子上，坐久了便動來動去，遇到這種情形，我便彈風琴，並叫他們全體起立，動一動身體，或唱唱歌，這麼一來，學生就不會感到枯燥無味。[173]

由上述的教學經驗看來，任教低年級的女教員不僅要有愛心、耐心，且需具備各項才藝，甚至得機智應變。這對長期任教低年級的女老師來說，確實是項考驗，有的女教員因為無法忍受，只得求去。教學成果頗佳的周紅絨在任教三年後，便自動辭職，她告訴我，除因結婚而離職外，另一個原因是一年級學童良莠不齊，不容易教導。[174]

女子教育中的裁縫、家事課是特別為女學童設計，也是唯一不由男教員出任的課程。早期以造花、編物等手藝教學為主，且多聘任附屬女校手藝科和技藝科畢業生，這群老師只擔任手藝課程，好比林罔教書的三年中，她無需每日到校，只負責手藝教學。[175] 但公學校的課程改為全科教育後，手藝課擴大為裁縫、家事課，課程內容比過去多元，女教員的教學工作也變得複雜，除傳授技藝之外，她

圖 15　一九二六年林彩珠和周紅絨於三高女講習科的畢業照

們還要培養女學童具備節儉、勤勞、整頓、周密與利用厚生等婦德。[176]為了達成這項教學目的，學校多半採循序漸進的教學方式。[177]同時，學校也安排實習課程，進行實際指導，例如新竹女子公學校指導學生從事住家遷居的設計、廢棄衣物的利用以及養雞、蒔花等活動，以配合實際家庭生活。[178]

由上看來，家事、裁縫課不僅在傳授技能、陶冶個人，更有改善家庭生活與風俗習慣的用意。然而，臺灣人的生活習慣與日本人有很大的差距，這種教學理想真能落實？林彩珠以她個人的教學經驗，坦白地說：

> 五、六年級的家事課，主要是提供女學生日後成為家庭主婦的基本知識，但有時我們很懷疑家事教育的實用性。由於學生的家庭多半以臺灣料理為主，當我們教導她們日本料理時，她們會弄

172 林彩珠電話口述訪問紀錄。
173 游鑑明訪問、張茂霖記錄，〈邱鴛鴦女士訪問紀錄〉，頁七八。
174 周紅絨電話口述訪問紀錄。
175 游鑑明訪問，林罔電話口述訪問紀錄（一九九一年十二月三日，臺北），未刊稿。
176 臺灣教育會編，《臺灣教育沿革誌》，頁二六五～二六六、二九九、三三八～三三九、三六八～三六九。
177 裁縫課由教導簡易的運針法，進而為剪裁衣服、縫紉、刺繡，再到衣物的保持和洗濯的指導。家事課則教以衣食住行、看護或保育應具備的知識技能，衣食住行方面又著重與日常生活有關的衛生、社交或經濟等知識的灌輸。久住榮一、藤本元次郎，《修訂　公學校各科教授法　全》（臺北：新高堂書店，一九三六），頁四六三～四六五。
178 新竹女子公學校，〈我校裁縫家事科指導の實際〉，《臺灣教育》第三八一號（一九三四年四月），頁七〇～七一。

不清楚食物的品名，例如提到「ミソ」，她們會以為是臺語的味素，而不是日語的豆醬，因此我們無法想像學生會學以致用。[179]

## 二、訓育活動

公學校的訓育活動主要在貫徹修身科的目標，包括忠孝、正直、勤勉、親切、公德心、衛生和禮儀等觀念的建立，藉此培養學生具日本國民精神。訓育的步驟是從學生個人而到團體，由學校而到家庭、社會，藉以達成整體訓育的實效，因此教員需利用校內、外活動要求學生躬行實踐。[180]以校內活動來說，包括召開班會、參加典禮儀式與朝會、整理教室或校園、培養衛生習慣以及指導學藝會、運動會等，[181]這些活動相當刻板而瑣碎。由於女教員教育的對象主要是低年級學童，無法在短期內讓他們接受訓育觀念，也不能強制灌輸，女教員主要採誘導方式，來變化學生的氣質，有的教員和學生建立如母似姐般的感情，一九一九年國語學校畢業的李錫龍回憶道：

每天早上，我們會先到葉阿白老師家，等她梳理打扮，再一道上學。在我印象中，葉老師不是個嚴格的老師，當時，班上同學有人和老師的年齡相仿，她當然板不起臉來，我們犯錯，她總是溫和規勸。[182]

蔡淑珍對陳寶玉、吳笑對李笑的印象則是「不僅尊她為師，更敬她為姐。」因此，師生間始終保持密切的情誼。[183]另外，示範指導也是教導低年級的技巧之一，一九一八年附屬女校技藝科畢業的郭為治，便提到她如何陪學童在花園割草、打掃校園等。[184]

不過，並不是每位女教員都富有愛心或耐性，一九二八年和一九三一年，大肚公學校和鳳山公學校分別出現臺籍女教員對學童施予體罰的事件。[185]據報導，鳳山公學校的一位未婚女教員動輒體罰學童，她體罰的理由僅是個人感情用事和嫌貧愛富。這一類教學方式因為違反教育精神，引起家長會強烈的抨擊。[186]

以校外活動來說，為顧及安全，低年級學童的戶外活動主要是遠足，目的是在培養團隊精神、增廣見聞與鍛鍊身體。[187]陳寶玉接受訪問時表示，低年級的遠足行程較短，多半只到寺廟或公園，然後

---

179 林彩珠電話口述訪問紀錄。

180 游鑑明，《日據時期臺灣的女子教育》，頁一二六。

181 同上註，頁一三二～一三六。

182 李錫龍電話口述訪問紀錄。

183 游鑑明訪問，蔡淑珍電話口述訪問紀錄（一九九一年十二月二十七日，臺北），未刊稿；游鑑明訪問，吳笑電話口述訪問紀錄（一九九二年五月五日，臺北），未刊稿。

184 郭為治，〈初めて女學校の門をくぐる〉，小野正雄編，《創立滿三十年記念誌》，頁四三六。

185 〈大肚公學校の亂暴女教員〉，《臺灣民報》第二〇〇號（一九二八年三月十八日），頁一一；〈鳳山教員粗暴　酷打幼小兒童〉，《臺灣新民報》第三六五號（一九三一年五月二十三日），頁三。

186 〈鳳山教員粗暴　酷打幼小兒童〉，頁三。

187 游鑑明，《日據時期臺灣的女子教育》，頁一三三。

安排遊戲活動，藉此達到寓教於樂的目的。[188]日治末期，因配合戰時的勞動服務，學童的戶外活動逐漸增加，教員會帶領學童到校外進行掃除工作，鄧季春回憶當時情景：

> 我任教內埔公學校時，正逢「奉仕作業」（即「勞動服務」）的展開，每天清晨七點，我便帶著學生到車站前做區域清潔工作，大約清掃半個小時，再返校上課。[189]

值得一提的是，前述的訓育工作是沒有性別區分的，但在女子公學校或以女學生為主的班級特別著重女德的培養，例如教導女童重禮儀、守秩序、勤勞服務等。[190]禮儀訓練主要針對中、高年級的女學生，並多由女教員指導。傅緞告訴我，她任教老松公學校時，除了配合學校的訓育方針，要求女學生要懂禮儀外，她個人在學期間曾受過嚴格的禮儀教育，認為了解禮儀的重要，才能學以致用，因此，傅緞非常注重學童的禮儀。[191]

就校外輔導來說，為達成學校、家庭、社會一體的訓育效果，並充分了解學生的校內、外生活，學校不但例行舉辦家長會，還進行家庭訪問。何薰灼指出，當時她的家庭訪問多偏重在鼓勵學童出席，因為她所任教的關渡公學校學童的出席率很低，每遇到農忙，學童為協助割稻，就不到校上課，她只好挨家挨戶的訪問。[192]

勸學工作也相當重要，林彩珠回憶，每年一年級新生入學前，學校會指派教員到學齡童的家中勸學，其中學齡女童的阻力最大，家長對女童讀書通常十分排拒，他們的理由是女孩子不需要讀書，要讀書應該是男孩子。[193]因此，對負有推動女子教育責任的女教員來說，她們經常飽受挫折，這種現象大多出現在日治初期或鄉下地區，而鄉下地區不僅勸學困難，訪問的歷程也十分艱辛，因為鄉下多半交通欠便，有時得走相當遠的路，才能抵達訪問地點，女教員也只能責無旁貸。[194]值得注意的是，臺籍女童能否就學多數取決於女性家長，由女教員出面勸學，相較於男教員更為適當；同時，女教員對切身求學經驗的解說，可獲得較多的回響，又因為早期女性家長多半不懂日語，臺籍女教員扮演了重要的溝通角色。[195]

## 三、教員研習

為迎合現實生活和配合時代變遷，教學或訓育工作必須不斷地推陳出新，就如同現在的各級學校

188 陳寶玉電話口述訪問紀錄。
189 鄧季春電話口述訪問紀錄。
190 游鑑明，《日據時期臺灣的女子教育》，頁一三五。
191 傅緞電話口述訪問紀錄。
192 何薰灼電話口述訪問紀錄。
193 林彩珠電話口述訪問紀錄。
194 何薰灼電話口述訪問紀錄。
195 藤黑總左衛門，〈三十年前の女子教育〉，《臺灣教育》第三九一號（一九三五年二月），頁七〇～七一；〈島政：招集女學〉，《臺灣日日新報》第八四七號，一九〇一年三月二日，漢文欄，第三版。

一樣，當時各公學校的行事曆中，訂有各科研究會、教材教具研究會和教學研究會的召開等。[196]這類活動讓教員能改進教學、豐富相關教學知識。一般而言，教學研究會不僅對內舉行，也對外公開舉辦，對外召開的研究會多由大型公學校負責，各公學校指派教員觀摩，與會教員可藉此互相切磋，並從中吸取教學經驗。為配合教學需要，女教員的研究會以家事、裁縫類居多，有的會議相當盛大。

一九三三年，臺北州假蓬萊公學校舉辦的「裁縫教員打合會（協調會）」，規模與議程相當引人注意，與會女教員多達兩百六十六人，在數天會議中，首日會議由主辦學校指派十二位臺、日籍女教員進行教學演示與研究發表，並答辯與會教員的質疑與批評，次日會議，則由各郡市公學校教員發表研究成果，再共同討論裁縫科的各種問題。[197]日治中、後期，隨著日本國內和臺灣各地研究會的增加，女教員所參與的研究會趨於多樣，但赴日開會的全是日籍女教員，臺籍女教員沒有一人出席，[198]無形中減低臺籍女教員向日本教育界觀摩的機會。

另如講習會也是改進教學的重要活動，前面提到，早期的講習會除以提昇教員資格為目的之外，也有促進教學的用意。中後期的講習會則多以補充教學能力為宗旨，無論講習時間或講習科目都與過去不同，以一九二四到一九三七年度為例，講習場所普及全島，容納更多的臺籍女教員參與進修，講習時間則縮短為三到十天。至於講習科目不再以家事、裁縫科為主導，音樂、舞蹈、衛生、護理、體操和競技一類的講習會漸受重視。[199]這應與日治中期以後，各公學校重視衛生教育與體能運動有關，我訪問的黃快治便指出，她利用暑假返校參加體操講習會，是為了在秋季運動會中指導學生體操表演。[200]另外，隨著社會風氣漸開，臺籍女教員較以往活潑、外向，頗能接受動態的講習會，因此每場講習會會員少則三十人，多則百人。至於講習會講師主要是師範學校和中等以上學校教員，另則是有關機構的專業人員，也有來自日本的教員。

總之，為了提昇教員資格和教學能力，無論早期或中後期的講習會，普遍吸引女教員參與。令人感動的是，早期的講習會多屬長期講習，有的長達半年，但能完成講習活動的教員不少，而且不乏已婚女教員。一九一七年在三高女舉辦的「公學校女教員臨時講習會」，有三十三名講習員，後來雖減為二十九人，其中已婚的女教員有十三人、訂婚的二人、獨身的十四人，已婚女教員中有子女的有六人。[201]由於講習會不僅盛行於臺灣，日本國內也有短期講習班的開辦，於是有心進修的女教員，甚至遠赴日本接受講習，陳愛珠表示，她曾兩次到日本接受短期訓練，除因個人興趣之外，也為了指導學生，並為自己與學校爭取榮譽。[202]不過，到日本講習的臺籍女教員僅是少數，多半是經濟條件較佳，

196 橋邊一好，〈觀音公學校經營の實際と將來の計劃〉，新竹州教育課編，《教育研究會彙報（一）》（新竹：新竹州教育課，一九二三），頁二九八～二九九。

197 〈臺北通信：臺北州主催裁縫教員打合會〉，《臺灣教育》第三七七號（一九三三年十二月），頁八九～九〇。

198 〈臺北通信：全國小學校女教員大會臺灣代表出發〉，《臺灣教育》第四〇七號（一九三六年六月），頁八七；〈臺北通信：全國小學校女教員大會に代表出席〉，《臺灣教育》第四五六號（一九四〇年七月），頁一一〇～一一一。

199 「表三：十三　一九二四～一九三七年度小公學校女教員講習會概況表」，游鑑明，〈日據時期婦女灣的職業婦女〉，頁八四～八六。

200 黃快治問卷訪問紀錄。

201 〈本島女子講習〉，《臺灣日日新報》第六二〇五號，一九一七年十月五日，漢文欄，第六版。

202 游鑑明訪問、黃銘明記錄，〈陳愛珠女士訪問紀錄〉，頁二六六～二六七。

才有能力赴日。

除了正常教學與研習之外，有些公學校女教員還得參加社會教育的輔導工作，包括為普及日語而設的「國語講習會」、「國語練習會」，為同化臺灣人的「處女會」、「主婦會」、「女子青年團」等，因為這些機構主要附設在公學校，大多由公學校的教員權充講師，女教員主要負擔女會員的課程。為避免與公學校授課時間衝突，社會教育安排在課後，會員應修習的科目較公學校簡單，女會員的課程大致是日語、唱遊、家事與裁縫等。[203] 從訪問得知，社會教育的工作屬義務性，但教學成績可作為教員升遷獎勵的依據，所以當講師或團長者無不認真表現。[204] 林彩珠曾詳述：

> 我當過國語講習所的講師，也曾是女子青年團團長，記得女子青年團的活動是在週末下午，主要是增強她們各方面的知識，為了鍛鍊她們的體能，我常在星期天帶領她們做強行遠

圖16　陳愛珠（後排左一）與宜蘭女子青年團團員與指導員合影

足，由新店到圓山、指南宮、桃園或三峽等地。有一次，臺北州要舉行運動會，我每個週末上午六點到校，請專門老師指導她們做運動會前訓練，一個小時後，我再趕去上公學校學童的課。[205]

陳愛珠也提到她利用課餘，與一位女同事共同指導宜蘭女子青年團進行各種活動，陳愛珠負責日語和舞蹈，她記得當時日本人積極訓練臺灣人講日語，曾在臺北舉辦日語演講比賽，比賽時還有餘興節目，宜蘭女青團表演的日本舞和西洋舞是由陳愛珠教導，造成轟動，讓她深感榮耀。[206]

以上女教員的活動是有關教學與訓育方面，另外，有的女教員還兼行政事務，並以總務方面的行政工作居多，例如衛生、教具、圖書以及消耗品的採購或管理等。[207] 以陳寶玉和林彩珠為例，陳寶玉任教大安公學校時，曾兼管學用品的購買工作，由於學校位於近郊，為了購買學用品，她得乘車至城裡採購，而這些工作是無法請其他老師代辦。[208] 林彩珠曾兼教學行政工作，據她表示，她曾任學年主

203 中越榮二，《臺灣の社會教育》（臺北：「臺灣の社會教育」刊行所，一九三六），頁六九～七〇。
204 林彩珠電話口述訪問紀錄。
205 同上註。
206 游鑑明訪問、吳美慧記錄，〈陳愛珠女士訪問紀錄〉，頁二六六。
207 「表三：八　一九〇二～一九四三年日據時期資深女教員（限三高女畢業生）薪資一覽表」，頁五九；「表三：十一　一九三一年度臺中州各公學校（含分校）女教員服務概況一覽表」，游鑑明，〈日據時期婦女灣的職業婦女〉，頁七六～七七。
208 陳寶玉電話口述訪問紀錄。

任，主任的職務是每週召集同一學級的老師開會，共同討論教具製作、命題設計，並研擬教學計畫、檢討教學等。[209]由上述例子看來，她們的工作似乎不輕鬆，不過兼任工作其實輕重不一，凡是被學校畀以重任的，多數是教學績效頗佳的老師，陳寶玉、林彩珠二人即是。

## 四、教學態度

由前述可以了解女教員教學的大致情形，至於女教員的教學態度如何？根據西南卷平的分析，公學校女教員的長處有六項：（一）具有堅強、忍耐、守規矩和節約的美德；（二）富有真摯的感情；（三）敏銳的觀察力；（四）擅長語言、巧於模仿；（五）熱情款待、表情豐富；（六）服從。女教員的短處則有八項：（一）無一馬當先之心；（二）欠缺排除萬難的彈性；（三）以直覺、部分記憶加以判斷，缺乏理性，有自以為是、囫圇吞棗之傾向；（四）自我中心，只思慮個人的安寧幸福；（五）明顯傾向被動、消極、保守；（六）多偽言、感情矛盾；（七）缺乏研究態度；（八）經常缺席、請假。[210]西南卷平也對已婚和獨身女教員的教學態度分別進行評估，他認為已婚女教員具有修養、感情圓滿，但常因生產或家事而請假，而且缺乏研究精神，導致學習能力退步，反觀未婚女教員，她們的個性純真，不受家事牽絆，能專心公務，但她們的缺點則是粗心大意。[211]毋可否認的，上述看法並不完全客觀，而是對在臺日籍女教員的泛論，不過仍可作為觀察臺籍女教員的參考。

根據訪問發現，凡負責認真的臺籍女教員，無論是已婚或未婚，她們的共同特徵是自信、積極和不服輸，例如蔡素女初任教時，曾與一位師範學校畢業的男教員同教一年級學童，她惟恐教學績效遜色，不管是學生的學業成績或是操行成績，她都會和這位男教員較勁。[212] 而陳阿理也承認她能在教學崗位上鍥而不捨，全歸於不服輸的工作態度。[213] 我訪問曾與女教員共事的數位男教員，他們也認為，臺籍女教員多半好強、不服輸，對教學工作十分執著，凡事不落人後。[214] 鄧季春則把臺、日籍女教員做了比較，她指出臺籍女教員的表現高於日籍女教員：

> 以我母校（即彰女）畢業的日籍女教員為例，我們雖然受到同樣的教育，但教學方式和服務態度卻完全不同，大體上，我們的表現比較傑出，所以每逢舉辦大型教學研究會時，學校總是派我們擔任，很少指派日籍女教員。我個人認為，臺籍女教員會有較好的教學成績，是與不願輸給日籍女教員有關。[215]

---

209 林彩珠電話口述訪問紀錄。

210 西南卷平，《公學校教員論》，頁六三～六五。

211 同上註，頁六七～六八。

212 游鑑明訪問、吳美慧記錄，〈林蔡素女女士訪問紀錄〉，頁一二八。

213 陳阿理電話口述訪問紀錄。

214 李奎黎電話口述訪問紀錄、李錫龍電話口述訪問紀錄；游鑑明訪問，羅時雍（一九三七年，臺北第二師範學校畢業）電話口述訪問紀錄（一九九一年十二月三十日，臺北），未刊稿。

215 鄧季春電話口述訪問紀錄。

顯然的，這種出自性別與種族間的競爭心理，對臺籍女教員的教學似有無形的助益。

不過，由於教員素質良莠不齊，也有不少缺乏專業精神的教員。當時關心教育的臺、日籍知識分子透過新聞媒體，批判教員的教學方式、研究態度或品行修養，也公開揭露不稱職教員的行為。[216]這一類評論或報導是以公學校全體臺籍教員為批評對象，並無性別區隔。偶有受非議的女教員，不外是與男教師發生醜聞、聚眾賭博或放浪形骸之類，論者認為這些形象會帶給學童不良的影響，基於為人師表的理由而大加撻伐。[217]但李錫龍表示，這一類女教員事實上僅是極少數，女教員不夠專業主要是與家庭牽絆有關，[218]這一點與前述西南卷平的部分說法相當類似。李錫龍還強調，並不是所有已婚教員都會受家庭影響，主要是已婚又未有人代顧小孩的女教員，因為她們在工作與家庭的兩難中，必須經常請假，或是提前離校。[219]這種來自家庭的怠職因素，不僅是臺籍女教員的無奈，其實也是所有女性就業人員的普遍問題。

216 吳文星，《日據時期臺灣師範教育之研究》，頁一七六～一七九。
217 〈醜態教員〉，《臺南新報》第七八四七號，一九二三年十二年二十九日，漢文版，第五版；〈臺北：教員打麻雀〉，《臺灣民報》第二七二號（一九二九年八月四日），頁六；〈大甲：女教員不慎　屢次惹問題〉，《臺灣新民報》第三七三號（一九三一年七月十八日），頁八。
218 李錫龍電話口述訪問紀錄。
219 同上註。

## 5 女教員對教育、家庭、社會及其個人的影響

女教員這個招牌與實質作為，讓女教員在女子教育的推動上發揮啟發效果，她們究竟如何展現影響力？是否也影響其他社會大眾？而女教員個人的角色地位、婚姻家庭與人際關係又有何種變化？

### 一、女教員對女子教育的示範作用

臺灣總督府培養女教員主要在推動女子教育，試圖藉助女教員的力量，提高女學童的就學率，且傳授女學童應有的知識技能。日治初期，由於風氣保守，沒有女教員任教的公學校很難吸引女學童入學，一九一九年《臺灣時報》的一篇社論曾指出：

> 現今女子之願入學者，並非少數，其所以寥寥者，大都為女教員之不備，其父兄等多裹足而不前，終中止女子之就學思想耳。220

相對的，凡有女教員出任的公學校，該校女學童人數便顯著增加，對此，當時報刊雜誌曾爭相報

導，例如：

桃園公學校設於一八九七年，初創時，該校未曾有女學生，迨至一九〇〇年始設班招收女學童，並聘請附屬女校畢業生曹愛卿為教員，開學之日，竟有近三十名女童入學，家長無不喜形於色。[221]

還有麻豆公學校原本僅有十數名女學生，一九一〇年聘用畢業自附屬女校的蔡秋治之後，當地女性多希望能讓她教導，一年後，女學童增加到五、六十名。[222] 根據上述記載可以看出，女教員的有無，是發展公學校女子教育的關鍵。

有關教學方面的影響，較具體而顯著的是手藝技能。例如日治時期女性多能自製衣帽或鞋子，而無需假手他人，有不少是得自公學校裁縫家事教員的指導。[223] 由於裁縫家事科重視實用性，也強調配合鄉土需求，有些公學校女教員並不完全傳授一般手藝技能，而是地方的手工藝。陳寶玉也表示，學校教導的手藝技能，讓學生在臺灣戰後能一展所長，當時成衣工廠相繼成立，有些公學校畢業女性憑藉這些技能，從事成衣加工業，她的學生中就有人曾受雇於成衣工廠。[224]

隨著教學內容日漸多元，女教員帶給學生的影響不僅於手藝技能，在日治中後期任教的女教員，她們所擅長的科目廣及至音樂、舞蹈、體操、競技或珠算等，也為學生帶來深淺不一的影響，據吳笑回憶道：

李笑是我四年級的級任老師，不但教學認真，而且教法活潑，她喜歡學生多思考，從不採用填鴨式教學。由於她個人擅長音樂和珠算，我們也因此受益不淺，以我個人來講，當我在三高女就學期間，這兩門科目的成績便較其他同學出色，這應該歸功李老師為我們打下好的基礎。[225]

在學業之外，女教員影響女童向上的事蹟時有所聞，她們或透過精神鼓勵、或藉由金錢資助，不一而足，其中邱鴛鴦的慷慨助學，尤其感人，她回憶曾協助一位貧困女學生赴日學醫，該生的每月學費約計五十日圓，邱鴛鴦竟能無所痛惜的資助。[226]另外，贈送學童學用品或衣物者，更不勝枚舉。

至於兼任社會教育工作的女教員，她們的影響力則由學校到社會，總督府還特別表揚她們的事蹟。一九二〇到一九四〇年間，曾表揚郭周明娟、王九治、葉陳朱、蘇劉扁、蕭秀英、李林檢、賴許三英等七位女教員，她們分別來自全島各地公學校，七位女老師的共同特徵是，均為資深且教學經驗豐富的教員。王九治在一九三五年被表揚時，已經服務二十四年五個月，她曾獲贈勳八等及勳七等的

220〈師範教育宜速施於本島女子〉，漢文版，頁九七。
221〈島政：開女學校〉，《臺灣日日新報》第五六六號，一九〇〇年三月二十四日，漢文欄，第三版。
222〈島內雜報：女生增加〉，《臺灣教育會雜誌》第一一一號（一九一一年六月），漢文報，頁十四～十五。
223〈學藝志・藝術篇〉，李汝和主修，《臺灣省通志》卷六（臺中：臺灣省文獻委員會，一九七一），頁一四四。
224 陳寶玉電話口述訪問紀錄。
225 吳笑電話口述訪問紀錄。
226 游鑑明訪問、張茂霖記錄，〈邱鴛鴦女士訪問紀錄〉，頁八七。

榮譽勳章，而其他人也至少服務十一年。至於她們受表揚的原因，大致有如下三點：（一）積極推動地方的女子教育，並配合社會教育的發展；（二）普及日語，促進社會風俗之改善；（三）增進臺灣女性的手藝技能。[227]鶴見・派翠夏（E. Patricia Tsurumi）也指出，有不少女性外出工作，是受擔任社教工作的女教員影響，她認為其中從事手工業的女性對臺灣的經濟有不小的貢獻。[228]很顯然的，這群兼任社教工作的女教員不僅是女子教育的模範，且是社會教育的先驅，同時又是臺灣手工業的推動人。而此一深入地方的影響，正是總督府對女教員的期望。姑不論女教員對社會教育的影響有多大，社會教育的工作經驗，誠有助於女教員社會地位的提昇，並使她們成為地方女性的表率。

## 二、女教員對男性與家庭成員的影響

根據前述，女教員的影響似乎僅在於女學生，事實不然。在男女共學的班級中，女教員的影響是沒有兩性區別的，例如陳阿理任教期間，有男學童寄居她的宿舍，主要是家長請託陳阿理個別指導，連男學童的起居作息也由陳阿理照顧。[229]更有趣的是，女教員的服務精神對一般男性有潛移默化的作用，陳阿理回憶道：

當我在土圍公學校教書時，有位學生的哥哥原本對讀書沒有什麼興趣，聽說學校裡有我這麼一個不認輸的老師，而且是女性，他便立志繼續深造。據說，他先到臺北讀高等科，後來又赴日留學，光復後成為臺北一所私立大學的教授。[230]

顯然的，這位男性的力爭上游，是出自男性對女性不服所致，對陳阿理言，卻是一種無意的影響。

另外，臺籍女教員對女童的勸學間接也影響男童的就學，前面提到的李錫龍表示，他之所以進入公學校讀書，主要受到淡水公學校女教員葉阿白的影響，當時葉阿白是向她的姐姐李紅綢和鄰居女童勸學，結果不但她們受感動而入學，連他也一道進入淡水公學校。[231]

至於女教員的教學工作更對她們家人產生影響，不少家人跟著走入杏壇。據初步調查，受母親影響的有：何薰灼（其母楊波綠，一九〇三年手藝科畢業）、王銀基（其母王九治）、沈宗香（其母黃笑）與一九二三年本科畢業的張珠玉（其母林阿李，一九〇八年手藝科畢業）；受姐姐影響的有：蔡素女（其姐蔡亦好，一九一七年技藝科畢業）。[232] 再則是影響子女教育，例如蔡素女有五子一女，除女

---

227 「表三：十四　日據時期傑出女教員事蹟一欄表」，游鑑明，〈日據時期婦女灣的職業婦女〉，頁九二；游鑑明，〈日據時期公學校女教師的搖籃：臺北第三高等女學校（1897～1945）〉，頁四二一。

228 E. Patricia Tsurumi, *Japanese Colonial Education in Taiwan, 1958-1945*, p. 152.

229 陳阿理電話口述訪問紀錄。

230 同上註。

231 李錫龍電話口述訪問紀錄。

232 何薰灼電話口述訪問紀錄、王銀基電話口述訪問紀錄、沈宗香電話口述訪問紀錄；游鑑明訪問、吳美慧記錄，〈林蔡素女女士口述訪問紀錄〉，頁一二四～一二五；賴張珠玉，〈一次難忘的聚會〉，三高女校友聯誼會編，《回顧九十年：臺北第三高等女學校創校九十年紀念誌》，頁一〇二。

兒是高中畢業之外，其餘均受高等教育，她的教育理念是鼓勵他們不斷深造，不要受日本人輕視。[233]王九治則促使她的家人講日語，一九三六年臺中州和愛國婦人會臺中州支部舉辦「婦人教化座談會」，座中王九治表示，她的家人中有六人能講日語，[234]顯示王九治不僅將其教育工作推及社會，也影響家人。而邱鴛鴦則強調男女平等，她的長女賴惠卿回憶道：

她（母親）曾告訴我們姐妹，不能輸給男生，因此，在她的影響下，加上家裡沒有兄弟，我們每個姐妹都很男性化，這種男性化的個性，便是既不服輸，又自以為了不起，而且也不喜歡做家事。[235]

## 三、女教員角色地位的改變

無論是有意或無意的，女教員為學校、家庭及社會帶來不小的影響，同樣的，她們本身的角色與地位也跟著變化。從社會方面來說，教員在日治時期是十分高尚的職業，凡有人考上師範學校或學成返鄉服務，便被視為地方的一大盛事。[236]在臺籍女性接受中等以上教育不多的時代，具有教員頭銜的臺籍女性深受重視，早期只要畢業自附屬女校的手藝科或技藝科，就同師範學校畢業生一樣的榮耀，且傳頌一時。技藝科畢業的王九治學成返鄉任教時，曾轟動鄉里，還有民眾打鼓吹笛遊行市街，極為風光。[237]此外，缺乏經濟能力而立志教書的莊格，也獲得地方熱心人士的贊助，《臺南新報》曾報導：

> 朴子街莊玉成之長女莊氏格賦性聰慧，女範可風，畢業公學校後，無力上進，嗣乃祖摯友土庫庄林澧聞其是，概然助資使赴試，……遂奉職於蒜頭公學校。[238]

從學校方面來看，在教與受教的過程中，為誘導學童，教員必須扮演領導的角色，同時得獨立處理各類教學問題，除了與男教員分庭抗禮之外，女教員樹立的權威地位是許多婦女難以想像的。[239]其中教學認真或資深的臺籍女教員頗受尊重，例如一九二一年，莊格由蒜頭公學校轉往朴子公學校時，該校以莊氏平日循循善誘為由，特別設宴餞別，致贈紀念品，並發動全校師生到車站送行，場面十分感人。[240]同年，民雄公學校的賴烏秋和大稻程女子公學校的張查某二人則因服務年資長達十數年，分

---

233 游鑑明訪問、吳美慧等記錄，〈林蔡素女女士口述訪問紀錄〉，頁一三六。

234 〈婦人教化座談會（二）〉，《向陽》八月號（一九三六年八月），頁二二。

235 游鑑明訪問、記錄，「附錄：賴惠卿女士（邱鴛鴦女士之女）訪問紀錄」，游鑑明訪問、張茂霖記錄，〈邱鴛鴦女士訪問紀錄〉，頁九一。

236 吳文星，《日據時期臺灣師範教育之研究》，頁一一一。

237 王九治，〈執教逾半世紀〉，三高女校友聯誼會編，《回顧九十年：臺北第三高等女學校創校九十年紀念誌》，頁一〇四。

238 〈教員榮轉〉，《臺南新報》第六八八五號，一九二一年五月十一日，漢文版，第六版。

239 以上根據一般訪問所得；另參見〈臺灣各界的職業婦人介紹（六）：女教員〉，頁五；〈走著青春路上的女教員們的祕史（上）〉，《臺灣新民報》第三二九號（一九三〇年九月六日），頁四。

240 〈教員榮轉〉，漢文版，第六版。

別得到地方百姓和校方的公開表揚，而蒞臨祝賀者相當踴躍。[241] 以張查某為例，她的表揚大會是假該校講堂舉行，當日與會者多達百人，包括該校同窗會會員、州視學、鄰近公學校校長和教員，會中由新、舊校長和同窗會會員輪流陳述她的功績，會議相當隆重。[242]

但眾所周知的，在差別待遇影響下，臺籍教員的權威地位比不上日籍教員，甚至常受上司壓制或同事歧視。[243] 臺籍女教員中也有遭受不公平處置的例子，一九二七年，砂山公學校一名臺籍女眾所周知教員於退休送別會上，對刁難她辭職的校長提出不平的忠告，但校長非但不接納、反省，還威脅壓該教員，結果該事件引起該校臺、日籍教員集體罷課。[244] 憑心而論，臺籍女教員所受到的歧視或打擊不如臺籍男教員強烈，一方面是臺籍女教員多數出身中上家庭，並為地方名望的女兒，校長或其他同事多少有所顧忌；另方面是臺籍女教員在職業上的競爭對手是不具強勢壓力的日籍女教員，因為任教公學校的日籍女教員，她們家世背景或學識較為低落，甚至比不上臺籍女教員。[245]

可以理解的是，為建立教員的權威地位，女教員表現出莊嚴、有禮的風範，而殖民教育的刻板嚴肅，也造成許多臺籍女教員十分拘謹、保守；不過，隨著工作上的需求以及社會價值觀的改變，出現一群活潑、敢做敢言的女教員，她們的生活方式、思考模式或價值觀念與一般女教員大為不同；最顯著的是，她們有較強的自主性與自覺意識，無形中影響了她們的角色地位。

這群作風大膽的女教員會利用假日，與三兩知己出遊，儘情享樂，嘉義高等女學校畢業的徐月嬌自述，課餘她會利用星期假日，與二、三位女性朋友外出釣魚。[246] 有人則閱讀報章書籍吸取新知，[247] 即使是總督府視為「危險」的報章書籍，也有女教員閱讀，例如蔡素女與她丈夫交往期間，便常以《朝日新聞》的社論作為魚雁往返的主題，甚少涉及風花雪月；[248] 這應與蔡素女的丈夫林麗明是文化協會的成員有關，但蔡素女本身的知識程度與勇於接受新思想的性格，應是其二人取得共識的重要因素。還有以行動爭取女性尊嚴，陳阿理回憶她在五股公學校任教時，因表現優異，引起部分男教員的不服氣，校長為安撫他們，曾當眾直呼她「御前」（即「你」或「你這個傢伙」之意，通常用於同輩或晚輩的對稱），而非禮貌地稱她「先生」（「先生」是對教員的尊稱），為此，她與校長激烈爭辯。249

就婚姻方面來講，以往婦女以家為唯一的活動空間，她們的人際關係僅及於親屬，外出教書後，她們的生活方式完全改變，除親屬之外，她們有了新的人際關係，有同性也有異性。特別是和異性的公開往來，變得天經地義，由於日治時期不少公學校僅聘任一名或兩名臺籍女教員，基於工作需要，女教員必須與異性教員接觸，包括公事往來、互換教學心得或一起參與課餘休閒活動，都有助於兩性

241 〈祝賀島人女教員〉，《臺灣日日新報》第七四三〇號，一九二一年二月十一日，漢文欄，第六版；〈女教諭勤續祝賀〉，《臺灣日日新報》第七四三二號，一九二一年二月十三日，漢文欄，第五版。
242 〈女教諭勤續祝賀〉，漢文欄，第五版。
243 吳文星，《日據時期臺灣師範教育之研究》，頁一八〇。
244 〈砂山日臺教員同盟罷學〉，《臺灣民報》第一八五號（一九二七年十二月四日），頁三。
245 鄧季春電話口述訪問紀錄。
246 〈第九回卒業生〉，臺南州立嘉義高等女學校同窓會編，《同窓會誌（昭和十二年十二月）》（嘉義：嘉義高等女學校，一九四一），頁六八。
247 陳寶玉電話口述訪問紀錄。
248 游鑑明訪明、吳美慧等記錄，〈林蔡素女女士口述訪問紀錄〉，頁一三〇。
249 陳阿理電話口述訪問紀錄。

關係的建立；[250]例如，一九二六年龍山公學校只有兩位臺籍女教員。受到兩性社交公開的影響，互生愛慕的未婚男女教員日漸增多，她們對指腹為婚或媒妁之言的婚姻方式產生懷疑，轉而追求婚姻自主、戀愛自由。

面對與日俱增的男女教員戀愛問題，論者有著不同的看法，有人認為男女教員因戀愛而結連理的，有助於教學上的互助，[251]但有人認為過於露骨的戀愛行為會傷風敗俗，不利教學。[252]顯然在風氣漸開的社會，教員間的自由戀愛並未得到完全的支持，但為了爭取婚姻自主權，有教員不惜抗爭，一九三〇年《臺灣新民報》曾報導，豐原一位臺籍女教員與該校男教員談戀愛，引起她的父親強烈反對，除透過視學將二人分別調校之

圖 17　龍山公學校教員合照，後排右一謝何採蓮（一九二〇年三高女師範科畢業）、右二陳鍾腰涼（一九一三年三高女技藝科畢業）

外，又立即為女兒訂親，但在這位女教員堅拒下，她的父親只好請求廢婚。[253]該報還提到，諸如此類的新聞不勝枚舉，[254]顯示安排式的婚姻已不容易被自主性高的女教員所接受。

到底有多少女教員具有婚姻自主權？經訪問發現，我的三十六位受訪人中，選擇離婚、遲婚或單身者有五人，其他人主要透過媒妁之言，但經媒人撮合而自由交往的，占絕大多數，也就是大多數女教員已擺脫完全被動的婚姻模式。好比，當時被撮合的男女，大半不曾謀面，在好奇心驅使下，有人採婚前偷窺，而身為女教員的她們如何反應？邱鴛鴦告訴我，婚前她丈夫曾偷窺她兩次，但她都巧妙地躲掉，她喜孜孜地說：「我並不是要出售的物品，當然不輕易讓他看。」有趣的是，她也從旁打聽未婚夫的事，知道對方是優良老師。[255]蔡素女同樣有被男性偷看的經驗，當時她父親請托臺灣文化協會會員蔡培火為女兒做媒，蔡培火介紹了林麗明後，林麗明特別到蔡素女服務的學校看她，蔡素女的瞬間反應相當有意思，她說：

250 周蜂電話口述訪問紀錄。
251 〈臺灣各界的職業婦人介紹（六）：女教員〉，頁五。
252 〈教育界的醜聞何多〉，《臺灣民報》第三卷第十七號（一九二五年六月十一日），頁二～三。
253 〈走著青春路上的女教員們的祕史（下）〉，《臺灣新民報》第三三一號（一九三〇年九月二十日），頁五。
254 同上註。
255 游鑑明訪問、張茂霖記錄，〈邱鴛鴦女士訪問紀錄〉，頁八〇。

有次，學校舉行運動會，林麗明到學校來看我，我那時正忙著帶學生參加比賽，不曾注意到這麼一個人，反倒是楊笑老師告訴我，說是有個年輕男子一直往我們這邊看，而那時學校女老師只有我們兩位，不是看她，就是看我，我回答她說：「管他怎麼看，他看我們，我們也看他！」[256]

和許多女性不同的是，這兩位女教員呈現了強烈的女性意識，同時也表達她們對感情的執著與自我保護。

除此之外，女教員對婚姻儀式的選擇較以往自主，她們多數選擇新式婚禮或是簡單聘禮，這種方式既不違反禮教，又能移風易俗。受臺灣新文化運動的影響，蔡素女訂婚時，認為傳統婚禮過於煩瑣，應該改革，因此蔡素女沒有收男方聘金，只象徵性地收取喜餅。[257]至於採新式婚禮的女教員處處可聞，且被地方視為美談。一九一九年女教員蕭續選擇新式婚禮，《臺灣日日新報》特別稱是「文明婚禮」：

> 女訓導蕭氏續，……近從母命，媒妁之言，于歸濁水吳訓導為正室，當納采之際，母欲從舊式婚儀，而女則極力反對，卒與吳訓導同意，得行文明結婚之禮，從此鶼鶼比翼矣，田中央（指田中央公學校）女教員之後任，未知再有如氏其人否？[258]

一九二六年十二月邱鴛鴦結婚，她丈夫安排的迎娶方式堪稱一絕：

> 他（指她丈夫）僱了轎車來迎娶我，而且在車子前方插上他的校旗，那時鄉下人根本沒見過這種場面，還以為是迎神賽會呢！[259]

蔡素女的婚禮更是有趣，她先在北港娘家舉辦新式婚禮，然後再到彰化夫家舉行舊式婚俗，這種以女方優先的婚禮，相當罕見。[260] 雖然與林家是北港望族有關，似也不能忽視蔡素女父親對女兒的重視。

總之，因教書而擴大活動空間的女教員，不但對自身的婚姻大事有較多的自主權，婚禮的儀式也與眾不同，與傳統女性的一味順從有顯著不同。

圖 18　一九二三年蔡素女與丈夫、娘家親戚在結婚大喜之日合影

256 游鑑明訪問、吳美慧記錄，〈林蔡素女女士訪問紀錄〉，頁一二九～一三〇。
257 同上註，頁一三〇。
258 〈女訓導文明結婚〉，《臺灣日日新報》第六六七九號，一九一九年一月二十二日，漢文欄，第六版。
259 游鑑明訪問、張茂霖記錄，〈邱鴛鴦女士訪問紀錄〉，頁八一。
260 游鑑明訪問、吳美慧記錄，〈林蔡素女女士訪問紀錄〉，頁一三一。

就家庭方面來說，由訪問得知，不少女教員在家庭裡有較多發言權，也頗能獨立行事。例如，總督府大舉搜查文化協會成員時，蔡素女的丈夫林麗明被拘捕，在束手無策下，蔡素女獨自奔走與交涉，才使丈夫安全返家。[261] 此外，家境較佳的女教員通常享有較多的經濟自主權，儘管未婚的女教員習慣將月薪交由父母，但並不表示她們未有自主權，一旦需要金錢，她們可以隨時向父母取用，[262] 至於取用多少也不受限，陳阿理表示，她向她父親請領的錢，往往超過她每月所得，但她父親從未拒給，因為她領用的錢主要資助學生。[263] 還有女教員的月薪原本由父母保管，出嫁時，父母把這筆錢轉成她們的私房錢，讓女教員有權利去支配個人私產。邱鴛鴦的女兒蔡惠卿告訴我，她母親的私房錢多半用來資助窮親戚，而她的父親從不過問。[264]

總之，教員的頭銜提昇女教員的家庭地位，讓她們和丈夫間建立相互尊重的對等關係。[265] 但也不免帶來負面的影響，據訪問發現，受教書工作的影響，女教員多半較有主見，夫妻間發生口角或摩擦在所難免；[266] 較嚴重的，便走向分居、離婚一途，如前面提到的王九治、王銀基等人的例子。

女教員的這種特殊地位，不僅出現於在職期間，退職後，也一樣受到尊重，她們的教育程度、家庭背景與教學經驗，成為她們復出的重要憑藉，例如蔡素女離開教職後，深感北港婦女缺乏副業，一九二五年在北港自宅開設「家庭副業無料（即「免費」之意）講習會」，免費為地方婦女傳授編帽、織衣的技藝，這些技藝都來自她平日研究心得和以往的教學經驗，蔡素女還特別刊登廣告。[267]

另外，由於退職女教員中有不少人的丈夫是社會領導階層，凡是總督府倡導的組織或活動，社會領導階層得率先響應，他們的妻子也不例外。退職女教員參加的婦女組織，包括愛國婦人會、國防婦人會等，她們還從事地方慈善事業。中日戰爭爆發，總督府對地方加強控制，利用保甲制度推動皇民化運動，其中保甲婦女團是由地方領導階層的妻子組成，因此她們在地方扮演中堅角色，而具教學經驗的女團員的表現往往較為凸出，邱鴛鴦回憶道：

> 在保甲婦團成立期間，因為首席保正的太太是傳統婦女，既不識字，又不曾外出；而我教過書，口才較好，又敢於發言，在保甲婦女團中顯得十分活躍。[268]

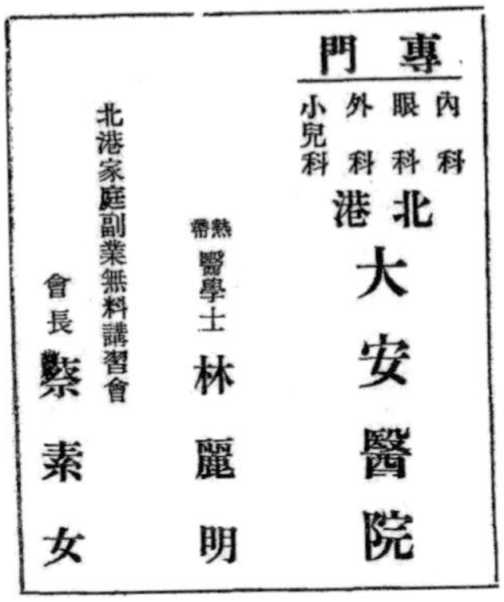


圖 19　一九二五年蔡素女在北港自宅開設「家庭副業無料講習會」廣告

261 游鑑明訪問、吳美慧記錄，〈林蔡素女女士訪問紀錄〉，頁一三四～一三五。

262 游鑑明訪問，羅春梅電話口述訪問紀錄（一九九二年五月十日，新竹），未刊稿；游鑑明編製，蘇月雲問卷訪問資料（一九九一年十月十四日），未刊稿。

263 陳阿理電話口述訪問紀錄。

264 游鑑明訪問、記錄，「附錄：賴惠卿女士（邱鴛鴦女士之女）訪問紀錄」，頁九八～九九。

265 游鑑明訪問、吳美慧記錄，〈林蔡素女女士訪問紀錄〉，頁一七三。

266 蔡崇璋即認為其岳父母之間，偶會有爭論，是因二人均是教育家，不免會各持己見。參見游鑑明訪問，蔡崇璋口述訪問紀錄（一九九二年一月二日，臺北），未刊稿。

267 游鑑明訪問、吳美慧記錄，〈林蔡素女女士訪問紀錄〉，頁一三四。

268 游鑑明訪問、張茂霖記錄，〈邱鴛鴦女士訪問紀錄〉，頁八七。

邱鴛鴦的女兒也提到，她母親曾為保甲團編寫團歌，這首歌後來成為夜間國語練習會的教材之一。[269] 而這些經驗，顯然與邱鴛鴦個人愛好音樂以及曾教授唱遊有關。

中日戰爭結束後，女教員的成就得到更大的發揮空間，有的繼續服務於教育界，為初等教育播種，並升至組長、主任或校長等職位。一九四五年臺北市立初級女子商科職業學校（即今臺北市立金華國民中學前身）的首任校長陳招治，就是日治時期備受推崇的菁英女教員，她曾任教於龍山公學校及三高女，由於教學成績卓著，在戰後不久獲得這項殊榮。[270] 另一位日治時期的名師陳美女，則在一九五九年出任東園國民學校校長。[271] 值得一提的是，臺灣女教員在戰後擔任校長職務似不足為奇，但日治時期卻是一種奢望。至於前述的資深教員王九治、呂某也在戰後初期再度榮獲政府表揚，成為杏壇佳話。[272] 此外，便是轉為從事幼教工作，如陳愛珠、林彩珠等人，一九五二年陳愛珠應宜蘭縣議會和羅東鎮鎮長請託，擔任羅東托兒所的主任和所長長達四十年，該托兒所招收職業婦女的子女，讓這群婦女能無後顧之憂的工作。[273]

圖 20　一九四四年六月嘉義保甲婦女團救護班團員合影（前排右一是邱鴛鴦）

有的女教員則從事婦女工作或投身政壇，且以退職女教員居多。一九四六年，臺灣省婦女會成立前後，各地相繼成立地方婦女會。婦女會的目的在扶助婦女自主、解決婦女的各項問題，領導人或成員多為知識婦女，其中有不少居家的退職女教員在女性同伴影響下，相率入會。[274] 除從事服務婦女的工作之外，有些教員受到戰後初期臺籍知識分子從政風氣盛行的影響，以及婦女會的支持，積極投入參選的行列，[275] 例如，臺灣戰後一年，邱鴛鴦和她丈夫同時當選嘉義市參議員，還被美稱為「鴛鴦議員」。

圖 21　一九六一年陳愛珠與視察的監察委員攝於宜蘭縣私立羅東托兒所

269 游鑑明訪問、記錄，「附錄：賴惠卿女士（邱鴛鴦女士之女）訪問紀錄」，頁一三四。

270 〈臺灣文化を彩る，本島人女性（四）〉，《臺灣日日新報》第一〇八二三號，一九三〇年六月三日，夕刊，第二版；第三高等女學校八十五週年校慶紀念同學聯誼會編，《臺北第三高等女學校創立八十五周年紀念回憶錄》（臺北：編者自印，一九八二），頁一四三。

271 游鑑明訪問，陳美女電話口述訪問紀錄（一九九二年六月十七日，臺北），未刊稿。

272 張宗棟，〈有恆為成功之本〉，《臺灣新生報》第二一一一號，一九五一年八月二十七日，第四版；沈嫄璋，〈榮耀歸於她們〉，《臺灣新生報》第一九三九號，一九五一年三月八日，第三版。

273 游鑑明訪問、黃銘明記錄，〈陳愛珠女士訪問紀錄〉，頁二七五～二七七。

274 游鑑明訪問，陳完電話口述訪問紀錄（一九九一年十一月八日，臺北），未刊稿。

275 〈爭取男女地位平等、臺東婦女競選議員〉，《臺灣新生報》第一六五一號，一九五〇年五月十九日，第四版。

根據調查，以地方級的民意代表占多數，一九六一年以前，省縣市議員中曾於日治時期從事初等教育的計有二十四人，其中有十八人是在一九五〇到一九五四年間當選。二十四人中當選一次的有十三人，二次的有八人、三次的有一人，四次以上二人，如表一。中央級的民意代表則有四人，任國大代表有李足、賴彩蓮，監察委員李緞、蔡素女，除李緞之外，由於她們多從地方級代表再轉任為中央代表，當選時間已經是一九六〇年後期，其中蔡素女先後擔任雲林縣縣議員、臺灣省議員和監察委員，直到一九八一年才卸任，無論對地方或中央貢獻甚多。[276]

而這群女教員得以步入政壇，主要具備優越的家世和教育背景，此外，個性活潑外向、社交網絡綿密、丈夫支持，以及教書經驗所帶來的無礙辯才，更為她們累積了候選的資本，好比蔡素女和邱鴛鴦。[277]邱鴛鴦的女兒賴惠卿更證實道：

坦白說，母親這種廣結朋友而外向的個性，對她日後當選參議員，有很大的幫助，比方她競選時，不曾請託朋友，也不曾發表政見，便有很多人主動投票給她。[278]

圖22　初當選嘉義市參議員的邱鴛鴦，時年四十四

整體來看，女教員不僅在教學上發揮一己之長，甚至延伸至家庭、社會。除了與個人能力有關

之外，從教學中所獲得的各種經驗，也是不可忽視的因素，而這也是提昇女教員地位的有力憑藉。另外，從教學活動中可以發現，由於工作關係，她們具有較多的自主權，這是許多婦女得不到的，尤其重要的是，有些女教員不僅將自主權表現在教學工作上，也呈現於家庭及社會工作中，甚至是婚姻和經濟等方面。臺灣戰後，許多退職的女教員繼續展現能力，並擴展到政壇或其他專業。

276 第三高等女學校八十五週年校慶紀念同學聯誼會編，《臺北第三高等女學校創立八十五周年紀念回憶錄》，頁八四～八七；游鑑明訪問、吳美慧記錄，〈林蔡素女女士訪問紀錄〉，頁一五二～一六八。

277 游鑑明訪問、張茂霖記錄，〈邱鴛鴦女士訪問紀錄〉，頁八七～八八；游鑑明訪問、吳美慧記錄，〈林蔡素女女士訪問紀錄〉，頁一五四、一七三。

278 游鑑明訪問、記錄，「附錄：賴惠卿女士（邱鴛鴦女士之女）訪問紀錄」，頁九二。

## 表一　臺灣戰後女教員（僅限日治時期）當選省縣市議員的資歷一覽表

| 姓名 | 區域 | 類別 | 當選次數 | 當選時間 | 教育程度 | 資料來源 |
|---|---|---|---|---|---|---|
| 李連麗卿 | 臺北縣 | 縣議員 | 一 | 1952年12月 | 靜修高等女學校畢業 | 臺北縣議會編，《臺北縣議會志》（臺北縣：臺北縣議會，1977），頁164。 |
| 葉麻油 | 臺北縣 | 縣議員 | 二 | 1952年12月、1954年12月 | 國語學校附屬女學校技藝科畢業 | 《臺北縣議會志》，頁164、180。 |
| 陳林阿色 | 宜蘭縣 | 縣議員 | 二 | 1951年1月、1953年2月 | 蘭陽高等女學校畢業 | 宜蘭縣議會祕書室編，《宜蘭縣議會成立五週年特輯》（宜蘭：宜蘭縣議會祕書室，1956），頁125、135。 |
| 薛黃鳳嬌 | 宜蘭縣 | 縣議員 | 一 | 1955年2月 | 私立臺北女子職業學校畢業 | 《宜蘭縣議會成立五週年特輯》，頁142。 |
| 黃廖素娥 | 雲林縣 | 省議員 | 一 | 1954年4月 | 臺北第三高等女學校講習科畢業 | 臺灣省議會祕書處編，《臺灣省議會三十五年：慶祝中華民國建國七十年暨本會成立三十五週年》（臺中：臺灣省議會祕書處，1981），頁貳-58；雲林縣議會祕書室編，《臺灣省雲林縣議會第二屆紀念特輯》（雲林：雲林縣議會祕書處，1955），頁94。 |
| | | 縣議員 | 一 | 1953年2月 | | |

| 姓名 | 區域 | 類別 | 當選次數 | 當選時間 | 教育程度 | 資料來源 |
|---|---|---|---|---|---|---|
| 蔡素女 | 雲林縣 | 省議員 | 四 | 1957年4月、1960年4月、1963年4月、1968年4月 | 臺北女子高等普通學校師範科畢業 | 《臺灣省議會三十五年：慶祝中華民國建國七十年暨本會成立三十五週年》，頁貳-73、貳-151、貳-170、貳-192；雲林縣議會祕書室編，《雲林縣議會首屆紀念特輯》（雲林：雲林縣議會祕書處，1953），頁223。 |
| | | 縣議員 | 一 | 1951年1月 | | |
| 高　秀 | 雲林縣 | 縣議員 | 一 | 1951年1月 | 學事講習會結業 | 《雲林縣議會首屆紀念特輯》，頁220。 |
| 游蘇鴦 | 彰化縣 | 省議員 | 二 | 1951年12月、1954年4月 | 臺北第三高等女學校師範科畢業 | 《臺灣省議會三十五年：慶祝中華民國建國七十年暨本會成立三十五週年》，頁貳-42、貳-57。 |
| 楊紅綢 | 彰化縣 | 省議員 | 一 | 1957年4月 | 臺北第三高等女學校畢業 | 《臺灣省議會三十五年：慶祝中華民國建國七十年暨本會成立三十五週年》，頁貳-37；彰化縣議會祕書室編，《臺灣省彰化縣議會第二屆紀念冊》（彰化：彰化縣議會，1955），頁189。 |
| | | 縣議員 | 二 | 1950年12月、1953年2月 | | |
| 陳梁秀鑾 | 彰化縣 | 縣議員 | 一 | 1953年2月 | 彰化高等女學校講習科畢業 | 《臺灣省彰化縣議會第二屆紀念冊》，頁191。 |

| 姓名 | 區域 | 類別 | 當選次數 | 當選時間 | 教育程度 | 資料來源 |
|---|---|---|---|---|---|---|
| 葉黃鵲喜 | 彰化縣 | 縣議員 | 一 | 1953年2月 | 私立長榮高等女學校畢業 | 《臺灣省彰化縣議會第二屆紀念冊》，頁191。 |
| 林陳蓮枝 | 彰化縣 | 縣議員 | 一 | 1953年2月 | 臺北第三高等女學校畢業 | 《臺灣省彰化縣議會第二屆紀念冊》，頁193。 |
| 李德和 | 嘉義市 | 省議員 | 一 | 1951年12月 | 國語學校第三附屬學校技藝科畢業 | 《臺灣省議會三十五年：慶祝中華民國建國七十年暨本會成立三十五週年》，頁貳-41。 |
| 葉舜華 | 嘉義縣 | 縣議員 | 一 | 1950年12月 | 教員養成講習會結業 | 嘉義縣政府祕書室編，《嘉義縣政一年》（嘉義：嘉義縣政府，1952），頁28。 |
| 呂鍾葉 | 嘉義縣 | 縣議員 | 一 | 1952年12月 | 教員養成講習會結業 | 《嘉義縣政一年》，頁26。 |
| 賴張珠玉 | 臺北縣 | 縣議員 | 四 | 1954年12月、1958年1月、1961年1月、1964年1月、 | 臺北第三高等女學校畢業 | 《臺北縣議會志》，頁182、203、222、239。 |
| | | 市議員 | 一 | 1969年12月 | | |

| 姓名 | 區域 | 類別 | 當選次數 | 當選時間 | 教育程度 | 資料來源 |
|---|---|---|---|---|---|---|
| 張賴彩蓮 | 臺中市 | 市議員 | 二 | 1955年1月、1958年2月 | 彰化高等女學校畢業 | 臺中市政府編，《臺中市政概要》（臺中：臺中市政府，1959），頁175。 |
| 李陳雀 | 臺南縣 | 縣議員 | 二 | 1961年1月、1968年1月 | 臺南第二高等女學校畢業 | 魏梓園，〈臺南縣五十七年度公職人員選舉概況〉，《南瀛文獻》第十三卷（1968年8月），頁13。 |
| 巫玉蘭 | 南投縣 | 縣議員 | 二 | 1955年1月、1958年1月 | 彰化高等女學校畢業 | 林學仕，〈南投縣地方自治紀略〉，《南投文獻》第二十九期（1983年6月），頁275、279。 |
| 廖詹越 | 南投縣 | 縣議員 | 一 | 1958年1月 | 彰化高等女學校畢業 | 〈南投縣地方自治紀略〉，頁277。 |
| 張瑞妍 | 高雄市 | 市議員 | 一 | 1952年12月 | 高雄高等女學校畢業 | 臺灣省政府民政廳增額中央民意代表選舉臺灣省選舉事務所編，《增額中央民意代表選舉暨第五屆省議員、第七屆縣市長選舉 臺灣省選舉總報告》（1973年2月），頁778。 |

| 姓名 | 區域 | 類別 | 當選次數 | 當選時間 | 教育程度 | 資料來源 |
|---|---|---|---|---|---|---|
| 劉玉英 | 新竹縣 | 縣議員 | 二 | 1950年12月、1952年12月 | 臺北第三高等女學校師範科畢業 | 黃旺成監修，新竹縣文獻委員會編校，《臺灣省新縣政志》第二部（新竹：新竹縣政府，1957），頁238、341。 |
| 張富美 | 苗栗縣 | 縣議員 | 一 | 1951年1月 | 南庄公學校高等科畢業 | 苗栗縣政府民政局主計室編，《苗栗縣議員選舉專輯》（苗栗：苗栗縣政府民政局主計室，1951），頁35。 |
| 戴綉英 | 苗栗縣 | 縣議員 | 一 | 1951年1月 | 新竹高等女學校畢業 | 《苗栗縣議員選舉專輯》，頁38。 |

## 6 小結

透過蔡素女、邱鴛鴦、陳愛珠的口述史料，本章展開臺灣教育界女先鋒的歷史。女教員是日本殖民臺灣時期的產物，她們的培育方式、人數、任用資格、薪資待遇和教學工作都由殖民政府掌控。至於成為臺灣職場也是臺灣社會新群體的女教員，她們是否普及全島、安於教職，她們的教學態度如何，以及這個行業帶給她們何種影響，她們又怎麼發揮影響力，可曾符合殖民政府與社會的期待，這些問題取決於女教員。因此，為全面分析女教員的歷史，本章放在殖民者與被殖民者的脈絡下進行。

就臺灣總督府的女子師範教育政策，女子教育剛興辦時，臺灣沒有正式女教員，女教員具有推動初等教育與女子教育的雙重責任，也是達成同化教育的主要媒介，總督府理應重視女教員的培養工作，而日治的五十一年間，卻不曾設置女子師範學校。儘管總督府在師範學校或中等女學校設置短期師資訓練班，畢業生有服務義務與合格師資，但相較於正規師範生的程度有雲泥差別。由於公學校不斷增加，具有合格師資的女教員並不多，公學校多雇用代用女教員來因應。面對合格師資的嚴重缺乏，總督府卻只是廣設講習會和實施檢定手續，來提昇教員素質和資格。

總督府除不夠積極設置正式的女子師範學校外，對教員的任用資格和薪資有不同區隔，合格或代用的臺籍女教員之間不但薪俸有別，還因為種族與性別差異，承受不同的薪資待遇，在同職級的教員群中，臺籍女教員的薪俸最低，既比不上臺灣男教員，也落在日籍女教員之後。儘管如此，日治時期不曾發生臺籍女教員杯葛薪資差異事件，可理解的是，女教員的收入高過其他女性職業群，她們的薪資足夠維持小家庭生活，而且多數的女教員出身中上家庭，較沒有經濟壓力。但從訪問發現，面對不平等的薪資待遇，臺籍女教員還是有微詞，多數人認為男教員多半來自正式師範學校，她們對性別差異的薪資不很計較，卻在乎臺、日籍女教員的待遇，因為日籍女教員同樣出自非正規的師範教育。

且不論殖民政府的女子師範教育政策不夠真誠，女教員的產生仍來自總督府規畫，不過女性的意願、家長的支持、地方各界的鼓勵，更是臺籍女教員產生的動力。推動女子教育是臺灣教育的重要任務，作為女教員更深具使命感，從女教員的各種表現可以看到臺灣職場的新群體積極付出且配合政策。首先，在交通不是很發達的時期，有的女教員以移住學校附近、或是步行、更換各種交通工具，去克服工作地點的欠便。其次，在教學與訓育上，女教員的工作包括勸導學童就學、編製教案、兼任行政和輔導社會教育。另外，為改進教學、接受新知，女教員主動參加各類型的教學研究會、講習會，有女老師還前往日本接受短期講習。在教學的每個歷程中，不少女教員呈現自信、積極、不服輸、認真負責的教學態度，她們的表現既超越性別又超越種族。因此，有的女教員深受學校與社會重視，媒體還不時報導女教員事蹟，讓女教員引以為傲。

事實上，不是所有的女教員具有愛心或敬業精神，只不過，在殖民的威權政治下，這類女教員並不多見。較常見的是，不少女教員陷於交通欠便或家庭牽絆的困擾中，導致異動頻繁、無法長期任教，所幸女教員的異動以調校和回歸家庭居多，對職業結構影響不大。任期短、異動率高固然是臺籍女教員的特徵，也可看到任期長或始終堅守崗位的女教員，由訪問發現，女教員得以長期任教，大致與任教地點、婚姻狀況、家庭經濟與家庭勞動有關，值得一提的是，因教書而孕育出的自主權，讓女教員能向家人爭取久任教職的機會。

女教員的教學成果以及對勸學工作的百折不撓，不僅促進女子教育的推動、影響家長同意女童入學，且對男學童或其周遭的人們潛移默化，激發他們向學。除影響他人之外，女教員本身的角色地位也起了變化，教員頭銜與權威地位使她們與男教員一樣的受到重視，尤其重要的是，隨著工作需求的多元化及社會價值的改變，出現一群活躍、敢說敢做的女教員，她們不惜挑戰殖民與父權體制，例如頂撞日本校長的無理要求與不當言辭，甚至引起媒體關注。另外，女教員也勇於面對婚戀問題，儘管多數的她們是經由媒妁而結婚，一九二〇到一九三〇年代流行的自由戀愛沒有直接在她們身上發酵，但有少數人抗拒家長安排的婚姻，或是選擇不婚、離婚，還有人拒絕婚前被媒合對象偷窺，更多人則在婚前與有婚約的對象交往，不是完全順從盲婚，這是女教員對婚姻的自主與自我保護。

值得一提的是，女教員追求婚姻自主之外，她們崇尚新式婚禮與簡約聘禮，處處顯現女教員跳脫傳統窠臼、走向現代化的跡痕。其實女教員與現代化的相遇不只是在婚姻，她們所接觸的教育就是現代教育，從學生時代到成為教員，她們需要學習或傳授給學生的知識，都與現代化事物相關。戰後女教員更參與現代選舉政治，她們自主、活躍的表現，在這時期得以充分發揮，從教壇轉登到政壇，她們的貢獻不再僅限於教育，廣及到社會、經濟與政治。

綜括而言，在日本殖民政府的師範教育政策下，臺灣女教員成為臺灣最早的職業女性，教書工作則讓她們獲得許多婦女未曾有的自信心與尊榮地位。此外，受現代化思維的薰陶，她們不但影響學生、社會大眾，也對自己婚戀與家庭有較大抉擇，只不過，她們沒有為此做出太多翻天覆地的行為。

較遺憾的是，殖民政府在女教員的培養上缺乏完整規畫，僅是採用短期栽培或速成講習，而教員的任用資格或薪資，更是採行種族與兩性有別的措施，臺灣女教員直到戰爭結束前，才獲得較多任用機會，而這群臺灣社會的新群體真正翻轉是在戰後，無論政界或教育界的頂端都可看到她們的身影，雖然有限，卻彌足珍貴。從另一角度來說，日治時期的臺籍女教員固然沒有得到平等待遇，但能成為教員，是相當榮耀的事，她們對教育工作的執著與認真，更不亞於當代的女教員，深具歷史意義。

# 第三章

# 超越群芳的女醫生

在日本殖民政府統治下，要成為女醫生比起女教員，更加不容易。臺灣醫生界的女先鋒，和當前的女醫生一樣，她們進入醫學校之前，要對理科有興趣且具備資質，但與今天不同的是，殖民政府沒有提供女子醫學教育，有志當醫生的女性必須另謀他途，到國外接受醫學教育。諷刺的是，殖民政府並沒有忽視臺灣醫事人才的培養，卻對臺籍女醫生留白，因此女醫生的產生與殖民政府無關，關鍵在於家長。

由於負笈留學需要有財力資助，絕大多數的醫科生是來自富豪家庭，且以出身醫生家庭者居多，有志成為醫生的女兒也一樣獲得家長支持。在國外學成後，成為準醫生的她們，多數返國工作，先在大醫院充當無薪助手或棲身鄉下醫院，等獲得豐富的臨床經驗再行開業，有人單獨開業、有人與同行丈夫聯袂開業。當時女性當醫生是罕見的社會大事，她們的事蹟不時出現在報紙上，成為新聞媒體的寵兒。除了報紙為女醫生做了免費廣告外，為了招攬病患並與同行競爭，有的女醫生也和男醫生一樣在報紙刊登廣告，拉抬聲量。

作為開業女醫生，她們有充分的發展空間，無論在工作或生活上有較大的自主性，既能醫病又能照顧家庭，但在婚姻的選擇上，女醫生較少自由戀愛，大多與「門當戶對」的上層家庭婚配。此外，臺灣醫生界的女先鋒享有令人稱羨的社會地位，而教育成就、家世背景、婚姻關係和個人工作績效是她們取得社會地位的重要因素，當時專門收錄臺灣名人的《臺灣人士鑑》、《臺灣紳士名鑑》中，也有女醫生的身影，她們與男性菁英並列，是許多女性夢寐難求。

女醫生不僅累積自己的成就，還是現代化的領航人，她們培養醫療人員、致力社會衛生的改革，把現代化的醫療技術傳播他人，戰爭期間，女醫生還參加救援工作、教化組織，指導民眾進行各種現代化的醫衛改革。二次大戰結束後，和女教員一樣，有的女醫生翻轉身分，從事婦女工作或參選民意代表。由於女醫生是被支持與鼓勵的行業，相較於其他的職業女性，她們沒有性別屏障，也不受種族排擠，成為醫界女先鋒的她們，要面對的是如何在醫療界自我挑戰，並與同行競爭。

一九三三年，宜蘭羅東出現第一位女西醫石滿，石滿雖不是臺灣首位女西醫，在羅東地區卻是很稀罕的人物，儘管一九九二年我去羅東訪問石滿時，她已經退休，距離她初為醫生將近六十年了，但當地沒有人不認識「石滿先生」。石滿在二十五歲那年當上醫生，對現在醫界來說，她算是年輕醫生。石滿起初和丈夫在兩人合開的呈祥醫院執業，她是眼科醫生，丈夫則是內科醫生。一九五一年石滿當選宜蘭縣議員，工作量增加，又因為羅東博愛醫院院長不斷邀請她加入，一九五三年，決定結束呈祥醫院，改到博愛醫院主持眼科，直到一九八五年因身體欠佳才退休，這期間石滿一直是博愛醫院唯一的女醫生。[1]

女醫生其實早存在於中國傳統社會，且深受敬重，[2]不過，她們的醫術大多來自家傳，這群女醫生通稱為女漢醫。本章所探討的女醫生是現代醫學教育的產物，對日治時期的臺灣女性來說，想進入醫學院有如登天之難，第二章提到，殖民政府不曾設置女子師範學校，但想成為教員的女性還能經由師資培訓機構、講習會或檢定考試圓夢，想當女醫生則得遠渡重洋到國外醫學院深造，雖然有人因自修而通過總督府的檢定考試，但卻是極少數，取得女醫生資格的人更是少見。[3]此外，沒有顯赫的家世背景或家長支持，女性根本沒機會到國外唸醫學院，因此日治時期的女醫生屈指可數。

圖23　一九三三年石滿成為羅東地區第一位女醫生

第二章也談到，日治時期能受教育的女性主要來自富裕家庭。至於想出國留學的人，費用更非一般家庭所能負擔，因此女醫生的家庭經濟狀況可想而知。石滿告訴我，她是宜蘭石萬安的後代，她丈夫則是羅東陳進財的後代，他們都是當地最出名、最富有的家族，雖然她的父親在她年幼時就過世，母親因為不識字，家族分家時吃了不少虧，但母親善於理財，還是有能力供她到日本留學。[4]

留學需要財力資助外，身為女性還需要個人毅力和家長認可。石滿回憶，她的母親因為受不識字的委屈，非常重視子女的教育，但並沒有想到出國深造的問題。因此石滿在公學校畢業後，繼續投考高女，至於赴日深造，是出於她自己的想法。[5] 石滿之所以想要出國留學，其中的一項因素是受親友輕視的刺激，於是立志要認真讀書，以便出人頭地。[6] 因緣際會的是，石滿從三高女畢業的前一年，

1 游鑑明訪問、黃銘明記錄，〈陳石滿女士訪問紀錄〉，游鑑明訪問、吳美慧等記錄，《走過兩個時代的臺灣職業婦女訪問紀錄》，中央研究院近代史研究所口述歷史叢書（52）（臺北：中央研究院近代史研究所，一九九四），頁二四〇～二四一、二四四～二四五、二四六。

2 《漢書．義縱傳》曾記載：「縱有姐，以醫幸王太后。」《漢書．酷吏傳第六十》（臺北：鼎文書局，一九八一年新校本），頁三六五二。

3 例如徐謝鳳鑾曾取得臺灣總督府醫師考試及格，一九四五年她在竹東開業，是徐婦產科醫院。陳君愷，《日治時期臺灣醫生社會地位之研究》，國立臺灣師範大學歷史研究所專刊（22）（臺北：國立臺灣師範大學歷史研究所，一九九二），頁三四；吳銅編，《臺灣醫師名鑑》（臺中：臺灣醫藥新聞社，一九五四），頁六五。

4 游鑑明訪問、黃銘明記錄，〈陳石滿女士訪問紀錄〉，頁二一八、二二〇。

5 陳石滿口述：「我母親督促我們讀書的態度非常認真，每天晚上，我們三姐妹和兩個弟弟都得搬張椅子，到通舖上讀書，一直讀到十點才可以睡覺。」游鑑明訪問、黃銘明記錄，〈陳石滿女士訪問紀錄〉，頁二二一。

6 同上註，頁二二一～二二二。

學姐陳進正巧到日本東京的女子美術學校深造，她後來成為臺灣著名女畫家。石滿非常羨慕這位學姐，於是向母親提出留學的願望，但母親並不同意，石滿便使出絕招：

> 我只好請姑丈蔣渭水和六叔石煥長回宜蘭向她（石滿的母親）遊說。我六叔畢業於東京醫科大學，當時在臺北開業，我姑丈也是醫生，經過他們的勸說，我六叔還表示要親自帶我去日本，母親方才答應。[7]

臺灣高女的教育內容遠不如日本的高女，醫專考試又很不容易，多數臺灣人都先在日本補習，再參加考試。然而，石滿卻遇到難題，因為三高女的畢業典禮在三月舉行，東京女子醫學專門學校（東京女子醫科大學的前身，以下簡稱「東京女醫專」）則是三月考試、四月入學。幸而，三高女的校長小野正雄特別通融，准許石滿不必參加畢業典禮，先去日本補習。[8] 經過一番周折，石滿在大伯父兒子的陪同下啟程赴日，最後終於如願考上頗具盛名的東京女醫專。[9]

從石滿的故事看來，在沒有女子醫學教育的日治時期，想成為醫學院學生，必須歷經許多挑戰。石滿只是許多女醫生中的一位，以下我將用文獻檔案、報刊和其他例子去揭開臺灣先驅女醫生的歷史，本章首先探討臺灣女性習醫的緣起，並說明習醫的經過，然後觀察女醫生學成後的動向和她們的醫療行為，最後擬就女醫生的職業分析她們的地位與影響。

# 1 女醫生的產生

為奠定治臺政權，臺灣總督府展開一連串的改革措施，除前面提到的教育政策之外，為使移居臺灣的日本人有良好的生活環境，總督府不但積極改善臺灣的衛生環境，且把培養現代化的醫事人才當成治臺的首要工作。[10]回顧日治以前，臺灣醫事人員多半是以傳統醫術或個人經驗為人治病，而以現代西洋醫術從事診療工作的人，僅是少數長老教會的外籍醫生。[11]一八九五年，日本殖民政府以統治國家的姿態進入臺灣後，訂定一套訓練醫事人才的規則。

一八九七年，總督府在臺大醫院[12]附設醫學講習所，開始臺籍西醫的培養工作，一八九九年又陸

7 游鑑明訪問、黃銘明記錄，〈陳石滿女士訪問紀錄〉，頁二二五。

8 同上註，頁二二六。

9 同上註，頁二二六～二二七。

10 根據陳君愷分析，尚有兩項因素，一是「征臺」之役的教訓，另一是以臺灣為其發展南方醫學的試驗場。以上參見陳君愷，《日治時期臺灣醫生社會地位之研究》，頁二一～二四。

11 同上註，頁一三～一四。

12 原稱臺灣病院，後改稱臺北病院及臺北帝國大學醫學部附屬醫院；臺灣光復後，稱為國立臺灣大學醫學院，簡稱臺大醫院。

續公布〈臺灣總督府醫學校官則〉與〈臺灣總督府醫學校規則〉，進一步確定醫事教育制度。[13]然而，臺籍醫事人員的訓練是以男性為主，直到一九〇七年，才有女性醫事人員的培養，而培養的僅是看護婦與產婆，在醫療工作中占極重要角色的女醫生並未列入訓練，致使有志當醫生的女性必須另尋習醫的途徑，才能在臺灣醫界獲得一席之地。

## 一、習醫的條件

在醫事人員中，醫生所擔負的醫療業務最為艱鉅，相對的，他們必須具備精湛的醫學知識與技術，才有機會成為醫生，因此醫生不僅需要受過高等教育，且得接受專門的醫學訓練，這也是女醫生必備的條件。

在缺乏女子高等教育與女子醫事教育的日治時期，有意願繼續深造的臺籍女性惟有出國，就如石滿遠赴日本習醫。當時臺灣人究竟到哪裡留學？有多少留學生？當時臺灣人留學的地區主要集中在日本，以男學生居多。一九〇六年開始有臺灣女性留日紀錄，由於早期受教育的女性並不多，留日人數寥寥無幾，一九二二年的統計資料顯示，這一年留日女生只有二十人。[14]一九三〇年之後，隨著臺灣社會的開放、富紳家庭的不斷增加，留日女生的人數才開始上升，例如一九三一年留日女生有一百一十五人，一九四一年達八百三十二人。[15]值得一提的是，在人多勢眾下，留日學生群形成一股勢力，他們對就讀學校、修習科目的選擇，是彼此援引、互為影響。

臺灣女學生到日本留學會選擇哪些科系呢？在「培養賢妻良母」的教育政策長期洗腦下，家政教育與藝能教育是臺灣女子教育的重心，也是不少女學生的拿手科目，許多女留學生深造的目標仍是家政、音樂或美術等科系，以一九三三年到一九四五年間從日本女子大學畢業的二十一名臺灣女生為例，其中就讀家政科系多達十六人，[16] 其他科系有五人。至於習醫的女留學生有多少人？就一九二三到一九三七年度的統計，在日本就讀醫學的臺籍留學生平均占五分之三以上，[17] 儘管男學生在其中占絕大多數，但透過留日學生的聲氣相通，對部分女留學生產生激發作用，於是女學生也報考了醫學校。

成為醫學校的女學生必須有何種條件和支援？石滿給了一個引子，順著她的例子，以下做進一步探究。以個人資質來說，醫學屬應用科學，立志習醫的人必須擅長數理課程，而一般女學生對邏輯、

13 陳君愷，《日治時期臺灣醫生社會地位之研究》，頁二七~二八。

14 「內地留學者出身州廳別在籍學校別人員」（大正十二年十二月末現在），臺灣總督府內務局文教課編，《臺灣總督府學事第二十二年報（大正十二年度）》（臺北：臺灣總督府內務局文教課，一九二六），頁五〇~五一。

15 「內地留學者出身州廳別人員」（昭和六年四月一日現在），臺灣總督府文教局編，《臺灣總督府學事第三十年報（昭和六年度）》（臺北：臺灣總督府文教局，一九三三），頁五六；臺灣總督府編，《臺灣總督府民政事務成績提要　第四十七編》（出版地不詳：出版單位不詳，出版年不詳），頁二七五。

16 游鑑明，《日據時期臺灣的女子教育》，國立臺灣師範大學歷史研究所專刊（20）（臺北：國立臺灣師範大學歷史研究所，一九八八），頁一九九。

17 吳文星，《日治時期臺灣的社會領導階層》（臺北：五南圖書出版股份有限公司，二〇〇九年第二刷），頁一〇七。

數字問題缺乏興趣，再加上日治時期的女子教育偏重藝能教育，故深造較少選擇醫科，而選擇醫科的女學生多數具有不錯的數理基礎。[18] 石滿表示，就讀三高女時，她最喜歡的課程是需要憑腦力思考的數理，最不喜歡的是裁縫，因此她的數理成績遠較其他科目凸出，也促使她選擇學醫。[19] 除數理課程之外，立志當醫生的女學生大半成績傑出，且獲師長肯定。好比，東洋女子齒科專門學校（以下均稱「東洋女齒專」）曾設保送名額，規定保送生的學業成績平均須達八十分以上，我訪問的許麗雲，當時就讀基隆高等女學校，因為成績卓越，經老師推薦而保送到東洋女齒專就讀齒科。[20]

以學校支持來講，醫科是日本國內學生的熱門科系，不少學生把就讀女醫專當做第三志願，一九一二到一九二六年間，日本的女醫生增加了一千零六十四人，[21] 影響所及的是，日本國內的醫專考試陷入激烈競爭。為了使臺灣學生順利進入日本女醫專，有的高女對有意願赴日學醫的學生，特別做課餘指導，一九三八年從東京女醫專畢業的陳卻回憶：

> 當時日本醫科學校的入學考試非常困難，有不少臺灣學生先至日本補習，再參加考試。但我很幸運的是，三高女的老師得知我與幾位同學有志留日，便利用下課時間為我們免費補習，使我能在赴日的第一年，考入東京女醫專。[22]

學校的支持不僅有助於學生考入醫專，也為學校帶來榮耀，學校通常樂於援助。

以家世背景來說，受制於公費留學名額有限，日治時期的留學生以自費留學居多，因此留學生必須有充裕的經濟奧援，其中醫科的學費尤其昂貴。許麗雲告訴我，就讀東洋女齒專需繳五十日圓的學費，生活費則因人而異，但就她個人來說，儘管她很少參加社交活動，每個月連租屋費就得花費三十五日圓，[23] 已相當於當時臺灣公學校初任教員的月薪。由此可知，一般家庭很難培養醫生子弟，絕大多數的醫科留學生是來自富豪家庭，並且以出身醫生家庭者居多。

根據專門介紹臺灣名流的《臺灣人士鑑》記載，名流的子弟中有不少人就讀醫專，其中有女兒就讀女醫專的有十八人，如表二；本身是醫生的有七人，他們為了建立醫生世家，不少醫生培養女兒繼承衣缽，如陳朔方、梁道、王受祿都各有兩名女兒是醫生，而這七名醫生則合計造就了十名女醫生：蔡碧雲，陳淑貞、陳淑鑾、陳淑慧、陳迺姜、葉瓊玉、梁金蓮、梁金菊、王水月、王彩月和梅素英等。毋可否認的，為了穩固醫生的社會地位，醫生對子女的習醫往往是不遺餘力，同時，在長期的耳濡目染下，醫生家庭的女性相較於一般家庭，則會更傾向習醫。

除了鞏固醫生世家之外，由於醫生在日治時期享有極高的榮譽和收入，非醫生家庭也會全力支持子女習醫，例如許麗雲來自商人家庭，但因為父親刻意栽培，她成為家中唯一的醫生。[24] 這種望女成

18 游鑑明訪問、黃銘明記錄，〈陳石滿女士訪問紀錄〉，頁二二五。
19 同上註，頁二二三。
20 游鑑明訪問，許麗雲口述訪問紀錄（一九九三年九月五日，基隆），未刊稿。
21 村上信彥，《大正期の職業婦人》（東京：株式會社ドメス出版，一九八四年第二刷），頁二七六。
22 游鑑明訪問，謝陳卻口述訪問紀錄（一九九三年七月十六日，臺北），未刊稿。
23 許麗雲口述訪問紀錄。
24 同上註。

## 表二　女醫生家世一覽表

| 女醫生姓名 | 家長姓名 | 家長職業 | 雙方關係 | 女醫生畢業學校 | 資料來源 |
|---|---|---|---|---|---|
| 劉淑明 | 劉梓勝 | 教員 | 父女 | 帝國女子醫專 | 臺灣新民報社調查部編，《臺灣人士鑑》（臺北，1934），頁 203。 |
| 梁金蓮／梁金菊 | 梁道 | 醫生 | 父女 | 東京女子醫專 | 《臺灣人士鑑》（1934），頁 208。 |
| 王一媛 | 王倫魁 | 醫生 | 父女 | 東京女子醫專 | 《臺灣人士鑑》（1934），頁 15～16。 |
| 洪金雀 | 洪清江 | 教員 | 父女 | 東京女子醫專 | 《臺灣人士鑑》（1934），頁 67～68。 |
| 蔡瓊東 | 蔡敏庭 | 組合員 | 父女 | 東京女子醫專 | 《臺灣人士鑑》（1934），頁 76。 |
| 梅素英 | 梅獅 | 醫生 | 父女 | 東京女子醫專 | 《臺灣人士鑑》（1934），頁 154。 |
| 蔡碧雲 | 蔡裕福 | 醫生 | 父女 | 帝國女子醫專 | 臺灣民報社編，《臺灣人士鑑》（臺北，1937），頁 155～156。 |
| 陳淑貞／陳淑鑾 | 陳朔方 | 醫生 | 父女 | 帝國女子醫專／東洋女子齒科醫專 | 《臺灣人士鑑》（1937），頁 259。 |
| 陳迺姜 | 陳神佑 | 醫生 | 父女 | 帝國女子醫專 | 《臺灣人士鑑》（1937），頁 265～266。 |

| 女醫生姓名 | 家長姓名 | 家長職業 | 雙方關係 | 女醫生畢業學校 | 資料來源 |
|---|---|---|---|---|---|
| 葉瓊玉 | 葉炳輝 | 醫生 | 兄妹 | 東京女子醫專 | 《臺灣人士鑑》（1937），頁375。 |
| 顏阿惜 | 顏春芳 | 臺南市議員 | 兄妹 | 東京女子醫專 | 《臺灣人士鑑》（1937），頁65。臺南研究資料庫，〈顏振聲〉、〈顏春輝〉條目，2021年6月10日檢視。 |
| 蔡淑文 | 蔡培火 | 臺灣新民報董事長 | 父女 | 東京女子醫專 | 《臺灣人士鑑》（1937），頁151～152。 |
| 賴麗渚 | 賴雨若 | 律師 | 父女 | 東京女子醫專 | 《臺灣人士鑑》（1937），頁393。 |
| 李鳳雀 | 李開胡 | 資產家 | 父女 | 東京女子醫專 | 《臺灣人士鑑》（1937），頁402。 |
| 劉宇治 | 劉錫五 | 實業家 | 父女 | 東京女齒科 | 《臺灣人士鑑》（1937），頁420。 |
| 饒黃子／饒秋子 | 饒永昌 | 鳳林區長 | 父女 | 東洋女子齒科醫專 | 《臺灣人士鑑》（1937），頁497～498。 |
| 王水月／王彩月 | 王受祿 | 醫生 | 父女 | 京大醫學部 | 興南新聞社編，《臺灣人士鑑》（臺北，1943），頁67。 |
| 羅秀卿 | 羅萬俥 | 興南新聞社董事長 | 父女 | 醫學士 | 《臺灣人士鑑》（1943），頁432。 |

鳳或光門耀祖的心理作用，與向來把女兒當成賠錢貨或不鼓勵讀書的觀念，形成強烈對比，進一步說，在沒有深造機會的日本殖民時期，有志習醫的臺灣女性獲得家庭與社會的另一種支持。

值得一提的是，有意願習醫的女性，大多數是高女畢業後就出國深造，但第二章提到，有工作多年的女老師，放棄教職去學醫，例如，女齒科醫生林招從三高女畢業後，曾在公學校任教多年，最後毅然辭去教職，遠赴東洋女齒專讀書。[25] 無獨有偶的是，到東洋女齒專學醫的林沈香吟，以公學校學歷考上公學校教職，也在教書多年後，赴日留學習醫。[26] 由她們的例子顯示，個人資質、校方鼓勵與家世背景讓女性有獲得醫學教育的機會之外，矢志當醫生的動力也是不可忽視的因素。

## 二、嚴格的醫學教育

醫科教育相當費時與繁重，這群美夢成真的女留學生，進到醫專之後，才發現許多課程不是她們能夠負荷，導致有人中途棄學。醫專的修業年限比較其他科系冗長，以東京女醫專為例，修業年限總共五年，預科一年、本科四年；[27] 這段期間正值女性婚嫁年齡，不堪繁重課業的女學生，便以結婚為由放棄學業。[28] 至於醫科學生所修習的課程是哪些？石滿指出，東京女醫專的預科是高女的延長教育，此外還加強理化課程和德語基礎；本科的課程則針對醫學教育，而且不分科，無論婦產科、內科或眼科等科都要修習。[29] 醫專的第一、二年強調醫學知識的灌輸，包括有機化學、微積分、動植物學、組織學、細菌藥劑學和解剖學等。[30]

從上述課程來看，來自以家政教育為主的臺灣高女學生，在修習醫科的過程中確實需要相當用心，必須有破釜沉舟的苦讀精神，才能勝任課業。[31]《浪淘沙》這本小說的作者「東方白」告訴我，小說中的「丘雅信」是臺灣首位女醫生蔡阿信的化名，他是根據蔡阿信的英文自傳"Pioneer Doctors Adventures"和蔡阿信的口述，寫出她的故事，小說中描述了蔡阿信在東京女醫專的習醫心得：

每個人但求衣服清潔頭髮梳齊，所以個個看來都像男孩子，她們一生懸命的唯一一件事便是：讀書、讀書、讀書、讀書，想把幾十本厚厚的大書盡可能地裝進腦袋裡，彷彿世界上除了醫科的書籍便沒有什麼了。[32]

25 〈臺北：女齒科醫開業披露〉，《臺灣新民報》第四〇三號（一九三二年二月二十日），頁八。
26 〈員林：林女齒科醫開業披露〉，《臺灣新民報》第四〇四號（一九三二年二月二十七日），頁九。
27 游鑑明訪問、黃銘明記錄，〈陳石滿女士訪問紀錄〉，頁二二七。
28 謝陳卻口述訪問紀錄。
29 游鑑明訪問、黃銘明記錄，〈陳石滿女士訪問紀錄〉，頁二二七。
30 A. Sena Gibson（蔡阿信），"Pioneer Doctors Adventures," unpublished and undated, p. 26; 東方白，《浪淘沙》（臺北：前衛出版社，一九九一年臺灣版第三刷），頁五二二。
31 同上註。
32 A. Sena Gibson, "Pioneer Doctors Adventures," p. 26; 此處係引用東方白訪問蔡阿信所得，東方白，《浪淘沙》，頁五二一～五二二。

東京女醫專的校歌也唱出醫科女學生苦讀的心境。[33]具備專業理論的知識之後，必須通過考試，才能進入臨床，由於考試相當嚴格，有不少人為此留級。[34]而幸運升級的人，則因臨床課程具挑戰性，經常處在既刺激又緊張的生活裡。其中解剖課更令初次入門的醫科生感受深刻，該課程主要指導學生利用屍體解剖，了解人體每一組織和結構，因此每位學生都得和屍體為伍，並親自操刀解剖。石滿曾詳細地解說在東洋女醫專學習解剖的過程，她說：

以我先生就讀的醫科大學為例，每兩名學生就可以分到一具屍體；我們則是十個人共用一具，解剖時分頭部、胸部、腹部、腸及生殖器等五個部分，學生分立兩邊，每部分各由左右兩人負責。我第一次分到腹部，和我合作的是一位日本同學。解剖時，老師在旁指導我們如何把皮膚取下，再將血管和神經一一加以處理，然後把腸子拿去洗，並翻過來，觀察裡面的組織。……實習完腹部以後，再輪流實習其他四個部分。[35]

解剖課程結束，老師就出題考試，這時人體的每一部門都列入考試範圍。石滿回憶，有時老師會隨意拿起一條神經或血管，讓她們寫名稱或功能，因此她們必須對每一器官瞭若指掌。[36]由於女學生大多是首次接觸屍體，面對充滿防腐劑味的屍體已十分恐懼，更遑論細加翻弄、研究，於是有人為此而輟學。[37]不過，仍有不少醫科女生通過這些考驗，而且適應得相當好，例如石滿「不只不害怕，還學得特別起勁」。[38]有的學生則在不斷調適下，漸入佳境，蔡阿信自述，曾有一段時間無法入睡，每晚一闔眼，便浮現留短鬍鬚的頭顱，而這個頭顱正是蔡阿信在解剖室見到的，直到恐懼感日漸消逝後，蔡阿信才敢進一步觀察、研究，以後甚至能單獨處理屍體。[39]解剖課僅是入門，更重要的是實地見習。以東洋女醫專為例，該校的見習課是在學校附設的醫院進行，除觀察醫生如何診斷和處方，有時也得為病人診療。[40]由於豐富的實習經驗有助於日後行醫，多數學生無不竭力爭取見習機會。許麗雲記得：

因為病人可以指定我們治療，為增加醫療經驗，每一個人都設法招徠病患。我是臺灣來的學生，對當地原本就人生地不熟，加上長期住在學校宿舍，更與外界隔絕，於是本科第三年，我與另一同學賃屋外宿，藉此多認識當地民眾，並拉攏病人。[41]

---

33 一三会五十周年記念誌刊行委員会編，《想いで草：一三会五十周年記念》（東京：草土社，一九八八），頁二四一～二四三。
34 謝陳卻口述訪問紀錄。
35 游鑑明訪問、黃銘明記錄，〈陳石滿女士訪問紀錄〉，頁二二七。
36 同上註，頁二二八。
37 同上註。
38 同上註。
39 A. Sena Gibson, "Pioneer Doctors Adventures," p. 26.
40 許麗雲口述訪問紀錄。
41 同上註。

進入這時期的學習階段，醫科生其實與正式醫生沒有太大差別，每位醫科生都生活在相當忙碌的日子裡，但忙中不免有錯，石滿還記得自己曾做了一樁尷尬的事。有一次，她下鄉義診，因為過於匆忙，誤將消毒水充當食鹽水漱口，不僅鬧了笑話，嘴巴也因此麻木了一、兩天。[42]

經由醫學教育的嚴格訓練，凡通過學科與臨床試驗，並獲頒畢業證書的醫科生，便成為準醫生。不過，有不少人因中途輟學或留級，無法順利畢業，例如與蔡阿信同期入學的學生計有一百二十七人，同時畢業的僅有七十八人。[43] 換句話說，大約有四分之一的學生無法如期取得醫生資格。

至於日治時期究竟產生多少臺籍準女醫生，目前資料顯示，一九二〇年東京女醫專造就了第一位臺籍女醫生蔡阿信之後；[44] 一九二六年東洋女齒專才產生一名臺籍女醫生。[45] 一九三〇年以降，因習

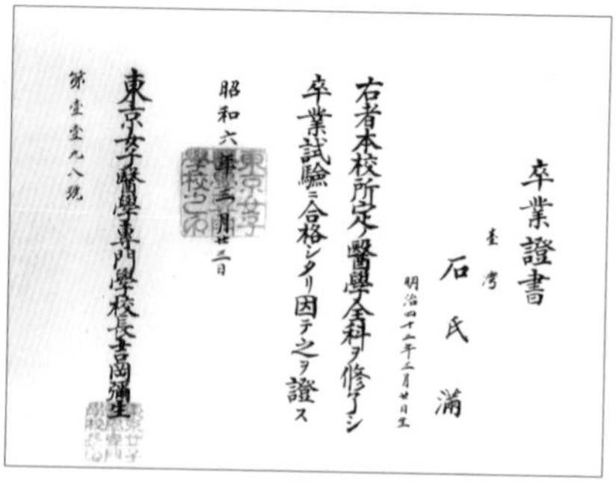
卒業證書
臺灣 石氏滿
明治四十二年三月廿日生
右者本校所定ノ醫學全科ヲ修了シ
卒業試驗ニ合格シタリ因テ之ヲ證ス
昭和六年三月廿二日
東京女子醫學專門學校長吉岡彌生
第壹壹九八號

圖 24　一九三一年石滿獲得東京女子醫學專門學校畢業證書

圖 25　石滿醫專畢業前攝於校園，時年二十三歲

醫女學生的日增，臺籍的準女醫生相繼產生，她們主要來自東京女醫專、帝國女子醫學專門學校（以下均稱「帝國女醫專」）以及東洋女齒專等校。一九三七年到一九四五年間是準醫生產生的盛期，九年間這三所學校，每年平均有十五名臺籍女醫生。根據我蒐集到的資料，一九二六到一九四八年間，東京女醫專、帝國女醫專、東洋女齒專一共培養兩百二十七名臺籍女醫生，東京女醫專有一百零一名、帝國女醫專七十六名、東洋女齒專則有五十名。[46]

相對於同一時期臺灣的準男醫生或日本國內的準女醫生，臺籍女醫生的人數顯得微不足道，一九四二年度以前，臺大醫院所訓練的臺籍男醫有一千六百六十一人；[47] 一九二〇到一九二六年間，東京女醫專就曾培養六百八十一名女醫生。[48] 然而，從臺灣女醫生產生的艱辛歷程觀察，這樣的人數

---

42 游鑑明訪問、黃銘明記錄，〈陳石滿女士訪問紀錄〉，頁二二九。

43 A. Sena Gibson, "Pioneer Doctors Adventures," p. 26.

44 莊永明編，《島國顯影》（臺北：創意力文化事業有限公司，一九九三），頁二三六。

45 「表四　留日女醫學生歷年畢業人數一覽表」，游鑑明，〈日據時期臺灣的職業婦女〉（臺北：國立臺灣師範大學歷史研究所博士論文，一九九五），頁一〇九。

46 統計自日本東京女子醫學專門學校畢業生（臺籍）名簿，影印本；東邦大學臺灣鶴風會聯誼會（一九九〇年四月二日編印），影印本；東洋紫苑在臺校友名冊（一九七〇年二月），影印本；「表四　留日女醫學生歷年畢業人數一覽表」，頁一〇九。

47 陳君愷，《日治時期臺灣醫生社會地位之研究》，頁三〇。

48 村上信彥，《大正期の職業婦人》，頁二七六。

已難能可貴。對立志習醫的臺灣女留學生來說，個人資質、勇氣與耐心固然決定她們能否成為女醫生的重要因素，但在殖民政府統治下，她們還有先天的困境，由於殖民政府的無意鼓勵，她們無法在臺灣接受本土醫學教育，惟有遠赴異地留學，自覓學習空間。不過，留學習醫的昂貴學費，又使部分女學生不能如願以償。而這種來自內、外在的各種困境，使臺灣女醫生得之不易。此外，必須注意的是，這群臺灣醫生界的女先鋒，她們的產生完全來自家長的支持，不是殖民政府的造就，比較其他職業群的產生，頗為不同。

## 2 女醫生的出路與工作

女醫生取得醫生執照後，接著是就業，這群留日的女醫生是留居日本工作？或返臺覓職？或選擇到醫院服務或自行開業？這方面令人感到好奇。而工作性質與工作內容又如何？

### 一、醫院副手

在殖民政府統治下，公立醫院的醫生以日籍醫生為主，臺籍醫生多半擔任副手（即助手），而且待遇菲薄。[49] 這種現象造成不少臺籍醫生無法在公立醫院一展長才，也因此自行開業，這在日治時期的醫界蔚為風尚，受此風氣影響，不少留日的臺籍女醫生同樣選擇自行開業。醫生開業在當時是相當方便的事，據總督府規定，凡受過正規醫學教育的人，不需經由檢定考試就具備開業執照。但事實上，

49 例如一九三八年，臺大醫院有四十四名醫生，其中臺籍醫生僅六名，均為醫生助手。以上參見臺灣總督府編，《臺灣總督府及所屬官署職員錄（昭和十三年七月一日現在）》（臺北：臺灣時報發行所，一九三八），頁三五七～三五八。

一畢業便立即投入開業行列的女醫生少之又少，絕大多數的女醫生認為四年或五年的醫科訓練，無法造就醫技純熟的醫生，在技術未成熟之前，她們寧可先在醫院當無級副手（即無薪的助手），以獲得更多的臨床經驗再行開業。[50]

因為在日本較難獲得學習機會，留日女醫生多選擇回臺灣學習。其中大型醫院病患較多，臨床實習的機會較高，對女醫生深具吸引力，同樣的，也吸引甫出校門的男醫生，以致於造成僧多粥少的現象。為了爭取到大型醫院服務，多數人利用人情關說爭取機會，[51]有不少女醫生的關說是來自家長安排，無庸置疑的是，人際關係雄厚的家庭較一般家庭容易取得副手職位，而這些家庭不是有醫生背景便是富豪身分。來自醫生家族的陳淑女，在接受我訪問時提到，她的叔叔陳朔方是醫生，與臺南醫院婦產科主任相交甚篤，因此她能在臺南醫院做研究，就是透過叔叔的關說。[52]至於無法到大型醫院服務的女醫生，只有選擇綜合醫院或其他醫院服務，例如黃惠如雖然出身士紳家庭，但因為她的父親很早就去世，三位兄弟又僅是公學校教員，人脈較薄弱，於是她僅得到在新竹私人齒科醫院工作的機會。[53]

女醫生進入醫院後，便分科服務。有關分科，早在醫科生時代便有主、副科的選修，由於受女醫生不適合內科、外科的觀念影響，以及她們本身對這種說法的認同，女醫生的主修科目不外是小兒科、婦產科、眼科或齒科。石滿提到：

> 我之所以選擇眼科，是因為外科本非我所好；內科醫生則要常常出診，不只較為辛苦，對女性來講也較不方便；而眼科一則不用出診，照顧起家庭來比較方便，再則它的手術範圍比較小，自

己一個人也能掌握。[54]

事實上，這也是女醫生為日後開業預做安排，不少女醫生到醫院學習後，多以這些科目為選科標準。

不過，大醫院各科副手名額有限，不是每個人都能如願的選科。蔡阿信到臺大醫院見習時，原本要到她主修的婦產科當副手，由於名額不夠，便改到眼科見習。[55]其實到醫院工作的目的是在增加臨床經驗，只要能掌握見習的機會，到哪一科工作都能獲得醫療經驗。有的醫生寧願先到有缺額的科門實習，再等候主修科出缺，更何況這時期民眾沒有分科觀念，他們眼中的醫生都是萬能，因此具有各科醫療知識或醫療技術，反而有益於日後行醫。[56]

在醫生的生涯中，見習是必經的過程，也是相當重要的一環，特別是見習時若能得到良醫指導，

50 謝陳卻口述訪問紀錄。游鑑明訪問，黃惠如口述訪問紀錄（一九九三年九月四日，臺北），未刊稿。
51 游鑑明訪問，陳淑女口述訪問紀錄（一九九三年十月二日，臺北），未刊稿。
52 同上註。
53 黃惠如口述訪問紀錄。
54 游鑑明訪問、黃銘明記錄，〈陳石滿女士訪問紀錄〉，頁二三二。
55 A. Sena Gibson, "Pioneer Doctors Adventures," p. 30.
56 謝陳卻口述訪問紀錄。

將會有很大收穫。蔡阿信在眼科見習時的經驗，相當戲劇化，她初入眼科時，指導醫生並未讓蔡阿信立刻參與看病或手術的工作，而是用眼罩蒙上她的眼睛，讓她充當三天的眼疾病患，為的是使她領略病患的心理，進而了解與同情病患，接著才正式進入實習。[57]當時醫生不僅提供蔡阿信有關的診斷與治療技術，同時也指導她如何開刀。由於眼睛的結構十分精密，醫生既要心細又得懂得其中訣竅，經由該醫生的指導，蔡阿信在不斷實習中，逐漸建立自信與勇氣，也深自慶幸沒有先到婦產科實習。[58]

較特別是，凡是在教學醫院擔任副手，除了為病人看病或手術之外，還得做研究。研究是由醫院教授帶領進行，並選擇題目研究。據訪問得知，研究的期限並無一定，即使離院而自行開業，仍可返院繼續未完的研究。由於研究有成，可獲得博士學位，不少醫生認為這是最高榮譽，因此有的醫生在執業之餘，又從事研究，有的則暫停醫務而專心研究。[59]

當時取得博士學位以男醫生居多，但仍產生許世賢（東京女醫專畢業）、陳卻和莊桃（帝國女醫專畢業）三名女醫生博士。[60]以許世賢為例，一九三〇年許世賢從東京女醫專畢業後，在臺南醫院見習兩年，然後到德泰和世賢醫院服務；一九三三年，與醫生張進通結婚，並共赴日本進修，夫妻倆一起在張進通的母校九州帝國大學做研究，許世賢先在婦產科研究室深造，又到醫學部專攻藥理學，直到一九三九年獲得博士學位。[61]陳卻在一九三八年到臺大醫院擔任副手，一九四二年獲博士學位。[62]女醫生研究的時間為何如此漫長？大致有兩個原因：一是與開業又兼顧家庭的兩頭忙有關，另一是一九三二年以來，醫科畢業的女生人數才開始增加，從當副手，再自行開業，已是中日戰爭末期。

就前面看來，副手的工作相當忙碌，且深具挑戰性。另外，副手之間經常相互競爭，一科中若有兩位以上的副手，競爭更加明顯。他們所爭的莫過於臨床實習機會的多寡，儘管女醫生不多，這種緊張關係偶爾也會發生在兩性間。據訪問發現，為了保障男副手，有的指導醫生會以某些工作不適合女性副手為由，交給男副手進行。表面上看，這類理由是基於愛護女性，但女副手卻因而失去較多見習機會，並且有受到排擠的感覺。[63]不過，據第一章與本章表二，一九四四年嘉義醫院曾出現一名東京女醫專畢業的臺籍女「醫官補」賴麗渚，賴麗渚的脫穎而出並不容易，因為早期臺籍醫生多半僅任雇員職位，後期固然充任「醫官補」的人數較多，主要是男醫生，女醫生甚少留駐醫院，賴麗渚的例子是目前唯一可考的。大體來說，女醫生擔任醫院副手僅是為開業預作準備，絕大多數的女醫生還是選擇自行開業。

除了到教學醫院當副手之外，有人則選擇下鄉服務，由於鄉下地區不容易聘得醫生，鄉下醫院便成為這群剛出校門資淺醫生的去處。不過，到鄉下服務的醫生大多得獨當一面，卻也為這群資淺醫生提供豐富的醫療經驗。一九三四年，許麗雲從東洋女齒專畢業後，本打算到臺大見習，但因為瑞芳礦業所所長翁山英，為方便員工及附近居民治療牙齒，將一間宿舍改為水池仙診所，許麗雲的父親與翁

---

57 東方白，《浪淘沙》，頁六五〇～六五一；許麗雲口述訪問紀錄。
58 A. Sena Gibson, "Pioneer Doctors Adventures," p. 30.
59 謝陳卻口述訪問紀錄。
60 黃嬰，〈許故市長懷思錄〉，《嘉義文獻》第七期（一九七六年十月），頁二一。
61 〈表四～七　醫生世家一覽表〉，陳君愷，《日治時期臺灣醫生社會地位之研究》，頁一〇七、一〇九。
62 謝陳卻口述訪問紀錄。
63 同上註。

山英是摯交，知道診所缺乏醫生，於是要許麗雲前去支援。[64]許麗雲不諱言地說：

事實上，我是迫不得已才到九份。當時九份交通不便，到診所必須爬很多石階；而且經常下雨，尤其是冬天陰雨綿綿，很教人難受。由於路程遠，我住在當地宿舍，一週返家一次，而每一次回去，便不想回九份。但這是父親對朋友的承諾，我只好硬著頭皮回去，就這樣待了兩年。[65]

下鄉服務可分成自行開業與依附醫院服務兩種，然而大半醫生都將鄉下醫院當作暫時棲身之處，甚少久留。他們待在鄉下，一則磨鍊醫術，另則累積資金，以便日後到城市或返原居地開業，而這也是醫生們的最大心願，女醫生同樣不例外。

## 二、自行開業

自行開業的女醫生，由於人數不多，她們的開業甚受矚目，並成為新聞媒體的焦點，以下是媒體對臺北蔡阿信的描述：

蔡阿信女士……這回在自宅開業，專治產婦人科，親切應患者，專精婦產科，以仁術的心懷，施良好之手術，想地方的衛生狀態必藉是可進於佳美。[66]

前面提到的林招和林沈香吟，她們從東洋女齒專畢業後分別在臺北、埔里開業，報紙指出臺北市的齒科醫生有三十多位，林招是唯一的女齒科醫生，認為她對婦女口腔衛生有貢獻。[67]媒體則說林沈香吟「性質〔情〕溫純，對待患者亦十分親切」。[68]至於在高雄開產婦人科醫院的林彩眉，也備受媒體矚目：「她畢業東京女醫專，在高雄醫院實習數年，對患者親切，市內女醫生以她為嚆矢。」[69]從上面報導可以看出，女性當醫生不僅是社會大事，同時深受大眾期許，尤其她們態度親切，而這顯然是從女性特質出發。

由於女醫生多與同行聯姻，不少人以夫妻聯袂的方式開業。醫生夫婦通常是各事其業，有時也會互相支援，前面便提到石滿與她丈夫在羅東一起合開醫院。另如，陳卻於一九四一年開辦福生堂醫院，她丈夫謝伯津原是一般外科的開業醫生，婚後她丈夫將自己的醫院轉讓給弟弟，與陳卻共同開業，且將他專擅的外科技術轉到婦產科上，與陳卻相互配合。[70]至於許麗雲婚後所頂下的旭東醫院，是一所耳鼻喉科的專門醫院，與許麗雲的本行牙科不符，而且她沒有受過耳鼻喉科訓練，她丈夫便辭

64 許麗雲口述訪問紀錄。
65 同上註。
66 〈女醫學【開】業〉，《臺灣民報》第二卷第五號（一九二四年三月二十一日），頁八。
67 〈臺北：女齒科醫開業披露〉，《臺灣新民報》第四〇三號（一九三二年二月二十日），頁八。
68 〈員林：林女齒科醫開業披露〉，《臺灣新民報》第四〇四號（一九三二年二月二十七日），頁九。
69 〈高雄：女醫開業〉，《臺灣新民報》第三七五號（一九三一年八月一日），頁九。
70 謝陳卻口述訪問紀錄。

去臺大醫院的外科職務，改至旭東醫院當耳鼻喉科醫生，致能夫唱婦隨。[71]

開業後，為招攬病患並與同行競爭，醫生多半藉宣傳來達成目的，宣傳分成親友代為宣傳或自我宣傳兩種。最盛行的自我宣傳方式，是在報紙刊登廣告。一九二〇年代中期以降，這一類醫療廣告俯拾可見，其中男醫生占多數，偶爾也出現女醫生，她們以個人名義打廣告，或者以夫婦名義宣傳，如蔡阿信、顏柯明點與顏保。[72]有趣的是，女醫生自我廣告的例子不是很多，但她們常是報紙上的新聞人物，如前所述，這其實也為女醫生做了免費廣告。

且不論廣告是否有利女醫生的業務，醫療市場主要是以男醫生為主體，例如一九三〇年臺籍男醫生有一千四百五十二人，而臺籍女醫生僅有九人。[73]處在眾多男醫生中，女醫生如何和他們競爭？從訪問發現，女醫生受到的工作威脅並不大，一方面因女醫生所從事的眼科、牙科或小兒科，多是男醫生眼中的「小兒科」，對男醫生的業務影響不大；[74]另一方面，女醫生有特定的病患對象，在兩性關係還沒有十分開放的日治時期，觀念保守的女性大多不向男醫生求診。[75]根據石滿的經驗：

……我除了眼科之外，也要兼看婦科。這主要是因為當時風氣比較保守，女性若有婦科方面的

圖26　一九七二年七月十二日陳卻與丈夫謝伯津合影

疾病，都不大願意請男醫生診療，即使風塵女子亦不例外，因此，雖然羅東地區也有男性的婦產科醫生，有些病人還是喜歡找我。[76]

從這個角度來看，性別不同反有利女醫生業務的成長。然而，面對異族女醫生又如何？同樣是一九三〇年，日籍女醫生有十四名，較臺籍女醫生多了九名；[77] 但基於語言與文化習性的不同，病患多喜歡讓同族醫生看診，臺籍女醫生受異族的衝擊明顯有限。[78]

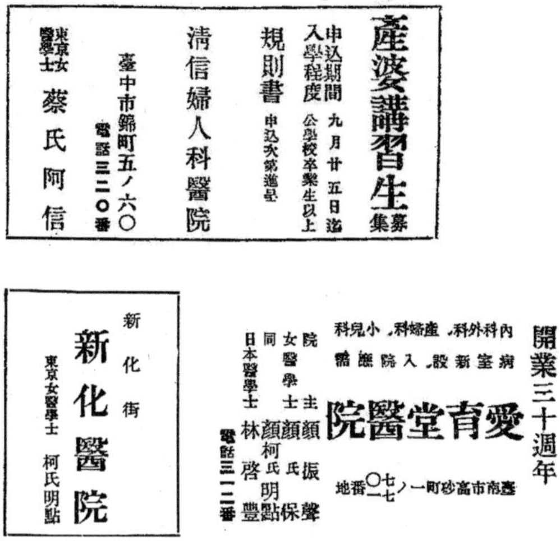


圖 27　廣告欄中的女醫生

71 許麗雲口述訪問紀錄。

72 《臺灣新民報》第三二五號（一九三〇年八月九日），頁八；《臺灣民報》第二九四號（一九三〇年一月一日），頁四五；《臺灣新民報》第三四五號（一九三一年一月一日），頁三八。

73 「表二：八　一九三〇年度新興職業之臺男、臺女、日女就業人數比較表」，游鑑明，〈日據時期臺灣的職業婦女〉，頁三二。

74 陳淑女口述訪問紀錄。

75 游鑑明訪問、黃銘明記錄，〈陳石滿女士訪問紀錄〉，頁二三三；A. Sena Gibson, "Pioneer Doctors Adventures," p. 30.

76 游鑑明訪問、黃銘明記錄，〈陳石滿女士訪問紀錄〉，頁二三三。

77 「表二：八　一九三〇年度新興職業之臺男、臺女、日女就業人數比較表」，頁三二。

78 陳淑女口述訪問紀錄。

至於臺籍女醫生之間是否曾出現競爭，陳淑女回憶，日治時期女醫生人數不多，彼此又分散各地開業，似不曾出現競爭的問題。[79]唯一會有競爭的是婦產科，因為這時期產家習慣請產婆到家中接生，而不到醫院待產，多少會影響女醫生的生意。但根據當時醫療規定，凡難產個案一概由醫生處理，產婆若產理不當，將遭到處罰。[80]陳淑女也表示：

當時產婆若發現產婦有異狀，會介紹病人到我的醫院檢查，另外，醫生通常不親自接生，反交由醫院雇請的產婆或助手；醫生所處理的則是難產病患。[81]

同時，婦產科醫生還有婦科病患，她們所服務的對象不完全與產婆衝突。[82]總之，無論與異性、異族或同性競爭，女醫生所遭受到衝擊不如預想得嚴重，與女性所從事的其他職業相較，女醫生較容易建立個人的職業空間。

隨著醫療業務蒸蒸日上，病患對醫生的信任逐漸加深，有的病人甚至會提出其他疑難雜症，請醫生解惑或治療，於是除本行之外，醫生還得具備其他科門的專業知識。石滿坦白地說，她的專長是眼科，但為因應上門求診的婦科病患，她還兼看婦科，而隨著婦科病患的日增，石滿特別到日本進修，充實婦產科方面的知識，經過六、七個月的研究，石滿的醫院才正式增設婦產科，成為兼顧三科的女醫生。[83]實際上，類似石滿的例子，另有謝綉治兼內科、小兒科和婦產科，吳林柑兼小兒科和內科，林康榮兼婦產科和小兒科，陳淑女兼婦產科、小兒科、內科。[84]

由此可知，開業醫生相當繁忙，石滿描述她的工作情形：

那個時候，我們每天早上八、九點就開始工作，通常早上看門診，下午出診，晚上還得把電話拿起來，才有辦法好好休息，生活可以說是毫無樂趣可言，有時甚至會累得打不起精神。[85]

為減輕工作壓力，石滿所採行的辦法是取消較耗神費時的產科，專心負責眼科和婦科；[86]黃孟麗則是週末下午和週日全天休診，讓她個人有充裕的休息時間。[87]當然，夫婦檔共同開業的壓力較獨自開業者小，例如陳卻在處理難產手術時，她丈夫的外科技術，做了不少分勞解憂的工作。[88]但大體上，女醫生的工作時間是冗長而艱辛，她們的難為誠可想見。

79 陳淑女口述訪問紀錄。
80 〈臺灣產婆規則〉（府令第七十號），《臺灣總督府府報》第三〇六三號，號外，一九二三年十月十二日，頁一。
81 陳淑女口述訪問紀錄。
82 謝陳卻口述訪問紀錄、陳淑女口述訪問紀錄。
83 游鑑明訪問、黃銘明記錄，〈陳石滿女士訪問紀錄〉，頁二三三。
84 興南新聞社編，《臺灣人士鑑》（臺北：新南新聞社，一九四三），頁一九三；臺灣新民報社編，《臺灣人士鑑》（臺北：臺灣新民報社，一九三七），頁九八、五三三；另見陳淑女口述訪問紀錄。
85 游鑑明訪問、黃銘明記錄，〈陳石滿女士訪問紀錄〉，頁二三四。
86 同上註，頁二三三～二三四。
87 游鑑明訪問，黃孟麗口述訪問紀錄（一九九三年九月三日，臺北），未刊稿。
88 謝陳卻口述訪問紀錄。

不過儘管如此，開業醫生基本上還是比其他行業自由，不只在生活上有較大自主性，收入也相當可觀。以許麗雲為例，一九三五年，許麗雲在九份的小診所當牙醫，一般治療費為五日圓、拔牙一日圓、補牙二日圓，執業兩年後，收入扣除交通費、雙親奉養費之外，還可存六千七百日圓，每月收入約計三百日圓，[89]許麗雲的收入是當時公學校初任教員薪俸的六倍以上。事實上，許麗雲當時在鄉下行醫，收費比一般醫生要低，就已能有這樣的收入，更遑論城市的開業醫生。從另外資料顯示，一九二八年左右，名醫月入大約為三百六十日圓，之後物價上漲，醫生的收入也隨著上漲，因此他們的所得不是一般人能比得上的。[90]

89 許麗雲口述訪問紀錄。
90 陳君愷，《日治時期臺灣醫生社會地位之研究》，頁一〇五～一〇六。

## 3 女醫生的社會地位與影響

女醫生執業後，深受各界重視，且獲得很高的社會地位，她們的地位是如何形成？女醫生又怎麼建立自己的形象？她們在醫療、家庭婚姻乃至政治與社會活動發揮何種影響力？

### 一、女醫生的高社會地位

教育成就、家世背景、婚姻關係和個人工作績效是取得社會地位的重要因素，這四項因素確實與女醫生地位的提昇有密切關係。就教育成就來說，在缺乏女子高等教育的臺灣，女醫生因留學而獲得的高學歷，使她們備受重視，況且因習醫不易，更讓她們成為這時期臺灣女性的翹楚。教育成就讓女醫生得以進入男性的工作世界，甚至能與他們分庭抗禮，因此高學歷的女醫生既讓同性望塵莫及，又使異性刮目相看。[91]

91 許麗雲口述訪問紀錄、陳淑女口述訪問紀錄。

以家世背景來說，前面提到，習醫的女留學生絕大多數來自富豪家庭或醫生世家，這些家長不但有社會地位，甚至是社會領導階層，他們的公私領域動見觀瞻，一旦家中有新科醫生，報紙便大事報導，《臺南新報》曾刊載一則新聞：

> 然於女醫生，終屬寥寥，惟曩有蔡阿信，而今有臺南大宮町醫生陳介臣氏的甥生柯氏明點（年二十七），與津田辯護士之通譯謝少邦之長女謝氏綉治（年二十五）兩女士。[92]

這則新聞以介紹臺南兩名女醫生為主題，但行文中刻意描述她們的家庭背景，一則藉家世背景凸顯女醫生的地位，另則藉女醫生的成就彰顯這兩個家庭，顯然女醫生的地位與家世背景構成互動關係。

就婚姻關係來講，在講究「門當戶對」的日治時期，女醫生的學經歷與家世背景，讓一般家庭不敢輕易高攀，因此女醫生多數與上層家庭婚配。其中與男醫生結婚的例子尤其常見，同行聯姻不但有助於醫療技術上的互通有無，也可使醫生地位益形鞏固，基於此，臺灣的醫生建構了龐大的醫生世家群。[93]為進一步了解女醫生的婚姻，此處以東京女醫專、帝國女醫專和東洋女齒專畢業的女醫生為例，觀察她們與醫生通婚的情形，目前可考者計有二十二人，如表三所示，不過實際人數應不只於此。另據藍采風等人對當代七十五名女醫生的調查，有百分之五十七點一五女醫生的配偶服務於醫界。[94]由此推論，在門第觀念仍深的日治時期，男女醫生通婚情形相當盛行，故而與男醫生聯姻的女醫生地位應更加穩固。

就工作績效來說，此處特指醫療技術與服務態度。受兩性刻板印象的影響，病患對男、女醫生的信任並不相同，一般病患較能接受男醫生的醫療技術，他們認為男醫生的穩重，讓他們在就診時獲得安全感。[95] 至於她們對女醫生的評價，則偏重服務態度，多半以「親切、溫和、心細」來肯定女醫生，[96] 而前面也提到，媒體多以「親切」來肯定開業女醫生。事實上，這並非表示女醫生的治療能力不及男醫生，有不少女醫生在專業技術上用心甚勤，深受患者敬重，例如蔡阿信的婦產科技術、石滿的眼科技術都是該科權威，並馳名邇遐。[97] 然而，透過性別視角，病患對女醫生的好感似乎是態度勝於技術，因此服務態度的良窳成為評估女醫生的一項指標。

毋可否認的，教育成就、家世背景、婚姻關係與工作績效強化女醫生的社會地位。至於與其他職業群相較，醫生的地位又如何？據學者研究，日治時期能與醫生同受尊重的職業是教員和律師，但在物質上，醫生的高所得惟有富豪或地主能超越他們，靠固定收入的教員和律師根本無法和他們相提並論。在精神上，醫生較自由，不太會受總督府的控制，更重要的是，醫生的工作關乎民眾的健康，對

92 〈臺南同時出兩女醫〉，《臺南新報》第八九七七號，一九二七年二月一日，漢文版，第六版。
93 陳君愷，《日治時期臺灣醫生社會地位之研究》，頁一〇五～一〇六。
94 藍采風、藍忠孚、劉慧俐，〈臺灣女醫的專業、婚姻與家庭觀的初步研究〉，國立臺灣大學人口研究中心編，《婦女在國家發展過程中的角色研討會論文集》上冊（臺北：國立臺灣大學人口研究中心，一九八五），頁一五九。
95 黃惠如口述訪問紀錄、黃孟麗口述訪問紀錄。
96 謝陳卻口述訪問紀錄、黃惠如口述訪問紀錄。
97 臺灣新民報社調查部編，《臺灣人士鑑》（臺北：臺灣新民報社，一九三四），頁一三九。

## 表三　女醫生配偶（醫生）一覽表

| 女醫生姓名 | 畢業學校 | 配偶 | 職業 | 資料來源 |
|---|---|---|---|---|
| 蔡綾絹 | 帝國女醫專 | 吳泗輝 | 醫 | 臺灣新民報社編，《臺灣人士鑑》（臺北，1937），頁107。 |
| 陳淑貞 | 帝國女醫專 | 林躍鯉 | 醫 | 《臺灣人士鑑》（1937），頁259。 |
| 王彩雲 | 帝國女醫專 | 郭維租 | 醫 | 游鑑明訪問，王彩雲口述訪問紀錄（1993年9月27日，臺北），未刊稿。 |
| 陳淑女 | 帝國女醫專 | 莊石斌 | 醫 | 游鑑明訪問，陳淑女口述訪問紀錄（1993年10月2日，臺北），未刊稿。 |
| 顏賽箱 | 帝國女醫專 | 謝振聲 | 醫 | 游鑑明訪問，顏賽箱口述訪問紀錄（1993年10月5日，臺北），未刊稿。 |
| 黃京梅 | 帝國女醫專 | 蔡錫琴 | 醫 | 《臺灣人士鑑》（1937），頁148～149。 |
| 廖月兒 | 帝國女醫專 | 陳以文 | 醫 | 陳君愷，《日治時期臺灣醫生社會地位之研究》（臺北，1992），頁107。 |
| 柯明點 | 東京女醫專 | 顏春芳 | 醫 | 《臺灣人士鑑》（1937），頁65。 |
| 許世賢 | 東京女醫專 | 張進通 | 醫 | 興南新聞社編，《臺灣人士鑑》（臺北，1943），頁248。 |
| 石滿 | 東京女醫專 | 陳呈祥 | 醫 | 《臺灣人士鑑》（1934），頁139。 |
| 蔡王閃 | 東京女醫專 | 蔡陽明 | 醫 | 《臺灣人士鑑》（1937），頁156。 |
| 杜水金 | 東京女醫專 | 王再生 | 醫 | 《臺灣人士鑑》（1943），頁69。 |

| 女醫生姓名 | 畢業學校 | 配偶 | 職業 | 資料來源 |
| --- | --- | --- | --- | --- |
| 林康榮 | 東京女醫專 | 林江海 | 醫 | 《臺灣人士鑑》（1937），頁533。 |
| 梅素英 | 東京女醫專 | 張南求 | 醫 | 《臺灣人士鑑》（1943），頁253。 |
| 陳卻 | 東京女醫專 | 謝伯津 | 醫 | 游鑑明訪問，謝陳卻口述訪問紀錄（1993年7月16日，臺北），未刊稿。 |
| 柯秀華 | 東京女醫專 | 陳拱北 | 醫 | 游鑑明訪問，柯秀華口述訪問紀錄（1993年9月22日，臺北），未刊稿。 |
| 李淑玉 | 東京女醫專 | 李鎮源 | 醫 | 游鑑明訪問，李淑玉口述訪問紀錄（1993年10月5日，臺北），未刊稿。 |
| 梁金蓮 | 東京女醫專 | 楊澄海 | 醫 | 陳君愷，《日治時期臺灣醫生社會地位之研究》，頁109。 |
| 梁金菊 | 東京女醫專 | 羅福嶽 | 醫 | 陳君愷，《日治時期臺灣醫生社會地位之研究》，頁109。 |
| 黃孟麗 | 東洋女齒專 | 黃金財 | 醫 | 游鑑明訪問，黃孟麗口述訪問紀錄（1993年9月3日，臺北），未刊稿。 |
| 許麗雲 | 東洋女齒專 | 郭蒼陽 | 醫 | 游鑑明訪問，許麗雲口述訪問紀錄（1993年9月5日，基隆），未刊稿。 |
| 陳淑鑾 | 東洋女齒專 | 林躍蛟 | 醫 | 《臺灣人士鑑》（1937），頁259。 |

民眾的影響較諸教員、律師深遠，因此醫生的至尊地位是可以想見的。[98]

另外，這時期從事身體與心智工作的女性不多，女醫生更顯得凸出。從《臺灣人士鑑》和《臺灣紳士名鑑》中可以看出，男性菁英除醫生之外，尚包括律師、工商界人士等，而女性菁英則絕大多數是女醫生，例如《臺灣人士鑑》介紹的兩名女性，一是畫家陳進，另一是眼科醫生石滿；[99]《臺灣紳士名鑑》所列的傑出女性計二十人，其中女醫生有十七人，如杜水金、張黃鶯、陳全美、李嚴、莊來芳、林康榮、柯明點、顏世保、楊金枝、楊清、葉精碧、張臻臻、陳淑女、黃珠心、蔡王閃、謝綉治、謝玉露等。[100]充分顯示在日治時期臺灣職業婦女中，女醫生的地位顯然已無人能出其右。

## 二、醫生一職對個人、家庭及社會的影響

除了醫療工作之外，醫生這個令人稱羨的工作，究竟對女醫生個人、醫療成果、婚姻和家庭帶來何種影響？而她們與當時的社會、政治又有何種關係？

### （一）個人形象的建立

問診、治療或開處藥方的每一過程都關乎人命，偶一不慎便會釀成誤診，甚至引發醫療糾紛，女醫生必須膽大心細、精密準確的研判病情。經由長期醫療經驗的累積，女醫生所孕育出的穩重、權威性格，讓患者產生敬畏。此外，從訪問發現，女醫生的矜持自重，讓她們在面對異性病患能泰然自若，並沒有因男女授受不親，而使兩者的關係陷於尷尬。[101]黃惠如解釋道：

對醫生而言，病患並無性別、種族、或貴賤之別，因此，為男性病患治病時，我一視同仁，而且全無雜念。[102]

而曾受過女醫生治療的男性也表示，在他們心目中，女醫生就同觀世音菩薩一樣，專做救世濟民的事，他們對女醫生惟有景仰，從不曾存非分念頭。行醫為女性帶來良好的形象，甚至讓她們獲得如神明般的崇高地位。[103]

除了女性病患之外，女醫生與不同階層的病人也建立了友誼。一般來講，城市醫生所接觸的病患多半來自中上階層，鄉下醫生則以貧困家庭居多。就蔡阿信的觀察，與中產階級的病患往來較乏感情，他們多半把醫生當成唯利是圖的商人，不太尊重醫生。而窮人則較懂得感恩，只要醫生治好他們的病，即使付不起醫療費，也會設法奉上自己能力所及的禮物，而最常見的便是雞、鴨、魚或蔬菜一

98 陳君愷，《日治時期臺灣醫生社會地位之研究》，頁一七五～一八四。
99 臺灣新民報社調查部編，《臺灣人士鑑》，頁一二七、一三九。
100 詳閱新高新報社編，《臺灣紳士名鑑》（臺北：新高新報社，一九三七），頁四七、五〇、五六、六一、六三、七〇、一一七、一二〇、一二二、一四四、一四五、二二六、二五一～二五二、二九一。
101 黃惠如口述訪問紀錄。
102 同上註。
103 A. Sena Gibson, "Pioneer Doctors Adventures," p. 37.

類的農產品。[104]至於有同情心的醫生對待貧困病人也較寬厚，在醫療費沒有定制下，醫生可以自行決定醫藥費，有的醫生對窮困病患只收半價或完全不收費。醫生溫馨的一面，能增長他們與病人的關係。石滿回憶中日戰爭期間感人的醫病關係：

太平洋戰爭爆發之初，我們還照常開業。雖然民生日趨困難，但我們經濟本較寬裕，生活問題不大，而且因為我們常常不向病人收費，所以患者不時會送些魚類、蔬菜和米，有一個患者家裡以殺豬為業，就常把排骨之類的瘦肉送給我們。[105]

造福病患之外，女醫生得不斷自我充實，使醫技求精。在忙碌的工作之餘，如前面提到，有的女醫生暫停醫務，到教學醫院從事相關的研究；有的女醫生則參加醫生公會，藉公會的活動，交換醫療經驗，並提昇技術。從嘉義地區臺籍醫生組成的「嘉義醫會」可以看到謝玉露、李嚴、葉精碧、黃糖霜在醫會中活躍的一面，她們或當幹事、評議員、或參加學術演講，全不落於男醫生之後。[106]另如前述林招在「臺灣齒科醫學會」的聲望尤其卓著，一九三四年該組織所選出的二十名臺北評議員中，臺籍牙醫僅四人，而林招是唯一的臺籍女醫生。[107]此外，醫生經常閱讀與醫療相關的雜誌，大致有兩類：一是綜合性的，如《臺灣醫事會雜誌》、《嘉義醫會醫學雜誌》；另一是專科類別的，如《臺灣齒科月報》、《婦產科雜誌》等，透過醫療雜誌的報導與討論，女醫生可以獲得不少新知，從而引進新的技術；好比，蔡阿信曾在臍帶處理上提出新方法，造福嬰兒。[108]

## （二）培養醫事人才

開業醫生通常聘有護士或藥局生協助醫療工作，但多數醫院所聘用的護理人員並不具備合格資歷，一方面是日治時期受過正規護理或藥理訓練的人才甚少；另一方面則是開業醫院規模較小，護理工作也相對簡單，不外是包藥與清洗醫療用品等。[109] 同時，聘請合格護理人員的費用較高，一個月約為三十日圓，而未經訓練的護理人員每月僅十數日圓。[110] 開業醫院聘用的人員有時無性別區分，不少醫院的護理人員是由男性藥局生兼任，石滿和她丈夫經營的呈祥醫院，就由兩名男性藥局生充當護士。[111] 由上看來，這時期醫院所雇用的護理人員絕大多數為「密護」，但殖民政府卻未對醫院非法的護理人員嚴加取締，導致「密護」普見於日治時期的開業醫院。[112]

---

104 A. Sena Gibson, "Pioneer Doctors Adventures," p. 37.

105 游鑑明訪問、黃銘明記錄，〈陳石滿女士訪問紀錄〉，頁二三五。

106 〈会員動靜〉，《嘉義醫會醫學雜誌》第二號（一九三四年三月），頁五九；〈会員動靜〉，《嘉義醫會醫學雜誌》第三號（一九三四年六月），頁五四；〈第一回役員会〉、〈会員動靜〉，《嘉義醫會醫學雜誌》第四號（一九三五年六月），頁一一二～一一三、一一七～一一八；〈新役員氏名〉、〈第十一年度第一回役員会〉，《嘉義醫會醫學雜誌》第七號（一九三七年九月），頁五〇；〈通常会順序〉，《嘉義醫會醫學雜誌》第八號（一九三八年九月），頁五三。〈臺灣齒科醫學會評議員〉，《臺灣齒科月報》第七八號（一九三四年十二月十五日），頁二三。〈子寶の福音〉，《臺灣新民報》第三七四號（一九三一年七月二十五日），頁一五。

107

108

109 陳淑女口述訪問紀錄。

110 游鑑明訪問、黃銘明記錄，〈陳石滿女士訪問紀錄〉，頁二三二～二三三。

111 同上註，頁二三三。

112 陳淑女口述訪問紀錄。

儘管開業醫院不十分重視護士的任用資格，卻沒有漠視他們的醫療常識，多數醫院雇用的護士至少需具備公學校學歷，入院後，再由醫院提供專業訓練；石滿就以全套訓練來栽培其雇用的男護士，而這些男護士都畢業自公學校。[113]毋可否認的，開業醫院的訓練方式無法比照大型醫院，「密護」的程度也參差不齊，只不過，仍有部分「密護」成為女醫生的好幫手，在女醫生產或生病期間，醫院仍能繼續營業。[114]因此，女醫生對密護的訓練不僅有益其個人醫務，同時也為醫療界培養醫事基礎人才。

醫事人才的訓練是隨醫院的需求而不同，規模較大的醫院提供完整而有規畫的訓練，有的醫院甚至開辦講習所，公開招收學生訓練，最常見的是婦產科醫院附設產婆講習所。這些醫生造就產婆人才，除出於個人醫學專業知識所產生的共識之外，顯然與當時社會領導階層積極介入各類社會改革事業的風氣有關。一九一五年前後，各地社會領導階層推動的放足斷髮運動績效不錯，總督府又鼓吹他們組織社會教化團體，推動普及日語、革新風教、矯正陋習和打破迷信等社教事業。[115]也因此，具有領導社會能力的醫生投入與本身專業有關的社教工作，蔚為風氣，高雄仁和醫院的創辦人楊金虎曾自述，他設置產婦講習所主要用意在提昇臺灣的衛生與保護新生兒。[116]

女醫生也不落人後開辦講習所，蔡阿信的臺中清信醫院附設產婆講習所，蔡綾絹與其丈夫吳泗輝則設置臺中產婆講習所。[117]其中蔡阿信的講習所深受各界重視，該講習所將蔡阿信的醫院設為見習場所，可以直接觀察她的臨床個案，使訓練達到最好的功效。因此，一九二八到一九三八的十年間，蔡阿信的講習所訓練的產婆多達五百名，人數超過官辦的講習所，[118]講習結業後，講習生多數從事接生工作，為產婦貢獻心力。[119]事實上，產婆講習所的開辦，不僅為醫療界帶來貢獻，同時也為婦女提供就業機會，而這一舉數得的成果，主要來自蔡阿信對醫療事業的苦心經營，她的聲望也因此遠播；

一九三二年，蔡阿信獲得日本廣福會財團與日本皇后贈賜獎金，這對臺灣醫生而言，是無上光榮。[120]

女醫生除造就醫事人才之外，也對婦女醫療有相當的貢獻。蔡阿信發現，臺灣女性十分迷信，身體不適寧可服用草藥，除非病入膏肓才登門求醫，而且就醫前還先請示神明，[121]這種情形，以婦產科患者較為常見，因為患者多屬慢性病，不容易察覺病情。另外，在沒有女醫生之前，女性病患不願意將個人隱疾告訴男醫生，導致延誤就醫。但隨著女醫生的產生，女病患逐漸改變就醫態度，[122]對女性患者來說，她們可以無所顧忌地傾訴病情，女醫生則基於同性間的相知，提供相關經驗去治療，使部分女性病患不再盲目迷信或忌諱求診，因此女醫生對女性健康的助益，無庸置疑。

---

113 游鑑明訪問、黃銘明記錄，〈陳石滿女士訪問紀錄〉，頁二三三。
114 許麗雲口述訪問紀錄。
115 吳文星，《日治時期臺灣的社會領導階層》，頁二五四～二五五。
116 楊金虎著，張玉法、張瑞德主編，《七十回憶》（上），中國現代自傳叢書第二輯：十（臺北：龍文出版社股份有限公司，一九九〇），頁七九～八〇。
117 〈臺中產婆講習〉，《臺灣日日新報》第一二九三五號，一九三六年四月一日，漢文欄，第八版。
118 A. Sena Gibson, "Pioneer Doctors Adventures," p. 39.
119 同上註
120 東方白，《浪淘沙》，頁八二九～八三一；莊永明編，《島國顯影》，頁二五七。
121 A. Sena Gibson, "Pioneer Doctors Adventures," p. 36.
122 同上註

## （三）擇偶

從求學到開業這階段，女醫生總是兢兢業業、忙碌不堪，她們對配偶的選擇多數由家長、親友或媒人從中撮合。為與門第相當的家庭聯姻，有的家長在女醫生求學期間安排訂婚，石滿和她丈夫便是在兩人完成醫學教育前一年訂婚。[123] 這種擇偶方式是在當事人非自主的情形下完成，嚴格來說，女醫生並沒有因為地位崇高，而有擇偶的自由。有趣的是，絕大多數的女醫生認同這種擇偶方式，她們並不反對安排式的婚姻，認為這是順理成章的事，更何況長輩為她們所選擇的對象主要來自上流家庭，讓她們日後生活能無後顧之憂。[124] 因此，儘管日治中後期自由戀愛的風氣漸次流行，安排式的擇偶方式仍深為女醫生接受，誠見女醫生的擇偶方式自成一格，未受時潮影響。

然而，女醫生的身分地位固然有利擇偶，這個地位有時卻讓女醫生過於執著，有人不願屈就於地位較低的男性，有人則對求婚的男家百般刁難；女醫生謝玉露曾因為拒婚上了報紙；根據報導，她原與同鄉醫生的長子林初生有婚約，但謝玉露從東京女醫專學成返臺後，謝林兩家不斷出現問題，一方面因女方提出廢婚要求，另一方面則是男家認為女方提出不合理的聘金和學費要求，以致於雙方騎虎難下，等到謝玉露開業當天，雙方又陷入僵局，男方贈女醫生雄雉三隻、牝雉一隻，而女方則回以豬頭皮與木炭。事實上，這僅是謝林兩家的家務事，不意竟引起當地警方的重視，特派警察巡視，以防滋生事端。[125] 儘管自上述報紙報導，無法清楚了解女醫生拒婚的實因，唯一可以理解的是，謝玉露取得醫生身分是婚變的導火線，至於謝玉露最後情歸何處？資料顯示，她並沒有和林初生結婚，結婚的對象則是醫生陳篡地。[126]

無論如何，女醫生的擇偶方式通常不脫傳統，但如同女教員，她們的婚姻儀式又相當現代，採行新式婚禮的人不計其數，例如石滿結婚時不是穿著傳統禮服，而是自日本訂作白紗禮服。[127]有趣的是，石滿打破傳統，講求時髦的舉動，在羅東地區造成不小的影響，石滿很得意地說：

……（婚紗）穿過之後，有很多人爭相借用，不斷借人的結果，很多地方給弄破了，最後也不知這件禮服流落何方。[128]

由於當時知識分子的行為舉止頗受社會大眾崇拜，而他們又喜歡標新立異，追逐時尚，女醫生的新作風因此常引領風騷。

## （四）生養兒女與家庭生活

已婚的女醫生除了有工作上的壓力之外，還有生兒育女和養育子女的各種責任。受多子多孫觀念

123 游鑑明訪問、黃銘明記錄，〈陳石滿女士訪問紀錄〉，頁二三〇～二三一。
124 許麗雲口述訪問紀錄、陳淑女口述訪問紀錄。
125 〈女醫家開業祝品〉，《臺灣日日新報》第一一九七九號，一九三三年八月十一日，漢文欄，夕刊，第四版。
126 鍾逸人，《此心不沉：陳篡地與二戰末期臺灣人醫生》（臺北：玉山社出版事業股份有限公司，二〇一四），頁一〇九～一一〇。
127 游鑑明訪問、黃銘明記錄，〈陳石滿女士訪問紀錄〉，頁二三二。
128 同上註

的影響，女醫生的生育比率也相當高，例如石滿一共生育九個子女，由於頭胎夭折，存活的前五個孩子都是女兒，為了傳宗接代，她只好繼續生產。[129] 毋可否認的，妊娠期間的諸多不便容易影響工作，同樣的，醫務工作的繁忙也不利產婦健康，在兩難中，女醫生惟有自尋處置之道，以石滿的說法是：

我每次有身孕都照樣看診，一直到產後坐月子，才把我負責的科別暫停營業。可是那時醫生比較少，有時病人上門，我也不忍心拒絕，所以通常都只休息一、兩個禮拜，就起床將就為病人診療。[130]

許麗雲則是將較無關輕重的醫務暫時交由有經驗的男助手代理，但也非長期休養。[131] 此外，生產後兒女的照護問題，就同女教員，除由家中長輩代為看顧之外，另則是雇請傭人照顧，當時雇有一個以上傭人的女醫生十分普遍。但儘管多數的女醫生無法親自照顧小孩，卻相當重視傭人的人品，石滿表示：

我對奶媽的挑選很嚴格，每個奶媽來了以後，我都會和她睡一個月，觀察她是否值得信賴，可以的話，我才會放心的把孩子交給她。[132]

另外，女醫生的住家通常與醫院毗連，除了出診之外，女醫生多半在家，不僅能充分掌握子女的動向，而且也能處理部分家務，所以女醫生雖然需要兼理工作與家庭，她們所遭遇的兩難，不像一般職業婦女深切。[133]

女醫生的工作性質也多少影響了家人的生活。為使子女承接她們的衣缽，女醫生會鼓勵子女習醫，訪問時我發現，幾乎每位女醫生家庭都有一個子女習醫。[134]無可諱言的，這與建立醫生世家有密切的關係，而她們的刻意栽培，也為當代培養不少醫生人才。然而，時常處在忙碌與緊張生活中的女醫生，有時會給家人帶來困擾或相對性的緊張，陳卻的丈夫謝伯津就語重心長地告訴我：

坦白講，我認為女性當醫生非常辛苦，特別是婦產科的女醫生。一旦遇到難產的病患，她們的責任便十分艱鉅，而身為家屬的我們，也一樣有壓力。例如陳卻要為難產婦女手術或助產時，她的母親便不斷地焚香禱告，直到產婦順產。[135]

129 游鑑明訪問、黃銘明記錄，〈陳石滿女士訪問紀錄〉，頁二五〇。
130 同上註。
131 許麗雲口述訪問紀錄。
132 游鑑明訪問、黃銘明記錄，〈陳石滿女士訪問紀錄〉，頁二五〇～二五一。
133 同上註，頁二五一～二五二；另見許麗雲口述訪問紀錄。
134 黃孟麗口述訪問紀錄；另，陳惠美（帝國女醫專畢業）即有二子一女習醫。游鑑明訪問，陳惠美口述訪問紀錄（一九九三年九月二十三日，臺北），未刊稿。
135 游鑑明訪問，謝伯津口述訪問紀錄（一九九三年七月十六日，臺北），未刊稿。

## （五）熱衷社會事業

絕大多數的女醫生熱衷社會事業，並與社會大眾建立良好關係。當時不少醫生受新觀念的影響，致力於改革社會的各項活動，其中衛生改革特別受到醫生關切，再加上這項工作是殖民政府治臺的目的之一，醫生多半會配合推動，女醫生也不例外。

女醫生的活動空間主要在醫院，而這也是她們發揮影響力的重要場所。她們發現，日治時期民眾健康欠佳多與衛生環境有關，因為當時民眾普遍缺乏衛生觀念，同時又充斥著迷信與禁忌，使衛生環境日益惡化，傳染病四處肆虐，其結果是抵抗力較弱的兒童與老人首當其衝，其中兒童的罹病率與死亡率非常驚人。[136] 由於照護兒童的工作主要在女性，兒童一旦生病多由女性負責，而女醫生深為女性信任，因此女醫生醫院經常可以看到女性攜帶兒童上門求診的案例。藉著診療過程，不少女醫生會提供有關的衛生知識，讓她們了解衛生與疾病的關係。[137] 而衛生觀念的傳遞並無科別區分，從事牙科的黃孟麗表示：

> 我的病人中，有不少兒童患者，他們上門求診都是為治療蛀牙，而牙蛀起因於牙齒不夠清潔。我不忍心這群發育中的小孩為蛀牙所苦而影響課業，因此我一面為他們治療，一面告訴他們如何保健牙齒。最重要的還是開導家長，因為惟有透過家長，才能使這些一知半解的兒童懂得護齒。[138]

由此可知，女醫生透過行醫，力求達成對病患的潛移默化。儘管這其中多少有附和殖民政府的用意，但醫療使命也促使她們勉力而為。其中對女性患者的影響更不容忽視，至少使一向處在迷信、陋俗中的婦女，有機會接觸新觀念，甚至對其居家衛生做了程度不一的因應，而且透過女性的宣傳，多少也影響了她們家庭，乃至親友。[139]

有的醫生一方面在醫院看病，另一方面則從事社會醫療活動，例如在居家所在地或學校宣導醫療衛生等，這類活動以男醫生或公醫居多，女醫生較少參加。到戰爭期間，殖民政府規定醫事人員不得疏散，必須參加防護團，因此女醫生也必須加入救援工作。[140] 另外，為配合社會教育工作，有的女醫生參加教化組織，指導地方民眾進行各種改革，例如新竹的女醫生吳林柑曾在一九四一年擔任新竹舊港庄「方面委員」的顧問，[141]「方面委員」的任務便是協助調查市街庄內的社會狀態和居民生活，且謀求改善。[142]

136 臺中州警務部衛生課編，《臺中州保健衛生調查書　第十二回調查地員林郡員林街員林》（臺中州：臺中州警務部衛生課，一九三三），頁二五。

137 許麗雲口述訪問紀錄、謝陳卻口述訪問紀錄。

138 黃孟麗口述訪問紀錄。

139 A. Sena Gibson, "Pioneer Doctors Adventures," p. 37; 許麗雲口述訪問紀錄、謝陳卻口述訪問紀錄、黃惠如口述訪問紀錄、黃孟麗口述訪問紀錄。

140 許麗雲表示，當時她因有襁褓中的幼兒，故免去防護團工作，但一般醫生都有義務參加救援。許麗雲口述訪問紀錄。

141 新竹州編，《方面委員名簿（昭和十六年十月）》（新竹：新竹州，一九四一），頁四。

142 〈新竹州方面委員規程〉（昭和十年三月七日新竹州調令第五號），新竹州編，《方面委員名簿（昭和十六年十月）》，頁四三。

## （六）參與政治活動

日治時期的醫生除全心投注專業工作之外，有人積極參與反殖民政府的政治活動，惟較熱衷者多屬男醫生，女醫生因為需兼顧家庭，無暇參與政治活動，而一九三〇年代以降，女醫生人數才開始增加，這時期臺灣的反殖民運動正進入尾聲，再者，對甫出校門的女醫生來說，她們更關心的是個人事業，不是政治活動，因此只有極少數女醫生介入政治事件。

從資料顯示，有兩位女醫生參與政治運動，一是蔡阿信，蔡阿信的首任丈夫彭華英為文化協會的中堅人物，經常投入政治與社會運動，但蔡阿信忙於醫務，沒有介入。倒是一九三〇年，《臺灣新民報》為響應臺灣地方自治熱潮，舉辦五州七市的議員模擬選舉，蔡阿信以最高票當選臺中市議員。[143]雖然這只是模擬選舉，但作為女性是很榮幸的事，蔡阿信曾向該報記者表示，她對自己的當選出乎意料，但感嘆地說：

> 臺灣的女同胞到現在還不能得到男女平等的境地，至於公民權的獲得，還在癡人說夢。試看英美歐洲各國的女子，已經不但得到和男子享受同等的權利，……就是同樣漢民族的民國，女子已經早就享到男子的權利了。而同一日本國而言，內地的女子亦將要得到公民權了。[144]

她還特別強調「我們臺灣女子和男子同一運命〔命運〕，須要同心為力，向強者的陣營進攻。」[145]這簡單的表白，可以看出蔡阿信對女權期待，也表明在日本殖民政權下男女兩性都同樣得不到平權。

另一位是謝娥，相對於蔡阿信，謝娥的政治意識相當強烈。從東京女醫專畢業後，就進入臺大醫院服務，這時適逢中日戰爭期間，她深受中國抗日意識影響，與帝大同學暗圖投效中國，策應收復臺灣，不料事機不密而繫囹圄，直至戰後才獲釋放。[146]

中日戰爭結束後，臺灣女醫生的活動更加寬廣。從《臺灣醫師名鑑》中可看到全島都有女醫生，以曾到日本留學的臺灣女醫生為例，一九五四年共有九十七人，值得注意的是，嘉義的女醫生最多——有十七人，高雄縣、市合計也僅十七人。[147] 除活躍醫壇之外，和女教員一樣，有女醫生出任校長，例如許世賢擔任嘉義女中校長，[148] 還有女醫生利用業餘從事婦女工作，大多是在婦女會擔任要職，且幫助婦女就業，好比石滿曾獲得宜蘭婦女會附設縫紉短期職業補習班第一屆結業生贈送一面錦旗，上面題辭是「領導有方」。

有的受從政風氣影響，積極投入民意代表的參選行列。新聞媒體對於女醫生獲選的消息，更是大幅報導，一九四六年前述的謝玉露當選斗六鎮鎮民代表，報紙以「男女平權第一聲」大加稱讚。[149] 女

143 〈模擬選舉州市議員當選者如左〉，《臺灣新民報》第三四七號，一九三一年一月十七日，頁十七～十八。
144 〈模擬選舉完結了　請聽民選議員的政見！！〉，《臺灣新民報》第三四八號，一九三一年一月二十四日，頁五。
145 同上註。
146 章子惠編，《臺灣時人誌》第一集（臺北：國光出版社，一九四七），頁一七五。
147 嘉義的十七位女醫生，分別是吳翠雲、王郭玉蘭、王一媛、王閃、劉清、李嚴、董簡員、劉玉鵲、賴陳螽揖、張梅素英、王采秋、蔡王源綢、賴秀鑾、許罕、葉精碧、許世賢、江林湘琴。吳桐編，《臺灣醫師名鑑》，頁二一～三一五。
148 〈許世賢〉，文化部《臺灣大百科全書》，https://reurl.cc/x9zMKb。擷取日期：二〇二二年六月十二日。
149 〈男女平權第一聲〉，《臺灣新生報》，一九四六年三月十三日，第三版。

醫生參選情形，根據一九五〇到一九五一年間臺灣省縣市議員候選名單的初步調查得知，具有醫生資格的女性候選人計有四位，如前述嘉義的許世賢、宜蘭的石滿以及南投的吳王快、臺北的林翁樣，她們都從東京女醫專畢業。[150] 其中石滿曾任縣議員與國大代表十三年；[151] 許世賢的從政資歷更是豐富，一九四六年許世賢即步入政壇，先後當過參議員、國大代表、省議員、市長及立法委員等職務，直至一九八三年病逝而卸任。[152] 由此可知，女醫生不僅在醫界享有一席之地，在社會上也受人尊重，甚至藉此進入政壇問政。

圖 28　宜蘭婦女會附設縫紉短期職業補習班第一屆結業生贈送錦旗給石滿

圖 29　宜蘭縣婦女會理事長石滿贈米慰問宜蘭縣貧困山胞

150 〈臺灣省臨時省議會　合格議員候選人簡介（二）〉，《臺灣新生報》第二一八二號，一九五一年十一月六日，第五版；〈各本良心選賢與能（四）〉，《臺灣新生報》第一八八六號，一九五一年一月十三日，第五版；〈各本良心選賢與能（十一）〉，《臺灣新生報》第一八九三號，一九五一年一月二十日，第五版；〈臺北市議員候選人介紹（九）〉，《臺灣新生報》，第一七七一號，一九五〇年九月十七日，第五版。

151 游鑑明訪問、黃銘明記錄，〈陳石滿女士訪問紀錄〉，頁二四〇～二四四。

152 黃嬰，〈許故市長懷思錄〉，頁二二一～二二三；〈許世賢〉，文化部《臺灣大百科全書》。

# 4 小結

在眾人眼中，醫生這個行業既擁有高薪又具有尊貴地位，透過宜蘭羅東的第一位女西醫石滿的自述，正說明醫生與其他職業群的不同，即使是女醫生，也同樣享有特殊地位。然而成為日本殖民時期的臺灣女醫生並非容易，儘管為改善臺灣醫療衛生環境，殖民政府進行醫療改革與醫事人員的培養工作，卻不曾提供栽培女醫生的管道，因此在不受殖民政府支持下，日治時期臺灣女醫生的產生、出路，以及她們的工作、地位，乃至影響，都不是殖民政府的預期。

在未有本土女子醫學教育的環境下，臺灣人惟有另闢蹊徑，讓矢志成為醫生的女性如願以償，而在培養女醫生的過程，臺灣人意外地得到自主空間。日治時期，為取得完備的醫學教育，不少臺籍男學生負笈日本習醫，連帶激發臺灣女學生赴日學醫的興趣。然而，赴日習醫不僅需要當事人有意願，還需要有金援，在這一章中，看到石滿和其他女性如何毅然決然地成為醫科生，也看到家長怎麼支持女兒進入醫學校。其中醫生與富商家庭對醫生的栽培更具有主導性，這些家庭之所以鼓勵女性習醫，是受當時培養醫生子弟的風氣影響，他們認為培養醫生不僅可以光門耀祖，又可擁有財力與地位，而且無論兒子或女兒一定全力造就，沒有性別區隔，於是為臺灣成就了現代化女醫生。

除了這些內、外在條件外，醫學教育的艱深與複雜對醫科生是一大考驗。除教育年限較其他科系長外，學科繁重且有臨床實習、實地見習等，因此缺乏勇氣或資質不夠的醫科生很難通過各項醫學考試，惟有能獨當一面的醫科生才能取得醫學士的門票；也因此，日治時期臺灣的女醫生彌足珍貴。

學成後的女醫生絕大多數返原籍就業，她們對就業方向各有定見。有人先到醫院充任不領薪的副手，藉此累積日後開業經驗。這段期間，女醫生從事醫療工作，也跟隨醫院教授從事研究，醫院安排的工作固然不盡令人滿意，有時也出現性別歧視，但女醫生需要的是磨練，對此多半不太在乎。有的女醫生則到鄉下醫院行醫，等醫技純熟之後，才開展自己的醫療生涯。這群醫界的女先鋒多數採單獨開業或與丈夫合開醫院，於是形成醫生世家。

無可否認的是，得以順利開業的女醫生，是受惠於家世背景，且容易引起社會大眾注意。就和女教員一樣，女醫生是臺灣職場的新群體，她們的開業廣受各界矚目，新聞媒體更爭相報導。除媒體宣傳外，女醫生會主動刊登廣告來招攬病人，當時透過報紙自我宣傳的醫療廣告普見於中國的報紙，顯示臺灣女醫生不僅跟上時代，也積極爭取職業空間。在殖民政府與男性主導的醫療市場，女醫生不容易獲得一席之地是不爭的事實，不過女醫生人數有限，又從事與男醫生較少競爭的小兒科、婦產科或眼科，且採自行開業方式，因此能在不受阻礙下進入醫界。

儘管女醫生選擇的科別侷限了她們的行醫範圍，女醫生卻能發展自我空間。這時期醫療分科不嚴格，自行開業的女醫生常因病人要求，身兼數科，例如石滿專研眼科，女病人以她是女醫生，也請她看婦產方面的問題，為應和病人的需求，她特別去日本婦產科進修；其他女醫生也同樣身兼婦產科、小兒科或內科等，於是醫病之間建立良好關係。無疑的，女醫生的工作緊湊而忙碌，但相較於其他職業，女醫生多半樂於這份自主性高、收入又豐富的職業。

醫療工作、顯赫學歷、家世背景讓女醫生成為高收入、高社會地位的職業婦女，婚姻關係也助長她們社會地位的提昇，成為女性中的鳳毛麟角。女教員大多數接受媒妁之言而結婚，女醫生更是如此，雖然有女醫生與訂婚對象解除婚約，還成為社會新聞，不過在「門當戶對」風氣影響下，女醫生多半與上層家庭聯姻，且以同行通婚的例子居多，益形鞏固她們的社會地位。醫技高明的女醫生，她們的名字與成就甚至被刊登在《臺灣人士鑑》，不但媲美男醫生也與知名男性並列，成為社會菁英。

醫生這行業使臺灣女性獲得前所未有的社會地位，也和女老師一樣搭上現代化的列車。除了接受現代醫學教育外，女醫生把現代醫療技術與觀念帶給病人，受兩性有別觀念的影響，過去女病人不願接受男醫生的治療，而女醫生的產生無形中改變她們「諱疾忌醫」的心理，這不僅有助於女性的健康，且經由女性改進其子女乃至其家庭成員的醫療衛生習慣。現代化思維同時帶入女醫生的日常生活中，最明顯的例子是，女醫生雖然接受安排式婚姻，卻又選擇現代化的婚姻儀式，響應時尚。

行醫影響女醫生個人及其生活，而女醫生的成就地位也對醫療事業、社會地位與政治帶來影響。在醫療事業上，有的女醫生不斷自我充實、增長醫技，也對基層醫事人才的栽培有相當的貢獻。至於對政治與社會的影響，日治時期的男醫生以領導階層的身分積極參與這方面的活動，女醫生則不同，除少數人曾參與政治活動之外，多數女醫生關心的是與醫療有關的社會事業。不過，臺灣戰後，關心政治的女醫生逐漸增加，有人還踏上政壇，擴大女醫生濟世救人的工作。

總之，與其他職業群相較，臺灣女醫生產生的過程相當特殊，她們是在臺灣上層家庭期許與支持下產生，並不是殖民政府既定政策的產物。值得一提的是，由於女醫生這行業是被允許和鼓勵，病人就醫也多選擇自己的族群，女醫生既沒有跨越性別的屏障，且不受種族排擠，成為醫界女先鋒的她們，主要是要面對自我挑戰、獨立自主、與同行競爭。

# 第四章

# 華麗轉身的產婆

受傳統印象影響，提到「產婆」，大家很快聯想到的是年長、貧困的老婦人，但這裡要討論的是——受專業訓練的新式產婆。日本殖民政府為何要培養新式產婆？早在明治維新時代，日本為配合富國強兵的政策，著重嬰兒的生命和新生一代的健康，並設置產婆學校造就產婆人才。殖民政府統治臺灣時，也把改革產婆的政策引入臺灣。然而，臺灣產婆的產生不是來自正式學校，是公、私立醫院附屬的產婆養成所與地方開辦的傳統產婆講習會，儘管採短期、速成的培訓方式，卻讓許多女性趨之若鶩，導致產婆養成所的考試競爭激烈。由於產婆不再是家庭副業，而是令人稱羨的正式職業，一九三〇年代，產婆這一行業的人數曾超越女教員，而且普及全島。

事實上，民眾大多習慣請居家附近或熟識的傳統產婆接生，新式產婆是殖民政府刻意培養的職業群，經過殖民公權力與地方勢力的鼓吹，民眾才逐漸接納新式產婆。這群合法產婆的接生技術或理念，迥異於無照的傳統產婆，傳統產婆通常只做斷臍工作，對初生兒與孵婦也僅簡單護理，有照產婆則針對產前、分娩中和產後的三個過程，做各種照護工作，把現代化的接生技術用在產婦身上。新式產婆除帶給產婦正確的生產觀念之外，也教導她們現代化的醫療衛生知識，改變臺灣的生育文化與婦幼衛生。

產婆大多來自公學校，且以出身中下階層居多，獲得執照後，她們的形象或地位都有很大的變化，有機會華麗轉身，有人既開業又刊登廣告，如同女醫師，唯一不同的是，她們多數沒有診間，直接到產家接生，有時要上山或渡河，頗具挑戰性。產婆的挑戰還包括與同種族、同性的職業競爭，不像許多職業群競爭的對象有異族和異性。

「產婆」這個職業，對產婆個人、家庭婚姻與社會帶來極大的影響，工作性質讓她們建立專業權威，且有機會與中上家庭聯姻，改變原有的身分地位。此外，由於產婆經常出入民宅，累積豐厚的人脈和聲望，有人甚至在臺灣戰後走向政壇。儘管這群生育界的女先鋒，仍以「產婆」為名，而不稱為「助產士」，但她們的成就是傳統產婆難望項背。

《元曲選》武漢臣〈老生兒〉曾記載：

我急煎煎去把那穩婆和老娘尋，恨不得曲躬躬，將他土塊的這頭來拜。[1]

從這一小段曲文可以看出，由於生育攸關傳宗接代，即使在由男性宰制的中國傳統社會，面對這種男性無法擔任的接生工作，他們唯有卑躬曲膝、任人擺佈，產婆一時身價百倍。儘管接生婆的角色特殊，並不表示她們曾在中國傳統社會取得崇高的社會地位。根據各種資料顯示，傳統社會擔任接生工作的婦女大多數是年長的老婦人，而且來自下層家庭，因此她們的社會地位相當低落，始終屬於邊際人物，並被當作「三姑六婆」。[2]

然而，隨著公共衛生觀念的建立和產婆訓練機構的設置，現代新興的產婆逐漸取代傳統的接生婆。這群新式產婆，除受過專業訓練之外，無論在形象或地位上，都與傳統接生婆不同，最明顯的是，她們不再由年老貧困的婦人組成，年輕、未婚是不少新式產婆的特徵。尤其重要的是，產婆成為遍布全島、正式且固定的職業，她們不但自行開業，也和女醫生一樣，在報紙上刊登廣告。

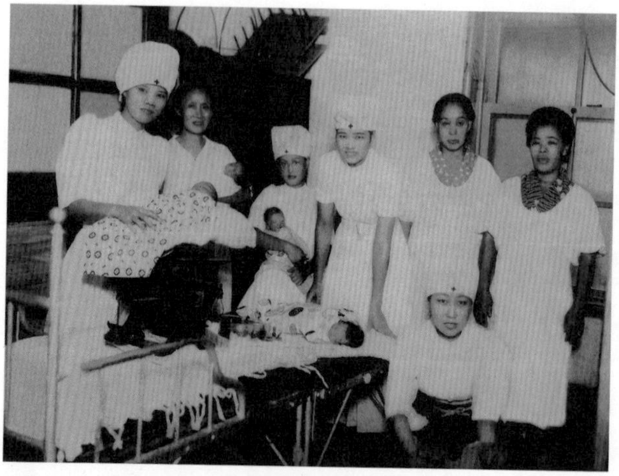

圖30　尹喜妹（左一）與日赤醫院助產士合影

由於日治時期產婆地位比看護婦高，筆者訪問的看護婦尹喜妹，從日本赤十字社臺灣支部醫院（以下簡稱「日赤醫院」）看護婦養成所畢業後，一九三二年又考入臺大醫院產婆養成所本科，且用畢業證書換取了產婆開業執照。[3] 具有看護婦和產婆兩種執照的尹喜妹，因為內心存著到戰地服務的心願，她放棄在家鄉楊梅開業的機會，但她學習的接生技術並沒有枉費，一九三三年她進入日赤醫院婦產科服務，據她回憶，她這輩子曾接生幾千個嬰兒。[4]

儘管尹喜妹沒有成為產婆，而她積極獲取產婆證書的事實，以及產婆的職業化，正告訴我們產婆與其他新興職業同為就業女性的新寵，也因此，日治時期的臺灣曾出現產婆勃興的現象，根據《昭和五年國勢調查結果表》，一九三〇年度臺籍產婆有七百九十四人，而女教員僅有四百三十七人。[5] 至於產婆一職何以在日治時期深受臺籍女性青睞？本章擬先討論促使新式產婆產生的背景，其次了解官方與民間訓練新式產婆的經過，且觀察舊式產婆的轉型過程，再次分析職業化產婆的工作情形及其接生技術，最後評量轉型產婆的角色地位，從而析論產婆這一職業的影響。

1 武漢臣，〈老生兒〉，《元曲選》，頁四，引自《四部備要集部》明刻本（臺北：中華書局，一九六五）。
2 衣若蘭，《三姑六婆：明代婦女與社會的探索》（臺北縣：稻鄉出版社，二〇〇二），頁五七～六五。
3 游鑑明訪問、黃銘明記錄，〈尹喜妹女士訪問紀錄〉，游鑑明訪問、吳美慧等記錄，《走過兩個時代的臺灣職業婦女訪問紀錄》，中央研究院近代史研究所口述歷史叢書（52）（臺北：中央研究院近代史研究所，一九九四），頁二七。
4 同上註，頁二七、二八～二九。
5 「表二：八　一九三〇年度新興職業之臺男、臺女、日女就業人數比較表」，游鑑明，〈日據時期臺灣的職業婦女〉（臺北：國立臺灣師範大學歷史研究所博士論文，一九九五），頁三二一。

# 1 產婆訓練的緣起

臺灣的傳統產婆通常分成主子婆和先生媽兩種。主子婆主要擔任分娩工作，大致有三類：一是技術純熟具有豐富接生經驗者；二是曾向漢醫或道士學習生產方法者；三是世代以主子婆為業者。[6]其中年長而有豐富經驗的產婆最受歡迎。先生媽則負責婦婦和嬰兒的護理工作，臺灣風俗主張婦女產後身體虛弱，需要利用藥物或食物補充元氣，調養時間長達一個月，俗稱「坐月子」。由於「坐月子」期間，產婦不宜過分勞動，也不能受寒，一般雜務多由家人代勞，或請先生媽照顧，並負責初生兒的看護工作。[7]

事實上，同時聘有主子婆與先生媽的僅是上層家庭，一般產家只聘請產婆協助分娩的工作，而且多稱她們為先生媽，也稱為拾囝婆、接生婆等。[8]至於傳統產婆人數究竟有多少？由於這時期的產婆多屬家庭副業，而非獨立職業，很難估計有多少人擔任這項工作。[9]

傳統產婆是憑經驗來為產婦服務，她們的接生過程或產後處理方式完全因襲陳軌，間或摻雜迷信、禁忌，毫無醫術或衛生可言。《臺灣日日新報》曾報導：

……本島號為先生媽者，原無一定產業。係常人之妻。……此等先生媽專以藥草為主，……大人稚子嬰兒，用法全無區別，島人亦不以為怪，深信其有成効。凡妊婦將分娩時，即延此等先生媽到家，按摩產婦腹部腰部，助其分娩，娩後嬰兒亦無沐浴，大概用紙及布揮拭之，切去臍帶，用麻糸結紮。[10]

一般接生時，產婆的主要工具是剪刀、麻線和明礬，剪刀用來斷臍，麻線是束縛嬰兒的肚臍，而明礬的粉末則敷在嬰兒的肚臍上消炎。[11]當時的報紙報導，在缺乏衛生觀念的時代，常可見產婆用生鏽的剪刀斷臍，再用胡麻油等塗抹嬰兒的肚臍，這種方式很容易讓細菌侵入，甚至引發破傷風或敗血症。[12]

一旦遇有產婦難產，不少家庭基於迷信，並不延請醫生診治，而是召請道士作法，等到道士作法完畢，再交由產婆處理。[13]產婆的處理方式也駭人聽聞：

6 臺灣公醫會編，《臺灣の衛生狀態》（臺北：臺灣公醫會，一九〇〇），頁六〇。
7 同上註。
8 呂阿昌，〈妊娠及び出產に關する臺灣民俗〉，《民俗臺灣》第一卷第五號（一九四一年十一月），頁四。
9 臺灣公醫會編，《臺灣の衛生狀態》，頁六一。
10 〈論約束產婆之必要〉，《臺灣日日新報》第一七七五號，一九〇四年四月三日，漢文欄，第五版。
11 呂阿昌，〈妊娠及び出產に關する臺灣民俗〉，頁四；王灝，〈臺灣人的生命之禮：剸臍〉，《中國時報》，一九九三年三月十五日，第二五版。
12 〈最近三年間鹿港街死亡率〉，《臺灣日日新報》第一一一五五號，一九三一年五月四日，漢文欄，第四版。
13 臺灣公醫會編，《臺灣の衛生狀態》，頁六三。

若夫異常分娩之時，概任其自生，彼等無學之輩，不解骨盤之大小，亦不辨是否橫產，隨切其陰部上方及腔【膣】前壁，復無消毒之念，所用之刀亦極粗劣，致使局部起炎症，卒陷產蓐【褥】熱，歸於不起者甚多。[14]

這類產婦冤死的例子在臺灣傳統社會經常發生。[15]產婆處理失當的例子其實並非臺灣獨有，在醫療技術尚未發達的時代，這種現象普及全世界。一九〇〇年以前，不少歐美國家的產婦死於分娩，導致孕婦對分娩普遍產生恐懼感。[16]另外，由於產婆的不慎，有些產婦冤死在第三產程，根據生產過程，胎兒娩出後，就進入第三產程，這時附著在子宮的胎盤會逐漸剝離並產出，如果擔憂胎盤在母體存留太久，造成產婦虛脫，可採人工移出法，[17]但粗心而急躁的產婆，常在慌亂中硬將胎盤抽出，造成子宮和胎盤一起被拉扯出的慘況。[18]至於胎兒的夭折更是司空見慣；一五一三年出版的第一本助產士手冊中，即譏諷產婆的頭腦空蕩、一無所知，並稱她們公然謀殺嬰兒。[19]

為了改善歐洲地區的產婆技術，一五八九年德國慕尼黑創立助產士大學，一六一八年巴黎醫院的產科病房也成立助產士訓練所，十八世紀歐洲產婆學校的設置甚至成為風氣。[20]至於東亞地區，以日本首得風氣之先，因為產婆無知和不衛生的接生方式，在日本造成半數以上的新生嬰兒不幸死亡。明治維新時代為配合富國強兵的政策，日本政府十分重視嬰兒的生命和新生一代的健康。[21]一八七四年，日本頒布的醫療政策中訂有改革產婆的規章，一方面進行舊產婆的講習，另一方面設立產婆學校培養新式產婆。[22]

由日本的例子可以看出，該國傳統產婆的轉型，不但為因應實際需要，且配合國家政策，當日本殖民政府統治臺灣時，也把改革產婆的政策挪移到臺灣，試圖改變臺灣產婆的風貌，且讓產婆從家庭副業轉型為正式職業。

日本殖民政府治臺，為使其移居臺灣的人民有良好的生活環境，殖民政府採取的措施包括肅清瘟疫、防患風土病、宣導衛生觀念和減低嬰兒死亡率等。[23] 以減低嬰兒死亡率來說，根據各方面的統計資料顯示，嬰兒的死亡率在總死亡人口中高居首位，以一九二三到一九三三年間，臺中的一項調查得知，這十年間，臺中的死亡人數有一千零五十九人，其中未滿九歲而死亡者占總死亡人口的百分之

---

14 〈論約束產婆之必要〉，漢文欄，頁五。

15 呂阿昌，〈妊婦及び出產に關する臺灣民俗〉，頁四；丸山芳登編，《日本領時代に遺した臺灣の醫事衛生業績》（横濱：丸山芳登，一九五七），頁一一二。

16 Edward Shorter, *A History of Women's Bodies* (Middlesex: Pelican Books, 1984), pp. 69-71.

17 Sally B. Olds等著、于桂蘭等譯，《產科護理學（*Maternal-Newborn Nursing: A Family-Centered Approach*）》下冊（臺北：文軒出版事業股份有限公司，一九八八年第四版），頁五六二～五六五。

18 Edward Shorter, *A History of Women's Bodies*, p. 64.

19 A Sena Gibosn（蔡阿信），"Pioneer Doctors Adventures," unpublished and undated, pp. 35-36.

20 A Sena Gibosn, "Pioneer Doctors Adventures," p. 43.

21 村上信彦，《明治女性史》中卷後篇（東京：株式會社理論社，一九七一年第五刷），頁五五～五六。

22 同上註，頁五七。

23 陳紹馨，《臺灣的人口變遷與社會變遷》（臺北：聯經出版事業公司，一九七九），頁一六〇。

六十點三，而未滿一歲夭折的嬰兒又在未滿九歲死亡者的比例中占了百分之五十三點六。[24] 據另一項調查得知，一九二八到一九三〇年間，未滿週歲死亡的嬰兒，有半數是剛滿月的嬰兒。[25] 至於嬰兒早夭的原因，據南風原醫院的院長南風原朝保研究，主要與斷臍引發破傷風有關。[26] 基於這些因素，改良產婆技術成為降低嬰兒死亡率的當務之急，產婆訓練連帶受到重視。

24 臺中州警務部衛生課編，《臺中州保健衛生調查書　第十二回調查地員林郡員林街員林》（臺中州：臺中州警務部衛生課，一九三三），頁二五。

25 臺灣總督府警務局衛生課，《衛生調查書》第十二輯（實地調查の四）：乳幼兒篇（本島人）（臺北：臺灣總督府警務局衛生課，一九三三），頁六八。

26 南風原朝保，〈臺灣に於ける乳兒破傷風に就て〉，《日本公眾保健協會雜誌》第十四卷第五號（一九三八年五月），頁二六一～二七一。

## 2 產婆訓練的開始與發展

日治時期新式產婆的培養管道相當多元，臺灣產生的新式產婆並不是出身產婆學校，而是來自公、私立醫院和講習會。不同形式的醫院，對產婆的培養究竟有何不同？而講習會有何特色？以哪些人為培養對象？透過這些管道有多少人成為正式產婆？

### 一、大型醫院培養新式產婆

大型醫院是指官辦的公立醫院，日本殖民政府不曾在臺灣成立產婆學校，就同女教員的培養一樣，女教員寄生於高等女學校，產婆則來自醫院設置的講習所。

#### （一）速成科

殖民政府治臺初期，沒有立即從事產婆的訓練，直到一九〇二年總督府訂定〈產婆養成規程〉，臺灣才有產婆的培養，而且最早僅以臺大醫院的日籍看護婦為培養對象，不曾考慮臺籍產婦能否接納異族產婆接生的問題。一九〇七年，臺大醫院院長提出培養臺籍產婆的建議，[27] 同年四月，總督府頒布

〈助產婦講習生規程〉，並於該院設立講習所，除保留培養日籍產婆的本科之外，另設置專門培養臺籍產婆的速成科，展開臺籍新式產婆的訓練。

速成科是採速成而免費的訓練方式，讓講習員學習助產與照顧初生兒應有的技術。[28] 講習生必須具備如下條件：（一）十六到四十歲品行端正、身體強健的臺籍女性；（二）具備公學校三年級以上學歷者；（三）無家事牽累，且能在規定年限完成修業課程者；（四）擁有可確定自己來歷清楚且具相當資產的保證人。[29] 基於第三項規定，講習生大多數是未婚的年輕女性，但我訪問的劉張換表示，她是在婚後才就讀速成科，當時三十位同學中，僅有兩位已婚，她們算是十分特殊。[30] 隨著報名人數的增加，有志參加產婆訓練的人不僅要合乎前述條件，還得通過考試才能入學，考試項目包括算術（筆算）、日語（國語）和作文。[31]

速成科講習生初分預科和本科兩類，預科修業六個月、本科修業一年。本科的課程分前後兩期，前期包括妊娠、分娩、產褥的生理認識及模型演習，後期除繼續前期的課程之外，另修習初生兒疾病論、育兒法，並安排實地實習。預科所修習的科目則是本科科目中必要的普通學科，[32] 前半年的講習偏重學科知識的灌輸，後半年則重視實習。

講習和實習外，是否有其他學習活動？劉張換說，為使講習生具有豐富的醫護臨床經驗，講習之餘，講習生必須服勤。她們工作的時間主要安排在上午，由醫院分派到各科門診或病房服務，並與院中護士一起工作，下午才接受講習，夜間也得工作，採輪值制。[33] 經過一年的講習，通過本科後期課程考試及格的講習生，可獲頒畢業證書，有了這張證書，就能取得產婆營業資格。[34]

值得一提的是，產婆講習期間，講習生得一律住宿，每日給食費十八錢、生活費五錢。若特准通學的人，每日給五錢。[35]只不過，官費就讀的方式，僅實施到一九二三年，速成科也在一九三八年停辦。

速成科究竟招攬多少講習生？一九二二年曾規定一年定員是二十名，一九二八年增為三十名。[36]不過，實際上招收人數卻不一定，一九〇八到一九三八年間速成科結業人數是七百零七人，每年平均結業二十三人，人數最少的是一九〇八年和一九〇九兩年，均為十二人，最多是一九三八年，有三十六人。[37]

---

27 「本島人助產婦養成」，〈民政部．警察．衛生〉，臺灣總督府編，《臺灣總督府民政事務成績提要　第十三編（明治四十年分）》（出版地不詳：出版單位不詳，出版年不詳），頁一三四～一三五。

28 〈臺灣總督府助產婦講習生規程〉，臺灣總督府臺北醫院編，《臺灣總督府臺北醫院第十二回年報（明治四十一年）》（臺北：臺灣總督府臺北醫院，一九〇九），頁五。

29 同上註，頁六。

30 游鑑明訪問，劉張換口述訪問紀錄，（一九九二年八月三日，臺北），未刊稿。

31 〈講習生募集　臺灣總督府臺北醫院看護婦助產婦講習所〉，《臺灣總督府府報》第三〇六號，一九二八年二月十日，頁二四。

32 〈臺灣總督府助產婦講習生規程〉，頁六～七。

33 劉張換口述訪問紀錄。

34 〈臺灣總督府助產婦講習生規程〉，頁七。

35 同上註，頁六。

36 〈講習生募集　臺灣總督府臺北醫院看護婦助產婦講習所〉，頁二四。

37 「表五：一　一九〇八～一九三八年度臺大醫院產婆講習所速成科畢業人數」，游鑑明，〈日據時期臺灣的職業婦女〉，頁一三七。

速成科講習生來自哪些地區？是否有設限？由於總督府是透過各廳向全島募集，並不以臺大醫院所在地區的女性為唯一延攬對象，因此除第一期較集中於臺北之外，其他各期講習生普及全島各地，顯示產婆人才的培養頗受各界注意。[38]有關速成科講習生的素質，初期因女子教育尚未普及，總督府對講習生的學歷規定相當寬鬆，凡具備公學校三年級以上程度就可接受講習，但這種程度的講習生，日語程度低淺，常造成教學上的困擾。[39]直到受教育女性的人數逐漸成長，速成科規定修畢公學校六年以上課程的學生才符合入學資格，一時不少公學校高等科畢業生相率接受講習，學生素質大異於往昔。[40]

## （二）本科

臺大醫院的速成科是培養臺籍產婆的大本營，但隨著志願當產婆的臺籍女性日益增加，該院專門培養日籍產婆的本科，也錄取臺籍女性，只不過，人數十分有限。

從《臺灣總督府臺北醫院助產婦講習所（本科）卒業生名冊》顯示，一九一一年該科首度出現一名臺籍畢業生，其後斷斷續續有臺籍女性獲得講習的機會，然而不是每年都有，例如一九一一到一九二二年的十年間，該講習所僅招收十四名臺籍女性。[41]這種情形到一九二二年之後才改變，因為這一年總督府頒布〈新臺灣教育令〉，標榜「撤廢日臺人差別教育」和「日臺共學」等口號。在政策影響下，產婆教育也產生變化。同年，總督府發布〈總督府醫院助產婦講習所規程〉，一九二三年又有〈總督府醫院看護婦助產婦講習所規定〉。根據這些新規定，該院將原訓練臺日籍產婆的組織重新調整，另作完整規畫，也就是在講習所之下，設置助產婦科，並分速成科和本科兩種。[42]前者是原速成科的延續，繼續造就臺籍產婆，後者是原訓練日籍產婆的本科，為達成「日臺共學」，正式對臺籍學生開放。一九二五年以降，本科每年都有臺籍畢業生，起初人數甚少，比不上日籍女生；一九三九年之後，臺籍女生有十二人，日籍女生六人，此後臺籍女生人數才超過日籍女生。[43]

本科的修業年限為兩年，入學資格是十七歲以上，身體健全、品行端正的女性，且需具備高等小學校畢業、公學校高等科或修畢高等女學校第二學年等資格。[44]此外，進本科得通過入學考試，考試項目與速成科相同，根據報載，本科的考試競爭相當激烈，一九二五年擬錄取二十人，而報名者多達一百零六人，且採分區考試方式。[45]劉張換也指出，由於臺籍學生錄取名額有限，能通過考試並不容

38 速成科講習生分布狀況，詳見《臺灣總督府臺北醫院助產婦講習所（速成科）卒業生名冊》（一九〇八～一九三八），手抄影本。

39 〈院務ノ概況　助產婦養成〉，臺灣總督府臺北醫院編，《臺灣總督府臺北醫院第十六回年報（大正二年）》（臺北：臺灣總督府臺北醫院，一九一三），頁三四。

40 劉張換口述訪問紀錄；另據多位受訪者表示，日治中後期具有公學校高等科學歷者，較易有入學機會。

41 《臺灣總督府臺北醫院助產婦講習所（本科）卒業生名冊》（一九〇四～一九四五），手抄影本。

42 「助產婦養成」，〈臺灣醫事衛生現況：產婆（助產婦）及看護婦〉，佐藤會哲編，《臺灣衛生年鑑》（臺北：臺衛新報社，一九三二），頁一〇三。

43 《臺灣總督府臺北醫院助產婦講習所（本科）卒業生名冊》（一九〇四～一九四五），手抄影本。

44 〈臺灣總督府醫院助產婦講習所規則〉（府令第八號），《臺灣總督府府報》第二五八六號，一九二二年二月十八日，頁五六～五七。

45 〈助產看護婦試驗〉，《臺灣日日新報》第八九二七號，一九二五年三月十九日，漢文欄，第四版。

易。[46]至於本科生的來源，與速成科相同，學生不限臺北，而是全臺各地。[47]

至於所應修習的科目，本科較速成科複雜而專業，不僅灌輸接生應有的常識，還傳授一般醫護知識，且教導臺灣話。[48]從陳何在臺南醫院助產婦講習所的上課筆記，清楚看到講習所教導的是現在產婆醫學的理論和實用。[49]由此可知，受過本科專業訓練的未來產婆已不再是單純的接生婆，而她們接生的主要對象包括臺籍產婦。然而，對曾受過醫護專業訓練又有志助產學的護士而言，這項課程設計造成學習上的浪費。為此，總督府又訂有第二學年入學辦法，凡入學看護婦，僅需修習助產學方面的課程，入學生則必須年滿十八歲，身體健全、品性端正，且得通過學歷鑑定試驗。[50]對看護婦出身的人來說，這項入學考試並不困難，來自臺大醫院的護士甚至無需經由考試即可入學，而來自日赤醫院的尹喜妹也只需考助產科。[51]

看護婦之所以較容易進入本科就讀，主要是她們已具備醫護知識，又受護理與助產相結合的醫政影響，醫院本身也鼓勵看護婦接受訓練。例如，為培養醫院的助產人員，日赤醫院在護理人員較充足的時期，讓看護婦採半工半讀的方式就讀，一方面在臺大醫院就讀，另一方面在醫院工作。尹喜妹表示，她的同儕中有不少人採用這種方式完成產婆講習，但後來因為護理人手不足，該院的這項辦法只實施到一九三二年。[52]尹喜妹畢業那年，因為半工半讀的辦法被取消，她不能以帶職身分接受產婆訓練。

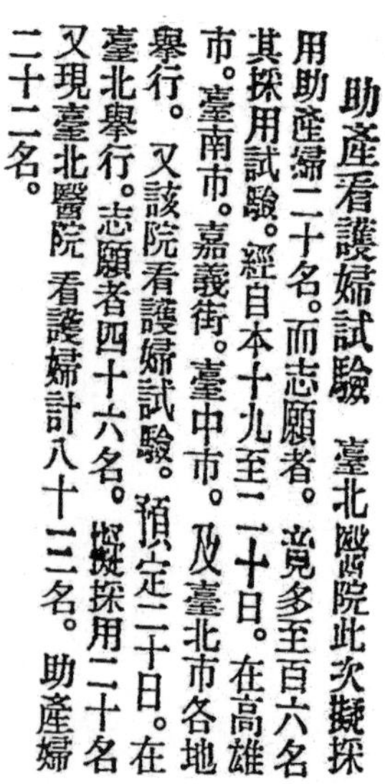
助產看護婦試驗　臺北醫院此次擬採用助產婦二十名。而志願者。竟多至百六名其採用試驗。經自本十九至二十日。在高雄市。臺南市。嘉義街。臺中市。及臺北市各地舉行。又該院看護婦試驗。預定二十日。在臺北舉行。志願者四十六名。擬採用二十名又現臺北醫院 看護婦計八十三名。助產婦二十二名。

圖 31　助產看護婦試驗

與速成科相較起來，除入學資格、修業年限和修習科目不同之外，本科生尚需繳納十五日圓的學費。[53]至於學習方式也略有不同，以最重要、也是最辛苦的臨床實習為例，尹喜妹指出，速成科在產婦一送入醫院便開始實習，從記錄產婦陣痛到生產結束，速成科學生得全程見習；而本科生因為實習的機會較多，通常是在產婦即將分娩時，才會去產房見習接生過程。[54]另外，為達成團體訓練的效果，本科生也需一律住宿，管理方式與速成科雷同，不僅注重住宿生的言行舉止，還訂有極規律的作

46 劉張換口述訪問紀錄。
47 本科講習生分布狀況，詳見《臺灣總督府臺北醫院助產婦講習所（本科）卒業生名冊》（一九〇四～一九三八），手抄影本。
48 包括修身、解剖學、生理學、衛生學及細菌學、一般看護法、綳帶法、器械使用法、治療輔助、急救處置、防腐及製腐法、一般婦人科學、正規與異常的妊褥、分娩、產褥及其處理法、初生兒的狀況及其處理法、臨床講義、模型演習、臨床實習、有關助產婦法規和臺灣話等。〈臺灣總督府醫院助產婦講習所規則〉（府令第八號），頁五七。
49 劉士永主編、陳何女士助產學筆記解讀班校注，《陳何女士助產學筆記〔日文校勘暨中文解讀合刊版〕》（臺北：中央研究院臺灣史研究所、財團法人大眾教育基金會，二〇一七）。
50 臺灣總督府臺北醫院看護婦助產婦講習所」試驗項目包括看護法、急救處置、治療輔助、解剖學、生理學、衛生學、手術輔助、綳帶法及機械學等。〈講習生募集〉，頁二四。
51 游鑑明訪問、黃銘明記錄，〈尹喜妹女士訪問紀錄〉，頁二五。
52 同上註。
53 〈臺灣總督府醫院看護婦、助產婦講習所規則〉，《臺灣總督府府報》第一〇五五號，號外，一九一三年十月十二日，頁四。
54 游鑑明訪問、黃銘明記錄，〈尹喜妹女士訪問紀錄〉，頁二五～二六。

息程序，平常若有事外出，必須獲得舍監許可，並於規定時間前返回。[55]不過，規定看來嚴格，實際上並沒有徹底執行，就尹喜妹個人的經驗，初受講習的半年，她並未住宿，而是在外賃居；住宿期間，她發現住宿生假日外出無時間限制，課餘在宿舍公開學舞也不受禁止。[56]

為擴大產婆的培養，除臺大醫院之外，臺南醫院和臺中醫院相繼在一九二四與一九二五年成立看護婦助產婦講習所，且設置助產婦本科，其規程與訓練方式完全比照臺大醫院本科，所培養的產婆以臺籍女性居多。據統計資料，臺南醫院曾訓練了二十二期的產婆講習生，計有兩百九十二人，其中臺籍講習生有兩百一十五人、日籍七十七人；[57]臺中醫院在一九三二年則訓練九名產婆，其中臺籍六人、日籍三人。[58]

儘管日本殖民政府無意建立長期而完整的產婆教育體系，這種藉醫療機構進行速成與短期助產婦講習的方式，成為日治時期培養新式產婆的主流。

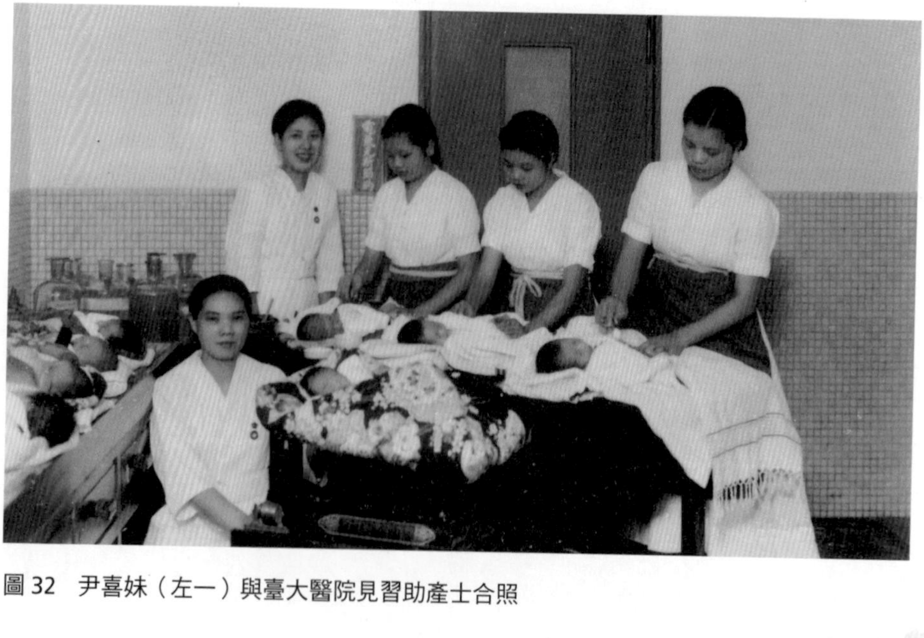

圖 32　尹喜妹（左一）與臺大醫院見習助產士合照

## 二、小型醫院對產婆的培養

大型醫院培養產婆是日本殖民政府指導下的產物，並由總督府隸屬下的醫院負責。而私立醫療機構也自行培養產婆，大致可分成兩類：一類是在醫院附設產婆講習所，如臺北高產婦人科病院、嘉義諸峰醫院，以及第三章提到的臺中清信醫院、高雄仁和醫院等，另一類是成立產婆醫院和產婆講習所，如產婦人科醫院、臺中產婆講習所。私辦產婆講習所成立的時間，大致集中在一九二七到一九三六年間，這時期正逢各地衛生機構積極開辦限地產婆講習會，與官方的訓練形成相互輝映的景象。私辦產婆講習所成立的宗旨，大體以養成產婆服務社會為目的，但也有講習所兼具附帶目的，如高雄仁和醫院，不僅在培養產婆和普及衛生思想，同時致力於看護婦和女藥局生的養成。[59]

55 〈助產婦講習生寄宿舍心得〉（明治四十二年一月十七日制定），臺灣總督府臺北醫院編，《臺灣總督府臺北醫院第十六回年報（大正二年）》，頁二八九～二九〇。

56 游鑑明訪問、黃銘明記錄，〈尹喜妹女士訪問紀錄〉，頁二七。

57 黃振超主修，《日據前期臺灣北部施政紀實》第二冊：衛生篇、大事記（臺北：臺北市文獻委員會，一九八六），頁四七。

58 「產婆養成」，〈警務局．衛生課．產婆〉，臺灣總督府編，《臺灣總督府事務成績提要　第三十八編（昭和七年）》（臺北：臺灣總督府，一九三九），頁七六〇。

59 「表五：三　一九二七～一九三六年私立醫院產婆講習概況」，游鑑明，〈日據時期臺灣的職業婦女〉，頁一四一。

至於私辦講習所如何訂定講習生資格、修習期限、應修習科目和學費？大致比照臺大醫院的速成科，就講習生的資格，規定至少需畢業自小、公學校以上者，但有不少受較高教育的女性也接受講習，例如臺北看護婦講習所的講習生中，便有高等女學校畢業生與退職女教員。[60] 在修業期限上，臺中產婆講習所的本科為一年、補習科為半年；仁和醫院的講習時間則為一年。而應修習的科目，仁和醫院安排解剖學、衛生學、產婆學、育兒法、看護法和一般消毒法等科目。在學費方面，有每月需付四日圓或五日圓，也有免費講習，例如仁和醫院講習所在成立後一年改為免費講習；臺北看護婦產婆講習所則對無力繳學費的人採代墊學費的方式。[61]

令人好奇的是，私辦講習所能招攬多少女性接受講習？雖然各講習所招收的人數不一，平均人數在三十到五十人。以第三章提到蔡阿信清信醫院的產婆講習所為例，十年間訓練五百名產婆；規模較大的蓬萊產婆講習所在一九二五到一九三五年間曾栽培大約一千兩百名產婆，只是該講習所培養的大多數是日籍產婆。[62] 至於講習所的開辦人主要是醫生，其中不乏男女名醫，除第三章提到的女醫生蔡阿信、吳蔡綾絹之外，另有男醫生張文伴、高敬遠、呂阿昌、陳春波、楊金虎和吳泗輝等。[63]

綜括而言，日治時期臺灣產婆的培養，是經由殖民政權的公權力與社會領導階層的協助逐漸建立與發展，並由中央普及至全島各地。至於產婆事業得以受重視，係與公共衛生建設緊密結合所致。但憑心而論，總督府治臺期間所培養的僅是速成、短期的產婆人才，從未建立長期培養專業產婆的學校。同時，大規模的產婆訓練計畫直到一九二〇年代中期才展開，這固然與臺灣文化觀念與社會結構到一九二〇年代產生改變有關，而殖民政府不曾在治臺初期就投注心力，昭然若揭。

## 三、傳統產婆參加地方講習

醫院所培養的產婆人數極其有限，不僅無法普及全島，且多集中在城市。以位居臺北邊陲的新莊為例，一九二四年以前，該區僅有兩名產婆，在產婦分娩時，根本無濟於事。[64]這種情形實際上是鄉下地區共有的困擾，為解決這項迫切問題，短期的產婆講習會在各地展開，由州、郡、街到庄，於是培養產婆的工作向地方基層紮根。

這一類講習會是根據一九二三年府令第七十號〈臺灣產婆規則〉而召開，並由各地區自行辦理，原則上是每年舉行講習會，但由於各地的經費多寡不一，召開講習會的時間或次數並不一致，例如臺南州的講習會開辦於一九二五年，在一九三三年時曾因預算不足而停辦。[65]至於開辦的方式也不完全相同，例如臺南州以州衛生課為中心，每年選擇五個郡輪流舉辦講習會。[66]高雄州則略有不同，

60 〈產婆看護婦募講習生〉，《臺灣日日新報》第一二四九三號，一九三六年四月十日，漢文欄，第八版。
61 「表五：三　一九二七～一九三六年私立醫院產婆講習概況」，頁一四一。
62 〈講習所を訪ねて〉，《臺灣婦人界》第二卷第三號，一九三五年震災特輯六月號（一九三五年五月），扉頁一三。
63 「表五：三　一九二七～一九三六年私立醫院產婆講習概況」，頁一四一。
64 〈限地產婆講習會〉，《臺北州時報》第二卷第三號（一九二七年三月），頁九六。
65 〈產婆及產兒取扱狀況〉，臺南州編，《臺南州衛生概況（昭和十年刊行）》（臺南：臺南州，一九三五），頁三〇。
66 〈限地產婆講習會〉，《臺南新報》第一〇七八三號，一九三二年一月二十三日，漢文版，第四版。

一九二七到一九三六年間高雄州郡一共召開三十六次講習會，每郡所召開的講習會大約四到六次。[67]

值得注意的是，這一類講習會與附設於醫院的助產婦講習所有極大的不同。一九二六到一九三一年臺北、新竹、臺南等州郡的產婆講習會，講習的對象為傳統產婆，講習的時間相當短，大致是三天到一週，講習內容淺顯易解，講師則委託各郡公醫、警察署醫與合格產婆擔任。講習宗旨主要在增加產婆人數、灌輸傳統產婆正確的助產觀念，並提昇衛生與產婆的接生技術，也藉此普及鄉村助產法、降低新生兒的死亡率等。[68]

凡是從地方講習所結業的產婆就可開業，但與新式產婆不同的是，她們不能自由開業，只能在限定的地點開業，並限期三年，且有一定的接生範圍，一般稱為「限地產婆」。[69] 對不易取得產婆執照的傳統產婆來說，限地產婆固然有諸多限制，卻是她們獲得正式開業的唯一機會，參加講習的人自然踴躍，但也有人惟恐受罰或課稅而裹足不前。[70] 嚴格而言，此類講習會因講習時間過短，對傳統產婆技術的提昇並無立竿見影的成效。

---

67 「表五：四　一九二七～一九三六年高雄地區各地產婆講習會舉辦次數」，游鑑明，〈日據時期臺灣的職業婦女〉，頁一四二。

68 「表五：五　一九二六～一九三一年產婆講習會概況」，游鑑明，〈日據時期臺灣的職業婦女〉，頁一四三；〈產婆講習〉，高雄州警務部衛生課編，《高雄州衛生要覽（昭和十一年）》（高雄：高雄州警務部衛生課，一九三六），頁二七；〈赤崁　產婆講習〉，《臺灣日日新報》第九九八五號，一九二八年二月十日，漢文欄，第六版。

69 「臺灣產婆規則發布ニ關スル件」，〈警務局．衛生課．醫務〉，臺灣總督府編，《臺灣總督府民政事務成績提要　第二十九編（大正十二年）》（臺北：臺灣總督府，一九二五），頁七五一～七五二。

70 〈募集老產婆開講習會〉，《臺灣日日新報》第一〇四一一號，一九二九年四月十四日，漢文欄，第四版。

# 3 產婆的職業化與接生工作

接受產婆訓練後的女性，最渴望的是取得產婆職業證書，因為有了證書，她們可以正式執業。然而產婆職業化的過程如何？有什麼規定、限制或類別？究竟有多少女性成為合格產婆？而成為正式產婆的她們，是如何展開接生工作？

## 一、合格產婆資格的取得

日本殖民政府治臺初期就對產婆的資格進行一連串的規範，一八九九年曾規定，凡是領有日本府縣產婆執業資格者才准登記營業，[71] 這項規定明顯地把臺灣傳統產婆非法化。但由於早期移居臺灣的日本女性不多，其中具備產婆資格的人更是少之又少，於是在同一規程中，殖民政府另列「須由地方機關審查其技術而被認可者暫准執業」的規定。[72] 一九〇二年，臺北廳又頒布〈產婆取締（即管理之

---

71 黃振超主修，《日據前期臺灣北部施政紀實》第二冊：衛生篇、大事記，頁四七。

意〉規則〉，規定開業產婆需具備下列兩項條件：（一）年滿二十歲以上；（二）經產婆檢定考試合格或曾在官公立醫院學習助產且領有證書者。[73]

由上述規定可知，殖民政府試圖透過嚴格的政令提昇臺灣產婆的素質，並改革不良的接生方式，但事實上，所有政策似乎僅在引進或培養日籍產婆，對臺灣產婆相當不利。直到一九〇八年以降，隨著助產婦講習所與各種產婆講習會的設置，臺灣女性取得開業產婆資格的機會漸次增加，特別是一九二三年規定，凡助產婦講習所畢業或取得講習會結業證書的二十歲以上女性，都可申請開業。[74]也因此，只要受過產婆專業訓練的臺籍女性，都有機會成為開業產婆。

除此之外，無法參與講習而有志當產婆的人，可參加產婆試驗，通過試驗就具有開業證書。一九二三年的〈臺灣產婆試驗規則〉曾規定，產婆試驗每年舉行一次，分學說試驗（即學科考試）與實地試驗（即術科考試）兩種，學說試驗合格才能參加實地試驗。[75]為方便考生，學說試驗的考場分設在臺大醫院、臺中醫院和臺南醫院，而實地試驗則集中於臺大醫院。[76]從試驗的內容來看，除非具有醫學的專業知識與臨床見習經驗，一般人很難憑自修通過考試，因此參與試驗的對象以現職或離職的醫院看護婦居多。[77]

另外，為協助無暇接受講習的看護婦取得產婆資格，有的醫院會主動為她們做考前指導，尹喜妹回憶她畢業那年，日赤醫院取消看護婦到臺大醫院半工半讀的辦法，但醫院有替代方式：

有些婦產科醫生就集合幾個取得護士執照後留在醫院工作，又想接受助產士訓練的人，利用晚上為她們上課，協助她們參加助產士資格考試，以取得助產士資格。[78]

儘管醫院的看護婦擁有得天獨厚的特殊條件，而能順利通過產婆試驗並不容易，因此每年的試驗中有不少重考生參雜其間，而且到日治中、後期競爭越激烈，錄取率也就越低。

根據資料顯示，第三次產婆試驗的考生有六十七人，實地試驗合格的有三十人，將近半數考生通過考試。[79]但到第十次試驗，錄取人數大減，該年考生計一百二十九人，學說試驗合格者四十八人、實地試驗合格者二十一人，錄取率相當低，僅占總考生的百分之十六點二八，而且學說試驗合格的四十八人中有十二人為重考生。[80]總之，產婆試驗是臺籍女性取得開業的另一重要管道，無怪乎造成激烈競爭的現象。

---

72 黃振超主修，《日據前期臺灣北部施政紀實》第二冊：衛生篇、大事記，頁四七。

73 〈廳令：產婆取締規則〉（臺北廳令第十六號），《臺北廳報》第九一號（一九〇二年八月十七日），頁一五六。

74 〈臺灣產婆規則〉，《臺灣總督府府報》第三〇六三號，號外，一九二三年十月十二日，頁一。

75 〈臺灣產婆試驗規則〉，《臺灣總督府府報》第三〇六三號，號外，一九二三年十月十二日，頁三。

76 〈產婆試驗期日〉，《臺灣日日新報》第一〇五六一號，一九二九年九月十一日，漢文欄，第四版。

77 學說試驗分成四項：（一）正規妊娠、分娩及其處理法；（二）正規產褥的經過及褥婦、新生兒的看護法；（三）異常妊娠、分娩及其處理法；（四）妊婦、產婦、褥婦、新生兒的疾病、消毒方法及產婆心得（即「產婆備忘錄」）。實地試驗則包括臨床與模型的演習。〈臺灣產婆試驗規則〉，頁三。

78 游鑑明訪問、黃銘明記錄，〈尹喜妹女士訪問紀錄〉，頁二五。

79 「產婆試驗施行」，〈民政部・警察・衛生〉，臺灣總督府編，《臺灣總督府事務成績提要　第三十一編（大正十四年）》（臺北：臺灣總督府，一九二八），頁六四九。

80 「產婆」，〈警務局・衛生・課醫務〉，臺灣總督府編，《臺灣總督府事務成績提要　第三十六編（昭和五年）》（臺北：臺灣總督府，一九三九），頁六五五。

## 二、合格產婆的人數與地理分布

在日本殖民政府的管理下，受過產婆訓練或通過產婆試驗的人，才能成為有照產婆、正式執業，不過，並非所有的有照產婆都以產婆為業。從訪問發現，有的在職看護婦以取得雙重執照為榮，或出於好奇而接受產婆講習，事實上，她們從未當產婆。還有些人則是對長期而固定的接生工作缺乏興趣，儘管獲得開業資格，她們卻不曾開業，僅偶爾客串產婆，為親友或鄰居的產婦接生。[81] 儘管如此，不就業的產婆僅是少數。至於從業的產婆究竟有多少呢？

一八九七年合格執業產婆僅有九人，其後產婆人數逐年成長，一九二四年突增為九百三十二人，較前一年多五百二十四人，這顯然與一九二二年以來助產婦講習所與講習會的增辦有關，到一九三八年，臺灣已有一千七百九十六名產婆。[82] 由於從業的產婆有開業產婆、限地產婆、公設產婆與醫院產婆等四種，且又有臺、日籍區別，為進一步了解臺籍產婆的確切人數，以一九二九年各州廳產婆分布為例，這一年合格的各類產婆共計一千兩百一十五人（限地產婆有五百五十三人，其他產婆為六百六十二人），其中臺籍產婆合計九百零八人，日籍產婆合計三百零九人，臺籍產婆雖較日籍產婆多六百零一人，但多係限地產婆，計有五百四十七人，占產婆總數的百分之四十五點零二，[83] 這顯然是殖民政府對臺籍傳統產婆進行廣泛而速成講習的結果。

就區域分布來說，一九二九年日籍產婆主要集中於臺北、臺南，臺籍產婆則集中在臺南、高雄，其中臺南的產婆占最多數，有四百七十九人，其次為高雄兩百四十四人，再次是臺北兩百二十六人，最少是臺東，僅七人。[84] 而這一年臺南的臺籍產婆也以限地產婆居多，占該區全部產婆的百分之六十三點零五，[85] 但限地產婆並非一直處在獨占地位，隨著講習會的停辦，人數逐漸降低。從另一資料得知，臺南的限地產婆自一九三三年以後開始減少，到一九三八年只有一百七十三人，然而一般產婆卻快速上升，例如一九三〇年僅一百一十一人，至一九三八年多達三百四十六人；[86] 這種情形也同樣出現在新竹地區。[87]

81　游鑑明訪問，呂連紅甘（臺大醫院看護婦講習所畢業）口述訪問紀錄（一九九二年八月三日，臺北），未刊稿；游鑑明訪問，林月霞（日赤醫院看護婦講習所畢業）口述訪問紀錄（一九九二年七月二十一日，臺北）。

82　「表五：六　一八九七～一九三八年度臺灣產婆人數一覽表」，游鑑明，〈日據時期臺灣的職業婦女〉，頁一四六。

83　「表五：七　一九二九年各州廳各類產婆分布表」，游鑑明，〈日據時期臺灣的職業婦女〉，頁一四六～一四七。

84　同上註。

85　游鑑明，〈日據時期臺灣的職業婦女〉，頁一四七。

86　〈產婆及產兒取扱狀況〉，頁三〇；〈自昭和八年至同十一年　四ケ年間產婆對產兒取扱表〉，臺南州編，《臺南州衛生概況（昭和十三年刊行）》（臺南：臺南州，一九三八），頁三〇～三一；〈自昭和八年至同十二年　五ケ年間產婆對產兒取扱表〉，臺南州編，《臺南州衛生概況（昭和十四年刊行）》（臺南：臺南州，一九三九），頁三九～四〇；〈自昭和九年至同十三年　五ケ年間產婆對產兒取扱表〉，臺南州編，《臺南州衛生概況（昭和十五年刊行）》（臺南：臺南州，一九四〇），頁四〇～四一。

87　以臺籍產婆為例，一九三二年，新竹限地產婆有二十八人，開業產婆有四十八人，至一九三八年，限地產婆減為二十二人，而開業產婆則增至七十七人，以上參見新竹州衛生課編，《衛生概況》（新竹：新竹州衛生課，一九三九），頁一四～一五。

## 三、合格產婆的類別

受殖民政策與個人意願的影響，臺籍從業的合格產婆分成開業與不開業兩種，她們在哪裡進行接生工作？工作性質如何？又怎麼收費？

### （一）開業產婆

開業產婆包括一般開業產婆與限地產婆。一般開業產婆，規定年滿二十歲以上、並具產婆合格證書者，就可至地方的衛生課登記開業，手續相當便捷。[88] 只要取得開業資格，便可掛牌營業，但這時期的產婆主要到產家接生，沒有設置診所接生，產婆掛牌的地點也因此沒有特別規定，從報紙的廣告欄可以看到，自宅、商店或藥局等都有產婆掛牌。[89] 此外，有產婆是借醫院開業，如高雄仁和醫院的楊金寶、屏東愛仁醫院的郭綢、臺中杏林醫院的陳簡阿宿、斗六永山醫院的許蕭免和中壢煥生醫院的徐桂等，其中不乏家人共同營業，而這多屬綜合醫院，例如楊金虎和楊金寶是兄妹，黃遷與陳清澤、徐桂與傅煥生、陳勸與吳耀明則是夫妻。[90] 至於限地產婆人數較多，但有限期、限地開業的規定，她們開業的地點往往侷限

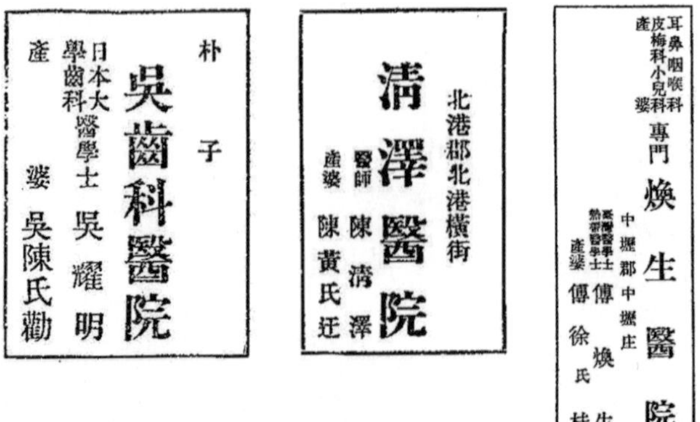


圖 33　產婆與醫生丈夫合登廣告

在鄉下或偏僻地區，無法如一般開業產婆能自由選擇有利的地點營業。[91]

無論如何，凡有機會自行開業，一般開業產婆或限地產婆在工作與經濟方面普遍享有極大的自主權。在工作上，她們既有拒絕助產的自由，又有挑選產家的權利，更可兼顧家庭。在經濟收入上，開業產婆的接生費由產家直接支付，有很大彈性。一九三三年畢業自日赤醫院看護婦講習所的劉阿秀表示，一九三〇年代初期，因為景氣蕭條，助產一人通常有二日圓的酬勞，而景氣盛期可高達十二日圓；除此之外，產婆有時會有意外收入，主要來自產家餽贈紅包。[92] 總之，開業產婆是獨立而自主的職業，她們的工作並不受任何限制。

---

88 〈臺灣產婆規則〉，頁一。

89 以上詳見《臺灣民報》第一八九號（一九二八年一月一日）至《臺灣新民報》第三四五號（一九三一年一月一日），廣告欄。

90 楊金虎著，張玉法、張瑞德主編，《七十回憶》（上），中國現代自傳叢書第二輯：十（臺北：龍文出版社股份有限公司，一九九〇），頁三〇；《臺灣民報》第一〇七號（一九二六年五月三十日），頁一〇；《臺灣民報》第一八九號（一九二八年一月一日），頁三五；《臺灣民報》第二四一號（一九二九年一月一日），頁二三；《臺灣民報》第二八五號（一九二九年十一月十日），頁九；《臺灣民報》第一八九號，頁四四。

91 劉張換口述訪問紀錄。

92 游鑑明訪問，劉阿秀口述訪問紀錄（一九九二年七月二十一日，臺北），未刊稿。

## （二）不開業產婆

不開業的產婆則有公設產婆與醫院產婆兩種。公設產婆是指由郡街庄役場所聘任的合格產婆，這個制度是為了改進民眾的生產習俗，鼓勵民眾接受正規的接生方式，所以公設產婆多設在民智未開的鄉下，採取免費接生的方式，有關費用完全由州或街庄均攤，再支付給公設產婆。[93] 由於各地的經費多寡不等，公設產婆的薪俸不僅出入甚大，給付的方式也有極大差別，例如員林郡二水庄採月俸制，每月給三十餘日圓；[94] 高雄佳冬每月則給二十日圓；[95] 嘉義街採按件計酬方式，凡助產一人給五日圓。[96] 這種受雇於人的工作型態既有保障，收入又固定，只不過有諸多限制，助產對象與助產件數一概由所屬機構指派之外，公設產婆還必須到所屬機構上班，協助地方從事衛生宣導工作。[97]

與開業產婆相較，這種缺乏獨立、自主的工作方式，很難吸引她們久任，以致於公設產婆的流動性甚高。一九三七年從臺大醫院助產婦講習所速成科畢業的劉張換表示，有的人當公設產婆是為了增加接生經驗、建立人際關係，以便日後自行開業，因為開業產婆必須有良好的人脈關係與接生技術，一旦具備這些條件，公設產婆無不掛冠求去。[98]

至於醫院產婆，大體可分成兩種，一是具有產婆資格的護理人員，另一是尚未取得開業資格的合格產婆，前者多數服務於大型的綜合醫院，後者則是在私立婦產科醫院服務。與公設產婆相同的是，她們也受雇於人，且有固定的薪俸，但在工作上，她們所受到的限制更多，因為醫院通常聘有婦產科專門醫生，她們不能擅自接生，必須聽從醫生的指示，從事助產的工作。不過，如第三章提到，這時期的婦產科醫生只指導接生或處理難產，接生的工作多交由助手負責，因此名為助產，實際上她們的工作與一般產婆無異。

醫院產婆的工作固然有諸多限制，但因為與醫院的專業醫生共事，能獲得豐富的臨床經驗，還是吸引不少人投入。一九三七年畢業自臺大醫院助產婦講習所速成科的蘇吳保鳳表示，當她取得產婆合格證書時，因未達開業產婆的年齡標準，曾先後在兩所私人婦產科醫院服務，由於工作期間有不少獨立處理接生的機會，這對她日後的開業有極大的幫助。[99]

## 四、合格產婆的工作型態

儘管在走向職業化的過程中，這群合法的產婆擁有不同的工作領域，但卻有相似的工作程序。這種幾近一致的工作程序，一則來自產婆訓練，另則是殖民政府的規定，致使她們的接生技術或理念迥異於無照的傳統產婆。沒有受過訓練的傳統產婆通常只負責分娩的斷臍工作，對初生兒與嬀婦最多僅

93 丸山芳登編，《日本領時代に遺した臺灣の醫事衛生業績》，頁一一二；高雄州警務部衛生課編，《衛生概況（昭和二年）》（高雄：高雄州警務部衛生課，一九二八），頁二二。
94 〈產婆風評〉，《臺灣日日新報》第一二八九七號，一九三六年二月二十三日，漢文欄，第八版。
95 高雄州警務部衛生課編，《衛生概況（昭和二年）》，頁二三。
96 〈產婦救護〉，《臺灣日日新報》第八六八〇號，一九二四年七月十五日，漢文欄，第四版。
97 劉張換口述訪問紀錄。
98 同上註。
99 游鑑明訪問，蘇吳保鳳口述訪問紀錄（一九九三年四月八日，臺北），未刊稿。

做些簡單護理，而有照產婆則進行更縝密地照護工作，她們針對產前、分娩中和產後的三個過程做不同的處理。以產前處理來說，日治時期產婦多半在自宅生產，全無產房應有的設備與條件，更不講究衛生，因此產婆必須向產婦灌輸正確的產前衛教觀念，例如傳統婦女很少臥床生產，大多蹲坐於生子桶或生子草，很容易造成新生兒受傷的不幸事件。[100]為改變這個習俗，產婆得分析利弊，讓產婦能無所畏懼地接受臥床生產。其次，產婆得進一步指導產婦做各種產前準備。劉阿秀指出：

> 由於有些家庭經月不換洗床單或被褥，而且誤以為用舊衣服包裹新生兒，可以幫助嬰兒成長，因此前胎嬰兒的舊衣服往往被留置不洗。為防患生產時感染細菌，我會要求產家在預產前幾天，清洗床單或舊衣服，並以曝曬方式消毒細菌。[101]

此外，產婆還要協助產婦矯正異常胎位，計算產婦預產時間，並指導她們在預產期間不要從事劇烈運動等。[102]

這時期民眾還沒有產前檢查的觀念，而且婦女的生育頻率相當高，為了省事，很少有產婦會在產前接受檢查。通常做產前檢查的產婦不是上層家庭，便是曾有難產經驗的，或妊娠期間曾出現異狀的。[103]從訪問得知，隨著民智漸開與產婆不斷的宣導，接受產前檢查或指導的產婦在日治後期逐漸增多。[104]

就分娩中的處理，在缺乏衛生觀念的臺灣傳統社會，產婆的接生器具是否經過消毒處理，並未受到太多的重視，而產婦或初生兒若因此感染破傷風，產婆也無需擔負醫療責任。但隨著日治時期醫療規定的逐漸嚴密，從事醫療衛生工作的人，必須要對其醫療業務負責，甚至得因處置欠當的行為接受處罰。[105]有鑑於此，消毒器具以備不虞的觀念，成為當時有照產婆的共識，由於開業產婆大多未有消毒設備，必須自行設法解決，例如劉張換每隔兩天便請鄰近醫院代為消毒接生器具。[106]一遇有產婦分娩，產婆就攜帶消毒過的器具前往接生。至於對分娩中的工作更需謹慎，從結紮臍帶、剪斷臍帶、沐浴嬰兒及處理產婦會陰，每一個環節都需要十分仔細，蘇吳保鳳講述了她的經驗：

分娩時，最重要的便是嬰兒的臍帶處理。當嬰兒與胎盤都出來之後，我會先用手術專用縫線在離嬰兒約二十公分處的臍帶做結紮，再於結紮上方十公分處剪斷臍帶；剪斷之處會流血，得立即塗上碘酒止血或消毒，迨血止後，便替嬰兒沐浴，浴後，再消毒臍帶斷處，並敷蓋上紗布，然後

100 傳統社會有的產婦生產是坐在腰桶上，此腰桶係產婦的嫁妝之一，連同跤桶（平日作為洗衣服、洗臉和洗腳用，生產時用來給嬰兒沐浴）、溲桶（平時作為便器，生產時則用來盛穢物）合稱子孫桶，或稱生子桶；另有產婦是蹲在舖平的稻草上生產，該草即稱為生子草。以上參見新樹，〈懷妊及出產に係する雜話（續）〉，《臺灣慣習記事》第二卷第九號（一九〇二年九月），頁三五；王灝，〈臺灣人的生命之禮：臨盆〉，《中國時報》，一九九三年三月八日，第二五版。

101 劉阿秀口述訪問紀錄。

102 蘇吳保鳳口述訪問紀錄。

103 劉阿秀口述訪問紀錄。

104 同上註。

105 〈臺灣產婆規則〉，頁一。

106 劉張換口述訪問紀錄。

用大繃帶包紮、固定。其次，是對產婦的護理，當時並不鼓勵剪開產婦會陰以利生產，因此產婆得儘量幫忙撐開陰道，不使會陰裂開；若不慎裂開，必須將之縫合與消毒，以防止細菌侵入。[107]

根據蘇吳保鳳的解說，可知接生工作不僅要十分謹慎，而且得在相當短的時間內處理各種狀況，以免造成意外。至於難產的處理必須延請醫院醫生會同施救，若自行處理而失當，產婆得擔負全責。生產前如果已經知道是難產個案，產婆可事先聯絡醫生，做萬全準備，但如果事出突然，容易措手不及，釀成意外，特別是在沒有醫生或交通欠便的鄉下地區，更無法防患。[108] 劉阿秀回憶，有一次有人專程接她至瑞芳接生，由於地點偏僻，歷經多時才到達產家，結果發現是難產，當時胎兒因頭部太大，無法完全娩出，而這戶人家早在她到達之前便開始處理，只不過他們是請乩童作法，而非延請產婆處理，因此當她到達時，嬰兒已氣絕多時，她只好將嬰兒鉗出，所幸產婦無恙；由於這不是業務上的過失，劉阿秀不需要承擔任何責任。[109] 蘇吳保鳳也表示，她也曾在一戶山區產家發現難產的個案，當她步行近六個小時至產家時，產婦已因難產而奄奄一息，於是她立即請產家將產婦抬至山下醫院手術，才挽回兩條生命。[110]

至於產後處理，根據以往慣例，嬰兒出生後，產婆的工作就結束。但這群有照產婆則需繼續進行產後護理，一方面為嬰兒沐浴、換紗布、消毒臍帶斷處或清潔口腔等，另一方面還要照護產婦會陰的傷口。[111] 除此之外，有的產婆會提供育嬰常識，尹喜妹提到：

雖然她們家裡多半都有婆婆，住院期間，我們還是會教她們如何幫嬰兒洗澡，以及餵奶時避免嬰兒窒息，勤換尿布以避免尿布疹等等，對於頭胎嬰兒的照顧，更是不厭其詳地指導。[112]

有的產婆則會指導產家注意產房的衛生與通風，因為一般人認為產婦不宜受風寒，多數的產婦是在密閉的屋內坐月子，而當時大多數家庭的衛生條件不佳，產婦長期待在空氣不流通的屋子裡，很容易引發其他疾病，甚至影響全家健康。[113] 劉阿秀表示，產後護理工作通常做到新生兒的臍帶脫落為止，[114] 資料也顯示，嘉義地區的衛生機構曾提供棉花、藥布、油紙、丁字帶、硼酸、消毒液等醫療用品給公設產婆，並規定她們得於產婦分娩後，繼續為產家護理三日以上。[115] 儘管產後護理隨著產婦與嬰兒傷口的復原而結束，但產婆與產家的關係往往繼續存在，包括為產家的下一胎接生或供給嬰兒醫療諮詢等。

107 蘇吳保鳳口述訪問紀錄。
108 劉阿秀口述訪問紀錄。
109 同上註。
110 蘇吳保鳳口述訪問紀錄。
111 劉張換口述訪問紀錄。
112 游鑑明訪問、黃銘明記錄，〈尹喜妹女士訪問紀錄〉，頁二九。
113 劉阿秀口述訪問紀錄。
114 同上註。
115 〈產婦救護〉，頁四。

除了技術上的處理之外，為了確切了解產婆的接生情形，各地衛生課備有助產簿，規定產婆必須逐一填寫，助產簿的內容包括產婦過去的生產次數、初診情形及分娩過程等，衛生課還定期派員檢查。[116]另外，為掌握臺灣人口成長的確切資料，產婆得在嬰兒出生後不久，檢具出生證明書提供產家申報戶口，出生證明必須經由有照產婆開具，才有效力；[117]同樣的，妊娠診斷書或分娩、難產、死胎等證明書也由產婆開具。儘管後來難產或死胎一類的證明改由醫生開具，但相較於無照的傳統產婆，有照產婆不但權利較大，責任也不小。[118]

總之，受過訓練的有照產婆並不只從事助產或斷臍等分娩的工作，還要在產前產後提供有關的護理，因此她們除需有純熟的接生技術之外，且需具備豐富的公共衛生與婦幼衛生的常識，甚至需懂得如何移風易俗，這不僅是現代產婆應有的特徵，也是日本殖民政府刻意的造就。中日戰爭期間，總督府規定所有與醫護有關的人員不得隨一般民眾撤離，必須留居原地，參與地方救援工作，產婆也不例外，因此她們的工作項目不僅止接生。據訪問得知，她們所擔負的工作，包括指導民眾正確的救護方法，並協助醫生救護傷患。由此顯示，日治時期新興的產婆必須具備多項技術與知識。

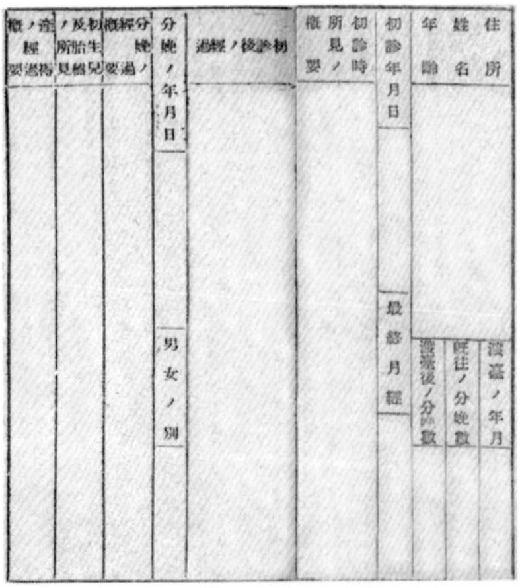


圖 34　日治時期助產簿格式

---

116 劉阿秀口述訪問紀錄。
117 〈臺灣產婆規則〉，頁二。
118 同上註，頁一。

# 4 產婆的社會地位及其影響

隨著新式產婆的出現，一向位居社會邊陲的產婆，她們的身分地位有了顯著的改變，她們的改變是什麼？而她們的接生技術是否影響產家與社會？

## 一、產婆的社會地位

### （一）殖民政府與地方領導階層對新式產婆的重視

產婆地位的改變是緩慢漸進的，而且取決於社會大眾對新式產婆的迎拒態度。對絕大多數的民眾來說，傳統產婆的接生方式已被普遍接受，即使她們的技術不良常導致意外，也多被視為理所當然，何況貧困產家大多自行處理斷臍等事，根本不肯雇請產婆，所以在新式產婆出現的初期，並未受到太多重視，尤其在風氣閉塞、保守的鄉下地區特別顯著。

而對總督府來講，新式的接生方式不僅可減少產婦與初生兒的死亡率，更可進一步改進臺灣民眾的衛生習慣，因此竭力宣揚新式產婆的正面形象。總督府所採行的策略有三種：一是利用地方組織或報章雜誌進行宣傳；二是嚴格審查產婆的開業資格，使非法營業的產婆自然淘汰；三是設置公設產婆，免費為民眾接生。至於地方領導階層，在殖民政府控制下，他們成為殖民行政任務的輔助工具，自然對殖民政府有意推動的公共事務，傾力贊襄。[119]他們除動員各類社會資源之外，也發動個人力量響應，例如彰化鹿寮的曾深河，他以部落振興會會長身分自資聘請市內的產婆至鄉服務。[120]

經過殖民公權力與地方勢力的不斷鼓吹，各地民眾對新式產婆逐漸接納。以臺南為例，一九二五年以來，該區不斷舉辦短期產婆講習會，激勵傳統產婆接受講習，之後又利用農閑，在缺乏育兒衛生觀念的地區，舉辦衛生展覽會，向民眾宣導有關知識。[121]至於高雄，一九二六年該州有一街二庄設置公設產婆，由於多數民眾並不了解公設產婆的作用，因此乏人問津，美濃庄的公設產婆每月平均僅接生兩人，經由保甲會議等的大力宣傳，第二年設有公設產婆的地區增至五街庄，美濃庄每月平均接生人數也增為十三人，比起前一年成長了六倍。[122]其他如基隆、新竹等區也因風氣漸開，由新式產婆接生的比率逐年成長，一九三四到一九三八的四年間，出現明顯的成長，新式產婆接生的新生兒由一千一百五十五名增為一千六百九十九名；[123]一九三二到一九三八年間，新竹州除一九三三年和一九三五年略為下降之外，大致呈上升情形。[124]

上述現象呈現，聘請新式產婆助產的風氣已逐漸擴展到鄉下地區，其中公設產婆尤受貧困家庭歡迎。毋可否認的，這與延請公設產婆可獲得免費助產有關，也因此一旦免費接生改為收費接生，民眾的反應是相當激烈，好比一九三一到一九三二年間，因執行機構向新店、鶯歌等庄民收取助產費，受到協議會強烈抨擊。[125]儘管不少民眾接受新式產婆是基於免費接生的好處，但也有民眾是與新式產婆接觸後，對她們產生好感。根據報導，草屯地區聘有一名公設產婆，該產婆向來為人親切，無論貧富庄民一律同等對待，深受當地人敬重；有一天因為遲交「產婦取締簿」，竟遭南投警察課科罰二日圓，聽到這件事的人都為她打抱不平。[126] 顯示民眾對新式產婆已由不了解而轉為接受，甚至挺身迴護。

### （二）自我宣傳與職業競爭凸顯新式產婆的形象

在整個大環境的因勢利導下，有的產婆也試圖凸顯個人形象，並透過不同管道，以引起各界重視。較保守而常見的做法是請託親友、顧客代為宣傳；較新式的做法則是在報章雜誌刊登廣告。圖33呈現產婆與醫生丈夫合登的廣告，此處再透過一九二八到一九三一年間《臺灣民報》和《臺灣新民報》的廣告欄，可以看到來自各地的產婆廣告，約計有九則，有人還連續刊登。[127] 這時期的產婆廣

---

119 吳文星，《日治時期臺灣的社會領導階層》（臺北：五南圖書出版股份有限公司，二〇〇九年第二刷），頁三一三。

120 〈部振產婆〉，《臺灣日日新報》第一二七四四號，一九三五年九月二十一日，漢文欄，夕刊，第四版。

121 臺南州編，《臺南州衛生概況（昭和十年刊行）》（臺南：臺南州，一九三五），頁二九。

122 高雄州警務部衛生課編，《衛生概況（昭和二年）》，頁二三。

123 統計自「表五：八　一九三四～一九三八年間基隆地區產婆接生概況表」，游鑑明，〈日據時期臺灣的職業婦女〉，頁一五四。

124 統計自「表五：九　一九三二～一九三八年新竹地區各類產婆接生概況表」，游鑑明，〈日據時期臺灣的職業婦女〉，頁一五三～一五四。

125 〈新店　役場助產婦料金須撤廢〉，《臺灣新民報》第四〇三號（一九三二年二月二十日），頁八；〈鶯歌　庄設產婆收錢、貧民怨聲不絕〉，《臺灣新民報》第三八九號（一九三一年十一月七日），頁八；〈鶯歌協議會〉，《臺灣新民報》第三九九號（一九三二年一月二十三日），頁二。

126 〈草屯　親切產婆被罰、庄民都替不平〉，《臺灣新民報》第三八九號（一九三一年十一月七日），頁九。

127 以上詳見《臺灣民報》第一八九號（一九二八年一月一日）至《臺灣新民報》第三四五號（一九三一年一月一日），廣告欄。

告，有單獨刊載，如高雄的王蘭，但多半與男醫生合刊廣告，也有與店家合刊，好比李快；[128]這類廣告載有產婆姓名、地址與電話號碼，不僅能招攬產家，也達到自我宣傳的效果，如圖35。值得注意的是，這種宣傳方式是以營利為目的，且多針對城市的中上家庭，與官方在鄉間進行的政令性宣導截然不同。然而，無論是便民或利己的宣傳方式，新式產婆及其接生法已逐漸被帶至民間。

隨著新式產婆的漸受重視，產婆人數日益增加，產婆之間開始產生職業上的競爭。無論透過親友代拉顧客或利用廣告互別苗頭，都是較溫和而理性的常態競爭方式，但偶爾會出現惡劣競爭的例子。根據一九三一年《臺灣新民報》的報導，霧峰庄原雇有一名公設產婆王水氏，不料該地某教員為了替他的妻子爭取這個職位，不斷造謠中傷王水氏，幸因王水氏一向人緣甚佳，頗得庄民信任，再加上該教員素行不良，因此無法動搖王水氏的地位。[129]實際上，與其他職業相較，產婆是一種女性專有的職業，競爭對手只有同性，儘管這時期有男性婦產科醫生，但絕大多數的男醫生不擔任助產的工作。

有趣的是，日治時期的接生工作很少出現兩性競爭，反而有幹練產婆指導男醫生的溫馨例子，尹喜妹在日赤醫院的婦產科工作時，曾主動指導當時的實習醫生徐千田，她很得意地回憶：

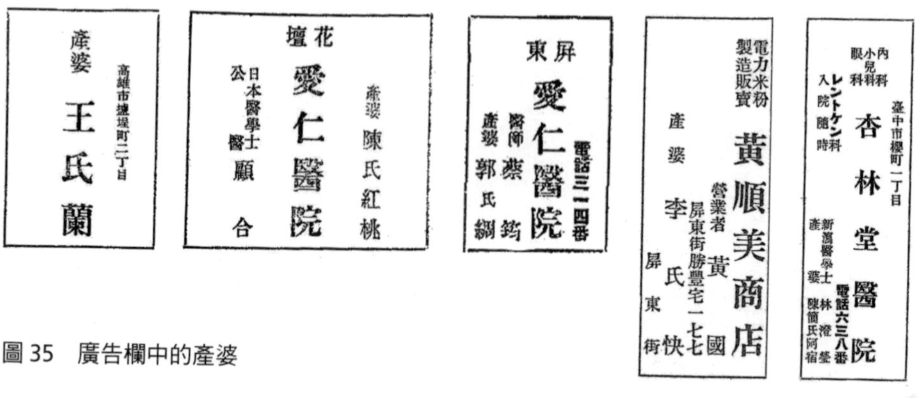


圖35　廣告欄中的產婆

……按照光復前的制度，接生是助產士的工作，但是生產時輪值醫生一定要在旁邊，以便處理難產等緊急狀況。徐教授（按：徐教授乃徐千田教授，是臺灣光復以來名婦產科醫生）在旁邊觀察了幾次以後，因為他早晚總要具備接生經驗，我便主動教他。有一天，產婦來了，正好他值班，時間差不多的時候，我判斷應該是順產，就請他去洗手，他一聽，臉馬上紅起來。我看他很緊張，一直鼓勵他，……於是由他接生，我在旁邊一面指導病人，一面教他，結果一切順利。[130]

這次經驗讓徐千田難以忘懷，即使他在成為國際聞名的婦產科醫生後，仍會當眾稱呼尹喜妹為老師。[131] 由此可知，產婆的豐富接生經驗，往往為她們帶來男性醫生的尊重。

另外，與同性間的競爭，也以同種族的競爭居多。以基隆和新竹為例，各族別的嬰兒多半由同族的產婆接生，臺灣產婦很少召請日籍產婆接生，[132] 如果由日籍產婆接生，多半是因臺籍產婆人數不

128 李快（快）的廣告先後出現在屏東黃順美商店和米粉製造工廠。《臺灣民報》第一八九號（一九二八年一月一日），頁三五；《臺灣新民報》第三四五號（一九三一年一月一日），頁四二。

129 〈霧峰庄某教員造謠中傷人〉，《臺灣新民報》第三六五號（一九三一年五月二十三日），頁五。

130 游鑑明訪問、黃銘明記錄，〈尹喜妹女士訪問紀錄〉，頁三二一。

131 同上註。

132 游鑑明，〈日據時期臺灣的職業婦女〉，頁一五四。

足，或是日籍產婆人數較多，如澎湖地區。[133]日籍產婆接生的人數之所以比不上臺籍產婆，主要與語言、文化習俗不同有關，雖然受同化政策的影響，通曉日語的臺灣民眾日益增多，然而鄉下地區不懂日語的民眾為數仍眾。同時，臺籍產婦生產前後常有各種迷信、禁忌和信仰，不同文化的產婆很難理解。尤其重要的是，這段期間產婦容易陷於焦慮、陣痛，極需要助產者給予慰藉，如果有語言或觀念上的障礙，便無法對產婦的症狀做出正確的評估，更不易指導產婦順產，[134]這也就是為何多數臺籍產婦習慣聘請臺籍產婆接生的原因。這一點，對臺籍產婆地位的穩固確實有極大的幫助，也是產婆這一職業能深受臺籍女性青睞的一項因素。

## （三）良好的接生技術與服務態度提昇產婆地位

除前述各項因素之外，產婆本身的技術與服務態度更關係著她們地位的上升。在技術上，產婆的接生經驗愈是豐富，技術就愈見純熟，但技術是需要不斷地推陳出新，於是各地衛生課常舉辦講話會或講習會，為在職產婆做職後訓練。[135]劉張換告訴我，這類訓練多數以公設產婆為對象，而訓練的內容大半是新觀念或新技術的引介，她個人曾從訓練中學習到如何教導產婦利用運動助生。[136]

另外，為促進同行的情感，產婆間有產婆會、助產婦例會或同窗會等組織，這些組織主要設於臺大醫院，並以該校訓練的產婆為基本成員。由於這類組織具有交換工作經驗的用意，每次會議必定舉辦演講，講者人數眾多，少則七人，多則十六人，講員包括婦產科醫生及臺、日籍產婆。根據一九一三到一九二二年間的演講可以發現，講題多數與異產、難產的處置有關，並取自講演者個人的臨床經驗或研究心得，會議中也展示相關照片，讓參與者更能深入理解。[137]由於會議緊湊、內容充實，與會人數相當多，特別是以同窗會名義召開的會議，出席人數曾多達六十人以上，而且來自全臺各地，[138]足見吸取他人經驗與新知對產婆是相當的重要。隨著產婆的增加，各地也有類似組織產生，一九三四年和一九三七年，嘉義與臺北分別成立產婆會和島北產婆會。[139]值得注意的是，上述組織並不完全以產婆為成員，會員還包括婦產科男醫生，甚至以男醫生為會長，例如島北產婆會的會長是婦產科名醫高敬遠。[140]無論如何，這類組織能幫助產婆獲得更多新知。

133 游鑑明，〈日據時期臺灣的職業婦女〉，頁一五四。

134 Sally B. Olds 等著，于桂蘭等譯，《產科護理學（*Maternal-Newborn Nursing: A Family-Centered Approach*）》下冊，頁六二五～六二六。

135 臺南州編，《臺南州衛生概況（昭和十年刊行）》，頁二九。

136 劉張換口述訪問紀錄。

137 〈助產婦會例會〉，《臺灣日日新報》第四五八一號，一九一三年三月六日，漢文欄，第六版；〈助產婦同窓會〉，《臺灣日日新報》第四七五五號，一九一三年八月三十一日，漢文欄，第六版；〈產婆例會〉，《臺灣日日新報》第四九七九號，一九一四年四月二十二日，漢文欄，第六版；〈助產婦大會〉，《臺灣日日新報》第五〇四二號，一九一四年六月二十七日，漢文欄，第六版；〈助產婦同窓大會〉，《臺灣日日新報》第七〇七八號，一九二〇年二月二十五日，漢文欄，第六版；〈助產婦同窓大會〉，《臺灣日日新報》第七一八二號，一九二〇年六月八日，漢文欄，第六版；〈助產婦同窓會〉，《臺灣日日新報》第七七九八號，一九二二年二月十四日，漢文欄，第六版。

138 〈助產婦同窓大會〉（一九二〇年六月八日），漢文欄，第六版。

139 〈創產婆會〉，《臺灣日日新報》第一二三八八號，一九三四年九月二十七日，第八版；〈島北產婆會發會式先聲〉，《臺灣日日新報》第一三二八四號，一九三七年三月十九日，漢文欄，第十二版。

140 〈島北產婆會發會式先聲〉，漢文欄，第十二版。

在服務態度上，生產期間產婦能否獲得妥善照護，完全仰賴產婆的態度。一九二四年臺大醫院舉行助產婦畢業典禮，該院院長曾勉勵畢業生應該要有充分勇氣，但不要流於粗暴。[141]換句話說，產婆應以親切和靄的態度為產婦服務。另外，產婆還要具備愛心，例如高雄許呂嫦娥曾為一少婦郭笑助產，並獲贈謝金，但事後許呂嫦娥發現，郭笑平日以行乞為生，於是把贈金原璧歸還，同時又餽贈二日圓給郭笑，一時傳頌地方。[142]這項義舉頗受當時社會大眾所稱頌，而樂於助人、免費替產婦接生的產婆，其實不勝枚舉。

重要的是，產婆應抱持犧牲的精神，當時交通不便，接生地點又遠近不一，遇產家召請，產婆必須義不容辭地前往。從劉阿秀的親身經驗，可以看到她是如何克服內心害怕，去為產家服務，她描述道：

有一回我到瑞芳接生，該地離我住處很遠，我無法像往常一樣騎腳踏車前往，對方便雇三輪車來載我，誰知走到半路，車子無法再往前走，因為接著是一段山路；我只好隨來接我的人爬山，可是走了好長一段路，仍未到達目的地，我心裡很納悶，便問對方，對方安慰我說：「就快到了！」就這樣，我不知走了多少路才到產家。[143]

特別是颱風天被請至鼻頭角接生的那一幕，劉阿秀始終餘悸猶存。她回想當天風浪很大，從基隆到鼻頭角得坐船，她非常害怕，卻又不忍拒絕，只好冒著生命危險前去，一路上船隻搖擺不定，驚恐莫名，幸而一切無恙，她才能順利到達。[144]另外，產婦的生產時間不定，產婆得隨時待命，即使是深更半夜，也常因職責所在，不便推卻。

總之，技術高明、親切和靄、不計酬勞與犧牲奉獻是這時期社會大眾對好產婆的認定標準，從當時鶯歌與梧棲的兩則報導可略窺一斑：

鶯歌庄役場曾於一九三〇年雇周葱為產婆，周氏為人親切，頗受庄民稱讚。[145]

梧棲街助產婦楊氏勤，自三年合格助產婦，歸來開業，作事謹慎，大受社會歡迎。此回受街當局囑託，更覺責任重大，且憂細民生活的苦狀，不惜犧牲其精神，對一般生產者們，無料助產，為社會奉仕云。[146]

而這也正是產婆地位得以提昇的主要原因。

141 〈助產婦證書授與式〉，《臺灣日日新報》第八五八二號，一九二四年四月八日，漢文欄，第五版。
142 〈產婆好義〉，《臺灣日日新報》第一一二九二號，一九三一年九月十八日，漢文欄，第八版。
143 劉阿秀口述訪問紀錄。
144 同上註。
145 〈鶯歌　產婆親切、庄民稱讚〉，《臺灣新民報》第三七七號（一九三一年八月十五日），頁八。
146 〈梧棲　產婆社會奉仕、分娩不收謝禮〉，《臺灣新民報》第三一六號（一九三〇年六月七日），頁七。

## 二、產婆一職對個人、家庭及社會的影響

產婆這一行業究竟為產婆個人、婚姻、家庭與社會帶來何種影響？首先從產婆的出身背景及其取得此一行業的動機分析。產婆多數出身中下家庭，而且以稍具工作經驗的職業婦女居多，因此她們接受進修再成為產婆的動機，除與興趣有關之外，不外為改變現有的經濟狀況與社會地位。從訪問中發現，她們分別來自不同的職業領域，包括電話接線生、糖廠雇員、家庭傭人與看護婦等。[147] 蘇吳保鳳說：

> 公學校畢業之後，由於家境不好，我無法繼續唸書，便在一位日本官員的家中工作，當時主人對我很好，工作之餘會教我公學校高等科的功課，而我的父母也期望我這唯一的女兒，能學習一技之長，以便日後有養家的能力。所以當我具備高等科的程度時，在主人與父母的鼓勵下，我參加臺大醫院助產婦速成科的考試。[148]

毋可否認的，她們的轉行多半是因為工作薪資所得或工作環境不臻理想。但也有人放棄不錯的職業而轉行產婆，例如在職看護婦的轉行。除因看護婦較易取得產婆執照之外，更重要的是，在收入、工作性質或社會地位方面，看護婦在在不及產婆，這些誘因自然吸引看護婦轉行。[149]

再從產婆執業後的實況分析，確實可以看出這個職業對產婆帶來極大的影響。從產婆個人來說，

接生是一種獨立作業的工作，為獨自應付產婦生產期間的各種狀況，產婆必須表現出膽大心細、快速準確與當機立斷的處事態度，這種歷練使她們變得精明、幹練，甚至擁有類似女教員或女醫生一樣的專業權威，這顯然是當時其他職業婦女難以望其項背的。此外，由於生產關係著傳宗接代，更關係著兩條生命的延續，無形中加深了產婆的使命感與同情心。不過，自另一角度來看，產婆是一種無固定工作場所與特定服務對象的職業，為了工作，她們必須穿梭在各類家庭間，工作時間更無晝夜之分；而這種工作型態潛藏著難以預防的危機，對年輕未婚的產婆是頗不安全的，據報載，這一類危機多半與誆報生產誘拐年輕產婆外出的騙色事件有關。[150] 由於產婆這一行業頗具風險，從業者甚至得為工作付出昂貴的代價，因此有志從事產婆事業的女性，必須較其他職業婦女具備更大的勇氣。

從婚姻與家庭來說，受產婆講習所入學規定的限制，講習生多半是未婚女性，而年齡至少得滿十六歲，嚴格來說，她們畢業時已是適婚年齡。我在訪問時發現，由於她們的工作與異性接觸的機會

---

147 游鑑明訪問，劉碧珠（臺大醫院助產婦講習所畢業）口述訪問紀錄（一九九二年八月三日，臺北），未刊稿；游鑑明訪問，洪月女（臺大醫院助產婦講習所畢業）口述訪問紀錄（一九九二年八月三日，臺北），未刊稿；游鑑明訪問，林張吟（臺大醫院助產婦講習所畢業）口述訪問紀錄（一九九三年四月二十八日，臺北），未刊稿；游鑑明訪問、黃銘明記錄，〈尹喜妹女士訪問紀錄〉，頁九；另見劉張換口述訪問紀錄、劉阿秀口述訪問紀錄、蘇吳保鳳口述訪問紀錄。

148 蘇吳保鳳口述訪問紀錄。

149 林月霞口述訪問紀錄。

150 〈傷風敗俗〉，《臺南新報》第一一九九六號，一九三五年五月三十日，漢文版，第四版；〈美貌產婆被創〉，《臺南新報》第一二一一六號，一九三五年九月二十八日，漢文版，第四版。

有限，儘管當時盛行自由戀愛，但大多數產婆仍靠媒妁之言來擇偶，[151]她們的配偶以來自中上家庭居多，包括教員、會社社員、或自營商等。[152]從《臺灣人士鑑》也可得到相同的佐證，該書所列舉的社會菁英中，有不少人以產婆為配偶，儘管「門當戶對」在日治時期仍相當盛行，但世家子弟有選產婆為妻者，如表四顯示，與產婆結婚的八位名人中，有六位是醫生。無疑的，這多與產婆的職業有關，因為在形象上，新式產婆年輕、幹練，且受過專業訓練；在工作上，她們具有獨當一面的能力，尤其是開業產婆的角色與開業醫生幾近相似。基於此，產婆很自然成為中上家庭子弟追求的對象，經由與中上家庭聯姻，產婆的地位因此更加穩固，特別是與醫生的聯姻。

此外值得一提的是，產婆對自己婚姻與家庭生活抱持何種態度？基於個人經驗和觀察，從劉阿秀、劉張換和蘇吳保鳳的訪問中，可以了解大致情形。劉阿秀提到，開業產婆很少獨身不婚，因為年輕又未婚的產婆缺乏生育經驗，很難取得一般民眾的信任。[153]她們三人對產婆婚後的家庭生活，也提供文獻資料看不到的一幕，好比產婆屬自由業，有時雖然得在夜間外出接生，但平常多留居家中，只在有產家召請時才外出助產，而且一般產婆每月平均接生十到二十名嬰兒，並不需要每日工作，因此產婆的工作不太影響家庭生活。[154]有趣的是，產婆幫助民眾生產，而她們本身也是多產婦女，[155]這固然與當時整個大環境缺乏節育的觀念有關，劉張換直率地說，因為她們有較多的閒暇照顧家庭與孩子，不像全職的女性會有工作與家庭的兩難。[156]劉阿秀還告訴我，產婆所具備的醫療專業知識，不僅限於生產，凡是育兒、家庭衛生或一般居家應有的護理常識，她們都可應付自如，對全家的健康有很大幫助。[157]

從社會來說，為了生產順利，產婆必須與產婦進行溝通，才能了解她們的生理狀況，在兩性關係尚未完全開放的日治時期，多數的女性只期望與同性溝通身體問題，就如第三章提到女醫生的病人以女性居多一樣，於是產婆成為產婦的最佳醫療顧問。劉張換和蘇吳保鳳發現，在沒有性別障礙下，產婦通常無所顧忌地向她們傾訴各種生理變化，於是她們和產婦之間很容易建立默契。[158] 產婦生產結束後，是否與產婆就不再有任何關係？其實有的產婦對產婆的依賴卻又更進一層，無論產後護理或育嬰常識都請教產婆，久而久之，產婆與產婦家族產生緊密關係。劉張換和蘇吳保鳳指出，不僅產婦個人生產必迎請為自己接生的產婆，產婦的子孫乃至親友生產，也延請同一產婆，雙方之間形成的這種特殊網絡，加深了產婆的影響力。[159]

而產婆除帶給一般產婦正確的生產觀念之外，也間接改變了她們的醫療衛生觀念，例如消毒、洗濯與屋內通風等衛生習慣的養成。無疑的，產婆對一般家庭與社會所構成的影響，主要來自產婆的專

151 劉阿秀口述訪問紀錄。
152 劉張換口述訪問紀錄、劉阿秀口述訪問紀錄、蘇吳保鳳口述訪問紀錄、林張吟口述訪問紀錄。
153 劉阿秀口述訪問紀錄。
154 劉張換口述訪問紀錄、劉阿秀口述訪問紀錄、蘇吳保鳳口述訪問紀錄。
155 劉張換口述訪問紀錄、蘇吳保鳳口述訪問紀錄。
156 劉張換口述訪問紀錄。
157 劉阿秀口述訪問紀錄。
158 劉張換口述訪問紀錄、蘇吳保鳳口述訪問紀錄。
159 同上註。

## 表四　產婆與地方領導階層聯姻概況表

| 地區 | 姓名 | 職業 | 配偶 | 職業 | 資料來源 |
|---|---|---|---|---|---|
| 臺中州 | 林月瑛 | 產婆 | 王友樹 | 原臺北醫院婦人科醫生、後自行開業 | 興南新聞社編，《臺灣人士鑑》（臺北，1934），頁10。 |
| 新竹州 | 不詳 | 開業產婆 | 羅享標 | 公醫、北埔信用組合長 | 《臺灣人士鑑》（1934），頁188。 |
| 臺中州 | 吳春 | 產婆 | 張紹年 | 醫生 | 《臺灣人士鑑》（臺北，1937），頁231。 |
| 新竹州 | 鄭玉愛 | 開業產婆 | 鄭富智 | 大溪濟仁醫院主任醫生 | 《臺灣人士鑑》（1937），頁290。 |
| 臺中州 | 潘張福履 | 產婆 | 潘勝輝 | 埔里街協議會員、烏牛欄信用組合長 | 《臺灣人士鑑》（1937），頁321。 |
| 彰化 | 林阿圓 | 開業產婆 | 林篤勳 | 彰德醫院院長、彰化同志信利組合監事 | 《臺灣人士鑑》（1937），頁463。 |
| 臺中 | 不詳 | 產婆 | 謝融 | 竹山庄助役 | 《臺灣人士鑑》（臺北，1943），頁194。 |
| 高雄 | 劉瑞桃 | 產婆 | 李文俊 | 醫生 | 《臺灣人士鑑》（1943），頁440。 |

業技術、醫療知識，但也不能忽視殖民政府的政策，例如公設產婆在巡迴接生之餘，政府要求她們必須協助衛生宣導。

產婆的影響其實不止於此，因為經常出入民宅，產婆漸漸成為當地無人不曉的公眾人物，她們的影響力由一個小社群再延伸至其他社群，這對她們社會地位的提昇有極大的幫助。有的產婆和女教員、女醫生一樣，在本業之外，還從事社會教化工作，曾在青年團任副團長職務的劉阿秀表示，她在青年團所擔任的是日語教學，事實上這並非她的專長，而當時指派她擔任此一職務，是借重她的社會關係來達成對大眾語言的同化。[160] 苗栗齒科醫生邱煥英的妻子邱洪銀妹，她是當地的開業產婆，曾利用接生之餘，擔任了廿年的保甲團團長，而且十分活躍。[161] 此外，新竹州的市街庄「方面委員」，有不少由產婆擔任，一九四一年就有八位產婆任「方面委員」，分別是利九妹、林查某、羅完妹、徐四英、徐路得、鄭秀〔綉〕枝、邱雲珍、張黃秀英等。[162]

臺灣戰後一部分產婆甚至走向政治舞臺，小則為鄉鎮代表，大則為縣議員，產婆的發展空間更加寬闊。其中較突出的是嘉義的鍾添美、臺南的周林月雀、南投的黃謝秋菊和苗栗的鄭秀〔綉〕枝，她

160 劉阿秀口述訪問紀錄。
161 〈奉公會苗栗郡支會に雄々しく咲いた婦人主事〉，《新竹州時報》第五一號（一九四一年八月），頁一二七。
162 新竹州編，《方面委員名簿（昭和十六年十月）》（新竹：新竹州，一九四一），頁八、一七、三六～三七、三九、四一。

們曾分別當選為縣議員。[163] 儘管從政的產婆僅是少數，但這個地位的取得十分難能可貴，因為與同時當選的其他女性參政者相較，她們得以脫穎而出，並非憑藉耀人的學歷，而是高明的接生技術與雄厚的人脈，換句話說，產婆地位的上升主要來自她們所服務的社群。

總之，產婆地位的改變是多方的促成，在臺灣總督府、社會領導階層與產婆本身不斷地宣傳與努力下，產婆逐漸受社會大眾的認同，對社會大眾而言，產婆不但為他們帶來正規的生育技術與知識，且間接改變了他們的衛生習慣；至於產婆個人也因工作的關係，無論在性格、婚姻、家庭生活或社會地位上，與傳統產婆有顯著不同，她們不再處於邊際地位，甚至較諸同時期的部分職業婦女更加受到重視。

163 鍾陳添美曾任嘉義縣第一屆縣議員，周林月雀任臺南第七屆縣議員，黃謝秋菊任南投第一屆議員，鄭綉枝任苗栗第一屆縣議員。以上分別參見嘉義縣政府祕書室編，《嘉義縣政一年》（嘉義：嘉義縣政府祕書室，一九五二），頁二二；魏梓園，〈臺南縣五十七年度公職人員選舉概況〉，《南瀛文獻》第十三卷（一九六八年八月），頁三；林學仕，〈南投縣地方自治紀略〉，《南投文獻》第二十九期（一九八三年六月），頁二六四；苗栗縣政府民政局主計室編，《苗栗縣議員選舉專輯》（苗栗：苗栗縣政府民政局主計室，一九五一），頁三五。

# 5 小結

和其他職場女先鋒不同的是，產婆這一行業早存在臺灣傳統社會，傳統產婆是不需要特別技術，但到日治時期，臺灣產婆有重大改變。產婆的轉型是世界性的，隨著現代接生技術的產生，傳統產婆逐漸走入歷史，取而代之的是，受新式接生訓練的產婆，處在世界邊陲的臺灣，在殖民政策的擘畫下，也受到這股潮流的影響，出現新式產婆。

與廢纏足運動非常相似的是，新式產婆的產生是來自殖民政府、社會領導階層和女性等三股力量。對殖民政府來說，臺灣傳統產婆的接生方式缺乏衛生觀念、又沒有學理根據，而且這種接生方式深入民間，阻礙殖民政府建立衛生觀念與破除舊慣陋俗的企圖，因此殖民政府採用是由點而面、由上而下的全面動員。

首先，總督府在臺大醫院設置產婆講習所，開創培養臺籍新式產婆的先例，其後續有地方醫院相繼響應。由於公立醫院培養的產婆，雖然是當時臺灣新式產婆的主流，卻因培訓的人數有限，無法普及全島，於是殖民政府利用公權力，要求地方領導階層參與傳統產婆技術改良的工作。

在殖民政府的強勢統治下，地方領導階層必須扮演行政的輔助工具，在態度上固然不免敷衍，但對有利於臺灣社會文化的變革，多半地方領導階層能積極回應，何況產婆技術的改良是代表文明、進步，崇尚新文明的社會領導階層也就順水推舟。有的人透過在地方上的行政職務開辦短期講習會，鼓吹傳統產婆接受講習，或者設置公設產婆，免費為地方婦女助生，還有人則利用私設的醫院培育新式產婆，一時具有新式接生技術的產婆倍增。且不論地方領導階層積極催生新式接生技術，是受迫於公權力抑或個人自覺，但他們在臺灣產婆的變革中扮演了中介的角色。

培養產婆人才之外，殖民政府對產婆的開業資格有嚴格的規範。開業產婆必須具備合格執照，凡是出身講習所、講習會或是通過產婆試驗的女性，有資格取得合格執照。另外，殖民政府不僅排斥無照產婆，讓她們無法正式營業，還要求傳統產婆接受短期講習，但以傳統產婆不夠專業，限制她們開業的地點和開業期限，導致她們無法如新式產婆能自由開業。這些措施明顯的在協助產婆走向專業化，讓她們具有穩固的社會地位。

經由殖民政府與地方領導階層的大力鼓吹，女性的反應是如何呢？首先受到衝擊的是傳統產婆，受整個大環境的影響，有不少傳統產婆意識到新式接生技術是一種時尚，惟恐遭到淘汰，她們相繼接受短期講習，試圖與新式產婆同獲一席之地。另外，隨著「產婆」形象的改變，殖民政府也支持這個行業，有不少女性把產婆當成就業首選，從產婆的自述和報紙報導得知，在僧多粥少下，她們得參與激烈的入學考試或產婆試驗，才有機會成為有照產婆。

值得注意的是，產婆這個行業之能受到重視，還包括產家的態度，原本許多家庭忸於舊習，不願迎請有照產婆助生，直到新式接生方式逐漸普及，總督府又規定嬰兒的出生證明需由有照產婆開具，於是接受新式產婆助產的產家不斷增加。另外，免費助生的公設產婆設置後，也讓更多家庭願意接受新式產婆，特別是貧困產家。

就如女教員和女醫生，經過現代化接生技術訓練的產婆，無論在形象、專業能力或地位，都與傳統產婆不能同日而語。在形象上，新式產婆年輕、精明、幹練，又具有使命感與悲天憫人的胸襟，很容易吸引民眾。在專業能力上，新式產婆除負責分娩、斷臍的工作之外，還處理產前與產後的護理，並提供產家育嬰常識、婦幼衛生與家庭衛生等現代化衛生觀念，戰爭時期，她們也與醫護一樣，協助醫療救援工作，因此產婆具有看護婦、保健員與醫生等多重角色。在社會地位上，臺灣女性職業群多數面臨性別與種族的職業競爭，而產婆的競爭對手主要來自同一性別與同一族群，使她們受排擠的可能性較小。更重要的是，合格產婆可以開業，不少產婆懂得包裝自己，為招攬客人，她們在報紙上刊登廣告，提高自己的知名度。此外，由於工作關係，產婆必須接近社會大眾，透過接生技術與衛生知識的傳遞，她們與不少家庭或家族建立良好的關係，雄厚的人際網絡成為她們往上流動的重要憑藉。

前述的特點，對產婆的婚姻與家庭有不小影響。產婆多數出身中下家庭，在尚未擺脫門當戶對觀念的時代，她們原本多與普通家庭通婚，但隨著她們的形象與角色受到矚目，在選擇配偶時，擁有較大的選擇空間，甚至有機會成為上層家庭的一員。而在家庭生活中，產婆把現代化醫療知識帶入家庭，對家人的健康有極大的幫助，彈性的工作時間，則讓她們有充裕的時間照顧家庭，不易產生家庭與職業兩難兼顧的問題，因此產婆很少停業，反而吸引有產婆執照的看護婦轉行當產婆。

綜括而言，日治時期臺灣產婆呈現出的風貌，不僅大異於傳統產婆，她們的地位還可與女教員或女醫生相提並論，甚至在臺灣戰後走向政壇，這是許多職業群無法媲美。但從產婆專業化的角度來看，日治時期的臺灣產婆其實並未真正走向專業，殖民政府沒有制定一套完整的產婆教育制度，以致於產婆雖然學習到新式接生術，與專業產婆相較，仍有相當差距。

# 第五章 堅忍謙恭的看護婦

現在「女護理師」的先鋒是「看護婦」，這個稱謂來自日本，她們的產生也是出於日本殖民政府的設計，但如同產婆，殖民政府沒有設置護理學校。看護婦是經由多元管道的培養，起初由公立醫院和教會醫院培養，但人數有限，面臨臺灣醫療事業的日趨發達、看護婦嚴重缺乏，小型私立醫院、醫師公會也加入養成看護婦的行列。到中日戰爭期間出現另類的護理人員——戰地看護助手，她們不曾受過護理教育，僅接受短期護理訓練，即前往中國大陸照護日軍，寫下臺灣護理史的特殊一章。

在不同的培訓機構中，公立醫院對看護婦的養成，無論在學科教育、實務見習或生活教育上，非常嚴格。儘管如此，公立醫院畢業的護生，可不經試驗直接取得看護婦執照，因此吸引不少女性報考，競爭也就格外激烈。取得資格的看護婦，她們工作的場所不外在公私立醫院，以及鄉鎮區公所、學校或工廠等的醫務室，由於醫護觀念和技術與時俱進，看婦護需要不斷吸收新知，有的地方特別舉辦看護婦講習會，對醫院以外的看護婦進行在職教育，提升看護婦的素質。

然而，看護婦的流動率很高，甚至高過女教員，有人追逐高薪到中國大陸醫院工作外，有人是因為無法接受醫院的種族歧視與婚後必須辭職的規定，選擇離職或晚婚，另外，具有護理與產婆雙執照的人則轉行當產婆。由於看護婦地位低落、待遇不高、工時冗長，又經常處在不安全的公衛環境中，有的醫院提供休閒活動，調劑看護婦身心，嘉義醫會還為嘉義地區績優的臺籍看護婦舉辦表揚大會，獎勵績優護理人員。但長期的壓力與過低的薪資，仍讓部分看護婦無法忍受，馬偕醫院和高雄醫院的看護婦曾發動罷工。

在婚戀上，絕大多數的看護婦選擇安排式婚姻，不過，因為工作讓看護婦有較多機會與異性接觸，有人勇於接受異性追求或自由戀愛，甚至做出駭世驚俗的行為。無論如何，在日治時期的護理教育下，看護婦多數恭順、服從，雖然她們大半來自中下階層，但由於形象清新，工作又適合女性擔任，和其他職業相較，看護婦是份高尚的職業，吸引年輕女性景從。

一九六五年，尹喜妹成為臺大醫院的護士主任，直到一九七三年退休才卸任。[1] 雖然護士主任的任期只有八年，但尹喜妹的護理生涯長達四十多年，而且退休後並沒有離開臺大護理站，經常穿梭在醫院裡，為晚輩提供寶貴的護理經驗。在一九九二年，透過臺大常德會詢問處的介紹，我很幸運地訪問了她，透過訪談獲得不少珍貴史料。

在臺灣護理界，尹喜妹算得上是元老級，她走上護理這條路，充滿戲劇性，從尹喜妹的口述，我們可以看到臺灣護理界的先鋒是如何邁入醫護舞臺？又如何和時代脈動相互交錯、起伏？嚴格來說，尹喜妹的歷史只是一個引子，我希望藉此看到臺灣護理界的女先鋒是如何產生？她們的工作情形、工作之餘的家庭與婚姻以及她們對醫護事業的貢獻。

圖36　尹喜妹（中坐者）升任臺大護理主任

一九二九年，尹喜妹考進了日赤醫院的看護婦養成所，這是她人生的最大轉捩點，而這全歸功於就讀臺大醫學院的二叔為她報名，在這之前，她根本不知道有日赤醫院，更不清楚該醫院免費培養護理人員。對來自桃園楊梅鄉下的尹喜妹來說，讀書、深造是很不容易的事，從楊梅公學校畢業後，她進入農業專修學校就讀，這期間她一直希望報考新竹高等女學校，但父親以家庭經濟困難為理由，反對她繼續升學，後來更因為家裡農田缺人耕耘，農業專修學校也讀了半年就輟學，她只好待在家裡幫忙家事和農務，但追求上進的想法始終存在。[2]

事實上，尹喜妹的求學過程很崎嶇，她說自己很晚才入學，原因在於：

家裡沒有多餘的錢，我又是女孩子，所以父母從來沒有考慮過我的教育問題，我能上學還是靠大哥幫忙的。我十歲那年，他考上代用教員，在楊梅唯一的公學校——楊梅公學校——任教……。有一天他回來，問我母親為什麼不讓我唸書，我母親也弄不清楚我到底什麼時候可以上學，就說什麼時候可以去就讓我去，結果我大哥說：「我明天就帶她去！」我母親說：「好啊！」我就是這樣開始上學的。[3]

即使尹喜妹唸了公學校，她的父親一直阻擾她唸書，所幸她還是順利地從公學校畢業。至於報考日赤醫院看護婦養成所這件事，讓尹喜妹驚喜的是，她父親居然不反對，還親自帶她北上考試，而她也如願地考上。[4]

---

1　游鑑明訪問、黃銘明記錄，〈尹喜妹女士訪問紀錄〉，游鑑明訪問、吳美慧等記錄，《走過兩個時代的臺灣職業婦女訪問紀錄》，中央研究院近代史研究所口述歷史叢書（52）（臺北：中央研究院近代史研究所，一九八四），頁五六。

2　同上註，頁一五～一七。

3　同上註，頁一三。

4　同上註，頁一七。

從尹喜妹的求學經過可看到，受重男輕女觀念的影響，她的教育權受到剝奪，這種現象其實普遍存在於經濟貧困的家庭裡，臺灣並非特例。值得注意的是，父權迫使尹喜妹幾乎失學；而她獲得就學和深造的機會也是來自男性，在父權彼此的拉扯下，尹喜妹從谷底翻身，這雖然是尹喜妹的個案，卻說明歷史上沒有絕對的父權與男權。較令人好奇的是，尹喜妹擺脫父權的陰影後，她的護理生涯是否不再遇到性別難題？以下將從她如何進入護理學校、接受什麼樣的護理教育說起。

圖 37　一九二八年尹喜妹（前排右四）自楊梅公學校畢業，時年十六歲

# 1 近代護理人員的產生

在日本殖民政府統治下，臺灣有了近代護理人員，這群職場新秀是來自護理學校的培育？或與前面討論的女教員和產婆一樣，有其他培訓管道？立志成為白衣天使的臺籍女性需要具備何種條件？她們與日籍女性是否被平等看待？除了培訓正規護理人員之外，為了因應中日戰爭期間醫護人員的不足，可有其他訓練方式？至於未經由護理教育培育的密護，她們又如何取得正式護理人員的身分？

## 一、公立醫院首開看護婦的培養

尹喜妹出生在一九一三年的日治臺灣，她的護理教育是殖民政府所擘畫。第三章提到，為了改善臺灣的衛生環境，臺灣總督府展開各項衛生改革措施，還設立近代衛生醫療機構和培養近代醫事人才。事實上，在基督教長老教會引進下，臺灣早在清代就有近代醫療，只因為當時民眾不能接納西醫，就醫的民眾也不多，醫護工作由醫生一人承攬，即使有助手協助，也多是教徒權充助手，沒有專業護理人員。[5] 因此，護士（日治時期稱為「看護婦」）這一行業直到日本統治臺灣才出現，護理教育也在這時起步。

環顧護理教育的歷史，護士最早出現在歐洲，但早期的護士沒有受過專業訓練，一直到一八六〇年南丁格爾（Florence Nightingale, 1820~1910）在倫敦聖湯瑪斯（St. Thomas）醫院設立南丁格爾護士學校，才產生了專業護士。[6]日本殖民政府統治臺灣時期，臺灣的護理教育也是仰賴醫院附設的看護婦養成所，然而，儘管一九二〇年代之後，培養看護婦的管道漸趨多元，這種寄託醫院發展護理教育的形式，到殖民政權結束前不曾改變，臺灣總督府始終沒有在臺灣成立護理學校。相較於同時期已經有正式護理學校的中國大陸和日本本國，臺灣看護婦的培育明顯沒有受到臺灣總督府重視，就如同前面提到的女教員、女醫生、產婆，看護婦的養成教育在殖民教育體制中被邊緣化。

臺大醫院最早設置看護婦養成所，起初訓練的看護婦全都是在臺灣的日本女性，臺籍女性到一九〇七年才有機會接受護理訓練。臺大醫院為何接受臺籍女性的護理訓練？這是一種現實的考量，原本到該院看診的病患多為日本人，由同族看護婦照護病患並不成問題，但當臺籍病患日漸增加後，日籍看護婦與病患間出現語言溝通上的障礙，護理工作無法順利執行，於是一九〇七年臺大醫院開始對臺籍女性實施護理教育。[7]之後，隨著全島各醫院的設置，醫院也陸續成立看護婦養成所，較具規模的訓練有隸屬總督府管轄的基隆、宜蘭、新竹、臺中、嘉義、臺南、鳳山、臺東和澎湖等九所公立醫院，以及日赤醫院和鐵道醫院。

進入醫院看護婦養成所需要何種條件？早期因為受教育的女性不多，而且就學女性多半像尹喜妹一樣，超齡入學，所以養成所對報名者的資格要求不算嚴格，一九〇八年臺大醫院規定，凡年滿十六到二十五歲身體強壯、性情溫良、品性端正且無家累的女性都有報名資格。[8]隨著受教女性的增多，養成所的入學資格也跟著提高，一九二八年臺大醫院把入學者的年齡降為十四到二十五歲，同時規定必須是高等小學校、公學校高等科的畢業生或是修畢高等女學校第二年課程的女學生。[9]從現在的學制來看，當時接受護理教育的女性至少需要具備初中二年級學生的程度；我從訪問發現，實際參加報名的人很少來自高等女學校，絕大多數是公學校高等科畢業生，或具同等學歷的女性。

除擁有初中學歷之外，她們還得通過學歷鑑定考試。起初的考試項目相當簡單，以臺大醫院為例，該院的應考科目包括讀書、作文和算術；[10]日治中後期，因為報名的人數較前踴躍，考試試題比過去複雜，多半出自日籍學生就讀的小學校教材，這對就讀公學校的臺籍女學生來說，簡直是緣木求魚。[11]但由於在醫院接受護理教育可享有公費，結業後又可不經看護婦試驗直接取得看護婦執照，還是吸引不少臺籍女性投入這場競爭。[12]從臺大醫院看護婦講習所畢業的呂連紅甘回憶，她報考的那年

5 鄭連明，〈自偕叡理牧師來臺至中法戰爭〉，臺灣基督長老教會總會歷史委員會編，《臺灣基督長老教會百年史》（臺南：臺灣基督長老教會，一九八四年第二版），頁五〇。

6 Hilary, Bourdillon, *Women as Healers: A History of Women and Medicine* (New York, Cambridge University Press, 1989), p. 39.

7 〈助產婦養成〉、〈看護婦養成附德育ノ涵養〉，臺灣總督府臺北醫院編，《臺灣總督府臺北醫院第十六回年報（大正二年）》（臺北：臺灣總督府臺北醫院，一九一三），頁三四～三五。

8 〈看護婦養成規則〉，臺灣總督府臺北醫院編，《臺灣總督府臺北醫院第十二回年報（明治四十一年）》（臺北：臺灣總督府臺北醫院，一九〇九），頁二七〇。

9 〈講習生募集　臺灣總督府臺北醫院看護婦助產婦講習所〉，《臺灣總督府府報》第三〇六號，一九二八年二月十日，頁二四。

10 〈看護婦養成規則〉，頁二七一。

11 游鑑明訪問，呂連紅甘（臺大醫院看護婦講習所畢業）口述訪問紀錄（一九九二年八月三日訪問，臺北），未刊稿。

（一九三一年），報名人數多達一百人，錄取了二十五人，其中臺籍女學生僅有六人。[13] 可見有意願接受護理教育的女性相當多，她們也勇於投入激烈的考試競爭。

尹喜妹就讀的日赤醫院看護婦養成所，比臺大醫院較晚設置，該院看護婦養成所的考試規定與臺大醫院稍有不同，尹喜妹記得當時考試分筆試和口試兩項，筆試考日語和算數。由於日赤醫院重視救護訓練，報考者還得通過體檢，尹喜妹很得意地說：

那時我很壯，公學校六年，每天都和哥哥們走一個鐘頭的路去上學，有時起晚了怕來不及，還跑步上學，所以體檢時沒有一點問題。[14]

和臺大一樣，報考日赤醫院看護婦養成所的人數也相當多，尹喜妹記得她報考那年，有一百多人報名，但錄取人數比臺大多，有三十幾名日本人和十幾名臺灣人，後來因為課程艱深，有不少人半途而廢，尹喜妹畢業時，臺灣人只有五、六名。[15] 至於必須義務服務十二年的救護護士，受訪人指出日赤醫院從未錄用過臺籍女性。[16]

且不論中途輟學的護士生（以下稱「護生」），這時期公立醫院究竟造就了多少看護婦？以臺大醫院為例，儘管一九〇七年該院開放訓練臺籍看護婦的管道，但綜觀日治時期該院結業的臺籍看護婦人數，實無法與日籍看護婦相提並論。根據《臺灣總督府臺北醫院年報》、《臺灣總督府臺北醫院看護婦產婆養成所卒業者名簿》，該院首次培養出的臺籍看護婦僅有兩名，當年的日籍看護婦卻有十八名；此後，臺籍看護婦的人數雖略有增加，但在一九三九年以前，每年結業的看護婦平均不到十人，合計也只有一百零三人，相對的，日籍看護婦多達九百三十一人。[17]其他公立醫院所培養的看護婦人數更少，例如一九〇七到一九二二年間，臺南醫院所訓練的臺、日籍看護婦，合計僅有九十人；[18]日治時期宜蘭醫院所培養的全部臺籍看護婦也不過四十五人，而日籍看護婦卻有七十人，[19]換言之，宜蘭醫院每年平均僅培養三名臺籍看護婦。

而這種臺籍看護婦不多的情形到中日戰爭期間才有變化，一九三九年臺大醫院的臺籍看護婦突破十名，一九四五年更造就三十名臺籍看護婦。[20]有的醫院也在這期間開始容納臺籍看護婦，宜蘭醫院

---

12 根據規定，凡自臺灣總督府醫院看護婦、助產婦講習所的看護婦科畢業者，或是自總督府指定的私立看護婦學校、看護婦講習所畢業者，均可逕自申請護士執照。以上參見〈看護婦規則〉（府令第十八號），《臺灣總督府府報》第三一六〇號，一九二四年二月十四日，頁四一。

13 呂連紅甘口述訪問紀錄。

14 游鑑明訪問、黃銘明記錄，〈尹喜妹女士訪問紀錄〉，頁一八。

15 同上註。

16 游鑑明訪問、黃銘明記錄，〈尹喜妹女士訪問紀錄〉，頁一八；呂連紅甘口述訪問紀錄。

17 「表六：一　一八九八～一九四五年度臺大醫院護士畢業人數一覽表」，游鑑明，〈日據時期臺灣的職業婦女〉（臺北：國立臺灣師範大學歷史研究所博士論文，一九九五），頁一七三。

18 臺灣總督府臺南醫院，《臺灣總督府臺南醫院院務要覽》（臺南：出版單位不詳，一九二二），頁五五。

19 宜蘭醫院，《總督府宜蘭醫院附設看護婦講習所畢業生名冊》（一九三九），轉引自「表八　宜蘭醫院附設看護婦講習所畢業人數統計表（一九一四～一九四五）」，范燕秋，〈日治時期臺灣總督府宜蘭醫院初探〉，《宜蘭文獻雜誌》第七期（一九九四年一月），頁一八。

20 「表六：一　一八九八～一九四五年度臺大醫院護士畢業人數一覽表」，頁一七三。

的臺籍看護婦便是在一九三四年之後開辦。21 這與中日戰爭期間日籍護理人員日減，加以醫院需要大量醫護人員有關。

儘管各地公立醫院陸續投入護理人才訓練的工作，但通常是以醫院業務需要而定額，人數因此受限。影響所及的是，面臨臺灣醫療事業的日趨發達，這些看護婦根本不敷所需，導致嚴重缺乏看護婦，於是有私立醫院也培育看護婦。

## 二、私立醫院加入看護婦的培育

為了因應醫務需求與看護婦的缺乏，有的小診所雇用並不具備合格資歷的護理人員，或是採用學徒制訓練，因此小診所充斥著密護，如第三章所述。然而，這畢竟不是長遠之計，一九三〇年代後期醫生公會、規模較大的私立醫院、教會醫院開始加入培養看護婦的行列。曾在日赤醫院服務的周笑表示，她個人是在臺北市醫生公會附設

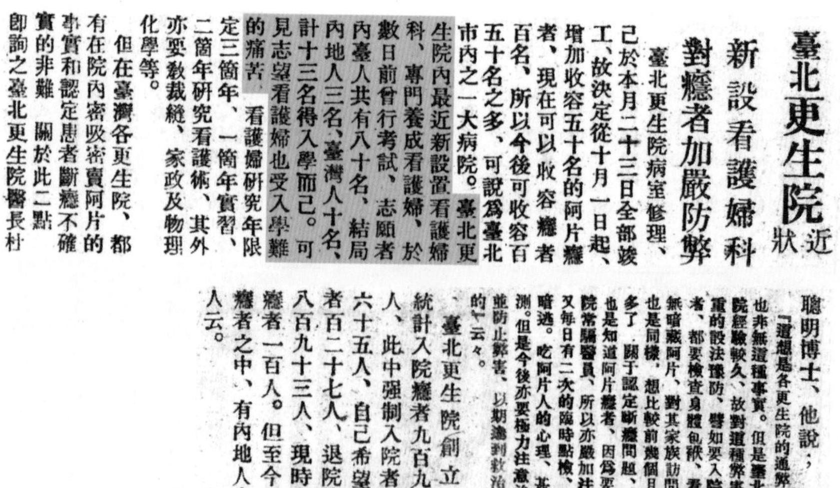

臺北更生院近狀

新設看護婦科

對癮者加嚴防弊

臺北更生院病室修理、己於本月二十三日全部竣工、故決定從十月一日起、增加收容五十名的阿片癮者、現在可以收容癮者百名、所以今後可收容百五十名之多、可說爲臺北市內之一大病院。臺北更生院內最近新設置看護婦科、專門養成看護婦、於數日前曾行考試、志願者內臺人共有八十名、結局內地人三名、臺灣人十名、計十三名得入學而已。可見志望看護婦也受入學難的痛苦　看護婦研究年限定三箇年、一箇年實習、二箇年研究看護術、其外亦要教裁縫、家政及物理化學等。

但在臺灣各更生院、都有在院內密吸密賣阿片的事實和認定患者斷癮不確實的非難　關於此二點即詢之臺北更生院醫長杜聰明博士、他說；

「這想是各更生院的通弊、實在也非無這種事實。但是臺北更生院經驗較久、故對這種弊害很嚴重的設法豫防、譬如要入院的患者、都要檢查身體包袱、看其有無暗藏阿片、對其家族訪問客、也是同樣，想比較前幾個月好得多了　關于認定斷癮問題、現在也是知道阿片癮者、因爲要早退院常騙醫員、所以亦嚴加注意、又每日有二次的臨時點檢、以防暗逃。吃阿片人的心理、甚難推測。但是今後亦要極力注意治療、並防止弊害、以期達到救治的目的」云々。

、臺北更生院創立以來統計入院癮者九百九十二人、此中强制入院者八百六十五人、自己希望入院者百二十七人、退院總數八百九十三人、現時在院癮者一百人。但至今入院癮者之中、有內地人十九人云。

圖 38　臺北更生院新設看護婦科

的看護婦講習所學習護理專業知識，再經由看護婦試驗而成為正式看護婦。[22] 該講習所類似現在的補習班，必須自繳學費，學員有臺灣人也有日本人。

有的私立醫院是仿照公立醫院，採用公開招訓看護婦的方式，較著名的有臺北更生醫院，該院在一九三〇年開始招考看護婦；[23] 另外，第三章曾提及，高雄仁和醫院的產婆講習所，其實兼具看護婦和女藥局生的培養。而臺北高產婦人病院院長高敬遠因受到歐美醫護教育的影響，也設立看護婦產婆講習所，協助有志女性取得合格看護婦執照。[24] 可惜的是，醫院或組織所訓練的看護婦非常有限，周笑提到，臺北市醫生公會的看護婦講習所，每期僅收五、六名臺籍學員；[25] 更生醫院首期預定招收的看護婦是日籍三名、臺籍十名，雖然當時報名的人數多達八十人，受名額的限制，醫院沒有增額錄取。[26] 這不但讓立志成為看護婦的女性望洋興歎，日本殖民時期看護婦不足的現象也始終未獲解決。

21 「表八　宜蘭醫院附設看護婦講習所畢業人數統計表（一九一四～一九四五）」，頁一八。
22 游鑑明訪問，周笑口述訪問紀錄（一九九三年十一月六日，臺北），未刊稿。
23 〈臺北更生院近狀〉，《臺灣新民報》第三三二號（一九三〇年九月二十七日），頁四。
24 〈看護婦教育高博士熱心〉，《臺灣日日新報》第一三一三四號，一九三六年十月十九日，漢文欄，第八版。
25 周笑口述訪問紀錄。
26 〈臺北更生院近狀〉，頁四。另見杜聰明自述，該院首期錄用的護生為十五人，以上參見杜聰明著，張玉法、張瑞德主編，《回憶錄》（上），中國現代自傳叢書第一輯：八（臺北：龍文出版社股份有限公司，一九八九），頁一二六。

至於教會醫院與上述醫院不同，教會醫院培訓的看護婦清一色是臺籍女性，但養成的看護婦並不多，每年不到十人，以馬偕醫院目前可考的資料為例，一九一二到一九三四年間，每年至多培養七名看護婦。[27] 一九一二年，馬偕醫院培養第一批看護婦，有陳銀英、李養、陳阿醮、陳清秀、潘阿鄙、潘阿油等六名。[28]

圖39　一九一二年馬偕醫院的第一批看護婦與宋雅各院長、烈姑娘合照

而這種需才孔亟的情形，到一九四〇年代達到高峰。為配合戰爭期間的救護工作，學校開始增加大量校護，但根據一九四二年的調查，在全臺兩百三十三名校護中，合格的校護有九十五人，不合格的竟多達一百三十八人。[29]

一九四一年珍珠港事件發生後，日本在中國大陸和香港等地的戰役日趨緊張，對看護婦的需求也更為迫切，臺灣總督府便以徵召軍伕的方式，徵召臺籍的未婚女性前往中國大陸擔任護理工作，一九四二到一九四四年間，一共徵召三批，合計有九百人。[30] 值得注意的是，這群女性的教育程度普遍不低，除少數是公學校畢業生之外，大多數是高等女學校畢業生，然而她們毫無護理經驗，而現實情勢也不容許她們接受長期訓練，為了把她們造就成戰地的看護助手，殖民政府以速成方式培訓。[31]

還有一類是，協助正規看護婦的臨時看護婦，尹喜妹提到，一九四三年高雄海軍共濟醫院極度缺乏護理人員，總督府曾從新竹公學校和苗栗公學校挑選二十多名體格健壯的女孩，強迫她們到醫院接受護理訓練，專門協助正規護理人員。[32]

與受過正規訓練的護理人員相較，無論是密護或戰地看護助手都沒有接受過完整的護理教育，但實際上，她們的臨床經驗並不亞於正規看護婦，而且她們也同樣為臺灣的護理事業默默付出，更何況她們的人數又遠在正規看護婦之上，因此如何為她們定位，使她們成為正式護理人員是一件相當重要的事。從訪問中了解，凡有志護理事業的密護，不是設法進入訓練看護婦的養成所，便是參加看護婦資格檢定考試，藉此扭轉不合法性的地位。至於被強徵到中國大陸等地的戰地看護助手，也要經過檢

---

27 一九一二年培養六名護士，一九一五年七名，一九二八年三名，一九二九年七名，一九三二年三名，一九三三年四名，一九三四年六名，以上查自黃文輝編，《臺灣基督長老教會馬偕紀念醫院創設100週年紀念冊》（臺北：馬偕紀念醫院，一九八〇），頁一一八～一三一。

28 黃文輝編，《臺灣基督長老教會馬偕紀念醫院創設100週年紀念冊》，頁一一八。

29 文教局，「學校看護婦（衛生婦）調（昭和十七年四月現在）」，〈學校齒科醫、學校看護婦（衛生婦）設置調（昭和十七年四月末現在）〉，《臺灣學校衛生》第五卷第六號（一九四三年三月），頁三六。

30 另一、二期各徵召兩百人，第三期則多達五百人，三期合計九百人，以上數據引自游鑑明訪問，杜蘭口述訪問紀錄（一九九三年十月十八日，臺北），未刊稿；〈臺灣省行政長官公署民政處衛生局呈請救濟流落在外之衛生技術人員（附件二：南方派遣醫務衛生人員名簿）〉，何鳳嬌編，《政府接收臺灣史料彙編》下冊（臺北：國史館，一九九三年影印再版），頁一〇七一～一〇九八。

31 〈續く純情乙女部隊〉，《臺灣日日新報》第一五〇五八號，一九四二年二月七日，第四版。

32 游鑑明訪問、黃銘明記錄，〈尹喜妹女士訪問紀錄〉，頁四四～四五。

定考試才能成為正式看護婦，第一批戰地看護助手是在返臺後兩年，也就是一九四四年十二月才由臺灣總督府安排參加看護婦檢定考試。[33] 而第二批戰地看護助手則由日本外交機構安排，在當地參加檢定考試，我訪問杜蘭，她回憶：

我是第二期的看護助手，於一九四三年抵達中國大陸，記得服滿一年規定後，我們被通知到日本駐廣東的領事館接受護士資格考試，共考六科，包括人體構造及器官機能、看護方法、衛生及傳染病大意、消毒方法、綳帶術及治療器械使用大意、急救處置等，結果全體護士都取得合格資歷。[34]

不過，第三批戰地看護助手返臺時間已是戰爭結束，所以她們並未取得正式看護婦資格。[35]

總之，日治時期臺籍看護婦的產生大致經由兩個管道，一是護理教育、另一是看護婦考試，遺憾的是，從臺灣總督府的各項政策中，看不到長期、有計畫的護理人才訓練，而是「頭痛醫頭、腳痛醫腳」的暫時紓困方式；同時，在中日戰爭以前，為保障日籍看護婦，看護婦養成所對臺籍看護婦採限量招收方式，當然，無可厚非的是，入院接受治療的病患以日本人居多，培養語言相近、文化相關的護理人員，的確可以發揮有效的護理功能。但從另一方面來看，在殖民政府不斷強化日語同化政策下，臺籍看護婦照護日籍病患已不成問題，殖民政府卻無意大量開放訓練的管道。有志護理事業的臺籍女性惟有經由看護婦考試，另謀出路。

然而，不是所有有志者都能經由考試成為合法的看護婦，因為考試項目相當繁瑣，例如一九二七年，臺南州衛生局規定，凡參與看護婦檢定考試者，除需要具備一年以上的醫院看護經驗之外，另需要通過六種專業科目考試，[36] 因此有的人始終以密護身分從事護理工作，直到戰後臺灣還是有不少非法看護婦。由上顯示，不是所有想接受護理教育者都能如願以償地成為護生或是成為正式看護婦。

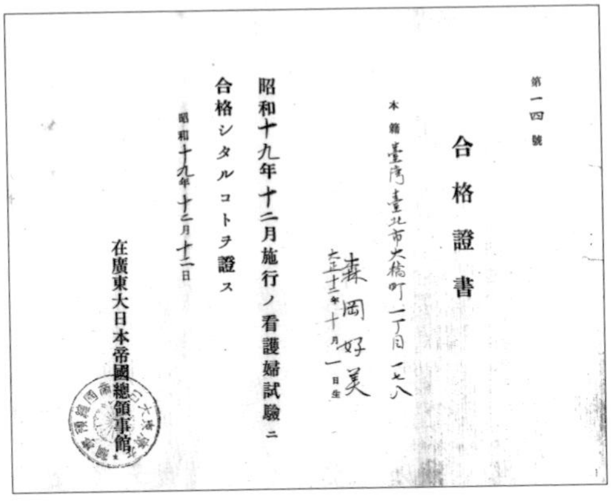
第一四號

合格證書

本籍 臺湾臺北市大橋町一丁目一七八

森岡好美

大正十三年十月一日生

昭和十九年十二月施行ノ看護婦試驗ニ合格シタルコトヲ證ス

昭和十九年十二月十二日

在廣東大日本帝國總領事館

圖 40　杜蘭（日本名字森岡好美）於一九四四年取得看護婦考試合格證書

33 游鑑明訪問，陳惠美口述訪問紀錄（一九九四年一月十五日，新竹），未刊稿。

34 杜蘭口述訪問紀錄。

35 陳惠美口述訪問紀錄，未刊稿。

36 應考的科目有六：（一）人體構造及主要器官機能、（二）看護方法、（三）衛生及傳染病大意、（四）消毒方法、（五）繃帶術及治療器械使用大意、（六）急救處置。以上引自〈臺南州看護婦試驗期〉，《臺灣日日新報》第九八一九號，一九二七年八月二十八日，漢文欄，第四版。

# 2 近代護理教育的展開

日本統治臺灣期間，除了日制醫院之外，還有英國基督教教會設置的醫院，但即便有幸進入日制或英制醫院受訓的護生，也並不能輕而易舉地當上白衣天使，她們必須接受一連串的護理教育，包括學科訓練、臨床實習教育等，這兩種不同體系護理教育的內容如何？是否有差別？

## 一、日制醫院的護理教育

### （一）護理知識與技術的傳授

以規模較大的臺大醫院為例，一九一三年以前，看護婦的修業年限只有一年，修習的學科較少，包括解剖學大意、生理學大意、看護法、急救處置、繃帶法、器械學、治療助理、衛生學大意、擔架及患者搬運法、藥物大意、實地實習、臺灣語，[37]由於修業期限太短，護生所能學習到的僅是簡易而基本的護理學。修業年限改為兩年與一年義務服務後，護生所修習的科目較過去繁複，不僅讓她們學習到較深入的醫療知識，而且增加她們照護各科病患的能力。除此之外，例如，日赤醫院安排了一般課程，如修身、裁縫與英語等。[38]

令人好奇的是，看護婦養成所的師資來自哪裡？教學方式又如何？臺大醫院看護婦講習所畢業的陳墨妍表示，養成所的課程都由臺大醫院醫生親自傳授，只有非專業科目才聘請外校老師，她在學期間（一九三九～一九四一），修身課的教員來自師範學校、裁縫課則是高等女學校的老師。[39]至於上課時間則安排在門診之後，這是因為護生除上課之外，還有護理見習，而見習得配合醫生的門診，所以護生的上課時間與一般學校不同。

護理教育不僅在灌輸醫護常識，更在教導護理技術，而技術的傳授必須仰仗臨床，因此自護生入學開始，醫院便採取一面上課、一面見習的方式，見習課大致可分成課程見習與實務見習兩種。課程見習是根據課程內容進行見習，其中護生最難忘的是解剖學的見習，尹喜妹回憶，就讀一年級時就有解剖課，但她們不曾做過解剖，而是利用日赤醫院醫專學生實習的機會，在旁邊觀察。[40]

與其他醫院不同的是，日赤醫院還有一項特殊技術的訓練「搬運擔架」，也是該院護生深以為苦的課程，從尹喜妹的敘述，我們可以知道她們搬運擔架的過程：

37 〈看護婦養成規則〉，頁二七一～二七二。
38 〈赤十字社募看護婦生〉，《臺灣日日新報》第九六二九號，一九二七年二月十九日，漢文欄，夕刊，第四版。
39 游鑑明訪問，陳墨妍口述訪問紀錄（一九九三年十一月六日，臺北），未刊稿。
40 游鑑明訪問、黃銘明記錄，〈尹喜妹女士訪問紀錄〉，頁二〇。

每個禮拜我們都要練習抬一次擔架，從現在中山南路臺大醫院大樓的門口一直抬到今天的國防醫學院（當時稱為水源地），擔架上還躺著同學客串的「病人」。[41]

日赤醫院之所以採行軍事化訓練方式，根據〈赤十字の話〉，因為該院以救護戰時傷患為目的，在栽培專門從事救護工作的救護生之外，也要求一般護生接受這項嚴格的訓練。[42] 尹喜妹對擁有這樣的經驗，頗為自豪。[43]

## （二）實務見習

實務見習是到醫院的各病室及門診處實習看護術，一般分成門診與病房的見習，並依年級高低分配工作，年級愈高，見習的項目也就愈複雜。見習時，護生不是單獨作業，而是由正式看護婦或高年級學長帶領。[44] 門診的見習較輕鬆，據尹喜妹的了解是，門診護生通常只幫看護婦叫候診號碼，這種見習方式能學到的東西其實很有限，[45] 多數護生寧可被安排到各科病房見習，吸取較多的護理經驗，尹喜妹記得，安排到病房見習的護生，清晨五點就要到病房報到，由大夜班的學長指導她們如何護理病人，一年級護生的護理項目較簡單，不做消毒痰盂之類的清潔工作，只幫病人換紗布或冷、熱敷等。[46] 但不是所有的工作都如此輕鬆，有時會遇到突發狀況，一九三四年從日赤醫院看護婦講習所畢業的林月霞，回憶當護生時因病人去世的惶恐：

到病房見習多半是協助護士，一年級護生因經驗尚不足，護士只派她們做些無關痛癢的護理。

我當護生時，有一回，遇到病人去世，學長便要我用棉花塞住病人的七孔，我心裡既害怕，又很無奈，事後回想，其實這是每個護理人員必經的歷程，也就不那麼難受。[47]

第二年，護生的實習範圍更加廣泛，以替病人打針為例，一年級生僅做肌肉注射，二年級生則做血管注射。[48]對表現較佳的護生，護生的指導人往往會分配較具挑戰性的工作，據陳墨妍表示，由於她的器械學成績優良，二年級時曾被安排進手術室見習，負責為醫生遞拿手術器械，這種情形在中日戰事緊急，醫院看護婦人手奇缺的時期，尤其常見。[49]

無論門診或各科病室的見習，按規定是一到兩個月輪值一次，不過實際執行時，並不很嚴格，尹

41 游鑑明訪問、黃銘明記錄，〈尹喜妹女士訪問紀錄〉，頁二〇。
42 德用葉津起，〈赤十字の話〉，《新竹州時報》第六號（一九三七年十一日），頁八九。
43 尹喜妹認為一九四六年臺大醫院百廢待舉，若非當時在日赤醫院接受過這麼嚴格的訓練，她是不可能在臺大獨當一面。游鑑明訪問、黃銘明記錄，〈尹喜妹女士訪問紀錄〉，頁二一。
44 同上註。
45 同上註。
46 同上註，頁一九。
47 游鑑明訪問，林月霞（日赤醫院看護婦講習所畢業）口述訪問紀錄（一九九二年七月二十一日訪問，臺北），未刊稿。
48 呂連紅甘口述訪問紀錄。
49 陳墨妍口述訪問紀錄。

喜妹指出，有的護生固定在於某一科或某兩科見習，也有的從未到門診見習。[50]不過，夜間輪值則是每個護生都需要參與，例如日赤醫院的夜班分為小夜班和大夜班，小夜班從中午十二點到夜間十二點，大夜班是夜間十二點到第二天中午十二點，每一班的工作時間都是十二個小時，與輪值白班的護生相同；夜間輪值採兩人一組，由高年級護生帶領輪值。[51]

## （三）生活教育

上午見習、下午上課、夜間輪值的訓練，僅是護理教育的一部分；除此之外，護生尚須經過嚴格的生活教育。為了方便管理，醫院規定護生一律住宿，除非有要事或逢星期假日，平日不得擅自外出。[52]尹喜妹告訴我，日赤醫院的護生若外出都需要登記，並得在規定的時間內返回醫院，違規就會遭受處分，由日籍看護婦長集合所有遲歸的同學訓斥，而且她們得全都跪著聽訓。[53]這種軍事化管理方式以日赤醫院最出名，林月霞曾生動地描述一次全體挨罵的過程：

> 按規定，護生是不准在任何場所大聲喧嘩。但有一次，大夥竟忘情的在公共浴室內高聲談笑。在人聲沸騰中，誰也不曾注意到看護婦長也進入浴室，準備沐浴，只聽到有人高喊：「みなさん！」（即諸位之意），這一喊，全場無不肅靜，然後原地聆聽教訓。在動彈不得下，泡在水裡的，熱得全身冒汗；正在沖水的，冷得直發抖，而在更衣的，也不敢亂動，就這樣足足訓話一個小時。[54]

禮節的講究更是日制教育的重要一環，特別是重視輩分高低。尹喜妹指出，護生在醫院中的地位僅高於雜役人員，她們對任何人都得保持尊敬，即使對高她們一年的護生，也不能疏忽，她無奈地說：

在路上看到學姐一定要敬禮，忘記的話，晚上就會挨護士長罵，責問我們為何在某處沒有向某人敬禮。……我們對醫生也要很有禮貌，可是我們一年級時根本分不清醫生、實習醫生和理髮師，因為他們都穿一模一樣的白色制服，所以挨罵時偶爾會有冤枉的感覺。[55]

面對嚴苛的生活管理，許多護生都想逃避。在第四章裡，尹喜妹提到考入臺大醫院的助產士講習所時，她曾經在校外租屋，也曾經住在臺大醫院的宿舍，過著自在鬆散的生活。比較日赤醫院，尹喜

50 游鑑明訪問、黃銘明記錄，〈尹喜妹女士訪問紀錄〉，頁二一；呂連紅甘口述訪問紀錄。
51 游鑑明訪問、黃銘明記錄，〈尹喜妹女士訪問紀錄〉，頁二一。
52 〈看護婦寄宿舍心得〉（明治四十二年一月四日制定），臺灣總督府臺北醫院編，《臺灣總督府臺北醫院第十六回年報（大正二年）》，頁二八八～二八九。
53 游鑑明訪問、黃銘明記錄，〈尹喜妹女士訪問紀錄〉，頁二三。
54 林月霞口述訪問紀錄。
55 游鑑明訪問、黃銘明記錄，〈尹喜妹女士訪問紀錄〉，頁二四。

妹發現臺大醫院宿舍管理鬆懈，不但假日外出的返回時間沒有規定，甚至可公開跳舞，而日赤醫院的護生只能偷偷學舞。[56]

但無論如何，這三年嚴格而緊湊的護理訓練，讓護生吃足苦頭，而她們獲得何種代價？受訓期間由醫院支給她們日金，以臺大醫院一九三〇年的標準，第一年每月約領十五日圓，第二年則是二十一日圓，扣除九日圓的食宿費，她們仍有盈餘。[57]更重要的是，如前面提到，憑著結業證書，她們可以取得看護婦執照，成為正式的護理人員。然而，從另一方面來說，過於重視層級制的日式護理教育，既讓護生受到層層的約束，又養成她們唯唯諾諾的習慣，使原本地位低落的臺灣女性，更不易提昇地位。筆名「劍如」的黃呈聰在〈待遇改善的要求〉一文中指出，一九二五年日赤醫院的二十二名日籍護生，就是以集體出走的方式表示抗議，後來經院方協調，並答應改善她們待遇，她們才相偕回醫院。[58]這群護生表現出女性的自覺，深受社會大眾矚目，惟參與這次事件的護生全是日籍女性，臺籍護生卻沒有任何行動，黃呈聰為臺籍護生的缺席抱屈：

> 她們（指日籍護生）的要求實在是正當的，但是臺灣人的看護婦有了這樣的舉動，不知道要受怎樣嚴重的處置呢？報紙也一定是說臺灣看護婦的惡化了呀！[59]

從這段話可以看出，臺籍看護婦不僅地位不高，即使有自覺意識，也無從發洩。

## 二、英制醫院的護理教育

相對於日制護理教育，基督教會醫院曾發展出另一種教學風貌，九一八事變以前，殖民政府沒有對教會醫院實施嚴格管理，醫院的醫療工作全採英式體制，護理教育也仿照英制。

當時有看護婦訓練的醫院，包括馬偕醫院、彰化基督教醫院、臺南新樓醫院，臺南新樓醫院看護婦講習所畢業的周西巒表示，醫院對護生入學資格的規定較為寬鬆，只要具備公學校以上教育資歷的女性，就可報名入學，不需要經過任何入學考試。[60] 這些醫院的修業年限與日制醫院相同，但修習科目不同，馬偕醫院的護生應修習科目大致是看護學、解剖學、生理學、繃帶學等。[61] 教材文字更有天壤之別，由於授課教員都是外籍醫生，他們既不用日文教材、也不用英文，而是外籍傳教士在臺灣傳教專用的羅馬字（按：以拉丁字母拼成閩南語的書寫方式），因此進入教會醫院的護生以傳教士或教友

56 游鑑明訪問、黃銘明記錄，〈尹喜妹女士訪問紀錄〉，頁二七。

57 此處是根據日給換算成月給，引自〈臺灣各界的職業婦人介紹　看護婦是什麼職業？〉，《臺灣民報》第二九四號（一九三〇年一月一日），頁一二。

58 劍如，〈待遇改善的要求〉，《臺灣民報》第三卷第二號（一九二五年一月十一日），頁八。

59 同上註。

60 游鑑明訪問，周西巒口述訪問紀錄（一九九三年二月一日，臺南），未刊稿。

61 此係根據林仁慈一九三六年畢業證書上之學習證明得知。黃文輝編，《臺灣基督長老教會馬偕紀念醫院創設100週年紀念冊》，頁一二九。

女兒居多。[62] 有關護生的生活教育，醫院也不曾絲毫苟且，最大的不同是，外籍護士長同樣重視護生的禮節與氣質，只是不要求她們表現一種近乎卑屈的禮貌。[63]

九一八事變之後，日本與英美兩國的關係逐漸惡化，隨著排英、排美運動的展開，外籍傳教士陸續離開臺灣，他們所創辦的醫院也轉歸臺、日籍醫生管理，且改採日本體制。[64] 不過，整體來看，教會的護理教育不如日制醫院嚴格，也較不吸引臺籍女性，主要是教會醫院培養的護生無法直接取得看護婦執照，必須再參加看護婦資格檢定考試；同時，在日本殖民體制下，沒有受過嚴格日語訓練的看護婦，很難進入待遇較佳的公立醫院，基於這些現實因素，教會的護理教育並未廣泛推展。

62 游鑑明訪問，林仁慈口述訪問紀錄（一九九三年九月四日，臺北），未刊稿。
63 同上註。
64 新樓醫院於一九三六年改由臺籍醫生楊雲龍接任院長職務，馬偕醫院則於一九四〇年由李達莊醫生接任。以上分見於院慶五週年特刊編輯委員會編，《新樓醫院重建開幕五週年院慶特刊》（臺南：新樓院訊雜誌，一九九〇），頁四；黃文輝編，《臺灣基督長老教會馬偕紀念醫院創設100週年紀念冊》，頁二四～二五。另見徐謙信，〈第二次世界大戰期間之臺灣基督長老教會〉，臺灣基督長老教會總會歷史委員會編，《臺灣基督長老教會百年史》，頁二五六。

# 3 走入職場的看護婦與職務異動

從護生轉為看護婦，是許多護生夢寐以求的結果，但她們如何找到安身立命的場所？她們的薪資待遇又何如？她們可曾變動職務？職務異動是受何種因素影響？

## 一、看護婦的出路

以日制醫院的看護婦來說，兩年修業期滿，她們固然具備看護婦執照，但與醫院有義務服務一年的約定，她們必須留院繼續服務。在新的一年中，她們不再以護生的身分從事護理工作，而是以見習看護的身分從事更多元的醫療服務。這一年，她們所從事的工作，基本上與專業看護婦沒有太大差別，醫院所付給的薪水也比過去提高。

儘管如此，她們並非醫院的正式編制人員，工作仍未就緒，一直到服務期滿，重新就職，才是她們個人護理事業的開始。值得一提的是，醫院所招收的護生並不限於臺北，因此看護婦畢業後就業的場所分布各地，以臺大醫院與日赤醫院為例，這兩所醫院的護理教育為當時日制醫院的翹楚，有志護理教育的女性都以進入這兩所醫院為榮，許多女性來自中南部。一九二七到一九四四年間，臺大醫院看護婦講習所臺籍畢業生的出身分布，在一百五十六名護生中，人數最多的是臺北州，有八十三人，其次是新竹州三十八人，再次是臺南州十九人。[65]我的受訪人洪月女告訴我，由於原訓練機構並不負責看護婦的分發工作，她們又來自不同地區，學成之後，除少數留院服務之外，絕大多數的看護婦返回原籍求職。[66]

對看護婦而言，待遇高、制度健全或工作地點方便是她們覓職的先決條件，而具有這些條件的醫院多半是公立醫院，因此一旦公立醫院有缺，看護婦無不競相爭取的。但醫院本身也有一套用人原則，除規定看護婦必須是未婚之外，公立醫院的病患因為以日籍病患居多，遇有缺額會優先考慮日籍看護婦，臺籍看護婦僅是醫院的點綴。這種不公平的用人原則，一度引起輿論抨擊，一九二六年《臺灣民報》的一則社論〈官、公立醫院的改造〉曾諷刺道：

> 凡欲到臺北醫院（即臺大醫院）領藥的人，第一要會操日本語，不然就要弄得不得要領。裡頭還有幾科竟完全不置一個臺人看護婦，尤其產婦人科，常常有臺灣婦女在那裡和看護婦指天劃地。[67]

至於有幸留在公立醫院服務的臺籍看護婦又要具備哪些條件？一般而言，醫院以講習期間成績的優劣為評定標準，洪月女來自嘉義，但受臺大醫院青睞而得以留任，據她表示，為掌握這個難得的機會，即使思鄉情切，她還是接受醫院為她安排的工作。[68]而無法留任公立醫院的看護婦惟有另圖發展，她們不是到規模較小的公、私立醫院工作，便是進容納較多臺籍看護婦的醫院。例如臺北鐵道醫院、高雄鳳山組合醫院即雇用了不少臺籍看護婦，一九四二年臺北鐵道醫院有十七名臺籍看護婦，較日籍看護婦多了三人，而一九三六年的鳳山組合醫院則完全雇用臺籍看護婦；至於屏東醫院、臺中慈惠醫院則是臺、日籍看護婦各占一半。[69]

事實上，醫院不是看護婦的唯一出路，郡街庄役場、學校或工廠的醫務室是她們的另一種選擇，在這類機構從事護理工作的看護婦，我稱之為「社區護士」（Community Nurse）。[70] 起初，這些機構不任用專職護理人員，例如公學校多以教員兼任，隨著學生日增，殖民政府又不斷宣導，一九三〇年代下半期以後，聘有看護婦的學校漸增。根據調查，一九三五年七月，全島有校護的各級學校有七十一所，一九三八年四月增加到一百三十二所，[71] 但這並不表示臺籍看護婦的就業機會大為增加，資料又呈現，配有校護的小學校占百分之二十，公學校則僅百分之十二點四。[72] 以臺籍學生居多的公學校所

65 《臺灣總督府臺北醫院看護婦產婆養成所卒業者名簿》（一九二七～一九四五），手抄影本。
66 游鑑明訪問，洪月女（臺大醫院助產婦講習所畢業）口述訪問紀錄（一九九二年七月二十一日訪問，臺北），未刊稿。
67 〈官、公立醫院的改造〉，《臺灣民報》第一〇四號（一九二六年五月九日），頁一。
68 洪月女口述訪問紀錄。
69 「表六：三　臺北、臺中高雄屏東地區五所醫院護士分布表」，游鑑明，〈日據時期臺灣的職業婦女〉，頁一七八。
70 指協助民眾預防疾病、維持與促進健康，並教導民眾衛生常識的護理人員，如衛生所護士、學校護士或工廠護士等。以上參見南山堂基本護理組編審委員會編，《基本護理學新論——護理原理與技術》上冊（臺北：南山堂出版社，一九九二），頁四九。
71 文教局，〈本島に於ける學校醫及學校看護婦配置現況〉，《臺灣學校衛生》第一號（一九三八年九月），頁二七。
72 同上註。

配置的比例既然比不上小學校，臺籍看護婦的就業機會當然難與日籍看護婦相抗衡。不過，值得一提的是，由於社區的護理工作較單純，且無需值夜班，對已婚的看護婦頗具吸引力，例如臺南醫院看護婦講習所畢業的陳林遠遇，她在丈夫去世之後，到臺南師範學校附屬小學校服務，再度重返護理界工作。[73]

對教會醫院訓練的看護婦來說，在還沒有改制前，她們所受的訓練與日制不同，而總督府又不承認她們的資格，她們多數只得留居原訓練機關工作。而教會醫院也僅任用自己醫院訓練的臺籍看護婦，不曾聘用日制體系的看護婦，讓在此受訓的看護婦沒有求職的隱憂，也沒有種族歧視的問題。[74]直到一九三七年，總督府對教會醫院進行嚴格管理，並規定教會醫院的看護婦必須通過考試才能有工作資格，林仁慈表示，在馬偕醫院受英制訓練的她們，為此分別到臺大醫院或私辦的看護婦講習所進修，學習日制的護理知識與技術，以應付資格考。[75]儘管如此，臺籍看護婦始終是教會醫院的主流。

至於非教學醫院出身的看護婦，她們不如受過正規訓練的看護婦容易求職，但一旦取得執照後，她們工作的空間跟著擴大，原本在小診所服務的看護婦也能到公立醫院謀職，例如周笑本來在親戚的

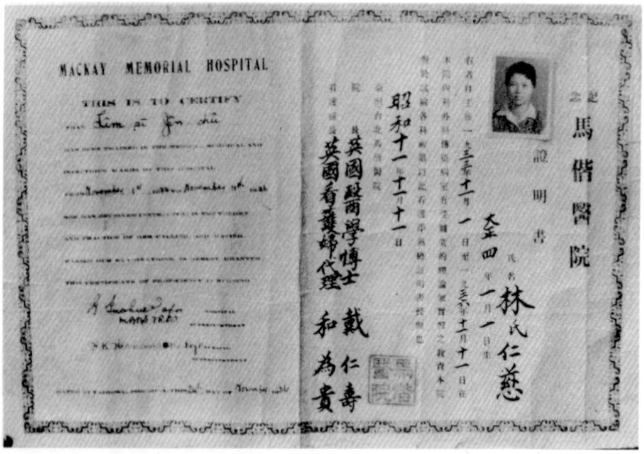


圖 41　林仁慈在馬偕醫院取得實習合格證書（一九三三～一九三六年）

小診所工作，獲得正式看護婦資格後，一九四一年進了日赤醫院，一九四三年又轉到陸軍醫院，這之後她一直在公立醫院服務。[76]另外，社區的醫務室也是這群看護婦的選擇，根據表五呈現，一九三一年新竹州南崁公學校暨南崁農業補習學校、臺中州曙公學校、臺南第三高等女學校、臺南末廣公學校、嘉義第二公學校、新港公學校等六所學校的校護中，只有陳玉貴是出身看護婦講習所，其他五位不是來自看護婦產婆養成所便是助產婦，換句話說，這些學校的校護兼具護理與接生經驗。必須注意的是，在護理人員匱乏的中日戰爭期間，具有護理或接生背景的女性，明顯能有較多的求職機會。

從前面的分析看來，無論教學醫院或非教學醫院出身的看護婦，她們工作的場所不外乎是在公私立醫院、鄉鎮區公所或學校、工廠等的醫務室。除此之外，尹喜妹告訴我，當時還有「派出看護」（今日所謂的居家看護），專門到有錢病患家中服務。[77]不過，這一類看護婦只是極少數，一方面是日治時期的臺灣家庭還沒有雇用派出看護的習慣，另一方面是派出看護的待遇較一般看護婦高，有能力延請居家看護的家庭並不多。[78]日治時期，看護婦的工作地點主要在臺灣本島，至於受徵召到前線的看護

73 游鑑明訪問，陳林遠遇口述訪問紀錄（一九九三年十一月十日，臺南），未刊稿。

74 周西巒口述訪問紀錄、林仁慈口述訪問紀錄。

75 林仁慈口述訪問紀錄。

76 周笑口述訪問紀錄。

77 尹喜妹說：「派出看護不歸醫院管轄，而是由一群有辦法的合格護士向政府申請成立派出看護會，專門安排看護婦（或家政婦）到有錢的病家去幫忙照顧病人。」游鑑明訪問、黃銘明記錄，〈尹喜妹女士訪問紀錄〉，頁三〇。

78 林月霞口述訪問紀錄。

## 表五　1931 年各級學校臺籍校護任用概況表

| 學校名稱 | 校護姓名 | 任用資格 | 學經歷 |
|---|---|---|---|
| 新竹州南崁公學校<br>南崁農業補習學校 | 葉李妹 | 看護婦、產婆 | ① 淡水女學院預科畢業<br>② 府立助產婦講習科結業<br>③ 新竹州合格開業產婆<br>④ 蘆竹庄公設產婆 |
| 臺中州曙公學校 | 陳簡阿宿 | 看護婦、助產婦 | 公學校畢業 |
| 臺南第三高等女學校 | 張秀治 | 看護婦、助產婦 | 臺南醫院看護婦產婆養成所結業 |
| 臺南末廣公學校 | 陳玉貴 | 看護婦、產婆 | ① 臺南醫院看護婦講習所結業<br>② 曾於臺南醫院服務七年 |
| 嘉義第二公學校 | 陳慧 | 產婆 | ① 臺北醫院助產婦養成所結業<br>② 曾於私立醫院任看護婦 |
| 新港公學校 | 阮鄭秀 | 看護婦、助產婦 | ① 新港公學校畢業<br>② 臺北蓬萊產婆學校結業<br>③ 看護婦、產婆考試及格 |

資料來源：《臺灣齒科月報》第四卷第八號（1931 年 8 月），頁 11～12。

助手，則在香港或廣東工作，[79] 這時期看護婦的分布與出路是相當多元。

## 二、看護婦的職務異動與離職

看護婦服務的場所並非一成不變，從許多方面觀察，她們的異動率相當高，甚至高過公學校的教員。以尹喜妹為例，在她的四十年看護婦生涯中，曾異動過五次，並多集中於日治時期。一九三三年，尹喜妹進入日赤醫院，三年後，因日本人在廣東設置的博愛醫院需要看護婦，她抱著尋根的心情前往服務，且與醫院中的廣東籍見習看護合影；一年後，因為發生七七事變，尹喜妹回到臺灣。

圖 42　廣東博愛醫院護理人員合攝於一九三六年，後排站者為廣東籍見習護士

79　〈臺灣省行政長官公署民政處衛生局呈請救濟流落在外之衛生技術人員（附件二：南方派遣醫務衛生人員名簿）〉，頁一〇七一～一〇九八。

一九三七年，臺大醫院改制，日赤醫院的部分醫護人員轉到臺大醫院，尹喜妹在學長推薦下，也進入臺大醫院。[80] 太平洋戰爭爆發後，不少看護婦到中國戰區服務，海南島在一九四三年被日軍占領，當地山區霍亂和瘧疾橫行，臺大醫院組織醫療隊前往救援，為一償戰地看護的宿願，尹喜妹也要求參加海南島的醫療服務，[81] 但她的另一動機是出於對醫療人事制度的不滿，她義憤填膺地說：

> 院方規定凡是參加醫療隊的日籍護理人員都可以留職停薪，可是臺灣人卻必須辦理離職手續，我非常氣憤。另外，婦產科的待遇也令我心裡很難平衡，我的表現絕對不比別人差，婦產科的很多工作又都歸我負責，可是護士長的人選卻是經驗遠不如我的日

圖 43　廣東第一陸軍病院軍護合照（杜蘭所屬的南支派遣第八六〇〇部隊）

本人，既然留下來也不可能有升遷的機會，我就決定放棄工作，先到海南島再說。[82]

為此，尹喜妹遠赴海南島工作了三個月。返臺後，尹喜妹果真失去臺大醫院的職務，她惟有到其他醫院求職。當年六月，尹喜妹到高雄海軍燃料廠的醫務室服務，直到臺灣光復次年，她才重返臺大醫院。[83]

由尹喜妹的異動過程看來，她不斷更換工作環境，一是為實現個人理想，二是對日本殖民政府作不平鳴。不容忽視的是，尹喜妹跳脫父權成為看護婦，但作為日治時期的看護婦，她又陷入另一種更強大的父權控制，也就是殖民政權下的種族歧視。而尹喜妹的看法，事實上也是不少看護婦的心聲。

從訪問周笑發現，較高的薪俸是看護婦異動的另一種誘因，其中小診所護士向公立醫院移動是最常見的情形。[84]中日戰爭期間，護理人員的異動率尤其頻繁，當時一般醫院都提高薪俸至七十到八十日圓，其中專門收容傷患的醫院，薪俸又較其他醫院稍高。[85]而日本人在中國大陸開辦的醫院薪水更

---

80 游鑑明訪問、黃銘明記錄，〈尹喜妹女士訪問紀錄〉，頁三五～三六。

81 醫療隊的成員一共二十四人，其中醫生和護士各十人，還有藥劑師和辦事員各兩名。日籍護士有六人，臺籍護士只有四人。游鑑明訪問、黃銘明記錄，〈尹喜妹女士訪問紀錄〉，頁四〇。

82 同上註。

83 同上註，頁四六。

84 周笑口述訪問紀錄。

85 林月霞口述訪問紀錄、周笑口述訪問紀錄。

是誘人，一九三四年林月霞在日赤醫院工作時，每個月領三十日圓，一九三七年她到上海、南京服務，薪水居然高達一百二十日圓。[86] 至於遠赴前線服務的看護婦薪俸更高過一般人，據杜蘭表示，她們每月實領的薪水是七十二日圓，再加上貯金和安家費，每月薪俸合計高達一百五十日圓，但返臺後才可領取。[87] 這群看護婦的高薪俸幾可媲美醫生，自然吸引年輕女性踴躍接受徵召，從《臺灣日日新報》的報導即可看出臺灣女性對成為看護助手的興趣，據一九四一年二月的統計，有志看護助手的臺灣女性多達五千多人。[88] 儘管報紙的報導不乏誇飾之處，但從訪問中也發現，確實有不少女性是受薪俸吸引而前往中國大陸。

除此之外，結婚也是看護婦異動的重要因素。醫院唯恐看護婦會因恐家庭影響護理工作，嚴格規定看護婦必須是未婚女性，而一旦結婚便需自動離職。由於結婚而離職的看護婦為數可觀，導致日治時期的醫療界流失不少護理人才。[89] 轉行也是構成看護婦異動的另一要素，當時多數看護婦具有雙重工作執照，也就是兼有看護婦和產婆的資格。[90] 為使護理人員能襄助醫院的接生工作，醫院十分鼓勵看護婦接受產婆訓練，讓不少看護婦能以半工半讀的方式進修。以一九二七到一九四二年臺大醫院歷屆畢業的臺籍看護婦資料顯示，約占三分之二的看護婦獲有產婆執照，其中一九二九、一九三五和一九三六年畢業的臺籍看護婦全都接受過產婆訓練。[91] 對具有產婆資格的看護婦來說，接生技術的取得固然有助於醫院業務，更有利於她們的轉行，因為有產婆執照的人可自由開業，又可免於因為結婚成家必須停業的問題，她們可不受限的持續工作。[92]

根據上述，看護婦的不時異動，一方面與醫院的種族歧視政策和婚後必須辭職的不合理制度有關，另一方面則出自於臺籍看護婦對高薪俸的追逐，受內、外在因素的交相影響下，日治時期的醫院很少有不異動的臺籍看護婦。事實上，看護婦的經常異動或離職，不僅是其個人的一種損失，對曾投下心力、財力培養看護婦的醫院而言，更是一種浪費。

86 周笑口述訪問紀錄。

87 杜蘭口述訪問紀錄。

88 〈本島婦人層の軍國熱〉，《臺灣日日新報》第一五〇七一號，一九四二年二月二十日，第三版。

89 洪月女口述訪問紀錄；另據曾服務新樓醫院的李蘋表示，該院曾任用一名已婚護士徐林位，但這種例子實為罕見。游鑑明訪問，李蘋口述訪問紀錄（一九九三年十二月二十九日，臺南），未刊稿。

90 林月霞口述訪問紀錄。

91 《臺灣總督府臺北醫院看護婦產婆養成所卒業者名簿》（一九二七～一九四五），手抄影本。

92 杜聰明著，張玉法、張瑞德主編，《回憶錄》（上），頁一二六～一二七。

# 4 護理工作的展開

隨著看護婦工作場所的不同，護理工作出現何種特色？在醫院、社區或戰地工作的看護婦，她們如何因應工作？其中的差異何在？

## 一、醫院的護理工作

由於醫院的規模不同，看護婦所從事的工作輕重不一，許麗雲的記憶中，在僅有門診的醫院裡，看護婦的工作較單純，她們所做的大致是掛號、注射、遞拿醫療器械、給藥與清洗醫療用品或清洗診療器等，而且只需遵從醫生或醫生助手的指示，無需受其他人或嚴格院規的規範。[93] 然而，大型醫院看護婦所需要盡的義務特別多，無論是日制或英制醫院的護理工作都較繁雜。此處以日制教學醫院為主體進行分析，兼論英制醫院的護理工作。

看護婦是醫生與病人之間的橋樑，她們既需以醫生助手的身分進行照護病人的工作，又得將病人的病情或需求轉告醫生，為醫生與病人建立良好關係。但在人事結構複雜的大型醫院中，與看護婦有互動關係的不僅是醫生與病人，尚有其他醫護人員。以臺大醫院和日赤醫院言，護理部門分有四個層級，最高是看護婦長、其次是看護婦副長、再次為看護婦，最下為見習看護，由於日治時期醫院非常重視層級關係，對處於看護婦長與看護婦副長之下的看護婦有嚴格的規定，也就是看護婦必須接受她們的指揮與監督。此外，看護婦有指導見習護士的權利與義務。看護婦是在層級嚴謹的關係下展開護理工作。

大型醫院有不同的醫療科目，依例看護婦必須與護生一樣，每隔一段時間在不同的科室工作，大體是每三個月輪值一次。[94] 然而，這僅是原則，院方並未給予硬性規定，只要獲得醫生或看護婦長許可，輪值時間可以無限延長，例如尹喜妹曾在臺大醫院的耳鼻喉科工作三年，才轉至婦產科。[95] 各科室的工作分成門診、手術房與病房三個範圍，門診與手術房的護理通常是相連的，擔任這項工作的看護婦，每天上午需陪同醫生看門診，每週有三天下午（一點開始）要跟隨醫生到手術室，門診工作量的繁簡視病人的多寡而定。[96] 至於手術室的工作時間更無法掌握，尹喜妹回憶，有時看護婦的陪刀時間可長達八小時，從下午兩點到夜間十點。[97]

---

93 游鑑明訪問，許麗雲口述訪問紀錄（一九九三年九月五日，基隆），未刊稿。
94 〈看護婦規程〉，臺灣總督府臺北醫院編，《臺灣總督府臺北醫院第十二回年報（明治四十一年）》，頁二六七。
95 游鑑明訪問、黃銘明記錄，〈尹喜妹女士訪問紀錄〉，頁三七。
96 「看護婦生活素描」，有馬春陽，〈ベンとカメラ行脚（3）：新竹醫院訪問記〉，《新竹州時報》第五號（一九三七年九月），頁一一五。
97 游鑑明訪問、黃銘明記錄，〈尹喜妹女士訪問紀錄〉，頁三六。

在門診與手術房的看護婦完全遵從醫生囑咐，由於不斷地觀察與學習，她們的醫療知識與技術隨著提昇。其中服務婦產科的看護婦獲益最多，從醫生手中轉接的接生工作，讓她們增加接生技術，前面也提到，產婆是當時看護婦的另一出路，因此有志這一行業的看護婦都對進入婦產科深感興趣，積極奠定獨立作業的能力。

另外，為配合醫生的囑咐，有的看護婦培養出敏銳、靈活的應變能力，不僅成為醫生的好幫手，還能進一步指導其他醫護人員。例如，尹喜妹的幹練、精明，曾折服不少共事的醫生，第四章提到，徐千田醫生的第一次接生經驗，就是受到尹喜妹的鼓勵與指導；外科名醫林天祐在他的回憶錄《象牙之塔春秋記》一書中，也曾描述他因驗尿問題被尹喜妹痛責，儘管如此，林天祐仍讚美尹喜妹。[98]不過，在以日籍看護婦為主的日制醫院，能像尹喜妹一樣脫穎而出的臺籍護理人員並不多見。

輪值病房的看護婦，除了在醫生巡房時為醫生遞拿醫療器械之外，她們絕大多數的工作需要單打獨鬥，責任也相對增加，以下就我受訪的看護婦的實際經驗綜述。病房看護婦主要是提供常規護理，一方面

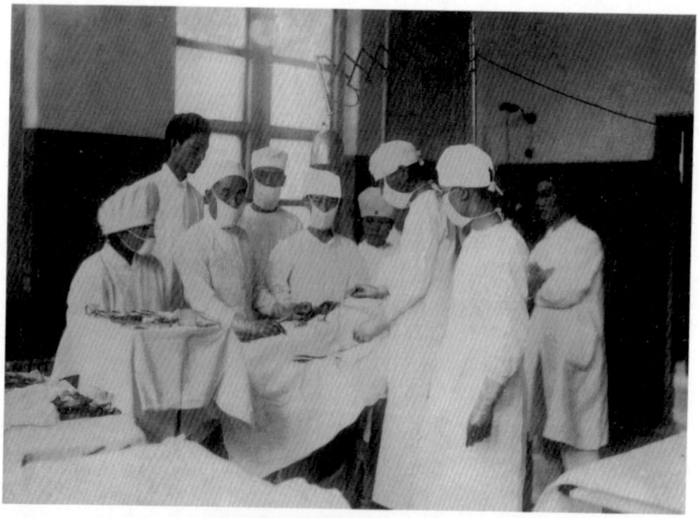

圖 44　日赤醫院醫護人員為胃癌病患進行手術

根據醫囑為病人注射、換藥、包紮傷口或給藥；另一方面則是替病人測量體溫、脈博和血壓，並觀察和記錄病人身心的各種反應，再向醫生報告。[99]此外，看護婦還得為病人做清潔護理，包括換被罩、床單、枕套，給便盆、尿壺或痰盂等，並指導病人家屬如何為病人擦洗。[100]不過，對於罹患重病或傳染病的病人，看護婦必須給予特別護理，包括醫療上的特別照護和為病人洗頭、沐浴等，而這一類的工作格外辛苦，據曾在馬偕醫院隔離室照顧鼠疫病患者的林仁慈回憶：

> 當時流行鼠疫，罹病者的顯著症狀是發高燒。為降低病人體溫，我們的工作便是用冰塊幫病人退燒，而且得隨侍在側，直到退燒為止。[101]

至於病房的整理與管理也歸看護婦負責，根據臺大醫院的規定，看護婦的工作有如下八項：（一）清潔當值的各工作室；（二）依醫生、看護婦長的指揮調節病室的溫度、光線與維持空氣流通；（三）洗滌並消毒擦拭病患使用過的便盆、痰盂等；（四）整理各室物品，不濫用物品；（五）

---

98 林天祐，《象牙之塔春秋記》（臺北：臺灣商務印書館，一九八三），頁四二～四三。
99 陳墨妍口述訪問紀錄。
100 同上註。
101 林仁慈口述訪問紀錄。

清點收受洗滌品的數量；（六）處理病人私人物品的寄放與取用；（七）儘速辦理病人的託付；（八）嚴格執行本院病人訪客與陪病人規則。[102] 此外，看護婦對病室的安全，例如病人貴重物品的保管以及防火措施都需要隨時留意，還有晝、夜班工作交接時，必須清楚說明病人病情及有關事宜。[103]

儘管病房看護婦的護理範圍包括醫療、衛生與管理，而協助病人早日康復、給予適度的關懷和建立病人信心，是看護婦的另一護理任務，其中愛心、耐心、溫和、謙恭和禮貌的態度，便是達成這項任務的基本要素。[104] 事實上，從護生時代，醫院不斷透過修身課程灌輸上述護理精神，在現實環境中，日籍看護婦長更不時嚴加監督，養成看護婦溫柔謙遜的個性。[105] 除此之外，看護婦護理的對象是病人，她們必須注意病人的態度，有病的人通常情緒較不穩定，有的甚至會對護理人員粗聲暴氣。不過，不少看護婦表示，固然有躁動不安的病人，脾氣粗暴的並不多，在日本殖民政府嚴格管理下，老百姓都相當聽話，病人也不敢肆無忌憚，因此病人對醫護人員的指示絕大多數是服從的，而且當時住院治療的病人多半來自中上階層，他們的態度也就較矜持自重。[106]

看護婦工作的執行，除來自醫生的指示外，也受當值科室看護婦長或看護婦副長的指揮，例如晝、夜班的輪值、各種護理工作的進行等。當時公立醫院看護婦長或看護婦副長職務都由日籍看護婦擔當，臺籍看護婦惟有服膺她們的管理，不過這種上下關係不像護生時期嚴肅，而且彼此間又有前後屆同學關係，臺籍看護婦所承受的壓力不是很大。[107]

從事本職工作的同時，看護婦還得負責教導實習生，除輪值順序不由看護婦安排之外，凡各科室的工作，大體由看護婦酌量分配。雖然看護婦對護生的態度不像看護婦長嚴格，但有的看護婦在求好心切下，不免會疾言厲色，尹喜妹在臺大醫院的婦產科工作期間（一九四一～一九四三）以嚴格出名，每當實習生前去見習，得知當值看護婦是尹喜妹時，無不兢兢業業地做好各項準備工作，以免遭尹喜妹責罵。尹喜妹認為，接生工作事關兩條人命，為求慎重其事，她必須嚴格對待。[108]當然，並非所有的看護婦都如尹喜妹一般嚴厲，有不少看護婦以長姐姿態帶領實習生，周笑自述她就是用這種方式對待實習生。[109]且不論看護婦對護生的教導方式如何，為取信護生，並扮演良好的指導角色，看護婦必須力求個人素質的提昇，這不僅有助於其本身的護理工作，也為個人帶來成就感。

醫院看護婦的工作相當緊張而繁忙，工作時間也甚長。和今日護理師不同的是，日治時期看護婦工作時間為兩班制，每班長達十二小時，而且工作之餘，又有可能被臨時調派。臺大醫院曾訂有一項規定：「夜間值勤護士無需執行隔日白天工作，但為配合實況，必須臨時工作。」[110]此外，為便於管

---

102 〈看護婦規程〉（明治四十二年十一月四日改正），臺灣總督府臺北醫院編，《臺灣總督府臺北醫院第十六回年報（大正二年）》，頁二五九。
103 〈看護婦規程〉（明治四十二年十一月四日改正），頁二六〇；〈看護婦規程〉，頁二六七～二六八。
104 洪月女口述訪問紀錄。
105 日本赤十字社編，《看護婦生徒修身教授參考書：全》（東京：博愛發行所，一九一〇），頁七五～二一三；林月霞口述訪問紀錄、洪月女口述訪問紀錄。
106 呂連紅甘口述訪問紀錄、周笑口述訪問紀錄。
107 游鑑明訪問、黃銘明記錄，〈尹喜妹女士訪問紀錄〉，頁三三。
108 同上註，頁三七～三八。
109 周笑口述訪問紀錄。
110 〈看護婦規程〉（明治四十二年十一月四日改正），頁二六〇。

理與支配，醫院規定看護婦必須一律住宿，如此一來，看護婦的生活幾乎完全受醫院掌控。從看護婦住宿規則來講，看護婦除需維持寢室清潔、安寧之外，有關看護婦就寢時間、外出訪問時間都需要依規行事，這種生活與護生時代幾乎沒有兩樣。[111]當然，並不是所有醫院都採嚴格管理方式，從訪問發現，執行嚴格的是日赤醫院，林天祐醫生對日赤醫院看護婦們的敬業頗為讚賞，他說：

從前，紅十字醫院的醫師護士、都同心全力，如同軍隊生活一樣，整整齊齊，從早到晚，沒有鬆懈。尤其是，紅十字醫院的護士們，不論做任何工作，都做得乾淨俐落，滿頭大汗，行動敏捷，真是無懈可擊。[112]

不過，鐵道醫院看護婦講習所畢業的柯阿娥提到，隨著日治時期護理人員大量增加、宿舍不敷使用後，看護婦全體住宿的制度逐漸取消。[113]儘管日治中期以後醫院對看護婦的管理不再嚴格，看護婦的工作分量卻較前沉重，主要是因這段時間受戰爭影響，醫院的傷患人數較以往突增數倍，而看護婦生活也就更加忙碌。

## 二、社區的護理工作

社區護理工作主要是指郡街庄役場、學校或工廠等醫務室的護理，由於社區護理是在照護其管轄範圍內群眾的健康、提供衛生常識並防患疾病的傳染等，因此社區護理偏重公共衛生而非疾病治療，這一點與醫院看護婦大為不同。公共衛生的推行是殖民政府治臺的政策之一，但早期護理人員有限，加以社區護理並不盛行，由護理人員推動公共衛生的工作一直到日治中後期始漸展開。郡街庄役場的看護婦多半擔任衛生宣傳、預防針注射與一般護理等工作。[114]但為改善傳統接生方式，並減少嬰兒死亡率，如第四章提到，郡街庄役場大多聘任公設產婆，而公設產婆多半是看護婦出身或具備現代醫護知識的產婆，她們除擔任接生之外，也兼做護理工作，維護轄區民眾健康。例如一九三九年八月，臺中州方面委員曾派員對兒童的健康狀況進行調查，其中水堀頭、何厝的調查助手即有張魏鑾鳳、廖網市和廖阿香等三位公設產婆，她們的工作包括協助量身高、體重和脈搏。[115]

學校與工廠看護婦事實上也不完全由看護婦擔任，前面提到，一九三一年六位臺籍校護中，受過產婆訓練者就有四位，其中以產婆資格擔任校護的有兩位。這除了與當時純護理人員不足有關之外，

111 〈看護婦寄宿舍心得〉（明治四十二年一月四日制定），頁二八八～二八九；另如臺南醫院規定護士外出必須準時返回宿舍，遲歸者需由保證人出具證明。臺灣總督府臺南醫院編，《臺灣總督府臺南醫院概要》（臺南：臺灣總督府臺南醫院概要，一九一六），頁七九～八〇。

112 林天祐，《象牙之塔春秋記》，頁四二。

113 游鑑明訪問，柯阿娥口述訪問紀錄（一九九三年十二月八日，臺北），未刊稿。

114 一九二五年臺北州衛生課曾因注射霍亂預防針的醫護人員不足，而向臺北醫院商借，由是可知，社區護士需協助注射預防針。以上參見〈醫師與看護婦不足〉，《臺灣日日新報》第九一二九號，一九二五年十月七日，漢文欄，第四版。另見陳林遠遇口述訪問紀錄。

115 〈兒童の健康狀態調查——臺中州實施狀況——〉，《方面時報》第四十九號（一九三九年十一月），頁九～一〇。

陳林遠遇發現，學校聘用有接生經驗的護理人員可以為女性員工或眷屬服務。[116] 一九四一年初等學校一律改稱國民學校，總督府打算以養護訓導取代原有護理人員，於是一九四二年召開養護訓導養成講習會，規定講習員必須是具備看護婦執照的校護或是具有高等女學校學歷的合格看護婦，並進行長達一個月的訓練。[117] 不過，從訪問得知，養護訓導的訓練僅舉辦了一次，而獲得養護訓導資格的臺籍女性只有陳林遠遇，[118] 由此可知，學校校護的資格實際上並未有太大的改變。

有關校護的護理範圍較為廣泛，以臺南市港公學校校護的工作為例，包括學生健康檢查、學生身高體重測量、傳染病預防、安全維護和衛生管理等。此外，校護尚需對健康有問題的學生進行矯正治療，如補充營養劑、驅逐蛔蟲等，[119] 且得與學生家長聯絡，了解學生平日生活習慣，藉此影響家長，進而改善家庭衛生習慣。[120] 至於工廠看護婦工作的輕重，端看廠內員工人數的多寡，她們的工作主要在維護廠內員工的健康。[121]

從社區護理工作看出，護理人員所從事的不外是衛生保健、傳染病預防及衛生觀念的宣導等。由於社區護理人員只要具備基本醫護知識或技術即可，多數機構僅雇用一名公醫或一名看護婦，看護婦獨立作業的機會大為增加，無形中增加看護婦的自主空間，且對臺籍看護婦尤其有利。我的受訪人表示，公立醫院的臺籍看護婦地位比不上日籍看護婦，但一旦她們進入社區服務後，自主性跟著提高，而她們服務的對象絕大多數是同一種族的人，較不易出現溝通困難的現象，看護婦的自我成就也相對增加。[122]

社區看護婦不像醫院看護婦能不斷吸收新的醫護觀念和技術，對她們實施在職教育是相當的重要，資料顯示，社區護理人員的進修活動由各地方酌情辦理，較常見的是校護的進修。例如，一九二九年二月臺中州舉辦州內學校看護婦講習會，當時有二十八名校護參加為期五天的講習，講習科目包括一般內科、一般皮膚科、一般眼科、學校身體檢查大意、州內衛生狀況、消毒法與一般心得；[123]一九四〇年，基隆市也有此類講習會的召開，講習科目較簡單，有公民、教育、內科、外科、眼科和學校衛生共六科，並由會員自選與本身業務相關的課題為教材。[124]從講習會的內容來看，這完全以增進校護護理知識為目的，並強調實用性。至於其他社區護理人員的進修活動僅限於郡街庄役場，不過這些機構大多雇用產婆，所以她們的進修項目以提昇接生技術為主，並不是純護理技術。

116 陳林遠遇口述訪問紀錄。
117 〈臺北通信：養護訓導養成講習會〉，《臺灣教育》第四七六號（一九四二年三月），頁九九。
118 陳林遠遇口述訪問紀錄。
119 臺南市港公學校編，《本校學校衛生の實際（昭和十五年九月）》（臺南：臺南市港公學校，一九四〇），頁八六、九四～九六。
120 例如改正學童偏食習慣、睡眠時間、家中照明設備與齲齒、寄生蟲的防治等。臺南市港公學校編，《本校學校衛生の實際（昭和十五年九月）》，頁九七～九八。
121 伊藤貞子，〈臺灣語を話せない臺灣人舊植民地に殘した敗戰の傷跡〉，「くりかえすまじこの悲しみを」發刊委員會編，《続々　花だいこんの花咲けど：太平洋戦争（1941～1945）》（福島：福島縣婦人教職員あけぼの會，一九九一），頁二一九。
122 游鑑明訪問，劉阿秀口述訪問紀錄（一九九二年七月二十一日訪問，臺北），未刊稿；陳林遠遇訪問紀錄。
123 〈臺中州支會主催學校看護婦講習會〉，《臺灣學校衛生》第八號（一九四〇年五月），頁八一。
124 〈基隆市學校看護婦講習會〉，《臺灣學校衛生》第四卷第二號（一九四一年七月），頁八九。

## 三、戰地的護理工作

戰地護理工作分有醫院與戰地兩類，戰地醫院的護理工作與平日醫院大致相同，只是照護的對象不是一般病人而是傷患或戰俘，所以看護婦經常需進行緊急護理。戰地的護理工作則因環境惡劣，相當艱苦，從尹喜妹的口述，可以看到一九四三年她到海南島山區服務的實況。

尹喜妹是隨臺大醫院醫療隊到海南島做救援工作，當時海南島屬日本占領區，經美軍轟炸後，有些地區相當殘破，她所到的榆林山區便是滿目蒼夷、疫癘叢生，無論生活或工作都相當不便。醫療隊中的十名護士，以一個大房間充當宿舍，宿舍內除有一頂大蚊帳和十人份的毛巾、臉盆、枕頭、棉被之外，其餘便空無所有。由於住處附近是火葬場，夜裡她們常被濃煙薰得難以入眠，吃飯時因為到處都有蒼蠅，她們得一手拿筷子、一手趕蒼蠅，才有辦法解決三餐。

在工作上，她們常得處理一些令人怵目驚心的病例，尹喜妹負責外科護理，她發現當地最常見的病是熱帶下肢潰瘍，每天都有成群的病人等待治療，只要病人一打開褲管，便可看到傷口上有一大堆蛆，儘管十分噁心，她仍得鎮定地幫病人將蛆洗掉，再請醫生治療；這種病是無法根治的，病人經常去而復返，而她也不斷地重覆看蟲、洗蟲的工作。最教尹喜妹難忘的是，他們曾以「土法煉鋼」的方式為病人進行手術。由於診療室沒有設置開刀房，當地衛生條件又奇差無比，尹喜妹和三位外科看護婦只能自行設法，她們的辦法是將宿舍內的大蚊帳清理乾淨，再掛在診療床上權充手術房，然後在消毒好的開刀用具上蓋一層布保護，防止蒼蠅飛入，最後醫生就在這克難開刀房裡順利完成手術，他們的艱苦不言而喻。

除工作和生活不便之外，醫療人員還得防止傳染病的侵襲，但仍無法抗拒傳染病的肆虐，以致於所有的醫護人員都感染輕重不一的瘧疾，儘管如此，因醫療人手不足，即使生病也不得請假，每個人只好強打精神工作。尹喜妹還提到，有一位看護婦因病況嚴重，晚上經常忽冷忽熱，同房看護婦只得當起特別看護婦，為她防寒解熱，這份額外工作，讓每個看護婦都累得人仰馬翻，而苦難的日子一直到半年後醫療隊撤離才結束。[125] 和尹喜妹的團隊一樣，當時前往戰區而罹患瘧疾的醫護人員為數不少，杜蘭附屬的軍隊還為她出具罹患瘧疾的證明。

根據尹喜妹的親身經歷可以看出，戰地的護理工作有許多不足為外人道的辛酸。然而，從另一角度來說，戰地看護對當時的傷患或俘虜在護理上所做的犧牲與奉獻是不容置疑的，而且無論是日本士兵、中國俘虜或印度戰俘，她們都一視同仁地照護。[126] 這固然與護理工作無尊卑貴賤、種族宗教歧視有關，更重要的是，在殖民政府統治下，臺籍看

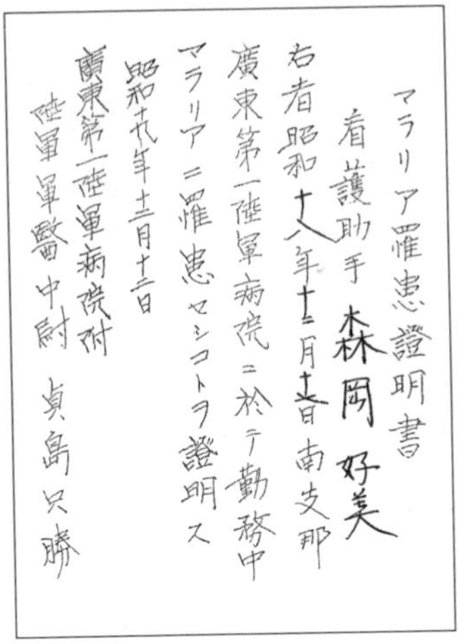


圖45　一九四三年南京第一陸軍醫院發給杜蘭罹患瘧疾的證明書

125. 游鑑明訪問、黃銘明記錄，〈尹喜妹女士訪問紀錄〉，頁四〇～四四。
126. 杜蘭口述訪問紀錄。

護婦根本無從選擇，而且在殖民教育灌輸下，有部分人民的民族觀念變得相當模糊，從她們矢志成為戰地看護的理由來看，受訪人坦承，固然有不少看護婦以返祖國尋根的心態接受徵召，但也有不少人受高薪俸吸引，甚至持著效忠日本政府的態度前往。[127]

127　杜蘭口述訪問紀錄、陳惠美口述訪問紀錄。

圖 46　杜蘭等看護婦在病房前與印度戰俘合照

# 5 護理工作對個人、家庭及社會的影響

護理工作是一份神聖的事業，但看護婦除面對醫生與照顧病人外，她們的主體性何在？可曾考慮到工作待遇與薪資等權益？看護婦多半年輕未婚，她們的感情世界與婚姻又如何？還有，在職場外，護理工作對家庭和社會帶來何種影響？

## 一、菲薄待遇與罷工事件

由上述醫院、社區和戰地的護理工作可以看出，儘管看護婦所從事的都與醫療服務有關，但由於醫療體系的不同，看護婦的工作性質或工作量的多寡各有差別。社區醫療機構因為負責基層醫療，看護婦僅需提供一般性的護理，很少處理緊急個案，也沒有夜間門診，她們工作的時間相當固定。尤其重要的是，她們的工作環境單純，既沒有複雜的人事關係，也沒有升遷的壓力，而初任看護婦所領的月俸約在二十到三十日圓之間，相當郡街庄役場職員的薪水，因此她們與雇主的關係較為和諧。[128]

相對的，醫院看護婦所承受的壓力則較大，除了需要照護病人和處理急診之外，還得擅長應對醫院中的各種人際關係。在繁雜而緊張的工作環境中，她們獲得何種待遇呢？以日制醫院為例，在薪俸

方面，初任看護婦採日俸制，一九四〇年臺大醫院的初任臺籍看護婦每日領八十錢，繼續留院服務者每年日俸加增五到十錢，三年後改領月俸，例如洪月女於一九四〇年所領的月薪是三十日圓，相當公學校初任教員的薪水，扣除食宿、水電費，所領到的薪俸為二十一日圓。[129] 較不公平的是，臺籍看護婦的薪俸與同職級的日籍看護婦相差一日圓左右。[130]

在升遷方面，第一章提到，一九四四年度基隆醫院、花蓮港醫院和花蓮港玉里各有一名臺籍看護婦長、臺南醫院有兩名看護婦副長，但這僅是日治末期的特殊現象。[131] 事實上，日治時期臺籍看護婦唯一的升遷管道是擔任病房主任（即病房的總管，她們地位較一般看護婦稍高）。無疑的，這是對看護婦認真工作的一種肯定，但這是沒有實權的職務，與唯有日籍看護婦能擔任的看護婦長地位相較，有天淵之別。病房主任的薪俸更不及看護婦長，看護婦長的薪俸最高可達八十日圓，[132] 病房主任則僅比一般看護婦多一到二日圓。[133] 此外，醫院固然設有「精勤賞」（即「全勤獎」）鼓勵久任看護婦，臺籍看護婦卻始終沒有獲賞機會，[134] 這除了與看護婦經常異動或婚後離職有關之外，苦於無升遷機會而不願久任也是一項因素。

至於英制醫院的待遇則與日制醫院有些不同，就升遷來說，英制醫院的臺籍看護婦有機會擢升為看護婦長，特別是一九三七年外籍醫護人員離臺時，她們所留下的看護婦長職位都是由臺籍看護婦遞補，例如馬偕醫院曾任用出身該院的看護婦林仁慈、林亦雅和王真宮為看護婦長，[135] 新樓醫院則是聘任曾於日制醫院受過護理訓練的周梅等人。[136] 至於薪俸方面，雖然英制醫院無同工不同酬的問題，但待遇卻是普遍偏低，面對不公平的薪資，英制醫院的看護婦曾發動罷工運動。

一九三〇年發生在馬偕醫院的罷工事件喧騰一時，引起各方報紙爭相報導，其中《臺灣新民報》

更詳載事件的發展動向。該事件起因於看護婦的待遇過於菲薄，根據報導，該院初任看護婦每月僅能領十四日圓，除此之外，還得付六日圓的食費，至於電費、看護婦制服全需要自付，而且服務時間長達十二小時，一個月才輪換一次。[137]基於種種問題，看護婦們在無法忍受下，於一九三〇年十一月五日發動全體罷業。[138]

128 陳林遠遇口述訪問紀錄；詳見中越榮二編，《臺灣街庄職員錄（昭和十二年十月十五日現在）》（臺北：臺灣地方自治協會，一九三七）。

129 臺灣總督府編，《臺灣總督府及所屬官署職員錄（昭和十五年七月一日現在）》（臺北：臺灣時報發行所，一九四〇），頁三二一；另見洪月女口述訪問紀錄。

130 呂連紅甘口述訪問紀錄。

131 臺灣總督府編，《臺灣總督府及所屬官署職員錄（昭和十九年一月一日現在）》（臺北：臺灣時報發行所，一九四四），頁二四九、二五一～二五二。

132 臺灣總督府臺北醫院編，《臺北醫院第四十回年報（昭和十一年）》（臺北：臺北醫院，一九三七），頁三一。

133 呂連紅甘口述訪問紀錄。

134 游鑑明訪問、黃銘明記錄，〈尹喜妹女士訪問紀錄〉，頁三一。

135 黃文輝編，《臺灣基督長老教會馬偕紀念醫院創設100週年紀念冊》，頁九六～九七。

136 楊雲龍編，《南大臺南基督教新樓醫院便覽（昭和十一年度事業報告附醫院案內）》（臺南：南大臺南基督教新樓醫院，一九三七），頁一五。

137 〈臺北馬偕病院的看護婦同盟罷業〉，《臺灣新民報》第三三八號（一九三〇年十一月八日），頁二。

138 〈馬偕醫院看護婦同盟罷業〉，《臺灣日日新報》第一〇九七九號，一九三〇年十一月七日，漢文欄，第四版。

在此之前，她們曾連署陳情，但英籍院長不僅退回她們的陳情書，又請英籍看護婦長轉知她們，如果要醫院發給夜間服勤津貼，每人除需要繳六日圓食費之外，還得加付五錢，否則就自動辭職。為此，看護婦們決定從五日起聯袂罷業，而該院院長既未予理會，又不願接受第三者調停，於是該院的兩名臺籍醫生也憤而罷職聲援。同一天，她們組織「看護婦協會」，由潘姜美、張素美、李密、雷菊子、張允和潘天〔文〕里等人擔任委員，會員共計二十八名；次日，她們又派六名代表與院長進行交涉，並提出兩項條件：（一）夜間服勤達十二小時，需付給十錢的點心費；（二）今後夜勤改為一週輪換一次。但該院院長仍置之不理，終致談判破裂。[139]

十一月二十九日，《臺灣新民報》刊載一位署名柏峰「寄馬偕醫院院長一封信」，信中嚴正地指出，看護婦以看護患者為根本，本身必須有健康的身體，而今醫院未體恤看護婦，她們惟有要求改善，這原是理所當然的事，院長竟無情地拒絕，還聲稱是醫院的命令，柏峰氣憤地說：

> ……何不直曰先生之強壓乎？況我主耶穌與天父上帝，每以博愛及眾，一視同仁，且英政府費資醫臺，對貧人病者，而施療以救其生，豈有窘苦為工，不憐其生而賜其死者哉？際此文明日蒸之際，婦女解放之秋，那肯白受人權剝奪，壓迫終生，先生亦出自文明英國，應有卓犖才華，胡不撫心自問乎？[140]

儘管馬偕醫院的看護婦罷職事件引起社會大眾的關心，並對該院院長提出諸多非難，但由於報紙不再繼續報導，其結果如何，不得詳知。不過，有一種說法是，該院於看護婦罷職期間，曾請淡水女子高等學院調遣女教員前來支援，並訓練新的看護婦，該事件遂不了而了。[141]

至於在小醫院工作的看護婦，她們的待遇更無法與大型醫院比擬，除了無升遷制度之外，她們的薪水大約在十數日圓左右，然而為獎勵績優護理人員，嘉義醫會曾為嘉義地區的績優護理人員舉辦表揚大會，一九三四到一九三九年間，除一人姓名不詳之外，共計表揚洪笑、龐泮柳、張碧霞、胡登月、陳月桂、黃沓、黃碧華、陳珠和林灣等十位看護婦，她們獲獎的原因，不外是工作態度親切、忠心院主和服務年資較長。[142] 值得一提的是，嘉義醫會是由臺籍醫生組成，所以接受表揚的全是臺籍看護婦，這對臺灣看護婦頗具鼓舞作用。

整體來看，這時期除英制醫院看護婦的升遷較不受限制之外，臺籍看護婦地位的低落是不爭的事實。一九三七年五月，高雄醫院的看護婦因為她們的人格沒有受到尊重，發動總罷工，但僅僅持兩小時便告結束。[143] 針對看護婦地位問題，一九三〇年《臺灣民報》的記者訪問臺大醫院院長時，該院院

139 〈臺北馬偕病院的看護婦同盟罷業〉，頁二。
140 柏峰，〈讀者信箱：寄馬偕醫院院長一封信〉，《臺灣新民報》第三四二號（一九三〇年十一月二十九日），頁一一。
141 林仁慈口述訪問紀錄。
142 嘉義醫會，〈昭和八年度藥局生看護婦事務員表彰式〉，《嘉義醫會醫學雜誌》第三號（一九三四年九月），頁五一～五二；〈昭和九年度藥局生看護婦事務員表彰式〉，《嘉義醫會醫學雜誌》第四號（一九三五年六月），頁一〇九～一一〇；〈總會順序〉，《嘉義醫會醫學雜誌》第七號（一九三七年九月），頁四八；〈告辭〉，《嘉義醫會醫學雜誌》第九號（一九三九年十月），頁五六。
143 〈婦人春秋〉，《臺灣婦人界》第四卷第七號（一九三七年七月），頁三二。

長曾明白地指出，一般人對看護婦工作並不十分了解，事實上看護婦不能與其他職業婦女等同相待，西方國家以看護婦為終身志願者，她們是將護理工作視為尊貴的天職，而其素質與待遇相當高，她們的薪水甚至高過臺大醫院院長，東方國家應力求看護婦地位的提昇。[144] 一九五三年，羅家倫在〈懷著觀世音的心腸　達到安琪兒的使命〉一文中也提到，光復初期臺灣護士地位低落，是受日治時期所遺留的傳統影響，因為日治時期的看護婦必須替醫生「刷衣服、擦皮鞋」，而這種先侍奉醫生再服侍病人的惡習，不但破壞護士制度的精神，也造成護士的自卑。[145]

## 二、工作影響看護婦的感情生活

除了地位低落、待遇不高之外，看護婦還面臨著其他問題，這些問題多半伴隨著工作而產生，包括情緒、感情與安全方面。在長期與病人為伍的工作環境中，看護婦的情緒很容易陷入低潮，醫院為此提供了休閒活動。臺大醫院、新竹醫院在晚上休息時間，安排茶道、插花、彈琴和裁縫等藝能課程，提供住宿看護婦排遣生活；[146] 臺大醫院每個月還舉辦「看護婦講習會」，藉由

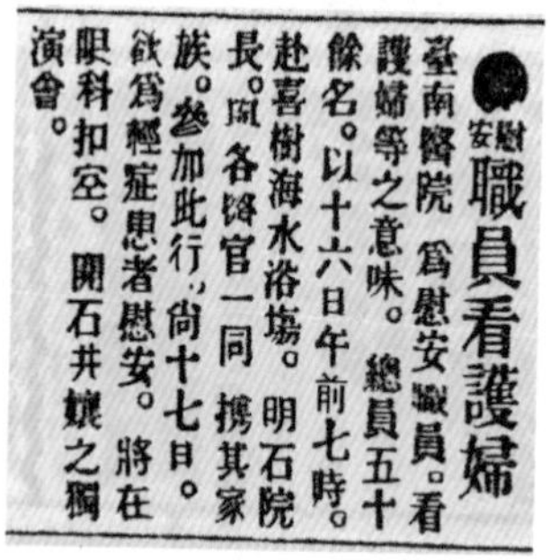
慰安 職員看護婦
臺南醫院 爲慰安職員。看護婦等之意味。總員五十餘名。以十六日午前七時。赴喜樹海水浴場。明石院長。與各醫官一同 攜其家族。參加此行。尚十七日。欲爲輕症患者慰安。將在眼科扣空。開石井孃之獨演會。

圖 47　臺南醫院慰勞職員與看護婦到海水浴場弄潮

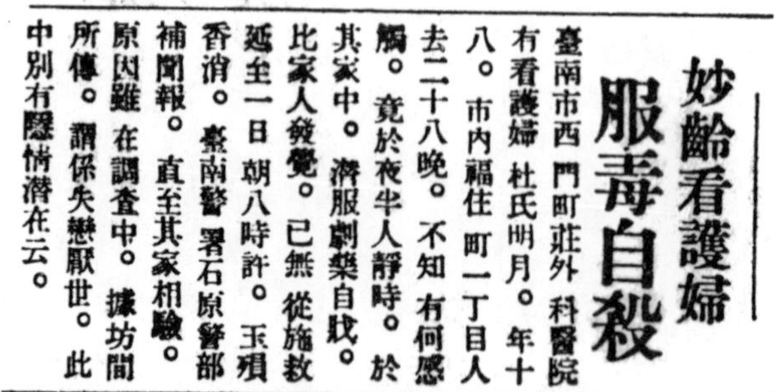
妙齡看護婦
服毒自殺
臺南市西門町莊外科醫院有看護婦杜氏明月。年十八。市內福住町一丁目人。去二十八晚。不知有何感觸。竟於夜半人靜時。於其家中。濟服劇藥自戕。比家人發覺。已無從施救。延至一日朝八時許。玉殞香消。臺南警署石原警部補聞報。直至其家相驗。原因雖在調查中。據坊間所傳。謂係失戀厭世。此中別有隱情潛在云。

圖 48　看護婦杜明月服毒自殺

名人或宗教家的講演，對看護婦進行精神陶鑄與婦德培養。[147]至於教會醫院也有舉辦類似活動，不同的是，教會醫院是透過宗教儀式陶冶看護婦們的心靈，例如早、晚禮拜、祈禱會和靈修會等，[148]這一類活動偏重精神涵養，較為嚴肅。有的醫院則播放電影或舉辦爬山、游泳等輕鬆的活動，調劑看護婦身心，[149]一九二五年臺南醫院為慰勞職員與看護婦，曾在八月舉辦到喜樹海水浴場弄潮，這件事引起地方媒體注意，還大幅報導。[150]

毋可否認的，這些活動多少有助於看護婦情緒的提昇，但仍有看護婦始終無法豁達，甚至衍成自戕的悲劇。例如，羅烟的厭世是與繼母口角；陳添美是為家運不振；[151]而杜明月的服毒自殺有一說是

144 〈臺灣各界的職業婦人介紹　看護婦是什麼職業？〉，頁一一二。

145 羅家倫，〈懷著觀世音的心腸　達到安琪兒的使命〉，《中央日報》，一九五三年五月十四日，第三版。

146 〈看護婦養成附德育ノ涵養〉，頁三五；「寄宿舍生活の横顔」，有馬春陽，〈ペンとカメラ行脚（3）：新竹醫院訪問〉，頁一一六～一一七。

147 〈看護婦養成附德育ノ涵養〉，頁三四。

148 楊雲龍編，《南大臺南基督教新樓醫院便覽（昭和十三年度事業報告附醫院案內）》（臺南：南大臺南基督教新樓醫院，一九三九），頁一一。

149 「午後ともなれば」，有馬春陽，〈ペンとカメラ行脚（3）：新竹醫院訪問〉，頁一一五。

150 〈慰安職員看護婦〉，《臺南新報》第八四四四號，一九二五年八月十七日，漢文版，第五版。

151 〈嘉義看護婦自殺　與繼母口角〉，《臺南新報》第一一九九一號，一九三五年五月二十五日，漢文版，第八版；〈看議〔護〕婦自殺未遂〉，《臺灣日日新報》第九七九五號，一九二七年八月四日，漢文欄，第四版；〈島人看護婦之自殺可疑〉，《臺南新報》第一一五四六號，一九三四年三月二日，漢文版，第八版。

久病未癒，另一說是失戀厭世。[152] 雖然她們尋短是出於私人原因，不是來自工作壓力，但她們都是以服藥自盡企圖結束生命，算是間接受工作影響，因為這與她們懂得藥性和取藥方便多少有關係。[153]

在感情上，多數看護婦處在適婚年齡，尋求感情歸宿是很自然的事，但由於結婚會造成失業，看護婦遲婚成為相當普遍的現象，有的人甚至到日治結束，醫院不再禁用已婚看護婦，才尋得歸宿，尹喜妹便是四十八歲才結婚。[154] 至於擇婚的方式，和許多職業婦女相同的是，絕大多數的看護婦選擇最通常的婚姻方式，也就是安排式婚姻。不過，由於護理工作使看護婦和異性接觸的機會頻繁，她們的感情生活漸趨開放，與封閉、保守的女性大為不同，而且看護婦多半出身一般家庭，較不受嚴格禮教的規範，有的看護婦就勇於接受異性追求或自由戀愛，甚至做出駭世驚俗的行為。

看護婦所接觸的異性不外是醫療人員、病人或病人家屬，與她們產生感情的異性也以這個群體居多。就看護婦與醫療人員言，日治時期外籍醫生站在領導地位，看護婦對他們多持敬畏態度，雙方僅有上司與屬下的關係。但與臺籍醫生的關係則不然，除因同屬殖民政府統治下的臺灣人之外，留居醫院的臺籍醫生多半是與看護婦年齡相仿的醫生助手，這樣的角色與地位讓他們與看護婦之間較無距離，而且在朝夕相處下，容易互生好感。一九三五年日赤醫院發生的外科診療室火災事件，引發出看護婦與醫生助手約會造成怠職的內幕。[155] 不過，自訪問得知，醫護聯姻的例子在當時並不多見，主要是因日治時期講究門第觀念，醫生期望的配偶是上層家庭的女性，看護婦的出身與地位並非他們所願，至於結為連理的例子，多半是人品或家世條件不錯的看護婦，或是醫生本身是出自一般家庭。[156] 儘管這樣的結合僅是少數個案，卻也提昇了看護婦的地位。

就看護婦與病人或病人家屬來說，病人最需要的是關心與安慰，看護婦的照護讓病人從中獲得慰藉，有的年輕病人或陪病人遂由感激而生愛慕，看護婦與病人或陪病人的戀愛事件時有所聞，甚至論及婚嫁。[157]雖然婚姻自主的風氣漸開，仍有看護婦無法如願以償，面對這種情形，看護婦的表現各有不同，例如柯采眉以輕生抗議安排式婚姻，[158]陳查某以私奔達成異國之戀。[159]至於受騙、遇人不淑，則是這段期間看護婦追求自由戀愛的另一個不幸結果，新竹醫院吳千傷人自戕事件便是其中例子。[160]

且不論看護婦採用何種方式尋求感情歸宿，毋可否認的是，看護婦這一行業讓她們有更多選擇結婚對象的機會，不再完全受制於傳統婚姻。不過，勇於嘗試自主婚姻的看護婦有幸與不幸兩類，幸

---

152 〈島人看護婦之自殺可疑〉，漢文版，第八版；〈妙齡看護婦服毒自殺〉，《臺灣日日新報》第一二〇八一號，一九三四年三月三日，漢文欄，夕刊，第四版。

153 〈臺南看護婦之自殺原因為病所苦？〉，《臺南新報》第一一五四七號，一九三四年三月三日，漢文版，第四版。

154 從訪問發現，當時不少護士遲至二十八、九歲才結婚，有的甚至到四十多歲才獲得歸宿。例如尹喜妹、李蘋結婚時均是四十八歲。以上資料得自游鑑明訪問、黃銘明記錄，〈尹喜妹女士訪問紀錄〉，頁六五；另見李蘋口述訪問紀錄；柯阿娥口述訪問紀錄。

155 〈赤十字醫院之風紀問題〉，《臺灣日日新報》第一二六五六號，一九三五年六月二十五日，漢文欄，第十二版。

156 洪月女口述訪問紀錄。

157 游鑑明訪問，張郭址（臺大醫院看護婦講習所畢業）口述訪問紀錄（一九九二年七月二十一日，臺北），未刊稿。

158 〈看護婦不遂己願企圖自殺〉，《臺南新報》第一〇八三五號，一九三二年三月十五日，漢文版，第四版。

159 〈棄職私奔〉，《臺南新報》第八六一九號，一九二六年二月八日，漢文版，第六版。

160 〈醫院看護婦用手術刀自殺未遂〉，《臺灣日日新報》第一二〇五四號，一九三四年二月四日，漢文欄，夕刊，第四版；〈竹院看護婦自殺不遂續聞〉，《臺灣日日新報》第一二〇五七號，一九三四年二月七日，漢文欄，第四版；〈妙齡看護婦服毒自殺〉，漢文欄，夕刊，第四版。

者，與上層家庭聯姻並走入上層社會；不幸者，為情所困乃至輕忽生命。

以安全來說，醫院是公開場所，每天有不同的病人進出，其中有傳染病菌帶原的病人，從事照護工作的看護婦必須特別注意衛生，防範個人或其他病人受到細菌感染；但在傳染病猖獗的日治時期，任何人都可能受到傳染，看護婦更是處在高度危險中。從訪問發現，當時讓看護婦害怕的是到傳染病室服務；[161] 中日戰爭期間，到戰地工作的看護婦尤其苦不堪言，例如前面提到，尹喜妹與醫療團隊在海南島罹病的慘況。面對這種惶惶不安的生活，看護婦的工作熱忱自然大減，她們也自嘲「南丁格爾」的精神無由發揮。[162] 除了職業傷害之外，另外是性騷擾事件，一九三〇年臺南慈惠醫院發生醫生強暴看護婦未遂事件，事發之後，該看護婦立即提出辭呈，並暴露該醫生的醜行。[163] 但不是每位看護婦都勇於揭發醜聞，畢業自鐵道醫院的柯阿娥表示，由於醫院中的性騷擾多屬口語上的騷擾，對看護婦所造成的傷害不深，而且與對方口舌之辯，只會帶來更多的困擾，因此她們多半採充耳未聞的方式。[164]

另外，則是戰爭所帶來的不安全，根據殖民政府的規定，即使戰況緊急，醫護人員也不得自行疏散，在這樣的情況下，除非辭去工作，否則看護婦仍需在戰爭期間續任護理工作，而且要配合醫院的指示，進行各種救護措施或應急處理。一九四四年，臺大醫院遭美軍轟炸，全體醫護人員與病人被迫疏散，儘管如此，醫療工作並未中斷，該院繼續在臨時醫院從事醫護工作，這時候看護婦幾乎無法顧及個人安危，只能把自己的生死置之度外。[165] 理論上，戰爭期間的不安全感，在戰爭結束後應該消逝，對一九四四年被徵召至中國大陸的看護助手來講，她們卻沒有因為戰爭結束而脫離不安，反而陷入另一種危機，參加第三期看護助手徵召的陳惠美回憶：

一九四五年五月，我們隨著軍隊從廣東第一陸軍分批撤退，我與病院的一部分看護助手，先後撤至廣東清遠和韶關一帶；日本投降後，我們被廣東的臺灣代表帶離開。當時我們十分惶恐，雖然臺灣代表和我們一樣來自臺灣，他們又聲稱將送我們回臺灣，但是，我們所信任的是帶我們到廣東的日本人，因此，和日軍離別時，我們都哭了。後來我們被安置在臺籍官兵集訓所，每天參加升降旗，接受三民主義和北京話的訓練，偶爾才有機會再接觸護理工作，但也只是到街頭替路人接種疫苗。坦白說，這段日子的生活遠不如戰爭期間，無論飲食、起居都相當簡陋，加以返臺的船期不定，更讓我們無所適從。[166]

從這段話裡可以看出，由於臺籍看護助手有認同危機，而戰後各方面的失序又使這群看護助手面臨有家歸不得的苦悶。同樣的，在臺灣的家長也為此憂心忡忡，一九四五年十一月遂有家長代表向政

161 杜蘭口述訪問紀錄。
162 同上註。
163 〈慈惠院醫長強姦看護婦〉，《臺灣日日新報》第一一〇二三號，一九三〇年十二月二十一日，漢文欄，第四版。
164 柯阿娥口述訪問紀錄、周西戀口述訪問紀錄。
165 陳墨妍口述訪問紀錄。
166 游鑑明訪問，陳惠美口述訪問紀錄（一九九三年九月二十三日，臺北），未刊稿。

府遞呈陳情書，以為他們的女兒遭到搶劫或流離失所。[167]一九四六年一月終於遣送二十四名看護助手回臺，由於有數百名看護助手仍滯留未歸，家長們更加焦慮，在二月三日和二月七日繼續陳情，[168]連署人數也跟著增加，二月七日的陳情書中寫道：

據該女子（返臺看護助手）之陳述，現在其狀甚慘。……該處元〔原〕為廣東乞丐收容所，其家宅破壞不堪，且全無衛生之設施，席地而臥，寢具只有絨氈三條而已。飲食之用水，又是附近小河之泥水，住民之大小便亦放乎其中，是故該女子等俱犯寒熱疾及其他諸病。……為此女子中亦有因疾病而饑寒交迫致起厭世之念而自殺者有之；其餘二百數十名現在如坐生地獄，歸鄉心切，但呼籲無門。[169]

經由受難看護助手家長的不斷陳情，我訪問的蔡壽子說，一九四六年六月看護助手才能陸續返家，結束不安定的生活。[170]

## 三、看護婦對社會的貢獻

儘管從醫院看護婦的工作性質、工作環境與待遇，大致勾勒出日治時期看護婦面臨著諸種問題，但不可否認的，看護婦也不完全否定這時期的護理工作。例如，尹喜妹一方面抨擊護理制度不公平，另一方面則認為光復初期她能獨擔臺大醫院的護理工作，應歸功於這段期間的護理訓練。[171]在光復初期續任並居要職的護士，也多半抱持同樣看法，她們也強調，如果沒有在日治時期取得獨當一面的工作機會或是具備豐富的護理經驗，護理技術仍無法展現。[172]必須一提的是，後人認為「恭順、服從」的護理訓練，貶抑了看護婦地位，鐵道醫院看護婦講習所畢業的劉新妹卻認為順從有利她們耐心看護病人，也使她們變化氣質，具備日本上層婦女的美德，[173]可以理解的是，這是殖民教育所帶來的順民心態。另外，由於絕大多數的看護婦來自一般家庭，在缺乏顯赫家世背景支持下，她們較為認命，也期望藉此學習到上層女性的特質。因此，評論日治時期護理工作對看護婦的養成及以後的工作影響，無法片面論斷，其中存在一些研究者無法理解的心理因素。

姑不論護理工作究竟對看護婦帶來何種影響，看護婦本身對當時的臺灣醫療衛生以及民眾所產生的正面意義是無庸置疑的。在醫療衛生方面，早期醫院病床不多，一九〇〇年以前，宜蘭醫院僅有

---

167 〈臺灣省行政長官公署民政處衛生局呈請救濟流落在外之衛生技術人員（附件一：蘇穀保等陳情書）〉，何鳳嬌編，《政府接收臺灣史料彙編》下冊，頁一〇七一。

168 〈臺南縣民陳情運回粵省臺籍女護士〉、〈蘇穀保等懇祈設法配船運回被日軍徵用而散居在粵之有識臺籍女子〉，何鳳嬌編，《政府接收臺灣史料彙編》下冊，頁一一六七～一一七〇。

169 〈蘇穀保等懇祈設法配船運回被日軍徵用而散居在粵之有識臺籍女子〉，頁一一六八～一一六九。

170 游鑑明訪問，蔡壽子口述訪問紀錄（一九九三年十二月五日，臺北），未刊稿。

171 游鑑明訪問、黃銘明記錄，〈尹喜妹女士訪問紀錄〉，頁二一。

172 洪月女口述訪問紀錄。

173 游鑑明訪問，劉新妹口述訪問紀錄（一九九四年一月十日，臺北），未刊稿。

二十四張病床，一九三六年增至八十六張病床。[174]儘管住院病床的遞增，與罹病者日增、民眾醫療觀念的改變有關，但看護婦所提供的照護功能也不容忽視，當時曾住院的病人就發現看護婦的親切、溫和能讓他們減輕病痛、容易康復。至於社區看護婦主要在維護民眾健康、宣傳衛生觀念，在公共衛生觀念尚未廣泛推展的日治時期，多少仍具開啟作用。我的受訪人尹喜妹、戴素娥、林月霞、柯阿娥都指出，看護婦的醫護觀念也影響她們的家人健康，甚至親朋好友。[175]有趣的是，由於看護婦形象清新，該工作又適合女性擔任，和其他職業相較，看護婦是份高尚的職業，有不少人是受看護婦氣質吸引，而選擇這個行業。畢業自日赤醫院的戴素娥曾說：

> 我矢志成為護士是因舅家養媳婦阿雪的影響，每回看到穿著白衣的表姐，便感覺她好高貴，無論投手舉足都透出與其他人不同的韻味。[176]

從中可以看出，雖然看護婦在醫院的地位和待遇不高，但在一般民眾眼中，看護婦有令人欣羨、折服的一面，因此吸引年輕女性景從。

---

174 范燕秋，〈日治時期臺灣總督府宜蘭醫院初探〉，頁二七。

175 游鑑明訪問、黃銘明記錄，〈尹喜妹女士訪問紀錄〉，頁六九～七一；游鑑明訪問，戴素娥口述訪問紀錄（一九九二年七月二十一日，臺北），未刊稿；林月霞口述訪問紀錄、柯阿娥口述訪問紀錄。

176 戴素娥口述訪問紀錄。

# 6 小結

本章以尹喜妹的口述史料為引子，鋪陳臺灣護理界女先鋒的歷史，我採用層次分明卻又看來有些單調的分析方式，探討日治時期臺灣看護婦的產生、護理教育的運作、護理工作的內容、護理人員工作的異動，以及看護婦這行業對她們帶來的影響。然而，如果不梳理上述議題，就無法了解這群護理界女先鋒怎麼出現在日治時期臺灣的歷史舞臺上，也無法知道她們的護理生涯。重要的是，從這段歷史可看到殖民者與被殖民者如何面對護理事業，彼此的反應又如何。

就臺灣總督府的立場，看護婦這一行業是配合現代化醫療制度而產生，總督府藉由公立醫院設置的看護婦養成所，率先啟動培養看護婦的機制，為配合現代醫療措施，民間的教會醫院、私人診所和講習所也培訓看護婦，有志護理工作的臺灣女性因此有多元的學習管道。然而，讓人詬病的是，總督府始終沒有成立護理學校，與當時已經有護理學校的日本本國或中國相較，日治時期臺灣看護婦所受的護理教育是非正規的養成。在教育的過程中，總督府對護生採用嚴謹與上對下的父權管理方式，特別是日赤醫院。此外，總督府在殖民地實施的各種差別待遇，也同樣放在臺籍護理人員身上，臺籍看護婦不但薪資比不上日籍看護婦，職務升遷也落在日籍看護婦之後。無疑的，臺灣看護婦是殖民政府主導下的產物，可惜殖民政府並沒有用心經營。

從護理人員的立場，她們又怎麼看待護理教育和看護婦工作？對於日本文化所衍生的父權管理方式，臺籍看護婦普遍難以接受，儘管臺灣文化中也有長幼和尊卑秩序，日本式的禮節卻無法融入臺灣人的生活，看護婦多半敢怒不敢言或虛與委蛇。尹喜妹的口述呈現她對看護婦薪資與升遷制度的強烈不滿，還有她如何以行動回應她的不平鳴，而當時的報刊也先後報導日籍看護婦與臺籍看護婦罷工的抗議事件，顯示這群新興的職業群對於不公平的待遇，並非完全無聲。不過，看護婦這行業還是吸引不少有志女性，多數人嚮往到公立醫院接受培訓，一方面是因為這些醫院的訓練根據殖民政府的護理政策，另一方面則是出身這類醫院可不經考試就可取得看護婦執照，也因此公立醫院看護婦養成所報名人數始終高居不下，入學考試競爭激烈。尹喜妹從海南島返臺，即使回不了臺大，還是到高雄海軍燃料廠的醫務室工作，她的大半生都在護理這行業上。而像尹喜妹一樣把護理事業當成生命一部分的看護婦，並非尹喜妹一人。

撇開殖民護理教育與護理待遇的偏頗不公，看護婦這一行業帶給看護婦們不少改變。首先是擴大生活空間，早期醫院的看護婦養成所並未普及全島，多數有志看護婦行業的女性，必須從中南部到臺北接受護理教育。尹喜妹就是來自桃園楊梅的鄉下，進到城市的她，生活空間與原本的農村有很大不同，也因此她眼界大開，學習到許多新事物。取得執照後的看護婦，有人留居臺北工作，有人則返鄉服務，還有人到了中國大陸，例如在中日戰爭之前，尹喜妹曾因醫護交流到廣東博愛醫院；中日戰爭爆發後，尹喜妹參與臺大醫院的醫療救援隊，再度到中國大陸。而這時期先後有看護婦被徵召去中國當戰地看護，透過口述可以看到，遠離臺灣的戰地護理經驗，讓這群看護婦終身難忘。值得一提的是，除產婆之外，因為與醫院不同人群的頻繁互動，看護婦所建構的社會網絡，在日治時期職業婦女群中頗為特殊。

其次是看護婦這行業讓看護婦們走向現代化，從接受護理教育開始，她們就碰觸到現代化的醫護觀念、護理技術、公衛常識等醫學新知，這與傳統家庭的照護方式非常不同，不僅讓看護婦們能在職場上有所發揮，也影響了病人、病人家屬與社區的醫療衛生，甚至改變看護婦個人以及她家庭、親友的護理行為。遺憾的是，有看護婦誤用現代醫藥知識，利用藥物輕生。此外，現代化也在看護婦們的日常生活起了變化，因為病人的健康不得有任何苟且與疏忽，她們必須有規律地執行工作。還有在求學期間與工作之餘，雖然大多看護婦必須住在醫院宿舍，但閒暇時，她們走出醫院，見識到城市的新事物，例如逛街、看電影、學跳舞，讓她們體驗到現代化的娛樂生活。

再次是自由婚戀的發酵，一九二〇年代臺灣人的結婚方式既傳統又現代，不少上層家庭仍存在門當戶對的觀念，從前面章節可以看到，女教員、女醫生、產婆大多由家長擇偶；中下階層的女性反而沒有太多約束，特別是外出工作的女性有機會和異性交往，再加上報刊不時刊載自由戀愛的文章，讓自由戀愛有發展空間。看護婦大多數來自一般家庭，綿密的社會網絡讓她們能自主的發展感情，可是也使有些看護婦在婚戀的這條路上，容易如脫韁之馬，但也容易受傷。

另外是走向社會運動，一九二〇到一九三〇年代，反殖民政府的知識分子發動社會運動，透過報刊、演講、罷工等社會運動、農民運動，表述臺灣人對殖民政策的不滿。儘管由臺籍看護婦發起的罷工不多，而且不完全針對殖民政府的不公平待遇，但整個社會氛圍讓看護婦為爭取工作權益，向醫院提出訴求，她們沒有走向街頭，抗爭也沒有成功，卻說明這群新興的職業群不輕易向父權低頭。

值得一提的是，看護婦對工作的認同。對看護婦個人言，儘管護理教育要求看護婦恭順、服從，有貶抑看護婦地位之嫌，有些看護婦卻認為具有這種美德，可讓她們耐心照護病人，且學習成為上層家庭婦女的特質，另外，護理工作讓看護婦有機會和醫生或上層家庭的青年結為連理，從而改變地位，而護理知識則讓她們更懂得如何維護家庭成員的健康。尤其重要的是，當日治結束，日籍醫護人員相繼離臺，臺灣護理事業的重建工作大體仰賴臺籍看護婦，她們的護理經驗也因此在臺灣戰後獲得重視與肯定。

第六章

# 自助助人的女工

傳統社會早存在「女工」這個行業，現代化女工是在現代化工業興起後才出現。日本殖民時期，臺灣開始有現代化女工，但工業發展並非殖民政府治臺的主要政策，一九三〇年之前，臺灣工業開始奠基，以農產加工業為重點，起初多是小工廠，殖民政府把「工業日本」改採「工業臺灣」後，工廠的規模與數量日增，現代化女工隨之成長。

成為現代化女工可有條件？一般認為女工只要懂得技術即可，其實現代化工廠對女工的任用條件是有規定的，除規定必須具備健康的身體之外，另有教育程度和年齡限制等規定，官營工廠還測驗日語能力與一般時事觀念。進入大工廠的女工不但得學習現代化的製作技術，工作之餘，有的工廠實施日語教學、舉辦運動會以及戶外郊遊、參拜神社等教化活動。另外，新觀念與新的生活習慣也漸次在女工群中建立，包括守時、守紀和響應儲蓄等，工廠生活讓女工走向現代化，未婚女工的感情世界也異於傳統。

至於女工的薪資待遇，除固定工資之外，官、私營的大工廠另有加班費、獎金和慰問金等，甚至訂有產假、哺乳時間等，然而臺籍女工的薪水，比同職級的日籍女工或臺籍男工偏低，充滿種族與性別歧視。在工作時間及休假方面，各工廠的規定並不一致，但普見冗長的工作時間。由於薪資與工時的問題，再加上工廠管理過苛、衛生環境欠佳、安全措施不完備，臺灣社會運動興起之際，工人的罷工運動也此起彼落，在十四起工運中，由女工自動發起的有七起，她們的主要訴求是希望資方改善工資與工時。

儘管部分人在運動中學習到如何爭取權益，對絕大多數女工來說，她們關心的卻不是罷工成功與否，而是如何溫飽家人。在重男輕女的觀念影響下，不少女工犧牲童年、放棄學業乃至婚姻，用薪資來改善家計、資助男性晚輩讀書。雖然女工的離職率頗高，有人離廠後，轉成為代工婦，繼續資助家庭。

這群現代女工先鋒的特色，除改善家庭經濟，而在家中取得一席地位之外，更重要的是，她們對日治時期的工業成長貢獻不小。有趣的是，因為男女工的相互援引，在工廠產生了工人家族，形成特殊的社群文化。

頭家用出惡手段，姐妹大家着覺悟；
三錢落伸二錢半，業主契約六百圓。[1]
騙咱落價來相瞞，想着賺食太艱苦。
內容實在有因單（即原因），不可被人做狗呼。[2]

這是一九三〇到一九三一年間高雄市苓雅寮肥料袋製造工廠罷工運動中的爭議歌，儘管罷工在當前不足為奇，但在日本殖民政府控制嚴格的時代，這是不可思議的事。

「女工」這個名稱早存在於中國傳統社會，《墨子．辭過》即有「女工作文采，男工作刻鏤」一語。[3]傳統女工所從事的不外乎是刺繡、編織或紡織一類的手工業，且以家庭為主要工作場所。直到現代化工業興起與工廠建立後，女工的工作型態有重大的改變，原本在家生產的女工走出家庭，轉向工廠移動，於是出現駐廠女工，在工廠有計畫的管理下，這群女工必須按時到工廠工作，領取固定薪資，與傳統女工的工作型態大異其趣。

女工的轉型是受十八世紀歐洲工業革命興起的影響，而亞洲的日本和中國在十九世紀後半期才進入工業化時代。劉銘傳治臺時期臺灣開始工業化，但這時期臺灣的工業處在萌芽階段。[4]日本殖民政府治臺初期，以「農業臺灣、工業日本」為經濟政策，並沒有把工業化列為治臺重點，一九三〇年之後，改採「工業臺灣，農業南洋」的措施，臺灣的工業才逐漸抬頭。換句話說，臺灣的工業是在日治結束前十五年，才有較可觀的發展。

不過，一九三〇年以前，臺灣有部分工業開始奠基與發展。第一次世界大戰之前，臺灣的工業基本上是以農產加工為導向，大部分是食品工業，其中製糖業和製茶業是這時期工業的重心。[5]同時也引進紡織工業、化學工業和機械工業，而且拜一次大戰之賜，臺灣的工業生產額大幅增進，九年間增加了四倍。[6]一九二七年前後，臺灣出現經濟與金融危機，工業發展曾一度受挫而減產；直到帽子業、鳳梨罐頭業與肥料業增產，一九二九年工業生產額又達兩億六千三百八十二萬二千三百一十九日圓。[7]一九三〇年以後，除一九三〇到一九三一年間因世界經濟大恐慌的影響，出現經營不善的情形外，這時期的工業發展始終持續成長，一九三七年中日戰起，凡與軍需有關的金屬、機械和化學工業表現活絡，為臺灣工業帶來蓬勃局面，加以物價不斷上升，工業生產額到一九四〇年達六億三千二百

---

1 日治時期一日圓相當於一百錢。

2 〈最近罷工一二的狀況〉，《新臺灣大眾時報》第二卷第一號（一九三一年三月），頁一一五；〈越年的爭議：因工資落價問題　草包女工決行罷業〉，《臺灣新民報》第三四六號（一九三一年一月十日），頁三。

3 墨翟，《墨子．辭過第六》，明嘉靖癸丑唐堯臣刊本，上海涵芬樓藏景印，《四部叢刊初編》第四一二冊：《墨子．十五卷（一）》（上海：商務印書館，一九二九），頁一五A。

4 李國祁，《中國現代化的區域研究：閩浙臺地區，1860~1916》（臺北：中央研究院近代史研究所，一九八二），頁三一一。

5 網珊，〈臺灣工業之特徵〉，臺灣銀行經濟研究室編，《日據時代臺灣經濟之特徵》（臺北：臺灣銀行經濟研究室，一九五七），頁八五。

6 一九一二年生產額僅有四千六百九十三萬四千一百二十一日圓，一九二〇年躍昇至一億八千九百二十三萬五千六百九十六日圓。臺灣總督府殖產局編，《第二十次　臺灣商工統計（昭和十五年）》（臺北：臺灣總督府殖產局，一九四二），頁一。

7 同上註。

一十九萬五千七百一十四日圓。[8]

重要的是，隨著工業的發展，出現現代化女工，她們是臺灣職場的新貴。這時期有駐廠女工，也有臨時女工和代工婦，臨時工通常僅在生產繁忙期入廠工作，代工婦固然也從事工廠工作，主要在家工作，和傳統女工差別不大，在這各類女工中，惟有駐廠女工具備現代職業女性的特性。本章以工廠女工為研究主軸，首先分析女工的分布、究明女工的徵用和管理，藉此了解工廠女工的任用資格、工作情形和待遇，再次析論女工的異動與罷工，除討論女工的異動原因與罷工因素之外，還分析女工罷工運動的過程與結果，最後探討女工的角色地位及其影響。

8　臺灣總督府殖產局編，《第二十次　臺灣商工統計（昭和十五年）》，頁一。

# ① 女工的分布與徵用

臺灣女工是隨著日本殖民時期工業的發展陸續產生，令人好奇的是，女工的成長人數如何？分布的情形又如何？此外，各工廠採用何種條件任用女工和徵集女工？女工入廠後，工廠如何訓練她們？

## 一、女工的分布

在工業發展過程中，造就了大批的男、女工人，而且隨著工廠的增加，工人人數不斷成長。一九二〇到一九四〇年間，工廠由兩千六百九十五家增至八千九百二十九家，工人人數自四萬八千四百六十人增為十二萬七千兩百四十五人，其中男工每年平均有四萬四千八百七十九人，女工有兩萬三千零四十人，男工較女工多出近兩倍。[9]但從成長指數來看，女工成長速度較男工快，一九二〇年

9 「表七：一　一九二〇～一九四〇年度臺灣工廠數和工人數」，游鑑明，〈日據時期臺灣的職業婦女〉（臺北：國立臺灣師範大學歷史研究所博士論文，一九九五），頁二〇二～二〇三。

女工指數為一百，一九四〇年則是四百五十八，而男工卻是兩百零八，因此一九四〇年女工人數高達四萬八千六百七十六人。[10]女工成長之所以快速，除了與成年男工供不應求而轉雇女工有關之外，[11]一方面是，女工工資低廉，部分工廠喜歡聘用女工，另一方面是，中日戰爭期間，不少男工投入戰場，他們的工作由女工取代。再者是，社會風氣日趨開放，外出工作的女性日漸增加，因此到工廠工作的女工也跟著成長。

一九三四到一九四〇年期間的工業，有九大類：紡織工業、金屬工業、機械器具工業、窯業、化學工業、製材及木製品工業、印刷製版工業、食品工業（包括農產品加工）和其他工業。值得一提的是，歸入其他工業者多為手工業，工作型態與傳統類似，又有不少是家庭副業，故而儘管這行業的女工人數眾多，但她們與本文所關懷的女工不盡相同。此處以女工占較多的工業做分析，例如食品工業、紡織工業、窯業和化學等工業，歷年女工人數均在千人以上，其中食品工業的女工人數有高達萬人以上者，而食品工業女工人數之所以可觀，一方面是該工業的生產居各類工業之冠，一九四〇年以前占全部工業生產的百分之六十至七十。[12]另一方面，容納較多女工的製茶、製糖和製罐頭的食品工業又不斷擴充或增設機器，[13]導致食品工業的女工需求遠大於其他工廠。除了固定工之外，為配合生產季節，食品工廠通常雇有臨時工，這也是食品加工業女工人數超過其他業者甚多的一項原因。

僅次的紡織業，每年平均雇用兩千名女工，但與其他國家相較，臺灣紡織業女工人數實微不足道。一方面是因日本紡織業發達，為避免與本土工業競爭，殖民政府無意發展這類工業；[14]另一方面，臺灣雖然生產苧麻、鳳梨等織布原料，婦女並不懂得紡織，她們向來以刺繡、編草蓆取代紡織。直到工廠利用苧麻、鳳梨為織布原料後，臺灣織布業才盛行，[15]也因此，臺灣女織工人數無法比附其他國家。不過，從另一角度看，在各工業中紡織業所容納的女工數是唯一超過男工。毋可否認的，食品加工業與紡織業能吸引不少女性，是因為工作性質適合女性有關。然而，當各類工業漸次興起後，一般被視為專屬男性的行業也出現女性工人，例如化學工業、窯業聚集了上千女工，金屬與機械器具等重工業也出現上百女工，顯示隨著臺灣工業化之後，有部分女性往男性職場發展。

從工廠分布來看，由於工業發展並非殖民政府的主要政策，工廠規模多半不大，加以一次大戰後，應各地需求的小規模工廠競相設立，一時小工廠林立。[16] 女工多集中在小規模工廠，但根據一九三八年臺灣總督府殖產局的《工場名簿》分析，這一年有百人以上女工的工廠有五十三家，主要為鳳梨罐頭工廠、織布廠、製麻廠、製茶廠和製襪廠等，製造鳳梨罐頭的工廠人數最多，有三十一

---

10 「表七：一　一九二〇～一九四〇年度臺灣工廠數和工人數」，頁二〇二～二〇三。
11 張宗漢，《光復前臺灣之工業化》（臺北：聯經出版事業公司，一九八〇），頁二二七。
12 張宗漢，《光復前臺灣之工業化》，頁一八〇；另根據殖產局的統計，一九四〇年食品工業的生產額占百分之六十五點一，臺灣總督府殖產局編，《第二十次 臺灣商工統計（昭和十五年）》，頁一。
13 張宗漢，《光復前臺灣之工業化》，頁一七、二一。
14 同上註，頁一八一。
15 〈臺中產業〉，《臺灣日日新報》第一四二一號，一九〇三年一月二十八日，漢文欄，第三版；杉野嘉助，《臺灣商工十年史》（臺南：作者發行，一九一九），頁三一七～三一八。
16 張宗漢，《光復前臺灣之工業化》，頁二四。

家，其中千人以上的有三家，分別設在豐原和南投等地。[17]

就區域分布來看，一九三四到一九四〇年間，女工較多的地區依次是：臺北州、臺中州、高雄州與臺南州，其中男、女工人數較接近的是臺北、臺中、澎湖三州。[18] 由於工業發展初期大都是就當地特產加工，因此每州工人所偏重的行業不一，例如臺中州的員林、彰化為鳳梨的主要栽培地，一九三〇年這裡的鳳梨工廠多達四十四家，占全島鳳梨工廠的百分之六十一點九七，臺中州的女工多分布於這類工廠。[19] 同樣的，臺中、臺南也根據當地的特產如苧麻、鳳梨絲等，發展織布事業。[20]

值得注意的是，男女工人數在各區出現不一的比例，這並不完全與兩性不平等有關，而是受工廠工作性質的影響。

## 二、女工的任用資格

一般工廠對女工的任用資格，除規定必須具備健康的身體之外，另有教育程度和年齡限制等規定。在教育方面，女工所從事的是勞動或技術性的工作，而非心智活動，故在教育資格上不是工廠任用女工的主要條件，但官營或規模較大的工廠還是會關注女工的教育程度，一九二七年〈臺灣總督府專賣局工場規程〉規定：職工需具備尋常小學校或公學校以上學歷。[21] 有的工廠還規定有志到工廠工作的人，必須先通過考試，例如專賣局所屬工廠便以考試來徵用工人。[22] 我訪問曾在樹林酒廠服務的王罔（又名王鑾），她表示，口試是在測驗應考者的日語能力與一般時事觀念，而且具備初等教育程度者才有機會入廠工作。[23] 然而，在女子教育未普及之前，這類工廠也曾錄用沒有受過教育的女性，直到受教育的女性與日俱增，工廠對女工的學歷要求才逐漸嚴格。值得一提的是，女性大量投入職場的一九三〇年代後期，前往工廠應徵的女性有不少來自公學校，即使是一般工廠也出現受過教育的女工，例如主動去織襪工廠工作的公學校畢業女生，有逐年增加的趨勢。[24] 規模大的工廠甚至聘有高等女學校畢業生，曾在煙草工廠擔任工長（即領班之意）的周月娥，就是從靜修女學校畢業。[25]

在年齡方面，雇用女童工是非人道的，而一九二七年專賣局也規定所屬工廠工人年齡為十二到

---

17 「表七：四　一九三八年容納百名以上女工工廠分布表」，游鑑明，〈日據時期臺灣的職業婦女〉，頁二一四～二一五。

18 游鑑明，〈日據時期臺灣的職業婦女〉，頁二〇四～二一三。

19 大園市藏，《臺灣始政四十年史》（臺北：日本植民地批判社，一九三五），頁三〇八；「商工都市へ躍進する彰化市」，屋部仲榮編，《臺灣地方產業報國》（臺北：民眾事報，一九三九），頁二一一。

20 〈臺中產業〉，第三版；杉野嘉助，《臺灣商工十年史》，頁三一七～三一八；〈機業傳習所狀況〉，《臺灣日日新報》第一六〇〇號，一九〇三年八月二十九日，漢文欄，第三版。

21 〈臺灣總督府專賣局工場規程〉（昭和二年十月調令第一三號；昭和四、四調令第九號，昭和一〇、五調令第八號，昭和一二、九調令第二六號改正），臺灣總督府專賣局編，《臺灣酒專賣史》上卷（臺北：臺灣總督府專賣局，一九四一），頁一〇六五。

22 〈國語講習所の先生と生徒の座談會　「皇民化は婦人から」の賴しさを聽く〉，《臺灣婦人界》第五卷第七號（一九三八年七月），頁一〇。

23 游鑑明訪問，王罔（又名王鑾）口述訪問紀錄（一九九四年五月二十七日，樹林），未刊稿。

24 〈臺灣各界的職業婦人介紹（八）：織襪女工最受薄待〉，《臺灣民報》第三〇一號（一九三〇年二月二十二日），頁七。

25 K記者、M記者，〈女性生活戰線：臺北煙草工場の卷〉，《臺灣婦人界》一九三四年六月號（一九三四年六月），頁一一一。

圖 49　蓪草紙工作

圖 50　選炭工作

五十歲。[26]但一九四三年度專賣局煙草廠員工中仍有十二歲以下的童工，就這一年度離職員工的資料統計得知，其中十二歲以下的男女童工計十一人，女工有六人，[27]臺籍女童工偏多的因素，一方面是因為女童工工資低廉，工廠多喜歡雇用她們，一九二八年臺灣製麻株式會社十五歲以下女童工，每天工資零點三二錢，同年齡的男童工則是零點四二錢，相差零點一錢。[28]雇用女童工以小型工廠最多，例如藺草紙輕巧纖薄，必須固定大小綁成一束，圖49中就有幼童的身影；而煤炭業由成人開採，選炭工作則交由童工。[29]值得一提的是，受重男輕女觀念影響，臺灣貧困家庭的女孩自幼就參與家庭生產活動，縱使已屆就學年齡，仍需協助家計。[30]基於這些因素，導致十二歲以下的臺籍女童工多過男童工。

除了女童工之外，在十三到十五歲的年齡組工人中，仍以臺籍女工居多，約占同年齡層工人的百

---

26 臺灣總督府專賣局編，《臺灣酒專賣史》上卷，頁一〇六五。

27 「表七：五　一九二〇～一九二八年度工廠工人年齡分配表」，游鑑明，〈日據時期臺灣的職業婦女〉，頁二一八。

28 「使用職工數及賃金」，臺灣總督府殖產局編，《商工資料　第三號（昭和五年九月）》（臺北：臺灣總督府殖產局，一九三〇），頁一一。

29 中村道太郎編，《改訂版日本地理風俗大系　北海道・樺太・臺灣》（東京：誠文堂新光社，一九三六），頁五七三。

30 今村義夫著，今村義夫遺稿集刊行會編，《今村義夫遺稿集》（臺南：今村義夫遺稿集刊行會，一九二六），頁五二；〈女學委靡〉，《臺灣日日新報》第七四二號，一九〇〇年十月十九日，漢文欄，第四版；〈公學校女子就學奬勵の急務を論ず〉，《臺灣教育》第一九七號（一九一八年十一月），頁二；周登新，〈本島女子教育の不振なる原因〉，《臺灣教育》第一五八號（一九一五年六月一日），頁四五～四六。

分之六十九，而臺籍男工僅有百分之二十七。不過，隨著工人年齡層的提高，男女工的比例有顯著不同，十六歲以上的女工人口較十六歲以下的女工多出一到三倍，有些工廠女工的平均年齡也多半集中在十六歲以上，例如一九三七年日東拓殖製茶廠女工平均年齡為十六到二十八歲，一九三八年臺北煙草廠女工為二十四到二十六歲。[31] 至於十六歲以上的男工人數不斷成長，主要與工廠的用人政策有關，雖然工廠不限用已婚女工，但這段年齡的女工多半會因結婚、生子而離職，[32] 因此男工人數不斷上升是可以理解的。

工廠除了沒有最低年齡限制外，也不曾明確規定工人的退休年齡，例如專賣局工廠所錄用的工人最高年齡為五十歲，[33] 另外又規定年滿六十歲的工人予以解雇，但若身體強健、技術優秀者可權衡續任。[34] 根據一九三六年臺北煙草廠對不懂日語工人的年齡調查發現，五十歲以上的工人有二十四人，其中女工計四人。[35] 由此可知，儘管總督府管轄的工廠規定了女工的年齡資格，但仍有不少例外。至於其他工廠則大體沒有這項規定，因此廠內有十二歲以下以及五十歲以上的女工並不足為奇。嚴格來說，這與日治時期殖民政府與民間工廠缺乏勞工法觀念有關，儘管一九四〇年以後，為配合日本國內的政令，臺灣也頒布一連串的勞工法，但到日治結束，工廠大多沒有付諸實施。[36]

## 三、女工的徵用與訓練

教育與年齡僅是部分工廠任用女工的參考條件，絕大多數的工廠並不嚴格規定，工廠更關心的是勞力是否充足及如何徵集工人等問題。不過前面提到，在工業化不深的日治時期，勞工多寡沒有構成太大困擾，而且多為中、小型工廠，所能容納的工人有限。但隨著工廠的擴建，有些工廠出現勞力不足的現象，一九二六年以前，臺南僅有一家織布廠——臺灣織布株式會社，後來該地陸續成立五家織布廠，在女工不足的情況下，發生新工廠向舊工廠挖角的不快事件。[37] 最後市役所（即市公所）出面協調，召集有關工廠訂定〈交換覺書〉（即〈交換備忘錄〉），聲明「各工廠不得雇用其他工場未解聘的職工，而解雇未滿三個月者亦比照實施」，這才解決擾攘多時的女工爭奪問題。[38] 在軍需工業蓬勃的

---

31 〈「女性の職場巡り」日東拓殖の製茶工場へ　女工さんは國語常用の模範生ばかり〉，《臺灣婦人界》第四卷第十號（一九三七年十月），頁二〇；山城安太郎編，《向上會回顧錄（昭和十三年度版）》（臺北：臺灣總督府專賣局臺北煙草工場內向上會，一九三八），頁三九。

32 游鑑明訪問，張氏（臺南榮華草帽店老闆娘）口述訪問紀錄，（一九九三年五月二十一日，臺南），未刊稿。

33 臺灣總督府專賣局編，《臺灣酒專賣史》上卷，頁一〇六五。

34 同上註，頁一〇六六。

35 後藤鑛一編，《向上會回顧錄（昭和十一年度版）》（臺北：臺灣總督府專賣局臺北煙草工場內向上會，一九三六），頁九七。

36 例如一九三九年發布〈薪資統制令〉，一九四〇年發布〈工業技能者養成令〉、〈青年傭用限制令〉，一九四二年發布〈勞務調整令〉。涂照彥，《日本帝國主義下の臺灣》（東京：東京大學出版會，一九七五），頁一四五。

37 〈赤崁女工他就〉，《臺灣日日新報》第九三六三號，一九二六年五月二十九日，漢文欄，夕刊，第四版；〈織布工廠爭傭女工〉，《臺灣日日新報》第九五七六號，一九二六年十二月二十八日，漢文欄，夕刊，第四版；〈織布工廠興起〉，《臺南新報》第八九四〇號，一九二六年十二月二十六日，漢文版，第十版。

38 〈織工爭奪善後〉，《臺南新報》第八九六二號，一九二七年一月十七日，漢文版，第六版；〈爭奪紡績女工〉，《臺南新報》第八九六七號，一九二七年一月二十二日，漢文版，第六版；〈女工問題解決〉，《臺南新報》第八九七一號，一九二七年一月二十六日，漢文版，第六版。

一九四〇年代，相關工廠也出現勞力短缺，如何取得人力資源的議題，深受這類工廠重視。

工廠雇用工人有不同的管道，以臺北煙草廠為例，該局的工人主要徵自臺北市小、公學校，每年畢業前學校會向工廠推薦應屆畢業生，以應工廠需要。[39]然而，更常見的是親友、鄰居的互相援引，《臺灣婦人界》的記者曾訪問臺北煙草工廠，發現該廠女工多半是在公學校畢業後入廠工作，她們的下一代從公學校畢業後，也進入同一工廠工作，形成了母女群。[40]織襪工廠的十一、二歲女工，因為家境貧困，父母不讓她們唸書，而要她們跟著鄰居的嬸嬸和姐姐到工廠工作。[41]至於臺中的臺灣製麻株式會社更出現工人家族，他們除了在同一工廠工作之外，還群居在工廠附近，根據一九三六年資料顯示，因家族關係而形成的工人社區有八十戶，大約一百五十人，占全體工人的百分之三十。[42]

對工廠來說，家庭或家族所組成的工人群不僅免除工廠遴選工人的諸多不便，且提供了豐富的勞工人口，例如臺北煙草廠便因母女共事成為堅實有力的女性工廠。[43]對工人來講，工廠保障工人的家人乃至整個家族的經濟生活，使他們沒有找工作或失業的壓力。同時，原本不事生產或僅從事家庭副業的年輕女性，在親友提攜之下紛紛進入工廠，王罔（又名王鑾）告訴我，她從公學校畢業後，起初在家幫忙家務，後來透過在樹林酒廠工作多年的長姐王絨推薦，她進了酒廠工作，成為按時上下班的女工；[44]而邱李阿葉的丈夫、小姑和小叔能在樹林酒廠獲得固定的工作，都是仰賴先到酒廠工作的邱李阿葉引薦。[45]然而，工人家庭或工人家族的形成與工廠規模完備與否有關，中、小型工廠是不容易吸引整個家庭或家族投入。

除此之外，引進日籍工人或華工是工廠任用工人的另一策略，一方面是因臺灣工業方起步之際，不少工業引自日本和中國大陸，工人必須仰賴於這兩個地區，例如煙草業和茶業。[46]另一方面，則是部分工廠負責人欣賞華工的工作態度，鳳山興業株式會社負責人張錫珪在〈關於支那人職工的勞動能力〉（〈支那人職工の勞働能率に就て〉）一文中指出，來自中國大陸的工人因離鄉背井，大多肯默默而熱心的工作，並能遵從工長的指示，使他們的工作效率高於臺籍工人，[47]基於此，張氏的會社曾雇用十名華工。[48]另外，華工工資低廉也吸引工廠雇用，但卻因此與同是低工資的童工和女工產生競爭，例如「華僑工友會」為保障華工，曾以拒收臺籍童工和女工為成立條件。[49]一九二六年，華工為抗議鞋商雇用臺籍女工，臺北的製鞋華工竟發動了三到四日的罷工運動，最後鞋商不得不妥協，打消雇用臺籍女工的計畫。[50]

---

39 〈臺灣各界的職業婦人介紹（七）：專賣局的煙草女工〉，《臺灣民報》第三〇〇號（一九三〇年二月十五日），頁七。
40 K記者、M記者，〈女性生活戰線：臺北煙草工場の卷〉，頁一一〇。
41 〈臺灣各界的職業婦人介紹（八）：織襪女工最受薄待〉，頁七。
42 大園市藏，《臺灣始政四十年史》，頁三〇五。
43 K記者、M記者，〈女性生活戰線：臺北煙草工廠の卷〉，頁一一〇。
44 王罔（又名王鑾）口述訪問紀錄。
45 游鑑明訪問，邱李阿葉口述訪問紀錄（一九九四年五月二十七日，樹林），未刊稿。
46 吳文星，《日據時期在臺「華僑」研究》（臺北：臺灣學生書局，一九九一），頁二二。
47 張錫珪，〈支那人職工の勞働能率に就て〉，《臺灣工業界》第四號（一九一九年十月），頁八。
48 〈島內各地工業調查（二）：臺南廳下（上）〉，《臺灣工業界》第五號（一九一九年十二月），頁一八。
49 〈臺灣的華僑工友會〉，《臺灣民報》第一四六號（一九二七年二月二十七日），頁一。
50 〈中華會館的除名問題〉，《臺灣民報》第一〇九號（一九二六年六月十三日），頁六。

姑且不論工廠是採用何種方式雇用女工，此期間盛行於日本和中國大陸的包身工並未在臺灣出現，也就是臺灣女工進廠工作無需受仲介人操縱，無疑的，這是因日治時期臺灣工廠對女工的需求有限。更重要的是，部分地區的手工業沒有受現代工業化的衝擊，反而在此期的臺灣工業界扮演主導角色，好比蓪草紙或帽子等的製造。[51]由於這類行業多半為家庭副業，而且熟練工的工資可觀，蓪草紙的熟練工在景氣盛期，每日可賺五日圓，她們收入勝過臺籍高等官。[52]在此情形下，女性多選擇不影響家庭的行業，仲介人自然無法產生。

另外，值得一提的是，許多國家工業化之後，帶來鄉村人口大量外流，不少農家女往城市的工廠求職。一九三〇年代以後的臺灣開始有農村人口外移，但走向城市工廠的農村女性並不多見，主要與殖民政府的農業政策有關，受農業生產全面化發展的影響，農民轉業的意願並不強

圖 51　切斷蓪草髓心

烈，而女性更缺乏到外地謀生的動機。[53]同時，這時期臺灣城市的工廠規模不大，招攬城市女性已足以解決人力問題，自然無需仰仗鄉村。然而，這並不表示工廠未任用農家女，凡設於農產地的工廠便是以農家女為主要人力，例如鳳梨罐頭廠。[54]總之，日治時期的工廠女工多半來自工廠附近的居民，罕有從農村向城市移動的女工。

女工進入工廠後是否需給予職前訓練，全視工作性質而定，一般需做事前訓練的工作多為技術工。以臺灣的織布業為例，日治之前，臺灣沒有織布廠，一九〇一年之後，有識之士開始自中國大陸和日本引進織布機，一方面設廠置機之外，另一方面招攬地方婦女傳授織布的技術，[55]一九〇一到一九〇三年間，新竹的兩家織布廠共訓練五十一名女織工。[56]由於工廠規模有限，有的工廠無法容納太多的織機和女工，於是把部分織機借貸給女工，讓她們在自己家裡操作與生產，不過在織布業初興

51 杉野嘉助，《臺灣商工十年史》，頁三〇四～三一〇。

52 〈臺灣各界的職業婦人介紹（四）：製造蓪草紙的女性〉，《臺灣民報》第二九七號（一九三〇年一月二十五日），頁八。

53 張宗漢認為，當時農村婦女也從事耕作，並不習慣工廠的定時勞動。張宗漢，《光復前臺灣之工業化》，頁四三；游鑑明訪問，吳愛珠口述訪問紀錄（一九九四年六月二十七日，臺北），未刊稿。

54 吳淑慈訪問，陳鄭四妹口述訪問紀錄（一九九四年六月十二日，南投），未刊稿。

55 〈中部機業〉，《臺灣日日新報》第一一〇四號，一九〇二年一月八日，漢文欄，第三版；〈添置機車〉，《臺灣日日新報》第一二三二號，一九〇二年六月十日，漢文欄，第四版。

56 〈新竹通信：新竹機廠善後〉，《臺灣日日新報》第一六三七號，一九〇三年十月十三日，漢文欄，第三版。

時，無論駐廠或在家女工，都需經由專業訓練才能上機，[57] 訓練時間不等，有的數月，有的長達三年。[58]

除了技術女工之外，還有從事非技術性的女工，她們通常不需教導就能作業，或者只採「做中學」的方式，例如在織襪廠擔任修線補的女工，只需做些縫補襪子工作。[59] 而在使用動力機器生產的工廠，女工的工作更加簡單而機械化，以樹林酒廠為例，該廠有許多部門，女工主要分布在包裝部、材料部和試驗部，其中女工人數最多的是包裝部，備有洗罈機、罈詰機（裝瓶機）、打栓機等動力機器，所有作業過程採自動化，需要仰賴人工的部分並不多。[60] 王罔曾描述當時她在包裝組的工作的情形：

> 包裝部主要在盛酒與包裝酒器，較複雜的工作都由機器操作，例如洗酒罈、注酒、裝酒栓和貼標籤等。而我們的工作大體可分成

圖 52　紅酒罈詰作業

兩個部分，一方面補強機器的不足，如利用透射光線檢查罈子是否乾淨，觀察每瓶酒的份量及酒栓是否破損等；另一方面是做機器無法操縱的工作，像是將瓶子放上罈詰機的轉盤、在標籤上蓋上製造日期以及將酒放入護套中。[61]

從這種工作方式可以看出，專業訓練顯然派不上用場，任何女工都能迎刃而解，有趣的是，儘管這一類現代化工廠多為官營機構，但對女工的需求並不寬鬆，如前所述，到這些工廠應聘的女工至少需具備公學校的教育程度，至於技術女工重在技術的熟練而不是有無教育經歷。

---

57 〈新竹通信：機女卒業〉，《臺灣日日新報》第一八三七號，一九〇四年六月十六日，漢文欄，第三版；〈新竹通信：領機之法〉，《臺灣日日新報》第一八四〇號，一九〇四年六月二十一日，漢文欄，第四版。

58 〈女子工藝之振興〉，《臺灣日日新報》第四六三八號，一九一三年五月四日，漢文欄，第六版。

59 吳愛珠口述訪問紀錄。

60 臺灣總督府專賣局編，《臺灣酒專賣史》下卷，頁九六八～九六九；另見王罔（又名王鑾）口述訪問紀錄。

61 王罔（又名王鑾）口述訪問紀錄。

## 2 工廠的管理

日治時期殖民政府沒有對工廠做統籌管理，也不曾訂定工廠法，惟有總督府專賣局所屬工廠訂有工廠規則，其他工廠則各行其事，其中又有不少工廠為家庭式小型工廠，規定更加分歧，以致於各個工廠對女工的要求與待遇並不一致。不過，除小工廠的規定不易掌握之外，大、中型工廠的制度大多仿照專賣局的規定，本節以專賣局的工廠規定為主軸，間雜其他工廠的規定，進行分析。

### 一、工作時間與休假

在工作時間及休假方面，各工廠的規定相當不一致，以表六為例，這五所大工廠的工作時間、起迄時間都不一樣，即使同屬於專賣局事業的煙草廠和酒廠也有各自的廠規，大體上早上六到七點上工，下午五點左右離廠，若有「殘業」（指加班），就延長至夜間九、十點。至於實際工作時數，以樹林酒廠和日本拓殖製茶工廠為例，這兩所工廠因有午休和間休，工人每日工時不超過八小時，反觀煙草廠和日華紡績會社則為九小時以上，昭和製糖會社更長達十六小時。這種冗長的工作時間其實普遍見於各工廠，特別是小規模的工廠，根據《臺灣民報》的報導，發現織襪廠的女工工作長達十數小時，[62]而一九三〇年代的工人罷工運動中，工人抗爭的原因往往與工作時間的長短有關。

然而，在非人道的工廠管理政策下，也有人道的一面，為體恤產婦與哺乳中的女工，專賣局曾規定，女工在產前一週及產後五週至一年內每日可增加一小時的休息時間。[63]此外，煙草廠設有育嬰室且雇褓母看護女工的乳兒，褓母是由員工擔任，無需付費；當時人回憶，褓母常一人帶六到八個小孩。[64]樹林酒廠則安排了哺乳時間，每日上午十點與下午三點供女工餵奶，於是時間一到，女工家屬便將嬰孩送進工廠，儘管只有短短的十分鐘，仍有助於女工育嬰。[65]惟訂有哺乳時間的工廠主要是具有示範性質的官營工廠，其他工廠甚少注意這個問題，也因此一般工廠多雇用未婚女工，已婚而生產的女工往往轉在家中從事按件計酬的工作。[66]

除了規定女工須按時上、下班之外，大工廠還要求女工不得在進廠後擅自外出，即使是午餐時間也得在廠用餐，因此女工多半自備便當或由家人送達。[67]由於有的工廠執行過於嚴厲，導致女工強烈

62 〈臺灣各界的職業婦人介紹（八）：織襪女工最受薄待〉，頁七。
63 臺灣總督府專賣局編，《臺灣酒專賣史》上卷，頁一〇六七。
64 〈臺灣各界的職業婦女介紹（七）：專賣局的煙草女工〉，頁七；臺北市文獻委員會編，《松煙裊裊：松山菸廠工業村記事》（臺北：臺北市文獻委員會，二〇一五），頁一一六～一五三。
65 邱李阿葉口述訪問紀錄。
66 張氏口述訪問紀錄。
67 吳愛珠口述訪問紀錄。

## 表六　1927～1937 年工廠工作時間表

| 年代 | 工廠名稱 | 工作時間 | 休息時間 | 實際工作時間 | 學經歷 |
|---|---|---|---|---|---|
| 1927 | 日華紡績株式會社 | 上午 6 時 30 分 ～ 下午 5 時 40 分 | 午休 30 分鐘 | 10 小時 40 分 | 〈日華紡績罷工真相原因反對時間延長〉，《臺灣民報》第一六〇號（1927 年 6 月 5 日），頁 5。 |
| 1930 | 專賣局煙草廠 | 上午 7 時 ～ 下午 5 時 | 午間休息 40 分鐘 | 9 小時 20 分 | 〈臺灣各界的職業婦女介紹（七）：專賣局的煙草女工〉，《臺灣民報》第三〇〇號（1930 年 2 月 15 日），頁 7。 |
| 1930 | 樹林酒廠 | 上午 8 時 ～ 下午 5 時 | 午間休息 1 小時，上午、下午各休息 10 分鐘 | 7 小時 40 分 | 游鑑明訪問，王罔（又名王鑾）口述訪問紀錄（1994 年 5 月 27 日，樹林），未刊稿。 |
| 1931 | 昭和製糖會社 | 上午 6 時 ～ 晚上 10 時 |  | 15、16 小時 | 〈昭和製糖會社の從業員が同盟罷業〉，《臺灣新民報》第三七〇號（1931 年 6 月 27 日），頁 15。 |
| 1937 | 日東拓殖製茶廠 | 上午 7 時 ～ 下午 4 時 | 午休 1 小時 10 分，上午、下午各休息 20 分鐘 | 7 小時 10 分 | 〈〔女性の職場巡り〕日東拓殖の製茶工場へ 女工さんは國語常用の模範生ばかり〉，《臺灣婦人界》第四卷第十號（1937 年 10 月），頁 21。 |

不滿，一九二七年專賣局嘉義製酒工廠曾發生衝突事件，當時有四名女工因染病身體不適，午餐後連袂外出就醫，結果遭到包裝監督田川氏的阻撓，甚至要免職其中兩名女工，後經酒廠主任協調，才消除一場風波。[68]不過，有的工廠是准許女工午餐時間返家用餐。

休假時間的訂定也由工廠自行決定，以專賣局酒廠為例，除有六天年假之外，另有七個例假日和每個月兩天的星期日休假，工作滿一年的工人，工廠又給五天特別假。[69]我訪問發現，儘管例假日不必工作，但每逢國定紀念日工人無法自由行動，工廠通常安排祭拜神社或運動會等活動。[70]至於一般工廠的休假日則由工廠的營運狀況自定。[71]

毋可否認的，工廠訂定規律化的工作時間，主要在養成女工守時，至於守紀則是工廠對女工的另一基本要求。大工廠因為工人較多，各個部門多半設有指導人，專賣局的指導人稱為工長，他們是從工作成績優良、品行方正的工人中選出。[72]由於工長無國籍或性別的限制，臺籍女工也有機會出任工長，[73]王罔回憶，工長雖然具管理工人的權責，但因他們出身工人群，大體上和工人相處和睦。有的

68 〈包裝女工罷工得勝〉，《臺灣民報》第一五四號（一九二七年四月二十四日），頁八。
69 臺灣總督府專賣局編，《臺灣酒專賣史》上卷，頁一〇六一。
70 王罔（又名王鑾）口述訪問紀錄。
71 張氏口述訪問紀錄。
72 臺灣總督府專賣局編，《臺灣酒專賣史》上卷，頁一〇六二。
73 王罔的姑姑便曾擔任工長一職，見王罔（又名王鑾）口述訪問紀錄。

工廠的管理人則由會計人員兼任，吳愛珠曾以許德定製襪廠為例：

> 因工人請假或領薪均由會計經辦，會計對工人的舉動較為熟悉。無形中管會計的兼工頭。最常見的是，資深女工兼工頭一職。[74]

除工長之外，官營工廠另設有層級較高的監督，主要由日本人擔任該監督職務，他們主要在監視工人，態度較不和善，有的監督甚至會仗勢欺人，造成管理上的諸多弊端。一九三一年受經濟不景氣的影響，許多工廠實施裁員以撙節開支，臺中專賣局支局工廠的監督也向工廠女工宣布裁員消息，據《臺灣新民報》的報導，該廠女工在束手無策下，唯有到日籍監督家中祕密行賄，監督因此中飽私囊。[75]另外一九三〇年煙草工廠發生日籍女工盜煙事件，工廠為遏阻事件重演，對女工實施搜身，結果竟有監督藉此輕薄女工，引起工廠女工向《臺灣民報》投書。[76]

## 二、工廠環境與保健設施

在環境方面，工人身心的健康影響工作效率，工廠必須注意採光、通風、照明、除塵、暖氣、冷氣、乾濕、給水或排水等設施。[77]特別是臺灣夏季天氣燠熱，工人群聚一處工作，容易陷於酷熱難當，因此大規模工

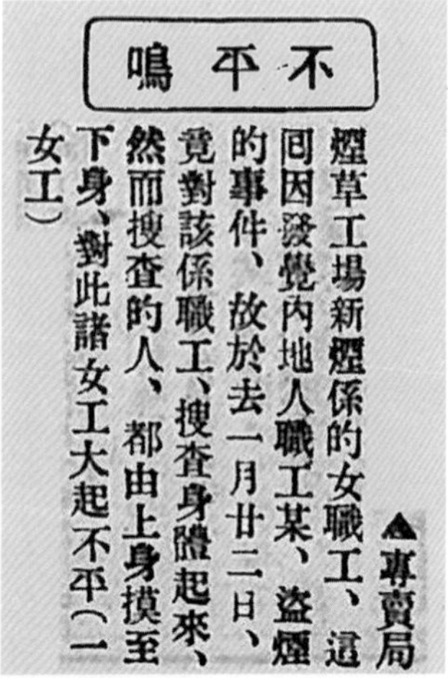

不平鳴

▲專賣局煙草工場新煙係的女職工、這回因發覺內地人職工某、盜煙的事件、故於去一月廿二日、竟對該係職工、搜查身體起來、然而搜查的人、都由上身摸至下身、對此諸女工大起不平（一女工）

圖53　不平鳴

廠通常備有電風扇來保持室溫；[78]但小規模工廠不是狹窄難堪，便是骯髒黑暗，非常不利於女工健康，這種不合乎衛生條件的工廠，事實上比比皆是。[79]另外，工廠的安全措施也相當重要，但多數工廠不但不重視工人安全，甚至沒有相關設備，一九二九年臺北市臺灣爆竹會社的火藥工廠曾發生爆炸事件，當時死傷慘重，據估計有三十三名女工輕、重傷，八人送醫後死亡。[80]

在保健方面，大型工廠通常設有醫務室，並招聘囑託醫（指醫生顧問）和護士為員工進行保健服務。例如專賣局酒廠規定每年例行為員工做健康檢查，除測量身高體重、胸圍之外，也對工人的神經系統、五官、呼吸器、消化器官或皮膚等器官進行檢查。[81]由於日治時期傳染病相當盛行，一旦有工人罹病，會迅速在廠內蔓延給其他工人，因此工廠不僅實施廠內消毒，也禁止罹病工人上班，直到該工人的病毒解除才准復工。同時，工人如果出入罹病者家中也列入觀察，若確定具危險性就禁止出

74 吳愛珠口述訪問紀錄。

75 〈女工哀話：可憐的女工們恐怕失業私行巴結〉，《臺灣新民報》第三五二號（一九三一年二月二十一日），頁一一。

76 〈不平鳴〉，《臺灣民報》第二九八號（一九三〇年一月二十九日），頁九。

77 臺灣總督府專賣局編，《臺灣酒專賣史》上卷，頁一〇六九、一〇九二。

78 〈「女性の職場巡り」日東拓殖の製茶工場へ　女工さんは國語常用の模範生ばかり〉，頁二一；另見王罔（又名王鑾）口述訪問紀錄。

79 《臺灣民報》就有專文指出，織襪工廠大多不講究衛生，不是「狹隘難堪」、便是「骯髒黑暗」。〈臺灣各界的職業婦人介紹（八）：織襪女工最受薄待〉，頁七。

80 〈看臺灣人命不值錢〉，《臺灣民報》第二九一號（一九二九年十二月十五日），頁二。

81 臺灣總督府專賣局編，《臺灣酒專賣史》上卷，頁一〇九三。

勤。[82]事實上，這種嚴謹的保健措施僅出現在大工廠，小工廠工人生病只有自行就醫，更無每年例行健檢。[83]

## 三、薪資待遇

在工資方面，每個工廠有不同的標準，但都以實際工作天數付給薪俸。我透過《臺灣社會運動史》，篩選出一九二九年的九所三百名以上工人、女工又較多的工廠進行比較，統計出臺籍男女工人每日最低薪資的工廠是臺灣蓪草株式會社的零點二日圓，最高是三井製茶工廠的二點五日圓，平均工資約在零點四至一點三三日圓之間。[84]由於年資會影響薪資，一九三〇年臺北煙草廠初進女工的工資為三十五錢，工作近十八年的女工，每日可得一圓二十錢；[85]以二十八天的工作日計算，每月可領近三十四日圓的薪水，相當教員心得的所得。以一九三〇年蓪草女工的工資零點四日圓為例，若同樣以二十八天的工作日計算，領取最低工資的女工，每月領到的工資大約十一日圓。[86]

另外，我蒐集了一九二〇到一九四三年間的《臺灣酒專賣史》、《臺灣民報》、《臺灣新民報》、《臺灣日日新報》、《工員命免簿》等史料，發現小工廠女工的工資，與農婦或手工業新手的工資不相上下，除嘉義採龍眼肉的女工日收一日圓之外，其他農業或手工業者的每日收入約在零點三日圓上下。[87]嚴格而言，以每日零點四日圓的收入來維持生活實屬不易，一旦工廠減少薪資或工作天數時，工人生活更加困難，有的工人惟有另謀他途，或是走向罷工。

再進一步與其他工人工資比較，明顯發現臺籍女工的薪水，比同職級的日籍女工或臺籍男工偏低，臺、日籍工人的薪資，大致相差零點五到一日圓左右，其中新竹三井合名會社水流東製茶工廠（簡稱「三井製茶廠」）的差距更大，相差大約二點四日圓。[88]再進一步觀察製酒廠的情形，一九二八年臺、日籍女工的平均工資相差二十七錢，一九四〇年相差三十九錢，[89]這種差別待遇除與種族歧視有關之外，還因為日籍工人多為技術工，臺籍工人是位在日籍工人之下的未熟練工。[90]有關與異性工人工資的比較，以一九二八年臺灣製麻會社的四百七十八名臺籍工人為例，女工有兩百九十二人，最高薪資為零點四二日圓，最低薪資為零點三三日圓；男工有一百八十六人，最高薪資為零點六二日圓，最低薪資為零點四二日圓，[91]男、女工的每日工資平均差零點二一日圓。面對種族與性別上的差

82 臺灣總督府專賣局編，《臺灣酒專賣史》上卷，頁一〇九三。

83 吳愛珠口述訪問紀錄。

84 「表七：七　一九二九年三百人以上工廠工人工資表」，游鑑明，〈日據時期臺灣的職業婦女〉，頁二二六。

85 〈臺灣各界的職業婦女介紹（七）：專賣局的煙草女工〉，頁七。

86 〈臺灣各界的職業婦女介紹（四）：製造蓪草的女性〉，頁八。

87 「表七：八　一九二〇～一九四三年間男、女工工資比較表」，游鑑明，〈日據時期臺灣的職業婦女〉，頁二二六。

88 「表七：七　一九二九年三百人以上工廠工人工資表」，頁二二六。

89 原件計算錯誤，一九二八年日籍女工工資最低五十九錢、最高七十七錢，平均六十八錢，不是六十七錢；一九四〇年日籍女工工資平均一百一十五錢，不是八十三錢，臺籍女工工資平均七十六錢，不是四十六錢。臺灣總督府專賣局編，《臺灣酒專賣史》上卷，頁一〇六二。

90 臺灣總督府警務局編，《臺灣總督府警察沿革誌》第二編：領臺以後の治安狀況（中卷）臺灣社會運動史（東京：臺灣總督府警務局，一九三九；本書引用龍溪書舍復刻本版，一九七三，以下簡稱《臺灣社會運動史》），頁一二一七。

91 「使用職工數及賃金」，頁一一。

別待遇，女工的反應如何呢？由於日籍女工的人數極少，有的工廠甚至未雇用日籍女工，因此在無從比較下，我的受訪女工鮮有不平之鳴。有意思的是，對於男工的薪資方面，我訪問的吳愛珠認為男工所擔任的工作較吃重，理應獲得較高的酬勞，因此沒有抱怨。[92]

除固定工資之外，另有加班費、餐費、獎金和慰問金等，不過有能力提供這類經費多屬官營工廠或私營的大工廠。臺灣總督府專賣局為表彰服務有功人員，還訂有獎金頒發標準，獎金分成功績賞、善行賞、勤續賞（即連續服務獎）和皆勤賞（即全勤獎）等四類。[93] 獲功績賞者可得獎狀、勳章及百圓以內的賞金；善行賞者除獲頒獎狀、勳章之外，獎金較低，約在二十日圓以內；[94] 至於獲勤續及皆勤賞者，則視其全勤時間的長短，贈與獎狀及一日圓以上、三十日圓以下不等的獎金。[95] 據統計，一九三八年獲善行獎的十七人中，臺籍女工有三人，勤續獎的十人中，臺籍女工計六人，而皆勤獎的五人中，臺籍女工則有二人。[96] 有關慰問金包括因功負傷或婚喪喜慶等的補助，以臺灣製麻株式會社為例，對勤務中受傷人員，該社不但繼續發給工資，另有醫療補助，而遭天災或其他災難者，酌情給予救濟金。[97]

再根據一九四三年煙草廠《工員命免簿》的記錄，可看到補助金額的多寡，例如一名叫駱傳弟的女工在服務七年八個月後因結婚而離職，工廠特賞給二十一點五日圓，這些賞金幾近她離職前的工資。[98] 另外，陳罕在服務三年後不幸去世，煙草廠發給四十四點五日圓的慰問金，該女工去世前的月薪是二十點一日圓。[99] 從訪問中也發現，女工生產期間，有的工廠除不扣工資之外，另贈送禮物，樹林酒廠贈送的是該廠出產的紅露酒，供女工坐月子用。[100]

儘管獎金或補助金提昇了女工的士氣，但仍不夠周延。一九二九年臺灣爆竹會社為慰問因爆炸事件而死傷的女工，決定每名死亡女工發給三百日圓，由於這筆慰勞金數目太少，引起《臺灣民報》強烈抨擊，指責該會社「看臺灣人命不值錢」。[101]此外，在經濟不景氣時期，有的工廠不僅減薪，更取消各種獎賞，導致怨言四起，有的女工便採罷工或自力救濟。

## 四、女工的教化

為配合日本殖民政府的同化政策，工廠以涵養日本國民精神來教化工人，不過教化工作主要在大型工廠實施。從資料顯示，在設有工人教化的工廠中，臺北煙草廠的教化工作最具規模，不僅每個部門有各自的教化活動，又有以工廠員工為中心的教化組織。例如一九三五年廠方與員工共同發起「向

92 吳愛珠口述訪問紀錄。
93 臺灣總督府專賣局編，《臺灣酒專賣史》上卷，頁一〇七四～一〇七五。
94 同上註，頁一〇七六。
95 同上註。
96 〈支部便り　煙工：第二十回傭人職工表彰式〉，《臺灣の專賣》第十七卷第八號（一九三八年八月），頁八八。
97 大園市藏，《臺灣始政四十年史》，頁三〇六。
98 臺灣總督府專賣局煙草廠管理掛編，《工員命免簿》昭和十八年度，原件。
99 同上註。
100 邱李阿葉口述訪問紀錄。
101 〈看臺灣人命不值錢〉，頁二。

上會」的組織，該會設立初期，以追求工廠生活的明朗化，招募洋溢向上心的有識者為方針。[102]

在諸種教化活動中，促進日語是該廠教化工人的重點，毋可否認的，這是受殖民政府對各機構加強日語化的影響。為了加強日語，該廠「截刻部」首先響應，由於該部門有一百七十多名工人沒有受過教育，其中女工計一百六十五人，且多為三十歲以上的資深員工，於是從一九三三年起，該部門要求工人練習書寫姓名、讀五十音假名和採用米突制。[103]

至於「向上會」的各項活動也要求使用日語。一九三六年九月，該廠更禁止員工使用臺語，一方面在永樂公學校成立向陽會講習所，讓不懂日語的員工前往講習，每週三次，上課時間是夜間七到九時，講習期限為一年，另一方面則訂定日語試驗規則：（一）考試分四次舉行，凡考試不及格者退職；（二）公學校以上學校畢業者免試；（三）能講日語而不講者，經警告仍不改的，也令退職。[104]這項規定引起工人恐慌，一時爭先恐後入所講習，根據調查，在一百五十名講習員工中，女工計一百一十四人，五十歲以上四人、四十歲以上四十二人、三十歲以上六十七人、三十歲以下一人。[105]

圖 54　向上會女工排球比賽

另外，該廠女工占七成，大多是十六到二十六歲的未婚女性，工廠認為女工的教養問題不得等閒視之。[106]有關的活動多關照女工，除前述的日語教育之外，一九三七年向上會的女子部專為女工設立修養、家政和趣味等三科，其中修養科有每週例行的美化作業（即環保活動）和有關衛生與時勢的演講，規定全體女會員必須參與，其他兩科由會員依個人興趣自由參加，包括裁縫、烹飪、插花、球藝和習字等。[107]同時，又在工廠食堂舉行女子一日講習會與日本比叡山舉辦婦人講習會，其中比叡山的婦人講習會曾有潭鴛鴦、李惠、陳金等三位臺籍女工與會。[108]這些活動全在培養女工具備忠君愛國和賢妻良母的日本婦女個性。[109]

至於其他工廠的女工教化雖不像煙草廠嚴格，也重視日本精神的灌輸。專賣局酒廠認為工人的年齡、性別不同，無法同時指導或教化，可就品性陶冶、德性涵養和智育啟發，給予教化，例如安排每

102 後藤鑛一編，《向上會回顧錄（昭和十一年度版）》，頁一〇。
103 同上註，頁三一。
104 〈煙草工場禁用臺語　女戒服裝奢美〉，《臺灣日日新報》第一三〇九七號，一九三六年九月十一日，漢文欄，夕刊，第四版。
105 後藤鑛一編，《向上會回顧錄（昭和十一年度版）》，頁九七。
106 山城安太郎編，《向上會回顧錄（昭和十三年度版）》，頁五二。
107 同上註，頁五二～五七。
108 同上註，頁五六。
109 〈支部便り　煙工：女子新從業員一日講習會〉，《臺灣の專賣》第十八卷第六號（一九三九年六月），頁五七；山城安太郎編，《向上會回顧錄（昭和十三年度版）》，頁五六。

週兩小時的訓育，利用六至九月淡季教授日語、簡單的算數和造酒概念，以養成模範職工。[110] 王罔表示，她所服務的樹林酒廠在中日戰起開始加強工人教化，選擇工人共聚一堂的午餐時間，讓工人發表與時局有關的演講或文章，[111] 同時，為配合戰時的勤儉觀念，廠方教導員工如何將廠內剩餘物資加以利用。[112]

毋可否認的，前面所提主要是官營工廠的女工教育，至於臺灣人設置的工廠也有比照實施的，只是規模不大。例如許德定製襪廠曾於工人上工前一小時，延請教師教授工人日語，[113] 同時，一週設有四小時的修養時間。[114] 總之，且不論工廠對女工的教化形式，就教化的內容來看，女工教化不外是在響應日本殖民政府的同化政策，塑造出具日本精神的女工形象，而加強女工工作技術反而是其次的。

## 五、康樂與福利

為紓解呆板而冗長的工作情緒，並提昇工人士氣，有的工廠設有運動器材提供員工娛樂，煙草廠甚至有讀書室供女工修養。[115] 前述煙草廠向上會的修養科和家政科的成立，便具有「教寓於樂」、「樂於寓教」的意義。而一般工廠則多

圖 55　婦人講習會會員在比叡山的山上宿舍前合影

利用假日舉辦康樂活動，好比專賣局酒廠有工廠定期慰安會，透過音樂、攝影和講演慰勞工人。[116]此外是舉辦戶外郊遊，例如到淡水浴場或風景名勝，再則是參拜神社、參觀工廠或舉行運動會等，[117]而舉辦這類活動多是官營工廠。

至於在福利方面，大工廠的員工只要因公生病、受傷或死亡，可獲得工廠補助或治療，但因為災難是無限的，工廠認為工人需有自助能力。[118]一九二〇年殖民政府頒布的〈第八十號敕令〉，鼓勵凡是從事政府事業的員工得以相互教濟的目的，組織共濟組合。[119]一時官營工廠乃至私營大工廠的員工紛紛響應，其中臺北煙草廠的福利最佳，該廠以女工為中心，組織共濟會，每月每人繳納二十錢的組合費，一旦女工有急難便由共濟會發給補助。生產前一週及產後五週內的工人產婦也有補助，死亡女工

110 臺灣總督府專賣局編，《臺灣酒專賣史》上卷，頁一〇九三～一〇九四。
111 王罔（王鑾）口述訪問紀錄。
112 同上註。
113 吳愛珠口述訪問紀錄。
114 〈國語普及運動　青年團中心の國語普及ラヂオ放送〉，《臺灣教育》第三四八號（一九三一年七月），頁一四四。
115 昭和製糖株式會社編，《昭和製糖株式會社十年誌》（臺北：昭和製糖株式會社，一九三七），頁五九；〈臺灣各界的職業婦人介紹（七）：專賣局的煙草女工〉，頁七。
116 臺灣總督府專賣局編，《臺灣酒專賣史》上卷，頁一〇九四。
117 王罔（又名王鑾）口述訪問紀錄、吳愛珠口述訪問紀錄。
118 臺灣總督府專賣局編，《臺灣酒專賣史》上卷，頁一〇九四。
119 同上註。

則補助喪葬費、遺族扶助費（即撫恤金）。至於服務十五年以上的女工給予年金，離職的女工有的可領數百甚至千圓以上的養老金。[120] 由上可知，共濟組合是由員工互助的福利措施，儘管每個組合的福利不一，但在廠方補助有限的情況下，共濟組合使女工生活獲得另一種保障。

綜上所述，由於日治時期工廠多屬小型工廠或家庭式工廠，沒有制度可言，但官營工廠和私營大工廠因雇用的工人人數較多，為便於管理，大多數訂有工廠管理制度，其中總督府專賣局所屬的工廠，對工人的任用、管理或訓練等的規畫尤其周延，頗有現代化工廠的特徵。然而嚴格來講，這時期臺灣的工業方興未艾，再加上受到種族與兩性差異的影響，大型工廠對女工有關懷的一面，如訂有產假、哺乳時間等，但也有不平等的一面，如工作時間、工資與待遇的不合理。

120 〈臺灣各界的職業婦人介紹（七）：專賣局的煙草女工〉，頁七。

# 3 女工的離職與罷工

面對工廠體制的不健全，安於現狀的女工固然不少，但也有女工走向離職，她們或另謀他途，或回歸家庭；也有女工在勞工運動展開時，加入罷工行列，積極爭取權益。女工離職的原因何在？罷工的過程又如何？是否爭取到權益？

## 一、女工的離職

受限於資料，無法完全掌握日治時期各工廠女工的異動情形，此處以一九四三年度煙草廠女工的異動為個案分析，這一年該廠離職工人有六百三十九人，其中女工有三百五十一人，占百分之五十四點九三。就離職工人的服務年資來看，工人異動率相當高，其中服務六個月以下離職的男工有一百五十八人，六個月至一年者計五十五人，換句話說，服務不到一年而離職的男工占離職男工總人數的百分之七十三點九六，服務達六年以上者有一人，但服務四到六年者不過三人。反觀，女工的服務情形，服務不到六個月者計九十一人，六個月至一年者八十七人，服務未達一年的女工占離職女工的百分之五十點七一，至於服務四到六年的女工人數較男工多，計有十人。[121] 由此來看，儘管不願久任的女工沒有男工多，而事實上煙草廠女工的異動率並不低。值得注意的是，日治時期的各工廠中，煙草廠的制度與待遇是首屈一指的，該廠女工異動頻繁，遑論其他工廠。

再就煙草廠工人離職因素來說，根據該廠《工員命免簿》所列的十二種離職因素中顯示，家事因素是男女工人離職的首要因素，女工高達兩百七十四人，占離職總人數的百分之七十八點零六，而男工也多達一百九十人，占全體離職男工的百分之六十五點九七。不過，離職原因則各自不同，依離職人數多寡排列，女工的離職原因依序是結婚、生病、遷居、交通欠便和照顧長輩，而男工則是生病、遷居、交通欠便、調職和業農。兩者最大的不同是，沒有一名男工是因結婚或照顧長輩而離職，而女工因為這項因素而離職的人合計有二十五人，[122]無疑的，女工的離職深受家庭因素影響。曾服務南投鳳梨罐頭廠的陳鄭四妹也表示，她所服務的工廠對女工是否結婚沒有限制，但女工一旦結婚或懷孕生子多半不再工作；有的女工則會先停職，直到無家庭牽絆再回廠工作。[123]

就如前面提到的部分女教員，女工在婚後或產子之後，也多半有長輩或親戚代為照顧家庭，可繼續留廠工作，例如邱李阿葉的家務全偏勞她的婆婆，她才能無後顧之憂地在樹林酒廠工作至退休。[124]不過，除了仰仗家人之外，女工沒有其他方法，因為她們無法像高所得的職業女性，有能力雇用女傭代持家務，因此在工作與家庭的兩難中，女工多半選擇回歸家庭。

上述女工的異動是出自工廠的調查，工廠所歸納出的女工離職原因，多出於女工個人；事實上，廠方在待遇或管理上的良窳也多少影響女工的去留，從罷工事件中，可看出女工異動的端倪。

## 二、罷工運動的展開

### （一）罷工運動的緣起與型態

一九二〇年以來，受一次大戰物價騰貴及中國大陸與日本國內罷工運動影響，臺灣開始有罷工運動，但在一九二七年以前，臺灣的罷工運動以陳情、請願為主，沒有發展成激烈抗爭的型態，反觀同時期中國大陸和日本，不僅有工會組織，且發動數次大規模的罷工。[125] 臺灣罷工運動遲未展開，一方面是這時期臺灣仍以農業為主，工業發展僅處於起步階段，另一方面臺灣尚未有足以領導工運的領袖與組織。[126] 此後，因臺灣社會運動的轉型，臺灣工運的抗爭性跟著升高。

一九二七年，因臺灣文化協會（以下簡稱「文協」）的分裂以及新社團的產生，臺灣的社會運動變得多元而分歧，其中文協的左傾領袖連溫卿和臺灣民眾黨的首要蔣渭水雖然理念不一、做法不同，但

121 「表七：十　一九三三年度煙草廠離職工人服務年資表」，游鑑明，〈日據時期的臺灣職業婦女〉，頁二三一。
122 「表七：十一　煙草廠員工（含臨時工、一般工人和按件計酬工人）離職之因素表」，游鑑明，〈日據時期的臺灣職業婦女〉，頁二三一。
123 陳鄭四妹口述訪問紀錄。
124 邱李阿葉口述訪問紀錄。
125 臺灣總督府警務局編，《臺灣社會運動史》，頁一二一七～一二一八。
126 同上註，頁一二一八。

同樣關注在臺灣勞工運動，因此分別利用各自社團組織工會、領導工運。在他們的推動下，一九二八年一月，文協組織臺灣第一個工會——臺灣機械工會聯合會，隨後各地紛紛有工友會成立。[127]同時，臺灣民眾黨也成立「臺灣工友總聯盟」，仿照中國大陸與日本左派的工運。[128]此外，文協又利用五一勞動節舉辦演講、編製勞動節歌曲、印製並發送具煽動性的傳單與海報。[129]一時臺灣的工運由解決勞動問題轉為要求民眾解放、無產階級解放，並以動員群眾、擴大組織為方向。[130]一九二八年底，臺灣共產黨在臺灣成立組織，並積極著手無產階級鬥爭的運動，儘管臺共未嘗設置工會，卻在已成立的工會與工人團體中進行鬥爭觀念的宣傳，一九三〇年「臺灣工友總聯盟」的部分青年成員就是受此影響，而走向左傾。[131]不過，一九三一年以降因總督府對各結社團體的強制管理，激烈的工運漸漸消聲匿跡。

且不論臺灣勞工運動的轉型，根據《臺灣總督府警察沿革誌》的統計，一九二〇到一九三四年間，臺灣曾發生五百八十二件工運，一九二七年以前計有一百七十七件，除一九二〇年有五十一件、一九二一年有三十一件之外，其餘各年僅有十數件或二十幾件，而且規模小，未引發成重大的抗爭運動。[132]一九二七到一九三一年間，每年的工運事件顯著增加，這五年間，每年工運不曾少於五十件，一九二八年的工運甚至高達一百零七件。[133]很明顯的，罷工事件徒增，與文協、民眾黨和共產黨的居間操縱、指導有關。至於參加罷工運動的群眾，不僅有臺灣人，還包括日本人、朝鮮人和中國人，據一九三〇到一九三四年的資料，這段期間參加工運的臺灣人有兩萬零九百人、日本人九百八十五人、朝鮮人五百三十一人、中國人四百一十三人；罷工事件計有一百八十件，其中由思想團體領導的工運計五十四件。[134]另外，工運的對象除日籍業主以外，也有臺籍業主和來自中國的業主，不過抗爭的對象以日籍業主居多，例如一九二七到一九二八年間，受抗爭的日籍業主有一百一十五名、臺灣籍五十六名、中國籍五名。[135]

在各類罷工事件中，究竟有多少女工介入或發起工運？目前資料顯示，約計有十五起，其中有一起是由在臺的男女華工發起，此處不列入討論。[136] 十四起工運中，由女工自動發起的有七起，分別是臺灣織布會社、嘉義製酒廠、高雄苓雅寮肥料袋製造工廠、臺灣爆竹會社、彰化鳳梨罐頭廠、豐原製麻會社和臺南織布會社等。以工運發生的時間來說，女工罷工事件主要集中在一九二七至一九三二年間，一九二七年有六起、一九二九年一起、一九三〇年二起、一九三一年三起、一九三二年二起，正是臺灣社會運動如火如荼時期，顯示臺灣的女子工運與臺灣社會運動有關係。就發生工運的地點來看，女子的罷工以臺北最多，計有五起，其他出現工運的地區，包括臺南三起、新竹一起、高雄一

127 臺灣總督府警務局編，《臺灣社會運動史》，頁一二六三～一二六九。
128 同上註，頁一二四四～一二四九。
129 同上註，頁一二三一～一二四四。
130 同上註，頁一二二四。
131 盧修一，《日據時期臺灣共產黨史（1928～1932）》（臺北：前衛出版社，一九八九），頁一八六～一八七。
132 「勞働爭議件數表」，臺灣總督府警務局編，《臺灣社會運動史》，頁一二二四～一二二五。
133 同上註。
134 「勞働爭議州別件數參加人員統計」，臺灣總督府警務局編，《臺灣社會運動史》，頁一二二五～一二二六。
135 「勞働爭議發生地事業主別」，臺灣總督府警務局編，《臺灣社會運動史》，頁一二二七。
136 〈男女工三百名總罷工を決行す〉，《臺灣新民報》第三四三號（一九三〇年十二月十三日），頁一二。

起、羅東一起、彰化一起、嘉義一起、臺中一起。以罷工的人數來說，由於這期間有百人以上的工廠不多，罷工人數多半沒有超過百人，而罷工人數達百人的活動，多屬聯合罷工，例如臺北四家金銀紙店女工有五、六百人參加罷工，彰化的四家鳳梨罐頭工廠也有多達四百多名女工，而高雄苓雅寮肥料袋製造工廠則有一百八十五人。[137]

關於這十四起女工參與的罷工運動所訴求的項目，依次是反對降低工資七起、要求增加工作天數一起、反對縮減工作時數一起、請求改善待遇二起、反對監督一起、要求發放未付工資一起、反對廢止午餐一起。[138]其中完全由女工發起的工運則是反對降低工資有五起，以及反對廢止午餐、反對監督各一起。毋可否認的，要求合理的工資與工作時間是當時的女工的主要訴求，也是這期間臺灣工運的一般原因。[139]在經濟不景氣的時期，工資衝突尤其嚴重，面對經濟壓力，業主紛紛降低工資、減少工作時間或延遲發給工資，而女工的薪資原本最低，遇到這種情形，她們所獲得的薪資更不值一文，於是鼓勵工運的組織深化了女工工資問題，從這類組織的規約與宣傳文件中處處可見「男女工資平等」的呼籲，[140]工資問題因此成為女子罷工事件中焦點。

### （二）女子罷工運動的發展過程

1. 罷工運動的發軔

一九二七年臺灣工運開始轉向激烈，而在這一年才發軔的女子罷工運動，除日華紡績株式會社的工運較激烈之外，大體上較平和，業主也多採低姿態。例如，臺灣織布會社的女工於一九二七年三月十三日同盟罷工，會社業主十分恐慌，極力慰留，女工們才復職。[141]同年，臺南的木戶織布工廠女工也停機罷工，結果該廠廠主除極力對外辯解該廠未曾發生停工事件之外，並說明由於近日該廠取消獎金，再加上適逢農曆年假，工作天數減少，工資因此大降，於是有降薪的誤傳，而事實上，工廠已向每位工人解釋，取得諒解。[142] 另外，嘉義製酒廠的主任得知女工罷工原因後，不但懇求她們息怒復職，也答應讓被解雇的女工復職，於是女工不再罷工。[143] 而臺中豐原臺灣製麻株式會社在臺籍女工團結罷工後，該會社一方面派人居中調停復業，另一方面也答應不廢除午餐。[144]

儘管經過妥協，罷工事件暫停，但在勞資互不信任下，各採防範措施，木戶織布工廠對煽動者嚴加警戒，[145] 嘉義製酒工廠的女工則決定與男工組織工友會。[146] 另外，臺灣織布會社因未完全解決待遇問題，一九二九年十二月又發生罷工，這次罷工是由男工發動，他們並向警察署報告受虐事實，直到

---

137 「表七：十二　一九二七～一九三二年女子的罷工運動概況表」，游鑑明，〈日據時期臺灣的職業婦女〉，頁二三五。
138 同上註。
139 臺灣總督府警務局編，《臺灣社會運動史》，頁一二二八。
140 同上註，頁一二五一～一二五五。
141 〈女工也覺醒了〉，《臺灣民報》第一四八號（一九二七年三月十三日），頁七。
142 〈職（織）布女工罷業〉，《臺南新報》第九〇二二號，一九二七年三月八日，漢文版，第六版；〈木戶織布工場〉，《臺南新報》第九〇二三號，一九二七年三月九日，漢文版，第六版。
143 〈包裝女工罷工得勝〉，頁八。
144 〈豐原：女工同盟罷業〉，《臺灣民報》第一八五號（一九二七年十二月四日），頁六。
145 〈木戶織布工場〉，頁六。
146 〈包裝女工罷工得勝〉，頁八。

翌年一月，由臺南商工業協會會長王開運協調，問題才改善；[147] 但這次罷工，女工僅有部分人員加入聲援，且只停工半天。[148]

除此之外，一九二七年也出現勞資互不相讓的罷工事件，其中一起發生在新竹的山中活板所（即印刷廠），另一起則在臺北的日華紡績株式會社。前者起因於工資過低、工廠又未按時發餉，事發時，工人向業主山中催發薪餉，山中惱羞成怒，要工人至法院舉發他，於是工人在忍無可忍之下，決定同盟罷工。雖然工人的動機相當單純，僅是催發工資而無其他要求，但山中堅持不解決，導致罷工時間不斷延長。[149] 根據《臺灣民報》的報導，罷工從九月一日到十八日仍未消停，而警方也對山中頗為無奈，後續狀況報紙則沒有進一步報導，最後結果無從得知。

至於日華紡績株式會社的罷工事件由於有外力介入，過程較為複雜。該社工人罷工出於會社決定增加二十分鐘的工作時間，把每日的工時延長為十一小時，引發工人不滿。這時，高雄臺灣鐵工所的工人正展開工運，文協的連溫卿藉機鼓動，四月二十三日該社的一百一十三名男工和兩百五十七名女工發動同情罷工運動，聲援鐵工所。[150] 不過，在會社軟硬兼施下，罷工僅進行四天便結束，工人也一一復職。[151]

事實上，平靜的氣氛維持不到兩週，日華紡績株式會社又展開另一波抗爭運動。先是五月九日，一名男工跨越柵欄外出，遭到會社解雇，此舉激起了同工廠的十七名職工不滿，會社竟將他們一併開除。[152] 接著五月十八日，有三名女工遲到被訓斥，其他女工前往理論，工廠將其中的十九名女工解雇，工人鬱積甚久的不滿情緒再也壓抑不住，終於在十九日進行同盟罷工，且走上街頭示威遊行。[153] 五月二十四日，他們以罷工團的名義向會社遞上聲明書，提出認定團體交涉權、讓解雇工人復職、工作時間減為八小時及工資增加三成等八項要求。但為會社回絕，同時會社也聲明，若工人在五月二十五日仍未上班，則視為咨意辭職；[154]另一方面，會社招募了新人，且於三十一日開工。儘管工友協助會在外力資金和物品的支持下繼續對抗，但已呈現疲態，六月九日有兩名男工和三十五名女工復職，不久其他人亦逐漸軟化，導致此次罷工功敗垂成。[155]

---

147 〈臺灣織布の職工待遇改善を要求す〉，《臺灣民報》第二九〇號（一九二九年十二月八日），頁一一；〈臺南織布會社無理罷免工人〉，《臺灣民報》第二九三號（一九二九年十二月二十九日），頁四；〈非人道の契約書を盾に　職工を苛める織布會社〉，《臺灣民報》第二九五號（一九三〇年一月十一日），頁一〇；〈臺南：織布會社織工　保證金問題解決〉，《臺灣民報》第二九六號（一九三〇年一月十八日），頁六。

148 〈臺南織布會社無理罷免工人〉，頁四。

149 〈新竹印刷工罷業　因為有工換無錢〉，《臺灣民報》第一七四號（一九二七年九月十八日），頁四。

150 臺灣總督府警務局編，《臺灣社會運動史》，頁一二七三。

151 此次罷工結束後，該會社曾有較大的讓步，除縮減工時、增加工資之外，並派車每日接送新員工出勤。〈罷業後的日華紡績〉，《臺灣民報》第一六三號（一九二七年六月二十六日），頁四；臺灣總督府警務局編，《臺灣社會運動史》，頁一二七三。

152 〈日華紡績罷工真相　原因反對時間延長〉，《臺灣民報》第一六〇號（一九二七年六月五日），頁五。

153 〈日華紡績罷工真相　原因反對時間延長〉，頁五；臺灣總督府警務局編，《臺灣社會運動史》，頁一二七三。

154 同上註。

155 臺灣總督府警務局編，《臺灣社會運動史》，頁一二七三～一二七四。

2. 罷工運動轉向激烈

勞資對立的局面到一九三〇和一九三一年間達到高潮。這段期間發生六起工運，其中有四起受到外力指導與操縱，使工運的手段與過程更加激進。

一九三〇年九月，臺北市大稻埕的金銀紙店沒有訂立統一的工資，又打算降低工資，於是福壽、瑞記、瑞昌和義利等四家金銀紙店的工人聯合發動罷工，其中男工兩百人，女工約計五、六百人，由於該行業的女工多於男工，所以參與罷工的女工人數超過男工甚多。在雙方互不相讓下，工人採取持久戰，據報載，唯恐罷工者無法維生，有工作的工人各出十到三十錢援助，臺北維持會也有部分捐款，至於臺灣工友總聯則召開教援會教濟。[156] 面對這一規模不小的工運，瑞記金銀紙店的業主除認為自家的待遇優於其他金銀紙店之外，並強調罷工不是工人能力可負荷，應該是受同行教唆。[157] 雖然結果不得而知，但這次的罷工運動很明顯是獲得民眾黨工運組織的支持。

這種持久且聯合各廠的罷工運動同樣發生在一九三一年臺北的印刷界，該年六月，臺北印刷業主以印刷業不振為由，決定減少印工的工作天數，這對以日計薪的工人而言，無疑是變相減薪。七月十三日，臺北印刷從業員組合青年部召開大會，決定向業主提出加薪和取消公休日停工等十一項要求，詎料談判破裂，工人乃採罷工抵制。自七月十七日起，十一家會社工人陸續參加工運，七月二十四日罷工人數超過兩百餘人，根據報紙報導，男工有七十四餘人、女工有六十餘人、不分男女工的有一百零八餘人，數據顯示出參與罷工的女工頗為踴躍，她們的人數幾近於男工。[158] 這之後，罷工的人數仍不斷增加，原本是一般工人參加罷工，在業主的恐嚇下，熟練工人也加入罷工行列。[159] 這次運動除了陣容浩大之外，由於有充裕的物質支援，罷工時間相當長，從九月二十六日《臺灣新民報》

的最後一次報導，可了解到罷工運動進行了兩個月之久。

更重要的是，這次罷工運動在民眾黨工友總聯盟居中策畫下，無論在技術上或組織上均十分引人注目，例如七月二十五日組織臺北區印刷從業員組合青年部爭議應援團、八月二日召開印刷爭議講演會、九月中旬向臺北市民發出〈告市民書〉報告罷工經過。同時，為阻止業主向日本國內招募工人，特地打電報給日本各地的印刷從業員團體，請他們代為阻止，結果業主僅募得十八名來自日本的新工。[160]

值得一提的是，前述的各罷工運動都不曾就女工問題提出訴求，而這次印刷工廠的同盟罷工所提

---

156 〈臺北金銀紙店的罷工經過情形〉，《臺灣新民報》第三三五號（一九三〇年十月十八日），頁二。

157 同上註。

158 〈印刷青年工罷業的真相！〉，《臺灣新民報》第三七四號（一九三一年七月二十五日），頁二。

159 〈印刷青年工罷業的真相！〉，頁二；〈印刷爭議：兩方仍然對峙〉，《臺灣新民報》第三七五號（一九三一年八月一日），頁三；〈印刷爭議：趨入持久戰〉，《臺灣新民報》第三七六號（一九三一年八月八日），頁二；〈印刷爭議：各地工友捐資援助〉，《臺灣新民報》第三七八號（一九三一年八月二十二日），頁二；〈印刷工爭議　波及到熟練工了〉，《臺灣新民報》第三八〇號（一九三一年九月七日），頁二；〈熟練工罷工後的印刷爭議〉，《臺灣新民報》第三八一號（一九三一年九月十二日），頁四；〈印刷爭議：尚不容易解決〉，《臺灣新民報》第三八三號（一九三一年九月二十六日），頁三。

160 〈印刷爭議：兩方仍然相對峙〉，頁三；〈臺北：印刷爭議團罷工講演會〉，《臺灣新民報》第三七六號（一九三一年八月八日），頁八；〈印刷爭議：尚不容易解決〉，頁三；〈印刷罷工發出告市民書　報告罷工經過〉，《臺灣新民報》第三八三號（一九三一年九月二十六日），頁一一。

出的加薪辦法，特別註明加薪限於青年女工。只不過，這次罷工運動也因為未看到後續報導，無法得知結果，而青年女工的薪資是否獲得合理的提昇同樣不得其詳。[161]

嚴格而言，由民眾黨或文協指導的工運較為溫和，反觀這段期間臺共操縱下的工運卻十分激烈。以一九三〇至一九三一年間的高雄苓雅寮肥料袋製造工廠的工運為例，這次罷工的最大特色是，主角全是女工，且由六家工廠女工聯合罷工。事件發生在一九三〇年十二月中旬，因廠方宣布降低工資，臺共便利用女工人心不穩，動員黨員簡娥、農民組合會員和文協會員領導罷工。事實上，肥料袋工廠女工多屬打雜工，組織能力不強，但在臺共策動下，約計有一百八十五名女工參加罷工，占全部女工的百分之八十九點三七。[162]

女工的要求條件，除包括反對降低工資、確定工資支付日期之外，另提出設置廁所、改善衛生環境以及夏天應有茶水設備等要求。[163]然而業主一概拒絕，於是女工決定罷工到底，這時同情罷工的民眾紛紛捐出白米等物，藉此支持女工，而警方竟派員至女工家中搜查，禁止她們接受捐助品。元旦當天，罷工團在下寮廟前召開講演會，報告罷工經過，並提醒女工要嚴密團結。大會吸引五百多人參加，會中提出罷工口號二十條，其中與爭取女性權益有關的一條是「反對虐待女子」，同時又製作本章開場提到的爭議歌曲。[164]

經過一個多月的爭議，雙方仍無法達成協議；同時，工廠開始進用新工人，於是罷工陣營不再堅固，左派分子的領導與罷工女工出現分裂，根據一月六日的調查，有的女工回廠復工，也有女工轉行。另有六名女工家長成立新的肥料袋工廠，招攬約五十名女工入廠，以達成自力救濟和對抗業主的目的。[165]總體看來，這次罷工因女工的屈服而告失敗。[166]

另以一九三一年的臺灣平版印刷株式會社的罷工事件為例，由於當時經濟不景氣，該社決定縮短工時，實施「二十二工制」，而在公布前，臺共幹部王萬得已事先在工廠誘導工人，導致問題變得尖銳。等「二十二工制」宣布後，二月四日工廠的四十九名工人（其中有十三名女工）全部聯合發表反對縮短工時的聲明，隔日，工廠公告臨時休業，工人更加不滿，在臺共指導下，向工廠提出要求書，共有十一項要求，其中一項特別關照童工和女工，內容是「女工及童工的薪資提高五成」。不料，全部要求被拒，二月九日工人只得發動罷工，同時採夜宿工廠、死守工廠的方式纏鬥到底。業主在恐慌下，除開除部分工人之外，另動員五十名武裝巡查強制解散，工人不得已，只好離廠。[167]

二月十日，工廠揭示「臨時休業」，工人隨即包圍會社及董事住宅，並派代表交涉，該社會同警察開除五名工人、逮捕兩名工人。工人的情緒頓時高昂，男女工人以手臂交叉方式包圍警車，同時高呼

161 〈印刷工爭議　波及到熟練工了〉，頁二。
162 臺灣總督府警務局編，《臺灣社會運動史》，頁一三一三～一三一四。
163 同上註，頁一三一四。
164 〈越年的爭議：因工資落價問題　草包女工決行罷業〉，頁三；臺灣總督府警務局編，《臺灣社會運動史》，頁一三一四～一三一五。
165 〈因爭議激成的高雄草包公司　主在互相救濟〉，《臺灣新民報》第三五二號（一九三一年二月二十一日），頁二。
166 臺灣總督府警務局編，《臺灣社會運動史》，頁一三一五。
167 臺灣總督府警務局編，《臺灣社會運動史》，頁一三一五～一三一七；臺灣オフセット會社工人一同、臺灣出版工會準備會，〈聲明書〉，《新臺灣大眾時報》第二卷第四號（一九三一年七月），頁四二～四三。

「返我領袖！」、「寧死在自動車下，也不願放自動車去！」在與武裝警察衝突時，有四十一名工人被捕。之後儘管罷工仍繼續進行，但有部分工人開始動搖心志，於是二月二十六日，工人無條件結束復工，並回廠工作。[168]

但是部分工人心有不甘，三月九日再度向工廠提出要求條件並罷工，業主在當天不但解雇了全體工人，又自日本招募七名新工，再加上警方的強制壓力，罷工僅進行一天即慘敗，工人只得於三月二十三日非正式的解散罷工團體。[169]

毋可否認的，由於有臺共、民眾黨或文協的倡導，一九三〇到一九三一年間工運出現強烈抗爭的局面，但受整個大環境的影響，沒有外力介入的罷工事件，也表現出頑強的一面。例如一九三一年一月十三日發生在羅東昭和製糖會社的罷工運動，因該會社向來對工人十分苛刻，工作時間高達十五、六小時，而且僅給工資而無營養品或餐食，工人在極度不滿下，向業主提出十一項要求，除提出縮減工時之外，還有男女工同工同酬、開除侮辱女工的日籍職工等有利女工的要求，結果業主僅應允改正工作時間，其他一概不允。於是有二十二名臺籍男工和十一名臺籍女工聯盟罷工，而且不食不出。次日，警方不僅前往工廠查看，訓誡工人，還令他們解散，這三十三名工人便向廠方提出辭職，工廠只好另聘新工。[170]

3. 罷工運動趨於沉寂

一九三二年之後，這類有計畫或堅不妥協的工運逐漸不再出現。一九三二年臺灣爆竹會社女工因工資太低，有三、四十名女工在三月三日突然罷工，雖然有關單位表示將密切注意有無外力操縱，但從報紙不再報導該會社的消息，顯示這次罷工較為單純。[171] 又如彰化的四家鳳梨罐頭廠女工也因工資縮減，在一九三二年七月二十四日發動罷工，一共有四百多名女工參加，廠方從而決定不再採用女工，另增加新工，並照常開工。根據記載，罷工的女工多數感到懊悔。[172] 總之，在總督府加強取締下，左派或民眾黨員逐漸退出勞工運動，臺灣工運因此趨於沉寂。

嚴格來說，這時期臺灣的女子工運不曾達到預期成果，一方面是工運環境不夠成熟，因為臺灣工業化到一九四〇年才開始蓬勃，儘管之前出現不少工廠，卻多屬於小規模工廠，足以動員的工人相當有限。另外，多數工人不具備自主意識，因此有組織的工運未能開展，直到一九二七年之後，工人才依附在反殖民運動團體下，展開一系列有規模的罷工運動。但由於反殖民運動的團體互相傾軋，再加上，日本殖民政府的刻意壓制，一九三一年之後，臺灣的工運隨著反殖民運動的結束，逐漸失去活力。一九三七年以後，由於日本殖民政府發動戰爭動員，不再出現對抗業主的各種運動。

---

168 臺灣オフセット會社工人一同、臺灣出版工會準備會，〈聲明書〉，頁四三；〈島都瑣聞〉，《臺灣新民報》第三五一號（一九三一年二月十四日），頁二。

169 臺灣オフセット會社工人一同、臺灣出版工會準備會，〈聲明書〉，頁四三。

170 〈製紙職工罷業　要求勤務時間短縮〉，《臺灣日日新報》第一一二〇二號，一九三一年六月二十日，漢文欄，第四版；〈昭和製糖會社の従業員が同盟罷業〉，《臺灣新民報》第三七〇號（一九三一年六月二十七日），頁一五。

171 〈臺灣爆竹會社女工罷業　為工金無多〉，《臺灣日日新報》第一一四六〇號，一九三二年三月六日，漢文欄，第八版。

172 〈南部鳳梨罐詰工場　剖目女工同盟罷業　現頗有自悔舉動之非者〉，《臺灣日日新報》第一一六〇二號，一九三二年七月二十七日，漢文欄，夕刊，第四版。

另一方面，女工組織工運的能力又較男工略遜一籌，儘管有七處工運由女工發起，但僅有高雄肥料袋的工運較具組織，而這次工運是在臺共指導下進行，非出自女工的自發性。至於女工的能力不足，主要是因女工群中尚未產生足以領導工運的領袖。另外，在權益的爭取上，女工所訴求的多半是工資、工時的改善，對已婚女工的生產、育嬰問題未有進一步要求，這或許與未婚女工居多有關，但也顯示女工尚未有爭取女性權益的觀念。更重要的是，臺灣女工易於妥協，女子工運有不少因此而失敗，同時一旦工運失敗，回歸家庭是女工的另一出路。因此，女子工運屈服性較高，工運的成敗對女工未帶來太大的影響。

總之，日治時期女工異動頻繁除與家庭因素有密切關係之外，毋可否認的，工廠待遇不佳也是造成女工異動的重要因素，從罷工運動後女工的離職、轉業足見一斑。

## 4 女工的角色地位及其影響

### 一、女工在家庭與工廠的地位

女工究竟來自何種家庭？一份調查發現，臺南和春織布工廠的八、九十位女工，僅一名女工因為家計困難而上工，日東拓殖製茶會社也稱該廠女工多來自環境尚可的家庭，[173]但就訪問與報刊資料得知，絕大多數女工是因家境欠佳而至工廠工作。[174]因此，本文認為固然有女工出身一般家庭，但貧困者仍占多數，不少女工進廠工作是出於環境所迫。而她們一旦有了收入，不是充做家用，便是用來資助其他弟妹讀書，例如我訪問的邱李阿葉，她是邱家的童養媳，不曾受過教育，但她的收入資助了小姑、小叔完成公學校教育。[175]這種由女工賺錢供弟妹讀書的情形，以資助男性占多數，在重男輕女的

173 〈臺南織布工業的將來〉，《臺灣民報》第一四一號（一九二七年一月二十三日），頁二～三；〈「女性の職場巡り」日東拓殖の製茶工場へ　女工さんは國語常用の模範生ばかり〉，頁二〇。
174 〈臺灣各界的職業婦人介紹（八）：織襪女工最受薄待〉，頁七。
175 邱李阿葉口述訪問紀錄。

觀念影響下，不少貧困家庭不惜犧牲女工來造就家中男性成員，因此犧牲童年、放棄學業乃至晚婚或不婚的女工，不乏所聞。

至於女工的犧牲是否有助於改變家庭角色或地位？就邱李阿葉的自述：

> 我一直在酒廠工作。不久，我和養父的長子結婚，並接連生產，由於工廠工作時間固定，煮飯或照顧孩子的工作只好交由婆婆負責。為了體恤我，遇有假日婆婆並不勉強我做家事，有時連我自己的衣服也是婆婆代勞。[176]

從邱李阿葉的例子可以看出，她不僅成為全職的職業婦女，同時也獲得較受重視的家庭地位，這對身為童養媳的女性而言，是相當難得的。另如前述的王罔，為改善家庭生活所做的犧牲同樣深獲家人的尊重。[177]

然而，從未改變家庭地位的女工也不少，許多女工還沒到工廠工作之前，大多需要幫助家事，農村地區的婦女更是得到農田工作，因此當她們成為工廠女工後，農事固然減輕，並不能全免。曾在南投鳳梨會社工作的陳鄭四妹即表示，由於她的丈夫是農人，工作之餘，她一樣要到農地幫忙。[178]從陳鄭四妹的例子固然無法看出她的家庭地位，但身兼工作與家事的角色顯然未曾變動，儘管這是多數職業女性的共有現象，但在女工中尤其常見。另有些女工結婚後離廠，她們把工廠工作帶回家中進行，轉成為代工婦，繼續扮演雙重角色。[179]面對這種角色，女工的態度不太一致，有的視為勞碌命、有的甘之如飴。[180]

比較女工的家庭地位，女工在工廠的地位更加低落。除了工資比不上其他工人之外，工作性質讓她們必須仰人鼻息，聽從工廠監督的指揮，再加上家世背景與學歷不夠顯耀，女工不易獲得較高的社會地位。事實上，女工到工廠工作是以賺錢為目的，多數女工並不在意在工廠地位的高低。不過，因地位低落所帶來的性騷擾，卻使女工飽受困擾，報紙曾暴露這類事件並大加撻伐。一九二九年《臺灣民報》曾刊載日籍主管強迫女工就範的醜聞，據報導，該監督常藉權勢對美貌的女工進行騷擾，凡有不順從，就命令離職，於是不少女工憚於威脅而被迫失節，該報針對此事抨擊道：「如是傷風敗俗，當起鳴鼓而攻之。」[181]類此醜聞也曾發生在新竹和臺南等地，[182]根據報導，這群女工多處在被壓迫的地位。

有鑑於女工地位的低落，有識之士曾為女工發出不平的呼籲，他們經由報章雜誌陳述女工的境遇，[183]例如署名「紅」的作者曾在〈國際無產婦人節〉一文中指出：

---

176 邱李阿葉口述訪問紀錄。

177 王岡（又名王鑾）口述訪問紀錄。

178 陳鄭四妹口述訪問紀錄。

179 張氏口述訪問紀錄、吳愛珠口述訪問紀錄。

180 吳愛珠口述訪問紀錄。

181 悲憤生，〈不平鳴〉，《臺灣民報》第二五九號（一九二九年五月五日），頁九。

182 〈赤崁流彈〉，《臺灣新民報》第三六二號（一九三一年五月二日），頁七；〈新竹印刷工罷業　因為有工換無錢〉，頁四。

183 〈臺灣的婦人運動〉，《臺灣民報》第一三五號（一九二六年十二月十二日），頁二～三；紅，〈國際無產婦人節〉，《新臺灣大眾時報》第二卷第二號（一九三一年五月），頁二二～二三。

在這當兒一般勞働者農民小市民女子，……現在已經沒有閑暇可以去顧什麼是「男女授受不親」、「男外女內」等的孔老先生的高教，一躍地流出工場為女工，或是為低級的月俸生活者。她們在資本主義社會的工場裏面，受資本家的X取和凌辱完全和男工一樣。[184]

儘管這些言論不乏是鼓吹勞工運動者的宣傳，但女工的不平等地位已受到關切是無庸置疑的。其實，並非所有的女工都生活在悲慘的境遇裡，仍有女工倍受重視，例如由女工升為工長以及擔任技術指導等職務，另外資深或全勤女工有獲得獎勵的機會，這都是對女工角色地位的一種肯定。只不過，這種情形多半來自大工廠，一般小工廠則少見。

## 二、女工一職對個人、家庭及社會的影響

且不論女工地位的高低，女工一職對女工個人、家庭或臺灣經濟帶來何種影響？就女工個人來說，工人分成受過教育與未受過教育兩種，透過彼此交流，不少女工知識日開。以樹林酒廠為例，由於該廠女工多半受過公學校教育，每到閒休時間，該廠女工會三五成群地閱讀雜誌，雖然她們讀的是消遣性的女性雜誌，但從雜誌上她們可獲得一些婦女新知。[185]另外，該廠早期曾派專人教導女工織毛衣，日後雖不再舉辦，但在相互傳授下，每到閒休時間，該廠女工幾乎人手一線，女工的家人或親友也因此有機會穿到暖和的毛衣，這在當時相當的時髦。[186]

隨著知識的傳遞，各種思想跟著引進，其中反工廠不合理制度的思想曾在一九二〇到一九三〇年

代造成部分工廠的震憾，如前面提到，有一部分女工加入罷工行列，儘管多數的罷工運動流於失敗，不少女工回歸家庭，同時在殖民政府的強制壓抑下，這類思想僅在一九二〇年代末期和一九三〇年代初期影響工人，而毋可否認的，罷工運動多少改變部分女工的思想。不過，整體來看，對女工思想帶來較大影響的是日本同化政策，特別是一九三〇年代以降，同化政策不斷被殖民政府強化。

為配合殖民政府政策，工廠除要求女工接受日語講習之外，也以半強迫半鼓勵的方式，讓員工參與涵養日本國民精神的社教團體或相關活動，例如一九二八年十一月，臺灣製麻會社要求廠內四十餘名男、女工裝扮成原住民族，參加豐原街的慶典遊行活動，但當天天候不佳，有十數名工人因不堪寒雨而病倒。[187] 另據王罔回憶：

> 在我入廠前，曾是女青年團的團員；入廠後，我仍利用假期參加該團活動。有時活動的時間和工作時間衝突，工廠不但沒有禁止我，反而允許我請假參加活動。這種情形直到女青年團的活動過於頻繁後，而工廠本身也開始加強國民精神訓練，才不准我請假外出活動。[188]

184 紅，〈國際無產婦人節〉，頁二二一～二二三。
185 王罔（又名王鑾）口述訪問紀錄。
186 邱李阿葉口述訪問紀錄。
187 〈豐原：工人致病的慘狀〉，《臺灣民報》第二三六號（一九二八年十一月二十五日），頁七。
188 王罔（又名王鑾）口述訪問紀錄。

同時，工廠也獎勵女工參加國語講習會或研究會所舉辦的日語演講，例如一九三四年的國語講習會中，有一名女工林好以「講習所的協助」（講習所ノオカゲデ）為題，參加演講；[189] 一九三一年又有許德定織襪廠的女工陳寶玉以「我們的工作」（私共の仕事）為題，與石牌處女會會員參加廣播錄音演出。[190] 可以理解的是，無論女工接受教化活動是出自主動或被動，這些活動使不少未受過教育的女工獲得新知、增廣見聞；有的女工則被塑造成皇國之母或皇國之女。由是顯示，這種由工廠主導的思想改造活動具有不可忽視的影響力。[191]

除此之外，新觀念與新的生活習慣也漸次在女工群中建立，一九二一年殖民政府推行「時的紀念日」，藉此宣傳守時觀念，於是學校、工廠等單位陸續訂定每日作息時間。[192] 由於工廠出貨有一定的時效，為恐延誤作業進度，女工必須在規定的時間內完成工作，因此工廠對工人的作息訂定時間表。這種規定對受過教育的女工沒有太大影響，但對無時間觀念的不識字女工或她們家人來說，卻是一大改進，工廠制度迫使她們必須守時，邱李阿葉的女兒邱秀珠就指出：

> 家裏原本不掛鐘，而當時也沒有幾戶人家掛鐘，但工廠有一定的作息時間，這對每天得帶我們到工廠吃奶的祖母來講，是相當的困擾，為免錯過哺乳時間，家裏便買了鐘，從此以後祖母不再緊張兮兮的計算時間。[193]

時間觀念建立的同時，女工也漸有儲蓄概念，對得之不易的工資，她們除取出部分充做家用之外，有的參加工廠的共濟組合，有的響應工廠的儲蓄運動，有的則加入民間的「招會仔」（即互助會），儘管每月需扣除小額工資，但不少女工開始有積少成多的觀念，且懂得善用工資。[194]

相對於上述正面的影響，也出現一些負面的結果。有些女工賺錢並不純為家計，一旦有錢，購買慾跟著增強，這固然有利於刺激市場消費，卻也助長了女工的虛榮心，因為有的女工儘是購買金飾、衣物或化妝品等奢侈品，[195]而這些心態非僅影響個人，尚且有連帶作用，由於女工多半年輕未婚，也正值喜歡裝扮的年齡，對新奇的物品別具興趣，自然容易受到誘惑，於是相率追逐時尚。基於此，有的工廠嚴禁女工敷粉施朱，並規定穿著制服上班。[196]只不過，儘管工廠費盡心思，仍無法遏止部分女工愛慕虛榮。

---

189 「國語演習順序」，〈著しき進步を見せて　第二十回全島國語演習會終る〉，《臺灣教育》第三七八號（一九三四年一月一日），頁一七八。

190 〈國語普及運動　青年團中心の國與普及ラヂオ放送〉，頁一四四。

191 自郭周月娥回顧赴日參加修養團婦人講習會的感想一文，即見一斑。參見郭周氏月娥，〈講習會に行つて　私は何を感じたか〉，後藤鑛一編，《向上會回顧錄（昭和十一年度版）》，頁八八～八九。

192 呂紹理，《水螺響起：日治時期臺灣社會的生活作息》（臺北：遠流出版事業股份有限公司，一九九八），頁六二～六七、一二四～一二五。

193 邱李阿葉口述訪問紀錄。

194 王罔（又名王鑾）口述訪問紀錄。

195 〈臺南織布工業的將來〉，頁二～三。

196 〈（女性の職場巡り）日東拓殖の製茶工場へ　女工さんは國語常用の模範生ばかり〉，頁二一；〈煙草工場禁用臺語女戒服裝奢美〉，頁四。

較嚴重的是，有的女工將辛苦所得投擲於賭桌。賭博早盛行於臺灣傳統社會，而女性賭博的風氣多半流行於下層社會，因此有賭癖的女性一旦成為女工，賺到了錢，她們的收入多數成為賭資，甚至引誘工作伙伴聚賭。[197]由於賭博「十賭九輸」，有的女工因此欠下一身賭債，有的則挺而走險向人詐欺，根據《臺南新報》的一段記載即見一斑：

陳氏服務於煙草工廠，以甘言巧語買同伴女伴之歡心，因藉機招募賴母子講，俗謂之招會仔，或藉周旋借金等之名目，騙取四、五十回之多，金額達三千餘圓。消費於內地觀光或賭博之用，就中被害者，有永樂町詹陳氏妹外約三十人。[198]

透過工作，有的女工獲得新知、建立新觀念，也有女工流於奢侈、沾染惡習。而工作對女工人際關係的改變更不容忽視，特別是女工的交友與婚姻，由於女工多集中在以女性居多的工廠，再加上男女工作性質不同，女工和同性工人較多接觸，邱李阿葉表示，以她服務的樹林酒包裝組來說，包裝組多半是女工，彼此的感情大體融洽，偶有齟齬多來自工作分配不均。[199]同性工人長期相處固然有助於建立姐妹情誼，也曾出現同性戀。一九三三年，臺南市發生臺灣織布會社兩名女工投水的不幸事件，由於投水的女工是合抱而亡，該命案轟動一時，且引起各種猜疑，或稱失戀、或謂家庭事故，甚至有視為同性戀。[200]

至於女工和異性男工的交往雖然比不上同性頻繁，但同在一廠服務仍有接觸，而且女工多半年輕未婚，容易引起男工的好感，於是除工作往來之外，經常有男工追求女工的傳聞。王罔告訴我，較保守的做法是男工托人登門提親，而這種方式通常較為女工本人以及她的家人接受；[201]不過，隨著風氣漸開，也有男工直接發動追求，面對男工的熱情，女工有不同的反應，有拒絕也有接受。由於工人多數出身寒微，受禮教束縛的不多，工人在感情的表現偶會有驚人之舉，例如一九二六年，臺南新豐部草袋工廠曾發生工人郭老成誘拐女工黃怨逃匿事件，經黃父尋得，將郭老成交由保正處置，這件事才結束，且成為地方新聞。[202]

除未婚男女工的感情問題之外，工廠中也傳有婚外情，一九三五年臺灣製麻會社曾發生女工柯黃阿尾將女性同事殺成重傷案件，據報導，這兩名女工都是有夫之婦，其中一人的丈夫臥病在床，另一人的丈夫鋃鐺入獄，而兩人竟同時喜歡工廠男工阿雲，於是在爭風吃醋中發生口角，衍生柯黃阿尾的行兇。[203]

大體上，女工結婚的對象以來自相同家庭背景或同一工作場域的男性居多，很難藉她們的角色地

197 游鑑明訪問，羅炳輝口述訪問紀錄（一九九四年七月十五日，豐原），未刊稿。
198 〈橫領詐欺〉，《臺南新報》第八〇八四號，一九二四年八月二十二日，漢文版，第五版。
199 邱李阿葉口述訪問紀錄。
200 〈臺南運河船塢二女合抱投水〉，《臺南新報》第一一〇七八號，一九三三年二月二十四日，漢文版，第八版。
201 王罔（又名王鑾）口述訪問紀錄。
202 〈百舌篇〉，《臺南新報》第八六八四號，一九二六年四月十四日，漢文版，第六版。
203 〈豐原製麻女職工　執利錐刺傷女同伴　為爭男職工醋〉，《臺灣日日新報》第一二七〇五號，一九三五年八月十三日，漢文欄，夕刊，第四版。

位高攀上層家庭。不過，也有女工和層級較高的工人結為連理，甚至嫁給工廠負責人。我訪問的吳愛珠就遇到這樣的機緣，她原是許德定織襪廠的女工，由於工廠小開許進貴的妻子沒有生育，在許妻同意下，許進貴決定納妾，於是他利用工廠舉辦郊遊活動的機會接近吳愛珠，吳愛珠無法拒絕他的追求，在十八歲那年嫁給二十八歲的工廠小開。[204] 因角色的轉變，吳愛珠不再當女工，從而走入上層家庭。不過，類似吳愛珠的個案並不多，而她也是以妾的身分才有機會進入許家。

就女工對家庭的影響而言，儘管部分女性外出工作的原因，有的是缺乏零用錢、有的為賺取嫁妝費，[205] 但就如前面提到，多數女工是為協助家計而工作，因此女工對家庭的最大影響莫過是改善家庭經濟，邱秀珠坦承：

> 我祖父原本積欠不少債務，當母親和父親先後進入樹林啤酒廠工作後，逐漸的清還債務，我們家不再向雜貨店賒債。當時同學上學很少有鞋可穿，不少人打赤腳到學校，而我們卻穿著鞋子上學。遇到下雨，別的同學披簑衣擋雨，我們卻撐著油傘，這都是因為我們有個會賺錢的母親。[206]

除改善家庭經濟之外，許多工人是相互援引入廠工作，也因此減少失業人口。然而，從另一方面來看，一旦工廠經營不善或裁員，影響的層面便相當大，一九二一年臺灣製麻會社發生大火後，工廠實施減產，一時以工廠為衣食父母的工人家族頓失倚柱，曾於該社工作的羅炳輝回憶，有的家庭生計無著，只好將原任女工的女兒送入妓院，境況十分悲慘。[207] 由此顯示女工收入固然不豐，仍對家庭經濟帶來不小影響。

就女工對經濟的影響而言，儘管臺灣工業到日治後期才蓬勃發展，但如前述，此前臺灣的部分工業已經逐漸成長，這些工業有不少是仰仗女工生產。日本社會主義家也是經濟學者山川均在〈弱小民族的悲哀〉一文中，以一九二三年為例提出，他發現臺灣主要工業產品的年產額為兩億三千五百萬日圓，扣除砂糖、酒精、樟腦、香煙等專賣品之後，約有四千萬日圓是由中小工廠負責生產，動員的工人約計十萬人，其中五成五為婦女。[208]

一九一六年《臺灣民報》的論評〈臺灣的婦人運動〉一文也舉出同樣的看法，並以年產額較高的帽子業和紡織業為例證，在帽業方面，一九一六年度，男工兩千零四人、女工五萬三千四百九十五人，男女工的比例是一比二十二；一九二三年度，男工四百九十六人、女工兩萬三千九百零一人，男女工的比例則是一比六十八。在紡織業方面，一九一六年男女工的比例是一比六，到一九二三年女工人數稍減，二者比例是一比五，但女工仍占多數。由上顯示女工在這兩項行業所占的重要性。[209]

---

204 吳愛珠口述訪問紀錄。
205 〈越年的爭議：因工資落價問題　草包女工決行罷業〉，頁三；〈臺南織布工業的將來〉，頁二～三。
206 邱李阿葉口述訪問紀錄。
207 羅炳輝口述訪問紀錄。
208 山川均著，張我軍譯，〈弱少民族的悲哀（續）　在「一視同仁」「內地延長主義」「醇化融合政策」下的臺灣〉，《臺灣民報》第一一〇號（一九二六年六月二十日），頁八。
209 〈臺灣的婦人運動〉，頁二。

不過，除帽子、紡織業之外，食品加工業中的罐頭工業、製茶業以及專賣業中的煙、酒業，也多仰賴女工勞力來增加生產，由這些工廠雇用的女工人數即知一斑。

## 5 小結

一九三〇年間高雄苓雅肥料袋製造廠罷工運動的爭議歌，呈現臺灣現代女工先鋒對工作待遇充滿不滿，於是相率罷工。順著罷工歌曲，本章追溯日治時期現代女工的歷史，包括女工的分布與徵用、工廠的管理、女工的離職與罷工、女工的角色地位與影響。在這章我用了不少統計數字，說明女工的人數、分布與薪資等，雖然不免繁瑣、枯澀，但有這些基本史料，才能運用報刊、口述史料、圖像資料鋪陳女工發展的故事。

日治時期的專職女工是隨著現代工廠的設置而產生。一九三〇年之前，為配合「農業臺灣」的經濟政策，這時期臺灣的工業占次要地位，工業生產都是為配合農業發展，並利用地方資源推展工業，因此從事與農產有關的加工業是這時期工業的特徵。影響所及，這期間工人大多來自農產加工廠，女工也不例外，其中製茶廠、製罐頭廠及製糖業更是這時期臺灣女工的大本營。

不過，與農產加工無關的工業也在這時期漸次興起，於是女工人數逐漸增加，例如紡織、化學與印刷等工業，但受到殖民地地位的影響，臺灣工業的發展不可與日本國內的工業相牴牾，否則難以大幅成長，紡織業就是其中一項。毋可否認的，這期間臺灣的紡織工業不如日本和中國大陸，除因臺灣未有紡織原料之外，更重要的是，紡織業是日本的工業重心，臺灣無法和日本母國競爭，而由該行業所培養的女工人數也因此比不上中國和日本。由此可知，日治時期殖民政策不僅影響臺灣的工業發展，也間接左右臺灣女工的產生。

在臺灣工業尚未蓬勃發展前，工廠規模以中、小型居多，甚少有容納百人以上的大工廠，女工的分布也相當分散，僅有少數大型工廠可以看到成群的女工。此外，工廠雖沒有性別限制，但較不仰賴體力或技術性較低的產業大多雇用女工，因此女工多集中在紡織業或農產加工業。到一九四〇年之後，因為勞力短缺，女工才不斷進入男性領域。

工廠規模小不僅影響女工的分布，也使臺灣女工的來源異於一般情況。在人力供應有限的情形下，盛行於日本或中國大陸的包身工不曾在臺灣出現，大多數工廠只要透過學校或工人的援引，便可解決女工的供需問題，而女工也不受仲介人操縱。另外，臺灣的女工多數來自工廠附近的居民，除少數來自中國大陸之外，罕有從鄉村向城市求職的女工，這是因為臺灣現代化工業的發展沒有衝擊到鄉村的手工業，而且不少農產加工廠設在原料產地，因此女工的來源頗為單純，較少跨區工作。有意思的是，同工廠的男女工人多半不是親戚便是朋友，因這層關係形成了特殊的工人文化。

進入工廠後，女工的工作生涯才正式展開。隨著工廠規模的不一，再加上殖民政府沒有制定工廠管理法，工廠對工人的任用資格、待遇與管理方式互有不同。大體上，官營工廠體制較健全，訂有廠規，其他工廠有比照實施、也有各行其事，不過，各廠的規定儘管不同，都在控制工人，以方便管理。嚴格來說，廠規應該兼顧勞資雙方，但這時期工人多數缺乏勞工意識，而廠規又由資方制定，因此固然有關懷工人的一面，大半是著重在資方的權益。

為提高工作效率，有的工廠訂立較合乎人性的措施，包括改善工作環境、提供醫療保健措施、舉辦休閑活動、設置獎勵制度和制定休閑辦法等。同時，為讓已婚女工安心工作，有的工廠除給予產假之外，還提供哺乳時間。只不過，這些措施僅出現在少數大型工廠，絕大多數工廠忽視工人權益，不僅沒有上述措施，為減低成本、增加生產，工廠充斥著待遇不公的現象，包括雇用童工、延長工時和降低工資等。女工的待遇更是不合理，除了同工不同酬之外，女童工的雇用率遠超過同年齡的童工，導致女工異動頻繁或走向罷工。

毋可否認的，女工的異動不是全然源於工廠的待遇問題，就如同女教員，結婚、生子等家庭因素也是導致女工無法久任的主要原因。但參與罷工的女工，多針對工廠體制，因為不少罷工運動所揭櫫的口號是「改善女工待遇」。必須一提的是，罷工運動大多是受民族主義或傾向共產主義機構的指導與操縱，當這類機構在一九三一年受到殖民政府壓制後，罷工運動隨著沉寂。至於日治時期的女子罷工運動，更因缺乏女性領導人及女工易於妥協的性格，女工的罷工多數功敗垂成，有的女工因此回歸家庭、也有人則回廠復職，工廠的不合理現象始終沒有獲得實質解決。

儘管日治時期臺灣工業沒有蓬勃發展，工廠規模或體制不夠健全，罷工運動也僅曇花一現，但工廠的工作使部分女性的思想觀念與日常生活產生重大改變。就正面意義來看，絕大多數女工未受過教育或出身貧困家庭，工廠生活讓她們獲得新知、增廣見聞，且養成守時、守紀與節儉等習慣，同時也擴大她們的生活圈，進而影響她們的交友與婚姻。就負面意義來說，工廠環境複雜，部分涉世未深的女工結交到惡友，甚至沾染奢侈或賭博等惡習。無論如何，女工一職不僅改變女工個人，也影響女工的家庭，例如改善家庭經濟、協助家人接受教育或援引親友同入工廠工作。更重要的是，這群工資低廉的女工為日治時期的臺灣經濟帶來不小的貢獻。

必須一提的是，上述的改變確實使部分女工的地位獲得改善，例如提高家庭地位、走入中上層家庭或成為模範女工，然而絕大多數女工的地位並未改變，無論在家庭或社會，她們的際遇始終不平等，再與其他職業婦女相較，她們屬職業結構的底層。

# 結論
# 發現與啟示

臺籍女教員在臺灣職場現身時，昭告了當時臺灣島上的所有人，她們是一群不容忽視的社會群體，這群臺灣職場的女先鋒無論在求職過程、工作場域、婚戀經過、日常生活或對家庭與社會的影響，都是前所未見。緊接著登場的女醫生、產婆、看護婦和女工，她們波瀾壯觀的職業生涯，也讓人目不暇給。最重要的是，這五種職業群產生在日本殖民臺灣時期，迥異與現在職業婦女的經歷，因為她們必須跨越傳統、性別與種族界線，才能成為臺灣職場的女先鋒。當這群不再以家庭為唯一生活空間的女性，進入一向由男性主導的職業市場，除造成職業結構的改變、社會組織的鬆動外，「男主外，女主內」的說法再也不是牢不可破。

每一種職業群都有各自出場的歷史，但背後的大環境是怎麼形成？又如何觸發她們進入職場？從第一章中，可以看到女性職業群是逐漸醞釀而成，早在臺灣移墾時期就有一些女性加入開墾的行列，與男性一樣在戶外工作，還有女性從事主持中饋、做針黹一類的家務，且兼做飼養牲畜、編製手工業等家庭副業，她們不但增加了家庭收入，也為日治時期的臺灣女性奠定就業基礎。然而，有些女性則不曾有勞動經驗，除了家境優渥而無需勞動之外，纏足陋俗使部分婦女不願也不便從事劇烈工作，而這群女性在日治時期有急劇地變動。

為改造臺灣人民，殖民政府入臺之時便採取多元管道實施同化兼現代化政策，處在邊陲地位的臺灣女性也同樣列入改造，廢除纏足和興辦女學就是同化臺灣女性的重要手段。由於纏足和不鼓勵女性讀書的風氣，已根深柢固地存在臺灣社會，殖民政府不敢貿然推動，於是與臺灣領導階層合作，鼓勵臺灣女性放足和讀書，臺灣女性因此具備行與知的權利。

在這同時期，獎勵就業的輿論也隨之而起，接受新式教育的領導階層在新思想薰陶下，感受到女權思潮是潮流趨勢，基於女性經濟獨立的重要，他們呼籲不事生產的女性外出工作，甚至倡率響應，鼓勵自家女兒成為職業女性，對具有社會地位的醫生職業，他們更抱持望女成鳳的心理。至於殖民政府重視臺灣人力資源的運用，為增加女性的人力資源，特別倡導女性從事家庭副業，中日戰爭期間，殖民政府以動員全民為由，透過宣傳與組織動員，強制女性勞動，到日治末期從事勞動的臺灣女性較以前普遍，各行各業的女性也跟著成長。

在官民支持、社會價值觀念改變與戰爭期間人力動員等因素刺激下，身為當事人的女性又如何？整體看來，接受改造的臺灣女性不斷增加，放足、讀書和就業讓她們變得活潑、獨立，她們的活動空間，從家庭拓展至學校、社會乃至國外，還有女性參與社會活動、組織婦女團體，這群女性有出於自覺，也有來自殖民政府的策動，後者因獲得有力的支持，影響的層面較為廣泛，激發更多女性接受新變局。但光是殖民政府的就業宣傳和女性的自覺是不夠的，還需要政府的實際行動，直到新興職業陸續興起、職場對女性的開放，才讓各階層都有女性外出工作。這也就是我在導論提到，中日戰爭結束，來臺外省人何以驚歎臺灣職場充滿女性的原因。

由於大環境的醞釀，本書的女教員、女醫生、產婆、看護婦和女工逐一展開她們的職業旅程，儘管各有差異，但綜合前面五章的探討，無論在職業取得、職業選擇、職業內容、薪資與待遇、工作異動或進修與教化等方面，不乏重要發現。

在職業取得上，每個職業女性取得職業的方式互有不同，不過絕大多數的新興職業必須具備專門知識與技術，教育是獲得職業的不二法門，而教育程度的高低則又影響職業層級。女教員、產婆、看護婦分別由學校與醫院養成機構培訓，但養成之前，她們必須有教育背景，例如女教員需有中等以上學歷，看護婦和產婆則是初等以上學歷。至於女醫生必須接受留學教育，女工則多半是公學校畢業，也可不具教育資格。然而，隨著受教育女性日增與職業日趨難覓的影響，層級較低的職業也出現高學歷的女性，產婆、看護婦和女工群中出現高等女學校畢業生。另外，家世背景是取得高層級職業的另一種憑藉，留學習醫的女性絕大多數來自富裕家庭或醫師家庭。

教育與家庭背景固然有助於職業的取得或職業的擴展，憑個人工作能力獲青睞的人也不少，還有人是參加職業講習或經由考試取得工作機會，例如沒有受過養成機構訓練的女教員、產婆和看護婦。不過，為獲得較好的職業或工作場所，不少人是仰賴各種管道力爭，人情關說是最常見的一種，例如女教員遷到居家附近工作或女醫生到大醫院充任副手，往往透過有力人士協助方能如願以償，其次是學校推薦或親友援引，大工廠女工大多是靠這層關係獲得職業。而對自行開業的女醫生和產婆，更需要藉助社會網絡來招攬顧客，她們不是透過親友廣為宣傳，便是在報紙刊登廣告。必須一提的是，女性原本的人際關係僅限於家庭與父母，當她們走入社會工作後，社會網絡關係逐漸擴大，這與當前職業女性的求職或擴展事業方式，沒有太多不同。

在職業選擇上，多半女性選擇適合女性特質的職業，甚至工作的型態或職務也力求配合性別，好比女教員任教低年級幼童或家事課程、女醫生選擇牙科、眼科、小兒科或婦產科，女工則多分布於食品加工或紡織等工廠。而這種男女有別的就業方式，有出於女性對該工作的興趣，也有來自職場對性別或現實的考量。至於政策性的安排也影響女性對職業的選擇，例如公學校的高年級課程很少由女教員擔任，而是男教員的「專利」。因此，男女分工的觀念由家庭轉到職場，在兩性各司其業下，不易出現職業競爭的局面。不過，職業的性別化僅是一般趨勢，仍有女性投入屬於男性領域的職場，諸如女司機、女礦工或其他重工業工廠的女工；中日戰爭期間，有部分職場男性參與戰爭，女性有機會越界取代男性職務，男女分工的職業界限因此逐漸模糊。

儘管女性與異性的職業競爭不多，但與同性間的競爭卻不乏所聞，值得關注的是，臺籍的職業女性不但面對同性競爭的壓力，又有來自異族的競爭。職業競爭多出現於女教員或看護婦群中，造成看護婦出走。女醫生和產婆則因病人或產婦多半不向異族求診，同族女性成為她們競爭的主要對手，其中產婆人數較多，競爭特別激烈，惡性競爭的事件還成為新聞。至於女工因工廠分散，加以日籍女性多不從事勞動工作，很少發生職業競爭。

在工作內容上，工作展開後每個職業群歷經不同的工作經驗和待遇，就從事心智和高技術工作者為例，她們的工作充滿挑戰性，有時尚得身兼數職。女教員的工作便屬多元性的，除了擔任教學和訓育活動之外，有的女教員需兼教高年級女學童的家事課程、兼理學校行政工作或被學校指派參與教學演示與教學會議。前述工作項目與當前女教師差異不大，但在女子教育未普及的日治時期，女教員還有項任務是到各家庭勸學。女醫生的業務也相當忙碌，在分科不嚴的日治時期，當女醫生的醫術獲得病人信任後，她們不僅從事本科事務，也應病人要求兼任其他科的醫療工作，特別是為女性病患解決疑難雜症。產婆則經常處在緊張的工作狀態，日治時期的產婦習慣在家生產，凡有產婦臨盆，即使是深夜或山林海邊，產婆幾乎是義不容辭，對於難產的處理更得格外謹慎，依規定，產婆不得擅自處理，必須交由婦產科醫生，因此產婆對難產案例不能有絲毫疏忽，她們工作的緊張程度可以想見。除此之外，產婆有時需協助地方從事正確接生觀念或衛生知識的宣導，超越純接生的工作。

就從事服務或一般技術性工作為例，相對於上述職業群，她們有完全不同的工作經驗。例如看護婦的工作不但忙碌又有來自各方的壓力，特別是在醫院工作的看護婦，由於日治時期醫院重視層級關係，看護婦層級最低，她們必須接受各級的指揮和監督，一方面到不同科室服務，另一方面得參加夜間輪值。儘管日治時期看護婦的工作情形與當前護理師差別不大，但日治時期還有到戰地工作的看護助手，她們的工作更加忙碌，除了照護傷患之外，還得適應戰地的惡劣環境。至於女工的工作隨工廠性質而異，大體上較呆板而一成不變。

在薪資與待遇上，開業女醫生因屬自由業，收入不固定，但她們的所得最高，一般職業群均難望其項背。至於產婆的收入，以開業產婆和限地產婆的收入較豐，公設產婆因受雇於地方機構，薪資有限，但業餘若兼接生工作，也有可觀的收入。女教員的薪資雖比不上女醫生，也比同級男教員或日籍女教員為低，但她們的薪水仍高過其他職業群，因此女教員即使對種族歧視、兩性不平的薪水有微詞，並沒有提出抗議。

相對於從事心智或高技術女性的職業群，除少數看護婦和女工因工作績優獲得擢升之外，她們絕大多數在薪資或待遇上都處在職業底層。以看護婦為例，在大醫院服務或到戰地工作的護士可獲得較高的薪資，一般醫院看護婦的薪水根本無法和工作量成正比。同時，因種族差別待遇的影響，臺籍看護婦的薪資比不上日籍看護婦，再加上，層級較高的職務多由日籍看護婦把持，臺籍看護婦幾乎沒有升遷的機會。女工的薪資待遇更加不合理，除了制度健全的大工廠在工資與福利上較為健全，絕大多數的工廠漠視女工，提出許多過度的規定，包括任意延長工作時間或減少薪資、禁止午時外出及無故裁員等，甚至不按時發餉。

面對不合理的薪資待遇，一部分職業婦女採取隱忍態度，或是私下向主管討好以自救，但也有人為爭取權益，發動罷工運動。其中看護婦的罷工運動次數少、規模小，而且性質單純，一九三〇年發生在馬偕醫院的看護婦罷工運動雖曾喧嚷一時，因為僅限該醫院的看護婦，沒有擴展成醫院看護婦的聯合罷工運動。日治時期女工的罷工運動次數多且較複雜，主要是受臺灣社會運動影響，特別是社會運動轉向農工運動之後，女工的罷工在這些黨團指導下進行各種抗議，有以女工為主，也有和男工合作發動，還有採同行聯合罷工型態。儘管農工運動蓬勃發展時期，女工曾採激烈的抗爭方式，不過到一九三〇年代，隨著社會運動被殖民政府禁止，抗爭運動都銷聲匿跡。

事實上，在殖民政府全面掌控下，罷工運動很難成功，罷工僅解決少數女性在職場上的差別待遇問題，絕大多數人的權益未獲改善。但從罷工事件中也可看出，參與罷工的女工中有人表現積極，有人則不夠堅定，因此當罷工運動陷於僵局時，她們不是回歸家庭便是重返原廠。最重要的是，日治時期女權意識尚未成熟，女工的罷工口號和男工並無不同，主要要求改善工資和工時，而與女性本身相關的權益沒有被積極爭取。

在工作異動上，除了少數人因參與罷工運動而離職外，多數職業群異動頻繁，現代婦女於家庭與工作上的兩難，同樣產生於日治時期。職業女性異動的因素隨職業不同而異，以女教員為例，由於分發任教的地點無法盡合人意，不少女教員為調校而經常異動，看護婦和女工的異動則多半與薪資待遇不合理有關。但在諸多異動因素中，多數人異動是因為結婚或生育，為顧及家庭責任問題，不少人放棄工作而回歸家庭，導致職業人才流失，其中婚後必須離職的看護婦這行業更少有人願意久任，只不過，面對醫院的不合理規定，看護婦多數沉默轉業或離職。這樣的規定很明顯是性別歧視，就如同二〇〇二年〈兩性工作平等法〉（二〇〇八年改為〈性別工作平等法〉）頒布前，臺灣企業界中普遍存在「單身條款」或「禁孕條款」。[1]

然而，也有人不輕易異動，自行開業的女醫生和產婆，因工作穩定、薪資所得又高，絕大多數堅守工作岡位。另外是資深的職業女性，她們或因經濟因素而久任，也有因熱愛工作而留任，女教員中不乏這類例子。不過，職場女先鋒之能久任，就同當前的職業女性，有親屬可幫忙照顧小孩和處理家務。此外，在當前較少見的現象是，日治時期的職業女性中有不少人是雇用女傭代持家務，讓她們能無後顧之憂地堅守工作崗位。

在進修與教化上，為了提昇工作效率、促進業務發展，日治時期有各類型進修或研究活動的召開，包括由官方舉辦的教學講習會、產婆講習會等，或由同業自組講習會、研究會，如醫學會或產婆

1 游鑑明，〈走出自我：民國百年婦女四部曲〉，國立政治大學人文中心主編，《中華民國發展史：社會發展》（上）（臺北：聯經出版公司，二〇一一），頁二九五～二九六。

會等，在這些活動中不乏職業女性的身影。透過進修或研究活動，職業女性可以和同行間互相交換工作經驗、學習新知，特別是必須不斷接受新知識的職業女性，她們在活動過程中獲得不少新知和經驗。令人欽佩的是，為補足工作上的不足，有的職業女性甚至自掏腰包前往日本進修，例如女教員和女醫生。

至於工作時間冗長的看護婦和女工，在工作之餘，工作單位則為她們安排一些消遣性或益智性的活動。例如，醫院的看護婦因長期留駐醫院，有的醫院特於夜間舉辦經常性的進修活動，包括藝能活動、精神講座等，假日則安排戶外郊遊以調劑身心。至於工廠也有休閒活動，除工廠內設有娛樂室供員工活動之外，也利用假日舉辦戶外郊遊，但也只有在制度化的大工廠才有這類活動。由於殖民政府重視民眾的教化，大型工廠還組織教化團體來教化員工，教化項目多半是要求女工學習日語及改進生活習慣。無可否認的是，職業所產生的各種教育功能，對工作者多少產生啟發作用，例如護理工作養成看護婦刻苦耐勞、溫柔恭順的個性，甚至讓她們具備上層婦女的美德，無形中改變出身寒微家庭的看護婦氣質。而工廠規律的作業方式，則教導女工遵守紀律與生活規範，並可經由與同儕的相處，取得工作乃至生活上的各種新知。

從前面一層層的歸納，可以發現這群職場女先鋒的產生過程、工作狀況、薪資待遇與進修活動等，有部分與當前職業群相同，但多半是不一樣的，主要是這群女性處在殖民與現代化之中，同時得面對性別、階級與種族的差異。至於工作之外，職業如何影響職場女先鋒的私領域、思想觀念、日常生活，而職場女先鋒又如何對家庭和社會產生反饋，這都是值得關注的現象。

就業餘活動來說，有職業女性從事培養人才的工作，貢獻所學以造福他人，例如女醫生造就看護婦和產婆，還有人是利用業餘時間開班講習或投入社會教育工作，如擔任國語講習所講師、女青年團團長或「方面委員」等，兼有這些工作的女性包括女教員、女醫生和產婆。毋可否認的，這群職場先鋒從事社會教育工作是迎合殖民政府政策，而殖民政府也藉由她們的聲望地位達成教化功效，且不管她們參與的動機，也不論活動本身的意圖，在教化民眾的過程中，她們對改善臺灣民眾的生活習俗或衛生習慣，確實有影響。因此，這群職業女性的關懷面不限於家庭、工作，還擴及到社會。

就婚戀與家庭生活來說，因為工作關係，職業女性的社會網絡逐漸擴大，經常與不同人群接觸，再加上各種無性別限制的組織或交流活動的相應產生，不僅增加她們的工作經驗、提昇業務發展，也影響交友。由於職業女性與同性之間的關係變得廣闊，與異性的往來更是天經地義，她們對婚姻的看法有很大改變，不再執著於「男女授受不親」的禮教規範，兩情相悅的男女日漸增加，於是接受媒妁之言的婚姻固然存在，就如女醫生大多數透過安排式婚姻建立醫生世家，但追求自由戀愛、婚姻自主的例子也非罕見，還有人則選擇逃婚、拒婚、遲婚、不婚，甚至離婚，完全顛覆臺灣的舊式婚姻觀念，且改變臺灣的家庭結構。有意思的是，即使選擇媒妁之言的職業女性，特別是身為公眾人物的女教員和女醫生，她們的結婚儀式、婚紗禮服不再採傳統形式，而是追逐時髦、走現代風，這種挑戰傳統婚禮的作風，還引領風騷。

就業不僅改變工作者本身，連帶影響她們的家庭與社會。以家庭來說，職業女性獲得的薪資除部分成為私房錢之外，多數充做家用，對提高家庭收入或改善家庭經濟有相當幫助。同時，由於她們的潛移默化或推薦，有不少家庭成員選擇同一行業，而受影響的雖然以女性居多，但也廣及男性。更重要的是，她們將得自工作的各種現代化知識或觀念傳遞給家人，包括語言、醫療常識及生活規範等，經由她們有意或無意地傳達，殖民政府教化臺灣人的目的很自然地帶入職業女性的家庭。

以社會來說，這群職場女先鋒對社會的影響不僅於工作的特定功能，還有其他作用，例如女教員鼓勵女童入學促進了女子教育、女醫師改變女性病急諱醫的心理、產婆提供產婦養育嬰兒的正確觀念、看護婦提供病患良好的照護方式、女工則建立家人的時間觀念。另外，便是前面提到的社教活動和社會運動的參與，前者參與的人數較多，且獲殖民政府支持，後者限於臺灣社會較開放的一九二〇到一九三〇年間，介入的職業女性有限。而熱衷社會教化或政治運動的職業女性，她們在戰後更有寬闊的發展空間，特別是向來屬於男性的政壇終於有女性嶄露頭角，其中不乏熱衷社會事業或知名度較高的女教員、女醫生和產婆。

由上看來，本業、社會教化與業餘活動，使這群職業女性的生活多元而忙碌，上進、負責任的敬業態度，以及好勝、不服輸的精神，則讓她們的潛在能力得以充分發揮，表現出與一般女性不同的一面，也改變了她們的社會地位。被視為高尚職業的女教員、女醫師，因工作關係所呈現出穩重、權威和自信的氣度，贏得上司與社會大眾的尊重，甚至躋身社會領導階層，與男性菁英同受尊崇；而打破傳統產婆形象的新式產婆，則因為她們的年輕、幹練、機智，又具備接生的專業技術，獲得產家和民眾的支持與肯定。這群菁英職業女性的良好形象，特別成為女性倚重或模仿的對象，女性接受教育、改變醫療習慣或從事職業，有不少是受這群女性職業菁英的吸引。

此外，職業女性的傑出表現也影響她們的婚姻，出身中下階層的女性有機會與上層家庭聯姻，進入上層社會。儘管當前還有家庭存著「門當戶對」的婚姻觀念，但遠不及日治時期的勞不可破，因此工作既提昇女性的社會地位，也改變階級婚姻。

這群職場女先鋒在經濟上也有不小貢獻。比起中國其他地區，臺灣傳統女性對家庭經濟向來有較多的自主權，部分上層女性經由管理與買賣家產而擁有家庭經濟權，下層婦女則靠勞動所得改善家庭經濟。不過，這種情形在職業女性普及後更加顯著，由於職業女性有固定收入，不但增加家庭財富、改善貧困家境，且刺激女性及其家人從事教育、文化和其他消費性活動，更重要的是，促進日治時期臺灣的經濟發展，這正是殖民政府開拓臺灣女性人力資源的目的。

毋可否認的，就業對職業女性及她們的家庭與社會有正面意義，但也有負面影響。工作場所的職業傷害或不安全性，例如夜間接生、醫院傳染病或工廠意外，帶給產婆、看護婦、女工的生命不小威脅。至於性騷擾事件則對女性工作者造成另一種威脅，其中職務層級較低的職業婦女受害較深，她們的困擾有不少來自上司。另外，隨著女性就業，社會出現一些不良風氣，包括抬高聘金、奢侈浪費或愛慕虛榮等等。至於人際網絡關係的擴大固然有不少好處，卻也帶來不良結果，有些人由於交友不慎而沾染惡習，影響社會風氣，如沉迷賭博、放蕩不羈，也有因感情困擾，影響工作甚至身敗名裂，好比離家私奔或爭風吃醋，這些行為曾引起知識分子對女性就業的質疑，其中不乏支持女性就業的知識分子，因此透過輿論，他們對婦女就業後所帶來的弊端提出糾正或批評。

整體看來，臺灣職場女先鋒的出場是與殖民政府、領導階層與女性自覺有關，但潛藏在背後的現代化宣傳工具——報刊媒體，也不容忽視。當時的報刊媒體承載著重任，殖民政府、領導階層對放足、上學讀書、就業的鼓吹，主要通過媒體宣傳。職業女性陸續出現後，則不時看到媒體報導關於女性就業或開業，女教員、女醫生和產婆因此成為媒體的寵兒，而女醫生和產婆也透過現代化宣傳工具，在報紙刊登開業廣告，建立知名度和擴充業務。由於現代化宣傳工具扮演著監督、批評的角色，日治時期的報刊也一樣發揮功能，特別是《臺灣民報》、《臺灣新民報》、《臺南新報》等，除了對女性職業群做專題報導，還挖掘女性職場的內幕、同行女性的職業惡鬥、罷工事件，乃至職業女性的婚戀問題、社會事件也不曾遺漏，但嚴格來說，相對於同時期中國大陸報刊媒體對職業女性鋪天蓋地地批判或指責，可謂是小巫見大巫。[2] 這主要是在殖民政府控制下，臺灣報刊媒體的聲量無法充分發揮，而這些報刊的小道消息或八卦新聞多數點到為止，甚至沒有下文。

透過第二到第六章，我在前面提出對臺灣職場女先鋒的各種發現，最重要的是，她們的職業生涯是穿梭在殖民化、現代性與性別、階級、種族之間，因此臺灣職場女先鋒的產生、職業經驗與私領域的活動，有特殊的意義。在探究的過程中我也獲得不少啟示，我發現要揭開臺灣職場女先鋒的歷史，是不能光靠臺灣總督府留下的文獻檔案，我認為那是遮蔽的歷史，也是冰冷的歷史，但添加報刊資訊，使職業女性的公、私領域變得清晰、有生命。特別是與當時職業女性有關的回憶錄、傳記、小說、口述史料，引領我對她們的歷史有更深層的認識，不但驗證檔案與報刊中的敘述，也活絡了臺灣職場女先鋒的歷史圖景，例如現代化如何走入她們的生活，她們又如何面對性別、階級與種族的差別待遇，這都是在文獻檔案看不到的。也因此，啟發我運用繁複、多元的史料進行研究，讓臺灣職場女先鋒的歷史或生命故事更加細緻。

本書其實是無法包山包海，有一些職業的女先鋒還有待開發，除了我在第一章提到陳令杰研究的電話女接線生外，女藥劑師、女車掌等職業群都值得去探究，[3] 雖然這些職業主要在中日戰爭結束前才陸續出現，而且人數不多，但若能做跨時代職業群的比較研究，將會是有層次的研究。

2 例如，民國時期上海的女店員、廣州的女招待，她們的形象與道德受到強力指責和批判。連玲玲，〈「追求獨立」或「崇尚摩登」？ 近代上海女店職員的出現及其形象塑造〉，《近代中國婦女史研究》第十四期（二〇〇六年十二月），頁一～五〇；Angelina Y. Chin, "Labor Stratification and Gendered Subjectivities in the Service Industries of South China in the 1920s and 1930s: The Case of *Nü Zhaodai*（女招待）", *Research on Women in Modern Chinese History*,（《近代中國婦女史研究》），no.14（二〇〇六年十二月），pp. 125-178.

3 我曾經訪問嘉義朴子的開業藥劑師莊季春、在臺北各醫院當藥劑師的蔡娩，她們的職業生涯非常精采，但都和女醫生一樣，必須出國唸藥學專門學校。另外，我對日治時期的女車掌做小部分分析，包括她們的產生、工作型態和職場文化。我認為這兩種職業群都有研究空間。游鑑明訪問、張茂霖記錄，〈林莊季春女士訪問紀錄〉、游鑑明訪問、蔡說麗記錄，〈林蔡娩女士訪問紀錄〉、游鑑明訪問、黃銘明記錄，〈陳愛珠女士訪問紀錄〉，以上出自游鑑明訪問、吳美慧等記錄，《走過兩個時代的臺灣職業婦女訪問紀錄》，中央研究院近代史研究所口述歷史叢書（52）（臺北：中央研究院近代史研究所，一九九四），頁一〇一～一二〇、一七五～二一六；游鑑明，〈日據時期的職業變遷與婦女地位〉，臺灣省文獻委員會編，《臺灣近代史．社會篇》（臺中：臺灣省文獻委員會，一九九五），頁一二六～一二八。

# 徵引書目

## 一、中日文書目

### (一)官書、教科書

《漢書》。臺北：鼎文書局，一九八一年新校本。
文部省編，《學制五十年史》。東京：文部省，一九二二。
日本赤十字社編，《看護婦生徒修身教授參考書：全》。東京：博愛發行所，一九一〇。
宜蘭縣議會祕書室編，《宜蘭縣議會成立五週年特輯》。宜蘭：宜蘭縣議會祕書室，一九五六。
苗栗縣政府民政局主計室編，《苗栗縣議員選舉專輯》。苗栗：苗栗縣政府民政局主計室，一九五一。
高雄州警務部衛生課編，《高雄州衛生要覽》。高雄：高雄州警務部衛生課，一九三六～一九三七。
——，《衛生概況(昭和二年)》。高雄：高雄州警務部衛生課，一九二八。
雲林縣議會祕書室編，《雲林縣議會首屆紀念特輯》。雲林：雲林縣議會祕書處，一九五三。
——，《臺灣省雲林縣議會第二屆紀念特輯》。雲林：雲林縣議會祕書處，一九五五。

黃旺成監修，新竹縣文獻委員會編校，《臺灣省新縣政志》第二部。新竹：新竹縣政府，一九五七。

新竹州衛生課編，《衛生概況》。新竹：新竹州衛生課，一九三六、一九三八年度；一九三七、一九三九年度。

嘉義縣政府祕書室編，《嘉義縣政一年》。嘉義：嘉義縣政府祕書室，一九五二。

臺北廳編，《臺北廳報》。臺北：臺北廳，一九〇一～一九二〇年份。

彰化縣議會祕書室編，《臺灣省彰化縣議會第二屆紀念冊》。彰化：彰化縣議會，一九五五。

臺中市政府編，《臺中市政概要》。臺中：臺中市政府，一九五九。

臺北縣議會編，《臺北縣議會志》。臺北縣：臺北縣議會，一九七七。

臺南州編，《臺南州衛生概況》。臺南：臺南州，一九三五～一九四〇。

臺灣省政府民政廳增額中央民意代表選舉臺灣省選舉事務所編，《增額中央民意代表選舉暨第五屆省議員、第七屆縣市長選舉　臺灣省選舉總報告》。一九七三年二月。

臺灣省議會祕書處編，《臺灣省議會三十五年：慶祝中華民國建國七十年暨本會成立三十五週年》。臺中：臺灣省議會祕書處，一九八一。

臺灣總督府文教局社會課編，《臺灣社會教育概要》。臺北：臺灣總督府文教局社會課，一九三二～一九三三。

臺灣總督府編，《女子公民科教科書》卷一。臺北：臺灣總督府，一九三五。

——，《臺灣總督府民政事務成績提要》。臺北：臺灣總督府，一八九五～一九四二年度。

臺灣總督府學務部編，《公學校用國民讀本》卷八。臺北：臺灣總督府學務部，一九一四。
臺灣總督府警務局編，《臺灣社會運動史》（原《臺灣總督府警察沿革誌》第二編：領臺以後の治安狀況（中卷）臺灣社會運動史。東京：臺灣總督府警務局，一九三九）。東京：龍溪書舍覆刻本版，一九七三。

## （二）學校、醫院、工廠、同學會出版品

《臺灣總督府臺北醫院助產婦講習所（本科）卒業生名冊》（一九〇四～一九三八），手抄影本。
《臺灣總督府臺北醫院助產婦講習所（速成科）卒業生名冊》（一九〇八～一九三八），手抄影本。
《臺灣總督府臺北醫院看護婦產婆養成所卒業者名簿》（一九二七～一九四五），手抄影本。
三高女校友聯誼會編，《回顧九十年：臺北第三高等女學校創校九十年紀念誌》。臺北：三高女校友聯誼會，一九八八。
小野正雄編，《創立滿三十年記念誌》。臺北：臺北第三高等女學校同　會學友會，一九三三。
山城安太郎編，《向上會回顧錄（昭和十三年度版）》。臺北：臺灣總督府專賣局臺北煙草工場內向上會，一九三八。
日本東京女子醫學專門學校畢業生（臺籍）名簿，影印本。
竹村豐俊編，《臺灣體育學會創立十周年記念に際して》（創立十周年記念臺灣體育史）。臺北：財團法人臺灣體育協會，一九三三。
東邦大學臺灣鶴風會聯誼會影印本，一九九〇年四月二日編印。

東洋紫苑在臺校友名冊影印本，一九七〇年二月。
後藤鑛一編，《向上會回顧錄（昭和十一年度版）》。臺北：臺灣總督府專賣局臺北煙草工場內向上會，一九三六。
昭和製糖株式會社編，《昭和製糖株式會社十年誌》。臺北：昭和製糖株式會社，一九三七。
院慶五週年特刊編輯委員會編，《新樓醫院重建開幕五週年院慶特刊》。臺南：新樓院訊雜誌，一九九〇。
第三高等女學校八十五週年校慶紀念同學聯誼會編，《臺北第三高等女學校創立八十五周年紀念回憶錄》。臺北：編者自印，一九八二。
黃文輝編，《臺灣基督長老教會馬偕紀念醫院創設100週年紀念冊》。臺北：馬偕紀念醫院，一九八〇。
楊雲龍編，《南大臺南基督教新樓醫院便覽》。臺南：南大臺南基督教新樓醫院，一九三七～一九三九。
彰化女子公學校，《創立二十周年記念誌》。彰化：彰化女子公學校，一九三七。
臺北第三高等女學校同窗會編，《臺北第三高等女學校創立三十五周年記念誌》。臺北：臺北州立臺北第三高等女學校，一九三三。
臺南市私立長榮女子中學校刊編輯委員會編，《長榮女子中學八十週年校慶特刊》。臺南：臺南市私立長榮女子中學，一九六八。
臺南市港公學校編，《本校學校衛生の實際（昭和十五年九月）》。臺南：臺南市港公學校，一九四〇。

臺南州立嘉義高等女學校同窓會編，《同窓會誌（昭和十二年十二月）》。嘉義：嘉義高等女學校，一九四一。

臺灣總督府專賣局煙草廠管理掛編，《工員命免簿》昭和十八年度，原件。

臺灣總督府臺北醫院編，《臺灣總督府臺北醫院年報》第十二～四十四回。臺北：臺灣總督府臺北醫院，一九一三～一九三六。

臺灣總督府臺南醫院，《臺灣總督府臺南醫院院務要覽》。臺南：出版單位不詳，一九二二。

——，《臺灣總督府臺南醫院概要》。臺南：臺灣總督府臺南醫院，一九一六。

## （三）報紙、期刊、公報、年鑑

《方面時報》。第六八～一〇二號，一九三七年二月～一九三九年二月。

《民俗臺灣》，五卷。東京：東都書籍臺北支店，一九四一。

《向陽》。第二〇六號～三九七號，一九三五年一月～一九四〇年十二月。

《東臺灣新報》。一九四一年～一九四四年三月。

《高雄州時報》。一九二六年～一九四〇年。

《新竹州時報》。一九三七年～一九四二年。

《新臺灣大眾時報》。第一卷第一號～第二卷第二號，一九三〇年十二月～一九三一年七月。

《嘉義醫會醫學雜誌》。第二～九卷，一九三四年三月～一九三九年十月。

《臺北州時報》。第一～四卷，一九二六年十二月～一九三〇年。
《臺南新報》。第一～七一卷，一九二一年五月～一九三六年四月。吳青霞總編輯，臺南：臺灣史博館、南市圖，二〇〇九年覆刻版。
《臺灣の專賣》。第一七～二一卷，一九三八年一月～一九四二年十二月。
《臺灣工業界》。第一卷，一九一九年五月～十二月。
《臺灣日日新報》。一八九八年一月～一九四四年三月（中缺一九二七年四～六月）。
《臺灣民報》。第一卷第一期～第一六六號，一九二四年四月～一九二七年七月，東方文化書局景印，一九七四年。
《臺灣時報》。一九〇九～一九四五年。
《臺灣婦人界》。第一～六卷第六號，一九三四年十月～一九三九年六月。
《臺灣教育》。第一四～四八五號，一九一四～一九四二年。
《臺灣教育會雜誌》。第一～一〇〇號，一八九八～一九〇七年。
《臺灣新民報》。第一六七～四一〇號，一九二七年八月～一九三二年四月，東方文化書局景印，一九七四年。
《臺灣新生報》。一九四六～一九五一年。
《臺灣慣習記事》。第一～八卷，一九〇一～一九〇八年。
《臺灣齒科月報》。第八～九七號，一九二九年二月～一九三五年六月。
《臺灣學校衛生》。第一～一三號；第四、五卷，一九三八～一九三九年、一九四〇～一九四二年。
《臺灣總督府府報》。一九〇五～一九四一年。
佐藤會哲編，《臺灣衛生年鑑》。臺北：臺衛新報社，一九三二。
朝鮮總督府編，《朝鮮總督府施政年報（昭和十六年度）》。京城：朝鮮總督府，一九四三。
臺中州教育會編，《臺中州教育年鑑　二五九四年版（昭和八年度）》。臺中：臺中州教育會，一九三四。

## （四）方志

吳德功輯，臺灣銀行經濟研究室編，《彰化節孝冊》，臺灣文獻叢刊第一〇八種。臺北：臺灣銀行經濟研究室，一九六一。
李汝和主修，《臺灣省通志》。臺中：臺灣省文獻委員會，一九七一。
林豪著，臺灣銀行經濟研究室編，《澎湖廳志》，臺灣文獻叢刊第一六四種。臺北：臺灣銀行經濟研究室，一九六三。
連橫，《臺灣通史》。臺北：臺灣書店，一九五五年重印本。
陳文達著，臺灣銀行經濟研究室編，《臺灣縣志》，臺灣文獻叢刊第一〇三種。臺北：臺灣銀行經濟研究室，一九六一。
黃振超主修，《日據前期臺灣北部施政紀實》。臺北：臺北市文獻委員會，一九八六。

**（五）史料彙編、統計資料**

《元曲選》，引自《四部備要集部》明刻本。臺北：中華書局，一九六五。
木村達編，《征臺衛生彙報》。東京：近衛師團軍醫部，一八九六。
佐倉孫三，《臺風雜記》。東京：國光社，一九〇四。
何鳳嬌編，《政府接收臺灣史料彙編》下冊。臺北：國史館，一九九三年影印再版。
屋部仲榮編，《臺灣地方產業報國》。臺北：民眾事報，一九三九。
徐珂，《清稗類鈔》。臺北：臺灣商務印書館，一九八三年影印本。
新竹州帽子同業組合編，《新竹州帽子要覽：昭和十四年》。新竹：新竹州帽子同業組合，一九三九。
臺中州警務部衛生課編，《臺中州保健衛生調查書　第十二回調查地員林郡員林街員林》。臺中州：臺中州警務部衛生課，一九三三。
臺灣省行政長官公署統計室編，《臺灣省五十一年來統計提要》。臺北：臺灣省行政長官公署統計室，一九四六。
臺灣省國民就業輔導中心編，《中華民國臺灣省職業分類典》。臺中：臺灣省政府社會處，一九六二。
臺灣教育會編，《臺灣教育沿革誌》。臺北：臺灣教育會，一九三九。
臺灣總督府文教局編，《臺灣學事一覽》。臺北：臺灣總督府文教局，一九二三～一九四三年度（中缺一九三八、一九三九、一九四二年度）。

——，《臺灣總督府學事年報》。臺北：臺灣總督府文教局，一九〇三～一九三七年度。
臺灣總督府殖產局編，《商工資料》第一～三號。臺北：臺灣總督府殖產局，一九三〇年十月。
——，《臺灣商工統計》一九二二～一九四〇年份。臺北：臺灣總督府殖產局，一九二二～一九四二。
臺灣總督府警務局衛生課，《衛生調查書》第十二輯（實地調查の四）：乳幼兒篇（本島人）。臺北：臺灣總督府警務局衛生課，一九三三。
劉士永主編、陳何女士助產學筆記解讀班校注，《陳何女士助產學筆記》。臺北：中央研究院臺灣史研究所、財團法人大眾教育基金會，二〇一七。

### （六）專書

Sally B. Olds等著、于桂蘭等譯，《產科護理學（*Maternal-Newborn Nursing: A Family-Centered Approach*）》下冊。臺北：文軒出版事業股份有限公司，一九八八年第四版。
丸山芳登編，《日本領時代に遺した臺灣の醫事衛生業績》。橫濱：丸山芳登，一九五七。
久住榮一、藤本元次郎，《修訂　公學校各科教授法　全》。臺北：新高堂書店，一九三六。
大園市藏，《臺灣始政四十年史》。臺北：日本植民地批判社，一九三五。
中村道太郎編，《改訂版日本地理風俗大系　北海道・樺太・臺灣》。東京：誠文堂新光社，一九三六。
中越榮二，《臺灣の社會教育》。臺北：「臺灣の社會教育」刊行所，一九三六。

井出季和太，《南進臺灣史攷》。東京：誠美書閣，一九四三。

——，《臺灣治蹟志》。臺北：臺灣日日新報社，一九三七。

王晴佳、古偉瀛，《後現代與歷史學：中西比較》。臺北：巨流圖書公司，二〇〇〇。

臺灣基督長老教會總會歷史委員會編，《臺灣基督長老教會百年史》。臺南：臺灣基督長老教會，一九八四年第二版。

目黑五郎、江廷遠，《現行保甲制度叢書》。臺中：保甲制度叢書普及所，一九三六。

江亢虎，《臺游追紀》。上海：中華書局，一九三五。

竹越與三郎，《臺灣統治志》。東京：博文館，一九〇九。

衣若蘭，《三姑六婆：明代婦女與社會的探索》。臺北縣：稻鄉出版社，二〇〇二。

西南卷平，《公學校教師論》。臺北：臺灣子供世界社，一九二九。

吳文星，《日治時期臺灣的社會領導階層》。臺北：五南圖書出版股份有限公司，二〇〇九年第二刷。

——，《日據時期在臺「華僑」研究》。臺北：臺灣學生書局，一九九一。

——，《日據時期臺灣師範教育之研究》，國立臺灣師範大學歷史研究所專刊（8）。臺北：國立臺灣師範大學歷史研究所，一九八三。

呂紹理，《水螺響起：日治時期臺灣社會的生活作息》。臺北：遠流出版事業股份有限公司，一九九八。

宋錦秀，《日治臺中婦女的生活》，中縣口述史專著叢書第六輯。豐原：臺中縣文化中心，二〇〇〇。
杉野嘉助，《臺灣商工十年史》。臺南：作者發行，一九一九。
李國祁，《中國現代化的區域研究：閩浙臺地區，1860～1916》。臺北：中央研究院近代史研究所，一九八二。
村上信彥，《大正期の職業婦人》。東京：株式會社ドメス出版，一九八四年第二刷。
———，《明治女性史》中巻後篇。東京：株式會社理論社，一九七二年第五刷。
卓意雯，《清代臺灣婦女的生活》。臺北：自立晚報社文化出版部，一九九三。
南山堂基本護理組編審委員會編，《基本護理學新論——護理原理與技術》上冊。臺北：南山堂出版社，一九九二。
洪郁如，《近代臺灣女性史：日本の殖民統治と「新女性」の誕生》。東京：勁草書房，二〇〇一。
涂照彥，《日本帝國主義下の臺灣》。東京：東京大學出版會，一九七五。
國立政治大學人文中心主編，《中華民國發展史：社會發展》（上）。臺北：聯經出版社，二〇一一。
張宗漢，《光復前臺灣之工業化》。臺北：聯經出版事業公司，一九八〇。
陳君愷，《日治時期臺灣醫生社會地位之研究》，國立臺灣師範大學歷史研究所專刊（22）。臺北：國立臺灣師範大學歷史研究所，一九九二。
陳紹馨，《臺灣的人口變遷與社會變遷》。臺北：聯經出版事業公司，一九七九。
游鑑明，《日據時期臺灣的女子教育》，國立臺灣師範大學歷史研究所專刊（20）。臺北：國立臺灣師範大學歷史研究所，一九八八。
——，《她們的聲音：從近代中國女性的歷史記憶談起》。成都：四川人民出版社，二〇二〇。
——，《傾聽她們的聲音：女性口述歷史的方法與口述史料的運用》。臺北：左岸文化事業有限公司，二〇〇二。
——，《當二十世紀中國女性遇到媒體》。臺北：五南出版股份有限公司，二〇一七。
程謫凡，《中國現代女子教育史》。上海：中華書局，一九三六。
黃瑞祺，《現代與後現代》。臺北：巨流圖書公司，二〇〇〇。
楊翠，《日據時期臺灣婦女解放運動：以《臺灣民報》為分析場域（1920~1932）》。臺北：時報文化出版企業有限公司，一九九三。
葉肅科，《日落臺北城：日治時代臺北都市發展與臺人日常生活（1895~1945）》。臺北：自立晚報社文化出版部，一九九三。
葉漢明編著，《主體的追尋：中國婦女史研究析論》，亞洲學術文庫13。香港：香港教育圖書公司，一九九九。
臺灣公醫會編，《臺灣の衛生狀態》。臺北：臺灣公醫會，一九〇〇。
臺灣總督府專賣局編，《臺灣酒專賣史》上下兩卷。臺北：臺灣總督府專賣局，一九四一。
墨翟，《墨子．辭過第六》（明嘉靖癸丑唐堯臣刊本，上海涵芬樓藏景印），收入《四部叢刊初編》，第四二二冊：《墨子．十五卷（一）》。上海：商務印書館，一九二九。
盧修一，《日據時期臺灣共產黨史（1928~1932）》。臺北：前衛出版社，一九八九。

## （七）論文

王灝，〈臺灣人的生命之禮：剸臍〉，《中國時報》，一九九三年三月十五日，第二十五版。

——，〈臺灣人的生命之禮：臨盆〉，《中國時報》，一九九三年三月八日，第二十五版。

冬陽，〈臺灣的職業女郎〉，《臺灣之聲》九月號（一九四七年九月），頁一九。

朱昏，〈有的賣色相、有的靠技術：婦女職業的形形色色〉，《華報》第二十六號，一九四八年十二月十五日，第三版。

呂芳上，〈抗戰時期的女權論辯〉，《近代中國婦女史研究》第二期（一九九四年六月），頁八一～一一五。

李又寧，〈傳統對於近代中國婦女的影響〉，中華民國建國史討論集編輯委員會編，《中華民國建國史討論集》第二冊。臺北：中華民國建國史討論集編輯委員會，一九八一，頁二五八～二七二。

杏庭，〈一個光明面——談臺灣婦女的前途〉，《公論報》第一三三號，一九四八年三月八日，第四版。

林學仕，〈南投縣地方自治紀略〉，《南投文獻》第二十九期（一九八三年六月），頁二〇三～三四五。

南風原朝保，〈臺灣に於ける乳兒破傷風に就て〉，《日本公眾保健協會雜誌》第十四卷第五號（一九三八年五月），頁二六一～二七一。

秋祥，〈值得你敬愛的臺灣婦女〉，《臺灣春秋》新年號（一九四九年四月），頁二四。

范燕秋，〈日治時期臺灣總督府宜蘭醫院初探〉，《宜蘭文獻雜誌》第七期（一九九四年一月），頁一～三八。
張隆志，〈殖民現代性分析與臺灣近代史研究：本土史學史與方法論芻議〉，若林正丈、吳密察主編，《跨界的臺灣史研究：與東亞史的交錯》。臺北：播種者文化有限公司，二〇〇四，頁一三三～一六〇。
許俊雅，〈日據時期臺灣小說中的婦女問題〉，《臺灣文學論：從現代到當代》。臺北：南天書局，一九九七，頁二九～六〇。
連玲玲，〈「追求獨立」或「崇尚摩登」？近代上海女店職員的出現及其形象塑造〉，《近代中國婦女史研究》第十四期（二〇〇六年十二月），頁一～五〇。
陳令杰，〈玉纖輕撮話纔通：日治時期臺灣的電話女接線生〉，《近代中國婦女史研究》第二十七期（二〇一六年六月），頁九五～一九〇。
游鑑明，〈日據時期公學校女教師的搖籃：臺北第三高等女學校（1897～1945）〉，賴澤涵主編，《臺灣光復初期歷史》，中央研究院中山人文社會科學研究所叢書（31）。臺北：中央研究院中山人文社會科學研究所，一九九三，頁三六五～四三五。
———，〈日據時期公學校的臺籍女教師〉，國立臺灣大學歷史學系編，《日據時臺灣史國際學術研討會論文集》。臺北：臺灣大學歷史系，一九九三，頁五五九～六三三。
———，〈日據時期的臺籍護士〉，《中央研究院近代史研究所集刊》第二十三期（上）（一九九四年六月），頁三六七～四〇四。

——，〈日據時期的職業變遷與婦女地位〉，臺灣省文獻委員會編，《臺灣近代史．社會篇》。臺中：臺灣省文獻委員會，一九九五，頁一〇一～一三七。
——，〈日據時期臺灣的產婆〉，《近代中國婦女史研究》第一期（一九九三年六月），頁四九～八八。
——，〈走出自我：民國百年婦女四部曲〉，國立政治大學人文中心主編，《中華民國發展史：社會發展》（上）。臺北：聯經出版社，二〇一一，頁二七五～三〇七。
——，〈是補充歷史抑或改寫歷史？近廿五年來臺灣地區的近代中國與臺灣婦女史研究〉，《近代中國婦女史研究》第十三期（二〇〇五年十二月），頁六五～一〇五。
——，〈當外省人遇到臺灣女性：戰後臺灣報刊中的女性論述（1945～1949）〉，《中央研究院近代史研究所集刊》第四十七期（二〇〇五年三月），頁一六五～二二四。
游鑑明著，小川唯譯，〈日本統治期における台湾新女性のコロニアル・モダニティについて〉，早川紀代等編，《東アジアの国民国家形成とジェンダー——女性像をめぐって》。東京：青木書店，二〇〇七，頁三三五～三七六。
——，中島敬譯，〈日本統治期台湾の女性と職業その変遷〉（翻譯自〈日據時期的職業變遷與婦女地位〉），《歴史評論》第六一二期（二〇〇一年四月），頁三四～四六。
——，坪田＝中西美貴譯，〈日本植民体制と台湾女性医療従事者〉，野村鮎子、成田静香編，《台湾女性研究の挑戦》。京都：人文書院，二〇一〇，頁一七三～一九九。
——，金丸裕一譯，〈植民地期の台湾籍女医について〉，《歴史評論》第五三二期（一九九四年八月），頁五七～七四。
黃嬰，〈許故市長懷思錄〉，《嘉義文獻》第七期（一九七六年十月），頁二〇～二九。
楊雅慧，〈日據末期的臺灣女性與皇民化運動〉，《臺灣風物》第四十三卷第二期（一九九三年六月），頁六九～八四。
網珊，〈臺灣工業之特徵〉，臺灣銀行經濟研究室編，《日據時代臺灣經濟之特徵》，臺灣研究叢刊第五十三種。臺北：臺灣銀行經濟研究室，一九五七，頁七四～九七。
橋邊一好，〈觀音公學校經營の實際と將來の計劃〉，新竹州教育課編，《教育研究會彙報（一）》。新竹：新竹州教育課，一九二三，頁二九八～二九九。
獨木，〈解脫那無形的鎖鏈〉，《中華日報》第四四五號，一九四七年五月十九日，第四版。
謝淨蓮，〈臺灣婦女〉，《中華日報》第一〇九二號，一九四九年三月八日，第六版。
藍采風、藍忠孚、劉慧俐，〈臺灣女醫的專業、婚姻與家庭觀的初步研究〉，國立臺灣大學人口研究中心編，《婦女在國家發展過程中的角色研討會論文集》上冊。臺北：國立臺灣大學人口研究中心，一九八五，頁一二一～一六八。
魏梓園，〈臺南縣五十七年度公職人員選舉概況〉，《南瀛文獻》第十三卷（一九六八年八月），頁一～三三。
羅家倫，〈懷著觀世音的心腸　達到安琪兒的使命〉，《中央日報》，一九五三年五月十四日，第三版。

## （八）傳記、人物誌、職員錄、回憶錄、文集、小說


「くりかえすまじこの悲しみを」發刊委員會編，《続々 花だいこんの花咲けど：太平洋戦争（1941-1945）》。福島：福島縣婦人教職員あけぼの會，一九九一。

一三会五十周年記念誌刊行委員会編，《想いで草：一三会五十周年記念》。東京：草土社，一九八八。

中越榮二編，《臺灣街庄職員錄（昭和十二年十月十五日現在）》。臺北：臺灣地方自治協會，一九三七。

今村義夫著，今村義夫遺稿集刊行會編，《今村義夫遺稿集》。臺南：今村義夫遺稿集刊行會，一九二六。

日向順諦編，《新竹州下官民官公衙、學校團體、會社、組合職員錄（昭和十四年七月一日現在）》。臺北：臺灣實業興信編纂部，一九三九。

吳濁流，《無花果》。臺北，前衛出版社，一九八九年重印版。

吳銅編，《臺灣醫師名鑑》。臺中：臺灣醫藥新聞社，一九五四。

李春生，《東遊六十四日隨筆》（福州：美華書局，一八九六），收入沈雲龍主編，《近代中國史料叢刊續編第五十輯》，四九二。臺北：文海出版社，一九七八。

杜聰明著，張玉法、張瑞德主編，《回憶錄》（上），中國現代自傳叢書第一輯：八。臺北：龍文出版社股份有限公司，一九八九。

東方白，《浪淘沙》。臺北：前衛出版社，一九九一年臺灣版第三刷。

林天祐，《象牙之塔春秋記》。臺北：臺灣商務印書館，一九八三。
章子惠編，《臺灣時人誌》第一集。臺北：國光出版社，一九四七。
莊永明編，《島國顯影》。臺北：創意力文化事業有限公司，一九九三。
新竹州編，《方面委員名簿（昭和十六年十月）》。新竹：新竹州，一九四一。
新高新報社編，《臺灣紳士名鑑》。臺北：新高新報社，一九三七。
楊金虎著，張玉法、張瑞德主編，《七十回憶》（上），中國現代自傳叢書第二輯：十。臺北：龍文出版社股份有限公司，一九九〇。
臺北市文獻委員會編，《松煙裊裊：松山菸廠工業村記事》。臺北：臺北市文獻委員會，二〇一五。
臺灣新民報社編，《臺灣人士鑑》。臺北：臺灣新民報社，一九三七。
——調查部編，《臺灣人士鑑》。臺北：臺灣新民報社，一九三四。
臺灣總督府交通局遞信部編，《遞信職員錄（昭和十八年五月一日現在）》。臺北：臺灣總督府交通部遞信部，一九四三。
臺灣總督府編，《臺灣總督府及所屬官署職員錄》。臺北：臺灣時報發行所，一八九八～一九四四年。
興南新聞社編，《臺灣人士鑑》。臺北：新南新聞社，一九四三。
鍾逸人，《此心不沉：陳篡地與二戰末期臺灣人醫生》。臺北：玉山社出版事業股份有限公司，二〇一四。

藍鼎元著，臺灣銀行經濟研究室編，《平臺紀略》，臺灣文獻叢刊第十四種。臺北：臺灣銀行經濟研究室，一九五八。

## （九）訪問紀錄、問卷調查

王世慶訪問，〈黃旺成先生訪問紀錄〉，黃富三、陳俐甫編，《近現代臺灣口述歷史》。臺北：林本源中華文化教育基金會，一九九一，頁七一～一一四。

吳淑慈訪問，陳鄭四妹口述訪問紀錄（一九九四年六月十二日，南投），未刊稿。

許雪姬、林文鎮主編，《澎湖早期的職業婦女——醫師與教師》，澎湖縣文化資產叢書（101），「口述歷史採集專輯」。澎湖：澎湖縣文化局，二〇〇三。

許雪姬等訪問，吳美慧等記錄，《一輩子針線，一甲子教學：施素筠女士訪問紀錄》，口述歷史專刊9。臺北：中央研究卷臺灣史研究所，二〇一四。

游鑑明訪問，王罔（又名王鑾）口述訪問紀錄（一九九四年五月二十七日，樹林），未刊稿。

——，王銀基電話口述訪問紀錄（一九九一年十二月六日，臺北），未刊稿。

——，何薰灼電話口述訪問紀錄（一九九一年十二月十一日，臺北），未刊稿。

——，吳笑電話口述訪問紀錄（一九九二年五月五日，臺北），未刊稿。

——，吳愛珠口述訪問紀錄（一九九四年六月二十七日，臺北），未刊稿。

——，呂連紅甘（臺大醫院看護婦講習所畢業）口述訪問紀錄（一九九二年八月三日，臺北），未刊稿。

——，李蕻口述訪問紀錄（一九九三年十二月二十九日，臺南），未刊稿。

——，李奞黎電話口述訪問紀錄（一九九一年十二月二十八日，臺北），未刊稿。

——，李錫龍電話口述訪問紀錄（一九九二年一月十一日，臺北），未刊稿。

——，杜蘭口述訪問紀錄（一九九三年十月十八日，臺北），未刊稿。

——，沈宗香電話口述訪問紀錄（一九九二年五月十六日，臺南），未刊稿。

——，周西戀口述訪問紀錄（一九九三年二月一日，臺南），未刊稿。

——，周紅絨電話口述訪問紀錄（一九九一年十二月十二日，臺北），未刊稿。

——，周笑口述訪問紀錄（一九九三年十一月六日，臺北），未刊稿。

——，周蜂電話口述訪問紀錄（一九九二年三月三十日，臺北），未刊稿。

——，林仁慈口述訪問紀錄（一九九三年九月四日，臺北），未刊稿。

——，林月霞（日赤醫院看護婦講習所畢業）口述訪問紀錄（一九九二年七月二十一日，臺北），未刊稿。

——，林罔電話口述訪問紀錄（一九九一年十二月三日，臺北），未刊稿。

——，林張吟（臺大醫院助產婦講習所畢業）口述訪問紀錄（一九九三年四月二十八日，臺北），未刊稿。

——，林彩珠電話口述訪問紀錄（一九九一年十二月二十日，新莊），未刊稿。

——，邱李阿葉口述訪問紀錄（一九九四年五月二十七日，樹林），未刊稿。

——，柯阿娥口述訪問紀錄（一九九三年十二月八日，臺北），未刊稿。

——，洪月女（臺大醫院助產婦講習所畢業）口述訪問紀錄（一九九二年八月三日，臺北），未刊稿。
——，張氏（臺南榮華草帽店老闆娘）口述訪問紀錄，（一九九三年五月二十一日，臺南），未刊稿。
——，張郭址（臺大醫院看護婦講習所畢業）口述訪問紀錄（一九九二年七月二十一日，臺北），未刊稿。
——，許麗雲口述訪問紀錄（一九九三年九月五日，基隆），未刊稿。
——，陳吳玉麗電話口述訪問紀錄（一九九一年十二月八日，臺北），未刊稿。
——，陳完電話口述訪問紀錄（一九九一年十一月八日，臺北），未刊稿。
——，陳林遠遇口述訪問紀錄（一九九三年十一月十日，臺南），未刊稿。
——，陳阿理電話口述訪問紀錄（一九九一年十二月四日，臺北），未刊稿。
——，陳美女電話口述訪問紀錄（一九九二年六月十七日，臺北），未刊稿。
——，陳素瓊電話口述訪問紀錄（一九九二年十二月十日，臺北），未刊稿。
——，陳淑女口述訪問紀錄（一九九三年十月二日，臺北），未刊稿。
——，陳惠美口述訪問紀錄（一九九三年九月二十三日，臺北），未刊稿。
——，陳惠美口述訪問紀錄（一九九四年一月十五日，新竹），未刊稿。
——，陳墨妍口述訪問紀錄（一九九三年十一月六日，臺北），未刊稿。
——，陳寶玉電話口述訪問紀錄（一九九一年十月五日，臺北），未刊稿。

——，傅緞電話口述訪問紀錄（一九九二年十二月七日，臺北），未刊稿。
——，黃孟麗口述訪問紀錄（一九九三年九月三日，臺北），未刊稿。
——，黃帶妹電話口述訪問紀錄（一九九一年十二月五日，新竹），未刊稿。
——，黃惠如口述訪問紀錄（一九九三年九月四日，臺北），未刊稿。
——，劉阿秀口述訪問紀錄（一九九二年七月二十一日，臺北），未刊稿。
——，劉春花（林梅之媳婦）電話口述訪問紀錄（一九九二年五月二十九日，臺北），未刊稿。
——，劉張換口述訪問紀錄，（一九九二年八月三日，臺北），未刊稿。
——，劉新妹口述訪問紀錄（一九九四年一月十日，臺北），未刊稿。
——，劉碧珠（臺大醫院助產婦講習所畢業）口述訪問紀錄（一九九二年八月三日，臺北），未刊稿。
——，蔡英電話口述訪問紀錄（一九九二年三月二十九日，臺北），未刊稿。
——，蔡崇璋口述訪問紀錄（一九九二年一月二日，臺北），未刊稿。
——，蔡淑珍電話口述訪問紀錄（一九九一年十二月二十七日，臺北），未刊稿。
——，蔡壽子口述訪問紀錄（一九九三年十二月五日，臺北），未刊稿。
——，鄧季春電話口述訪問紀錄（一九九二年五月三十日，彰化），未刊稿。
——，戴素娥口述訪問紀錄（一九九二年七月二十一日，臺北），未刊稿。
——，謝伯津口述訪問紀錄（一九九三年七月十六日，臺北），未刊稿。
——，謝陳卻口述訪問紀錄（一九九三年七月十六日，臺北），未刊稿。

——，羅春梅電話口述訪問紀錄（一九九二年五月十日，新竹），未刊稿。

——，羅炳輝口述訪問紀錄（一九九四年七月十五日，豐原），未刊稿。

——，羅時雍（一九三七年，臺北第二師範學校畢業）電話口述訪問紀錄（一九九一年十二月三十日，臺北），未刊稿。

——，蘇吳保鳳口述訪問紀錄（一九九三年四月八日，臺北），未刊稿。

——、吳美慧等記錄，《走過兩個時代的臺灣職業婦女訪問紀錄》，中央研究院近代史研究所口述歷史叢書（52）。臺北：中央研究院近代史研究所，一九九四。

游鑑明編製，吳蓮蓮問卷訪問資料（一九九二年九月二十日），未刊稿。

——，翁式霞問卷訪問資料（一九九二年九月二十五日），未刊稿。

——，陳玉雲問卷訪問資料（一九九一年九月二十七日），未刊稿

——，陳素梅問卷訪問資料（一九九一年九月十四日），未刊稿。

——，陳碧金問卷訪問資料（一九九一年十月二十三日），未刊稿。

——，黃快治問卷訪問資料（一九九一年十月十二日），未刊稿。

——，蘇月雲問卷訪問資料（一九九一年十月十四日），未刊稿。

## （十）學位論文

林秋敏，〈近代中國的不纏足運動（1895~1937）〉。臺北：國立政治大學歷史研究所碩士論文，一九九〇。

張三郎，〈五四時期的女權運動（1915～1923）〉。臺北：國立臺灣師範大學歷史研究所碩士論文，一九八六。

游鑑明，〈日據時期臺灣的職業婦女〉。臺北：國立臺灣師範大學歷史研究所博士論文，一九九五。

楊雅慧，〈戰時體制下的臺灣婦女（1937～1945）——日本殖民政府的教化與動員〉。新竹：國立清華大歷史研究所碩士論文，一九九四。

鄭梅淑，〈日據時期臺灣公學校之研究〉。臺中：私立東海大學歷史研究所碩士論文，一九八八。

## 二、英文書目

### （一）專書

Gates, Hill. *Chinese Working-class Lives: Getting by in Taiwan*. Ithaca: Cornell University Press, 1987.

Gibson, A. Sena (蔡阿信). “Pioneer Doctors Adventures.” unpublished and undated.

Hilary, Bourdillon. *Women as Healers: A History of Women and Medicine*. New York: Cambridge University Press, 1989.

Honig, Emily. *Sisters and Strangers: Women in Shanghai Cotton Mills, 1919-1949*. Stanford, California: Stanford University Press, 1986.

Ko, Dorothy. *Teachers of the Inner Chambers: Women and Culture in Seventeenth-century China*. Stanford, California: Stanford University Press, 1994.

Mackay, George Leslie. *From Far Formosa*. New York: The Caxton Press, 1895.

Shorter, Edward. *A History of Women's Bodies*. Middlesex: Pelican Books, 1984.

Tsurumi, E. Patricia. *Japanese Colonial Education in Taiwan, 1958-1945*. Cambridge, Mass.: Harvard University Press, 1977.

Wolf, Margrey. *Women and the Family in Rural Taiwan*. Stanford, California: Stanford University Press, 1972.

## （二）論文

Chin, Angelina Y. "Labor Stratification and Gendered Subjectivities in the Service Industries of South China in the 1920s and 1930s: The Case of Nü Zhaodai（女招待）." *Research on Women in Modern Chinese History*（《近代中國婦女史研究》）, 14 (2006), pp. 125-178.

Yu, Chien-ming. "Midwives During the Japanese Occupation."（翻譯自〈日據時期臺灣的產婆〉）*Taiwan Studies: A Journal of Translations* (Gender in the Nei World), 1996, pp. 6-48.

———. "The Colonial System, Female Medical Personnel and Their Social Status: Some Observations on the Japanese Colonial Period in Taiwan." In Wei-hung Lin and Hsiao-chin Hsieh eds., *Gender, Culture and Society: Women's Studies in Taiwan*. Seoul: Ewha Womens University Press, 2005, pp. 339-388.

## 三、網站資料

〈許世賢〉，文化部，《臺灣大百科全書》，https://reurl.cc/O41kRR。擷取日期：二〇二二年六月十二日。

# 圖像來源

圖1：《改訂版日本地理風俗大系　北海道・樺太・臺灣》，一九三六，頁五六二。
圖2：《弗蘭克・萊斯利新聞畫報》（*Frank Leslie's Illustrated Newspaper*），一八七一。
圖3：《改訂版日本地理風俗大系　北海道・樺太・臺灣》，一九三六，頁五五三。
圖4：《改訂版日本地理風俗大系　北海道・樺太・臺灣》，一九三六，頁七一九。
圖5：《走過兩個時代的臺灣職業婦女訪問紀錄》，一九九四，頁一八三。
圖6：《走過兩個時代的臺灣職業婦女訪問紀錄》，一九九四，頁二五九。
圖7：《東臺灣新報》第六七七九號，一九四二年一月十七日，第一版。
圖8：《臺灣日日新報》第一〇二〇一號，一九二八年九月十三日，漢文欄，第四版。
圖9：《走過兩個時代的臺灣職業婦女訪問紀錄》。一九九四，頁一二九。
圖10：《臺北第三高等女學校第三回卒業記念帖》，一九二六，無頁碼。
圖11：《臺北第三高等女學校第三回卒業記念帖》。一九二六，無頁碼。
圖12：《走過兩個時代的臺灣職業婦女訪問紀錄》，一九九四，頁七八。
圖13：《走過兩個時代的臺灣職業婦女訪問紀錄》，一九九四，頁七九。

圖14：《走過兩個時代的臺灣職業婦女訪問紀錄》，一九九四，頁二六五。
圖15：《臺北第三高等女學校第三回卒業記念帖》，一九二六，無頁碼。
圖16：《走過兩個時代的臺灣職業婦女訪問紀錄》，一九九四，頁二六六～二六七。
圖17：《臺北第三高等女學校第三回卒業記念帖》，一九二六，無頁碼。
圖18：《走過兩個時代的臺灣職業婦女訪問紀錄》，一九九四，頁一三一。
圖19：《臺灣民報》第一九〇號（一九二八年一月八日），頁一五。
圖20：《走過兩個時代的臺灣職業婦女訪問紀錄》，一九九四，頁八七。
圖21：《走過兩個時代的臺灣職業婦女訪問紀錄》，一九九四，頁二七六。
圖22：《走過兩個時代的臺灣職業婦女訪問紀錄》，一九九四，頁九〇。
圖23：《走過兩個時代的臺灣職業婦女訪問紀錄》，一九九四，頁二三三。
圖24：《走過兩個時代的臺灣職業婦女訪問紀錄》，一九九四，頁二三二。
圖25：《走過兩個時代的臺灣職業婦女訪問紀錄》，一九九四，頁二三一。
圖26：呂大吉提供。
圖27：《臺灣新民報》第三二五號（一九三〇年八月九日），頁八；《臺灣民報》第二九四號（一九三〇年一月一日），頁四五；《臺灣新民報》第三四五號（一九三一年一月一日），頁三八。
圖28：陳石滿提供。
圖29：《走過兩個時代的臺灣職業婦女訪問紀錄》，一九九四，頁二四〇。

圖30：《走過兩個時代的臺灣職業婦女訪問紀錄》，一九九四，頁二八。

圖31：《臺灣日日新報》第八九二七號，一九二五年三月十九日，漢文欄，第四版。

圖32：《走過兩個時代的臺灣職業婦女訪問紀錄》，一九九四，頁三九。

圖33：《臺灣民報》第二四一號（一九二九年一月一日），頁三〇、三三；《臺灣民報》，第一八九號（一九二八年一月一日），頁四四。

圖34：《臺灣總督府府報》第三〇六三號，號外，一九二三年十月十二日，頁二～三。

圖35：《臺灣民報》第一八九號（一九二八年一月一日），頁三一、三五；《臺灣民報》第二四一號（一九二九年一月一日），頁二三；《臺灣民報》第二四一號（一九二九年一月一日），頁二六；《臺灣新民報》第三四五號（一九三一年一月一日），頁四二。

圖36：《走過兩個時代的臺灣職業婦女訪問紀錄》，一九八四，頁五六。

圖37：《走過兩個時代的臺灣職業婦女訪問紀錄》，一九八四，頁一五。

圖38：《臺灣新民報》第三三二號（一九三〇年九月二十七日），頁四。

圖39：《臺灣基督長老教會馬偕紀念醫院創設100週年紀念冊》，一九八〇，頁一一八。

圖40：杜蘭提供。

圖41：林仁慈提供。

圖42：《走過兩個時代的臺灣職業婦女訪問紀錄》，一九九四，頁三五。

圖43：杜蘭提供。

圖44：《走過兩個時代的臺灣職業婦女訪問紀錄》，一九九四，頁二〇。

圖45：杜蘭提供。
圖46：杜蘭提供。
圖47：《臺南新報》第八四四四號，一九二五年八月十七日，漢文版，第五版。
圖48：《臺灣日日新報》第一二〇八一號，一九三四年三月三日，漢文欄，夕刊，第四版。
圖49：《改訂版日本地理風俗大系　北海道・樺太・臺灣》，一九三六，頁六八三。
圖50：《改訂版日本地理風俗大系　北海道・樺太・臺灣》，一九三六，頁五七三。
圖51：《改訂版日本地理風俗大系　北海道・樺太・臺灣》，一九三六，頁六八三。
圖52：《改訂版日本地理風俗大系　北海道・樺太・臺灣》，一九三六，頁五四八。
圖53：《臺灣民報》第二九八號（一九三〇年一月二十九日），頁九。
圖54：《向上會回顧錄（昭和十三年度版）》，一九三八，頁六六。
圖55：《向上會回顧錄（昭和十三年度版）》，一九三八，頁五六。

國家圖書館出版品預行編目（CIP）資料

日本殖民下的她們：展現能力，引領臺灣女性就業的職場女先鋒／游鑑明著.
-- 初版. -- 新北市：臺灣商務印書館股份有限公司, 2022.10
464 面；17×23 公分 --（歷史．臺灣史）

ISBN 978-957-05-3451-1（平裝）

1. CST：職業婦女　2. CST：臺灣

544.53　　111014194

歷史・臺灣史

# 日本殖民下的她們

## 展現能力，引領臺灣女性就業的職場女先鋒


作　　者—游鑑明
發 行 人—王春申
選書顧問—林桶法、陳建守
總 編 輯—張曉蕊
責任編輯—何宣儀
封面設計—兒日設計
內頁設計—黃淑華

營 業 部—王建棠、張家舜、謝宜華
出版發行—臺灣商務印書館股份有限公司
231023 新北市新店區民權路 108-3 號 5 樓（同門市地址）
電話：（02）8667-3712　傳真：（02）8667-3709
讀者服務專線：0800056193
郵撥：0000165-1
E-mail：ecptw@cptw.com.tw
網路書店網址：www.cptw.com.tw
Facebook：facebook.com.tw/ecptw

局版北市業字第 993 號
初版一刷：2022 年 10 月
印刷廠：沈氏藝術印刷股份有限公司
定價：新台幣 690 元

法律顧問—何一芃律師事務所